国家自然科学基金项目（62377018、61977027、62077026、62107031）阶段性成果

Artificial Intelligence-Enhanced
Adaptive Intervention
for Individuals with Autism

人工智能技术增强的孤独症儿童教育干预

陈靓影　等◎著

科学出版社
北京

内 容 简 介

本书从理论和实践两个方面介绍了孤独症研究进展、最新成果及应用案例。本书面向人机交互条件下的孤独症儿童教育干预的基础科学问题，重点突破个性表达、过程干预、效果评估三个方面的技术瓶颈，构建了反映动态认知心理状态的儿童个性化模型，以实质性地提升孤独症儿童认知心理模型的精确性、建立精准的干预机制、提供精细化的评估，实现技术对孤独症儿童教育干预的智能增强，促进人工智能与特殊教育的深度融合，推动特殊教育现代化事业的发展。

本书可以为教育学、心理学，尤其是特殊教育等专业的师生学习和开展孤独症相关研究提供借鉴。同时，对于高校、科研院所从事"人工智能+特殊教育"工作与研究人员的培养来说，也有一定的参考价值。

图书在版编目（CIP）数据

人工智能技术增强的孤独症儿童教育干预/陈靓影等著.—北京：科学出版社，2023.12
　ISBN 978-7-03-077821-5

Ⅰ.①人… Ⅱ.①陈… Ⅲ.①人工智能-应用-孤独症-儿童教育-特殊教育　Ⅳ.①G766

中国国家版本馆 CIP 数据核字（2023）第 245719 号

责任编辑：朱丽娜　高丽丽/责任校对：何艳萍
责任印制：徐晓晨/封面设计：润一文化

科学出版社 出版
北京东黄城根北街 16 号
邮政编码：100717
http://www.sciencep.com

北京建宏印刷有限公司印刷
科学出版社发行　各地新华书店经销

*

2023 年 12 月第 一 版　开本：720×1000　1/16
2023 年 12 月第一次印刷　印张：19 1/4
字数：345 000

定价：108.00 元
（如有印装质量问题，我社负责调换）

序

  初次受邀写序,着实诚惶诚恐,既怕未能尽善诠释书中精华引领读者,又恐辜负了作者的深耕付出和相邀美意。好在我从事孤独症研究多年,心稍安。

  《人工智能技术增强的孤独症儿童教育干预》兼顾孤独症儿童特殊教育和人工智能视角,阐述了孤独症儿童教育评估与干预的前世今生,着重介绍了面向干预效果的迭代式智能干预方法与技术,并通过应用案例验证了其可行性。该书从理论创新和实践应用出发,通过人工智能技术的百变载体,对孤独症儿童的动作模仿、共同注意和角色变换等典型行为干预进行了研究。该书重点突破的人工智能技术辅助实现的个性表达、过程干预和效果评估,恰是通常必须由资深临床医疗专家才能诱发和完成的核心干预内容,直视了孤独症儿童教育干预和临床干预的共同痛点。该书对于促进孤独症评估与干预的跨学科发展有一定意义,相信更多同道会因该书受益,在孤独症研究领域投入更多精力。

  最后,非常感谢陈靓影教授及其团队十多年来勤耕儿童孤独症领域,四个国家自然科学基金委员会资助的孤独症系列项目、系统的丰硕研究成果和验证的产业化智能干预，充分循证了其在智能教育干预认知与技术前沿领域的学术和技术创新、实践与应用是可行的，更是其殷勤付出和社会大爱的体现。在此也向一直支持、致力于孤独症领域研究的政府、社团、科研和医疗等战线的同人道一声谢谢！

刘洪海

深圳大学城冬月

前　言

习近平总书记指出，"全面建成小康社会，残疾人一个也不能少"[①]，"共同富裕路上，一个也不能掉队"[②]。加快发展残障人士教育，有利于更好地满足残障人士受教育的权利，提升残障人士的受教育水平，促进教育公平，推进基本实现教育现代化。自党的十七大报告提出"关心特殊教育"后，党中央越来越关注特殊教育。党的十八大报告提出"支持特殊教育"，党的十九大报告提出"办好学前教育、特殊教育和网络教育"，党的二十大报告强调"强化学前教育、特殊教育普惠发展"；《国家中长期教育改革和发展规划纲要（2010—2020年）》明确提出，"信息技术对教育发展具有革命性影响，必须予以高度重视"；《中国教育现代化2035》提出加快信息化时代教育变革。信息技术为普及特殊教育、促进教育公平带来了新的机遇。特殊教育信息化服务于视力残障、听力残障、肢体残障、智力残障、精神残障和其他有特殊需求的人群，运用现代信息技术手段，通过多种途径和渠道传播教育

---

① 习近平：全面建成小康社会，残疾人一个也不能少. (2016-07-29) [2021-10-09]. http://www.gov.cn/fuwu/cjr/2016-07/29/content_5124019.htm.

② 习近平总书记在十九届中共中央政治局常委同中外记者见面时的讲话. (2017-10-25) [2021-10-09]. http://www.xinhuanet.com/politics/19cpcnc/2017-10/25/c_129726443.htm.

信息，增强他们对教育信息的感知能力。同时，信息技术还为残障人群的学习、生活和工作提供了很大的便利。目前，国内外很多企业和单位，如国际商业机器公司（International Business Machines，IBM）、微软、清华大学等共同致力于信息无障碍技术的研究和助残产品的开发。将信息技术应用于特殊教育领域，实现特殊教育信息化，已成为现代特殊教育的发展方向。充分发挥信息技术的优势，加快推进特殊教育信息化进程，以特殊教育信息化带动特殊教育现代化，破解制约我国特殊教育发展的难题，能有效促进特殊教育的创新与变革。教育信息化是我国全面建成小康社会与实现教育现代化的必然选择。加快教育信息化进程，以特殊教育信息化带动特殊教育现代化，是推动我国特殊教育事业发展的战略选择。

孤独症谱系障碍（autism spectrum disorder，ASD），简称孤独症，是儿童高发的一种由于神经系统失调导致的发育障碍，核心症状表现为持续性的社会交往和沟通障碍，以及重复、刻板的兴趣和行为模式。目前，这种疾病无有效药物治愈，并且极易发展为终生残障。2023 年，美国疾病控制与预防中心（Centers for Disease Control and Prevention，CDC）报告儿童孤独症发病率为 1∶36，且呈持续增长趋势，估计全球患病率为 1%～2%。[①]我国儿童孤独症发病率约为 0.7%，超过千万的孤独症患者及家庭面临干预费用高昂与技术手段不足的双重危机，已发展成迫切需要解决的社会问题。孤独症等特殊儿童教育干预是我国特殊教育领域的一项重大需求。

孤独症的核心症状改善主要依靠教育训练和行为干预，早发现、早干预可显著改善孤独症儿童的不良预后，这已成为专家的共识。为进一步规范儿童孤独症诊疗康复行为、提高医疗质量，使儿童孤独症患者得到及时诊断和有效的康复治疗，2010 年，卫生部办公厅印发了《儿童孤独症诊疗康复指南》。与发达国家相比，我国孤独症康复工作起步较晚，现有康复教育机构数量与人员专业化水平严重不足，

---

① Centers for Disease Control and Prevention.（2023）[2023-12-10]. Prevalence and Characteristics of Autism Spectrum Disorder among Children Aged 8 Years—Autism and Developmental Disabilities Monitoring Network，11 Sites，United States，2020. https://www.cdc.gov/mmwr/volumes/72/ss/ss7202a1.htm?s_cid=ss7202a1_w.

更为严重的是教育干预技术仍停留在简单(个性化干预缺失)、粗放(评估主观片面)、低效(智能化水平不足)的初级阶段。由于孤独症儿童个体异质性强,单一、固定的学习活动和干预模式难以满足其发展轨迹复杂多样的需求;基于问卷调查及行为观测等主观性、劳动密集的评估模式耗时费力,评估结果的精准性欠佳。已有研究成果与实践表明,人机交互的智能学习环境是孤独症儿童教育干预训练的有效途径。针对我国孤独症儿童康复教育的迫切需求,发展新一代信息技术支持的孤独症儿童智能化干预技术与方法,具有重要的科研及社会意义。

当前,关于孤独症儿童的教育干预主要集中于传统干预方法的循证研究,如应用行为分析、地板时光、关键反应训练等,同时基于某种技术手段的孤独症儿童单一方面能力(如洗手、如厕、表情识别等)的教育干预方法得到了广泛应用,如严肃游戏、虚拟现实技术等,鲜有针对为孤独症儿童完整干预周期提供支持和服务的系统化研究,以致干预实施整体效果不佳。当前,人机交互干预研究涉及儿童社会互动能力的多个方面,且干预效果得到了有效验证。然而,社会互动学习涉及多个阶段与多重场景,当前研究中的学习活动创建主要基于单项心理机能理论,集中在有限的儿童发展阶段和社会场景,缺乏系统性的指导理论和方法,难以针对儿童独特的认知与社会发展缺陷创建多层次的学习活动。同时,社会互动学习是一个复杂的动态过程,当前人机交互干预中的学习干预模式固定,不能随时根据儿童的学习状态动态调整学习活动,难以适应孤独症儿童发展轨迹多样化的需求。人机交互干预方法的发展趋势是探索孤独症儿童发展轨迹与学习活动的关联机理,建立精准的智能化干预机制。

基于此,本书提出一种针对孤独症儿童教育干预的智能化干预方法,即人工智能技术增强的孤独症儿童个性化教育干预方法[artificial intelligence enhanced adaptive intervention for autism individual,$(AI)^3$]。这种方法就是通过干预与评估不断迭代的自主优化教育干预过程,实现孤独症儿童自适应、个性化教育干预,实质性地提高干预效果。

本书面向人机交互条件下的孤独症儿童教育干预的基础科学问题,重点突破个性表达、过程干预、效果评估三个方面的技术瓶颈，实质性地提升孤独症儿童认知心理模型的精确性，建立精准的干预机制，提供精细化的评估，实现技术对孤独症儿童教育干预的智能增强，促进人工智能与特殊教育的深度融合，促进特殊教育现代化事业的发展。

本书从理论和实践两个方面介绍了孤独症研究进展、最新成果及应用案例，着重介绍了人工智能技术增强的孤独症儿童教育干预面临的瓶颈及技术解决方案。理论部分包括第一章至第五章。第一章和第二章梳理了孤独症相关知识，包括孤独症的定义、核心症状、病因，孤独症的诊断、评估、传统干预方法及人机交互技术支持的干预方法，并重点介绍了研究团队所提出的人工智能技术增强的孤独症儿童个性化教育干预方法；第三章至第五章从个性表达、过程干预和效果评估三个层面重点介绍了人工智能技术增强的孤独症儿童教育干预所面临的难题及关键技术：提出认知心理状态建模方法，破解孤独症儿童个性表达欠精准的难题；构建自适应学习干预机制，破解干预策略单一固定难以满足干预需求的难题；发展教育干预定量评估模型，破解干预效果评估主观片面的难题。基于上述工作实现对孤独症儿童的精确建模、精准干预和精细评估，实现人工智能技术对孤独症儿童教育干预的智能增强。实践部分包括第六章至第八章，重点介绍了基于人工智能技术所构建的智能化学习平台以及应用于孤独症儿童干预和评估领域的具体案例。第六章从系统概述、系统设计及应用效果分析三个方面对智能化学习平台的构建及应用进行了阐述；第七章和第八章详细介绍了人工智能技术应用于孤独症儿童社会交往和认知等领域的干预与评估的具体案例。

因为爱，所以 AI。让我们携手努力，科学干预，通力合作，利用人工智能技术提升孤独症儿童干预水平，帮助孤独症儿童适应未来生活，共建一个公平、和谐、美好的社会。

目 录

序

前言

第一章　孤独症概述 ··· 1
　　第一节　孤独症儿童的教育康复现状 ··· 2
　　第二节　孤独症的定义及特征 ··· 3
　　第三节　孤独症的主要影响 ··· 6
　　第四节　孤独症的病因 ··· 26
　　第五节　孤独症的筛查与诊断 ··· 34
　　第六节　孤独症干预治疗简介 ··· 41
　　本章小结 ··· 49
　　参考文献 ··· 50

第二章　孤独症儿童教育干预方法 ·· 71
　　第一节　传统教育干预方法概述 ·· 72
　　第二节　人机交互技术支持的干预方法 ·· 86
　　第三节　人工智能增强的孤独症儿童教育干预方法 ···························· 92

本章小结 ·· 96
　　参考文献 ·· 96

第三章　孤独症儿童个性化建模 ··· 105
　　第一节　学习者建模 ··· 106
　　第二节　儿童外显行为智能感知 ··· 110
　　第三节　儿童内隐生理信号分析 ··· 130
　　第四节　多模态信息融合 ··· 136
　　本章小结 ·· 141
　　参考文献 ·· 141

第四章　孤独症儿童过程干预 ·· 147
　　第一节　基于电子游戏的孤独症儿童过程干预 ······················· 148
　　第二节　基于阿凡达技术的个性化干预 ·································· 159
　　第三节　孤独症智能干预中的个性化推荐 ······························ 169
　　本章小结 ·· 176
　　参考文献 ·· 177

第五章　孤独症儿童量化评估 ·· 181
　　第一节　基于量表的孤独症儿童量化评估 ······························ 182
　　第二节　计算机游戏化的孤独症儿童量化评估 ······················· 190
　　第三节　孤独症儿童多模态量化评估 ····································· 197
　　第四节　孤独症儿童评估与干预迭代机制 ······························ 202
　　本章小结 ·· 203
　　参考文献 ·· 203

第六章　孤独症儿童智能化学习平台构建 ································ 209
　　第一节　孤独症儿童智能化学习平台概述 ······························ 210
　　第二节　智能化学习平台设计 ··· 211
　　第三节　应用效果分析 ·· 218
　　本章小结 ·· 221
　　参考文献 ·· 221

第七章　人工智能技术在孤独症儿童干预中的应用 ………………… 223
  第一节　社会交往干预　224
  第二节　认知能力干预　235
  参考文献　242

第八章　人工智能技术在孤独症儿童评估中的应用 ………………… 247
  第一节　视觉注意评估　248
  第二节　社会交往评估　268
  第三节　认知能力评估　279
  参考文献　291

后记 ……………………………………………………………………… 295

第一章
孤独症概述

孤独症的发病率不断攀升，已从一种罕见病发展成为一种常见病，是医学、心理学、教育学等相关学科领域密切关注的问题。目前，孤独症尚无有效治疗药物，其康复主要依赖于教育干预和行为矫正。本章对孤独症儿童的教育康复现状，孤独症的相关概念及特征，以及其对个人、家庭、社会的影响进行阐述，并着重探讨孤独症的筛查、诊断及干预治疗方法。

第一节　孤独症儿童的教育康复现状

孤独症是儿童高发的一种由于神经系统失调导致的发育障碍，病征包括缺乏正常的社会互动能力、语言交流能力、兴趣和行为模式，无有效药物治愈，并极易发展为终身残障。2023 年，美国疾病控制与预防中心最新报告，美国的孤独症儿童患病率为 1/36（Centers for Disease Control and Prevention，2023）。国内尚未进行过孤独症人口普查，但据部分地区调研数据及我国人口基数推测，全国孤独症患者超过 1000 万人，其中 14 岁以下儿童有 200 万人，且以每年近 20 万人的速度递增（五彩鹿自闭症研究院，2019），给儿童、家庭、社会都带来了沉重的负担。尽管孤独症最早可在 2 岁时被可靠地诊断出来，但大多数儿童在 4 岁以后才被确诊。

迄今为止，孤独症病因仍不明，亦无特效的治疗药物，给家庭与社会带来了沉重的经济和精神负担，已经成为严重影响全球儿童精神健康的重大公共卫生问题。孤独症早期的诊断和干预十分重要。国内外的循证医学研究证实，采取科学的教育训练和干预手段，大多数孤独症儿童可以获得不同程度的改善，相当一部分孤独症儿童在成年后可以有独立生活、学习和工作的能力。

孤独症只能依靠长期的教育干预训练辅助矫治。2010 年，卫生部办公厅发布的《儿童孤独症诊疗康复指南》强调，孤独症早期干预训练至关重要。与发达国家相比，我国孤独症康复工作起步较晚，现有康复机构数量与人员专业化水平严重不足，更为严重的是教育干预技术仍停留在简单（个性化干预缺失）、粗放（评估主观片面）的初级阶段，如孤独症儿童显著的个体差异性被忽视，学习活动及干预模式的固定单一与孤独症儿童的发展轨迹复杂多样存在鸿沟，对教育干预的评估仍立足于问卷调查及行为观测等主观性、劳动密集的工作模式。2019 年，《中国自闭症教育康复行业发展状况报告Ⅲ》指出，我国的孤独症诊断缺乏统一标准，缺乏掌握诊断技术的专业人员，缺乏清晰的康复路径，干预体系不健全，导致干预水平整体较低、效果有限，各相关行业未能有效衔接，缺乏行业管理部门的统筹（五彩鹿自闭症研究院，2019）。另外，孤独症康复医疗机构数量和专业化人员严重不足（邹卓等，2020），包括康复机构的专业性发展不平衡，各机构的水平参差不齐，严重影响了孤独症的康复训练效果，例如，机构的数量远不能满足孤独症患儿及家庭的需求。特殊教育学校中，具有特殊教育专业背景的康复教师缺乏；高学历（研究生）教师比例不足；部分教师所掌握的康复训练方法较为单一。同时，本土化孤独症评估量表缺乏，孤独症儿童教育康复经费投入不足，康复仪器配备数量不充足，缺少孤独症儿童康复的教学影像、软件及专用仪器设备等。

2021年，教育部等发布的《"十四五"特殊教育发展提升行动计划》指出，针对孤独症儿童教育基础相对薄弱的实际情况，要合理布局孤独症儿童特殊教育学校，鼓励省会城市、计划单列市及较大城市建设孤独症儿童特殊教育学校。同时，积极探索科学、适宜的孤独症儿童培养方式，研究制定孤独症儿童教育指南，逐步建立助教陪读制度，为孤独症儿童更好地融入普通学校学习和生活提供支持。

特殊教育是促进残障人士全面发展、更好地融入社会的重要途径，是衡量社会文明发展的重要标志。党中央一直高度重视、关心残障儿童青少年的健康成长和特殊教育事业的发展。孤独症儿童教育干预属于我国特殊教育领域的重大需求，基于我国当前孤独症儿童教育的发展现状，孤独症儿童及其家庭迫切需要科学、有效的干预支持与服务。

第二节 孤独症的定义及特征

孤独症是一种由脑部发育障碍导致的疾病，特征是情绪、言语和非言语的表达困难及社交互动障碍，孤独症患者对限制性行为与重复性动作有明显的兴趣。《精神障碍诊断与统计手册（第五版）》（Diagnostic and Statistical Manual of Mental Disorders-5，DSM-5）修订了孤独症的定义，以孤独症谱系障碍作为统一诊断标准，不再区分经典孤独症（autism disorder）、阿斯伯格综合征（Asperger's disorder）、儿童期分裂障碍（childhood disintegrative disorder）和非特异的广泛性发育障碍（pervasive developmental disorder not otherwise specified，PDD-NOS）等，并强调了两大主要临床表现：①持久性的社会交流或交往障碍；②狭隘兴趣和重复刻板的行为方式。

虽然孤独症的特征和严重程度各异，但在各类人群中都会出现，并且对任何年龄段的人群都可能产生影响。随着研究的深入,研究者把孤独症分为低功能、中功能、高功能等类型。1994年,汉斯·阿斯伯格(H. Asperger)报道了4名伴有人际交往、行为互动等精神发展障碍的儿童,并将这类儿童称为阿斯伯格综合征患者。然而,这类儿童没有明显的智力发展迟缓或语言能力低下等特征,因此没有引起人们的注意。但是,由于阿斯伯格综合征患者和高功能孤独症儿童(即IQ在75以上,没有明显的语言障碍)极为相似,又因孤独症儿童往往有某种特优能力,要截然将他们分开很难。1981年,Wing(1981)提出了涵盖两者的"孤独症谱系障碍"概念,即在社会性互动、人际交流方面有欠缺,并在行为和兴趣上有着固着性与反复性的儿童。

孤独症儿童的核心表现是自婴幼儿期开始出现社交互动障碍、言语和非言语交流障碍、狭隘兴趣和重复刻板行为。词语是语言发展的基础,对社会交往和沟通至关重要。孤独症儿童的语言发展虽具有异质性,但总体滞后于同龄人。研究表明,在词语学习过程中,他们不能像同龄人一样应用多类型的社会性线索。正常婴儿对人际互动有明显的偏好,而孤独症婴儿对他人的面孔很少表现出兴趣。在幼儿早期,孤独症儿童会表现出与他人共同注意和人际依恋能力相关的明显缺陷。语言发展落后是孤独症儿童一个最普遍的特征,他们或者完全缺乏言语能力,或者在有限的言语表达中腔调怪异、意义模糊,令人难以理解。其中典型的现象是模仿发言症(机械地重复别人所说的话)和代词颠倒使用(如"我""你")。另外,其象征性想象游戏的发展障碍也相当明显。孤独症儿童可能会被游戏材料的非功能特征(如木马的气味,而不是木马的乘骑作用)所吸引,沉浸在单调重复的活动中不能自拔。孤独症儿童在处理情境或事务的变化时存在着巨大困难,即使细小、琐碎的变化都能导致其情绪烦乱。这种表现在1岁之后变得更加明显。单调重复的活动在3岁以后变得日益明显,而且开始出现一些异常的知觉兴趣,例如,追踪视线边缘的物体、长时间甩动手臂、反复摆弄一个物体、身体晃动以及其他形式的仪式性动作,对一些特殊物体产生难以理解的依恋。

对孤独症进行详细的临床研究并发表第一篇研究论文的学者是美国的临床医学家Kanner(1943)。他通过对11名儿童的临床观察,于1943年发表了题为《情感交流的自闭性障碍》(Autistic disturbances of affective contact)的论文。Kanner(1943)的研究对后来研究者的影响很大,其论文至今仍被广泛地引用和借鉴。偶然的是,1944年,澳大利亚的医生Asperger(1944)发表了关于儿童期的自闭性精神病(autistic psychopathy)的研究论文。两篇论文在很多方面具有相似之处,如都使用了"自闭性"一词,认为孤独症患者的社会性障碍是天生的,且在成人期也会持续不变，在论文中列举出了缺乏视线的接触、言语与动作的刻板性、特殊的兴趣以及对变化的强烈抵抗等特征。虽然两者对孤独症的描述有很多相似点，但是又很难看出他们描述的是完全相同的症状。例如，后者报告的患者比前者报告的患者有着较高的言语能力和独特的思维能力，但是运动机能障碍更显著。关于这一问题，Wing（1981）提出了"阿斯伯格症候群"这一概念，用来区分与Kanner（1943）报告的典型的症状不一致且有着高能力水平的孤独症患者。

那么，孤独症是一种新的障碍吗？在过去的历史材料中可以找出孤独症存在的证据，例如，几乎任何民族的民间故事中都有涉及行为古怪、不能正常交流、缺乏常识的单纯的主人公的故事。如果孤独症不是一种新的障碍，那么学术界开始认识这一症状的时间未免太晚了。这可能与孤独症的发生率非常低，又经常伴随着一般性学习困难或智力障碍有关。自从Kanner（1943）发表第一篇关于孤独症的研究论文以来，已经过了半个多世纪，孤独症的研究也不断丰富和深入，并取得了很大的进展。在相当长的一段时间里，权威专家以及早期研究者都认为孤独症患者可能会伴有严重智力障碍、精神分裂症或精神失常。20世纪70年代，研究人员才开始把孤独症与精神分裂症区分开来，例如，孤独症发病于儿童早期，儿童分裂症一般发病于儿童晚期或青少年早期。一般情况下，被诊断为精神分裂症的儿童在出现幻想或幻觉症状之前的若干年会表现出正常或接近正常的发展。然而，被诊断为孤独症的儿童则没有这样的表现。此后，尽管美国的《残障儿童普及教育法》（Education for all Handicapped Children Act）和美国精神医学学会（American Psychiatric Association，APA）以及我国许多研究者对孤独症的定义存在不一致的描述，但都进一步强调了这种综合的典型特征，即发病于儿童早期，在社会交往、沟通和行为模式方面出现严重紊乱。

关于孤独症的特征，Kanner（1943）在他的《情感交流的自闭性障碍》一文中明确指出了当时他认为自己研究的11名儿童患者特有的一组特征，包括极端的自闭性孤立、保持同一性的强迫性要求、出色的机械记忆能力、模仿言语的迟误、对刺激的过度敏感、自发性活动类型的局限性、良好的潜在认知能力以及高智力水平，这些特征在未来的发展中可能会发生变化。如上所述，孤独症的具体症状在不同的个体以及同一个体的不同发展时期有不同的表现。

根据一些行为特征诊断孤独症时，不可忽视的问题是这些行为特征是不是偶然地同时发生在某一个体身上，即孤独症是不是一种症候群？对于这一问题，Wing和Gould（1979）在英国伦敦南部的坎伯威尔（Camberwell）地区以15岁以下的居民为被试进行了大范围的基础性研究。他们得出的结论是："具有社会性障碍的儿童全部表现出反复性的刻板行为,且几乎这些儿童在言语和象征活动上都表现出异常或欠缺。可以说,我们的研究表明了这些障碍发生在一起的倾向非常明显。"Shah 和 Wing(1986)对成人的调查结果也支持了社会障碍/交流障碍与想象障碍之间存在密切联系。这三种主要障碍是孤独症患者的核心特征,其他障碍在孤独症个体身上未必总能够发现。例如,在智力测验中,患者的操作项目的成绩高于言语项目的成绩,呈现出明显的不均衡性;音乐、绘画、计算等方面具有超出他们智力水平的特殊能力等。大部分孤独症患者表现出的一些症状又不是孤独症特有的,如不断地前后晃身体、拍打自己的胸脯、拧手指等刻板行为可以见于其他心理障碍患者。另外,只穿具有特定颜色或花纹的衣服,把某一东西摆放在固定的地方等保持同一性的要求和对变化的抵抗,可以看作是孤独症特有的症状。Wing 和 Gould(1979)提出的孤独症的三个主要症状构成了临床上诊断孤独症的基础,即在社会相互作用上存在质的障碍,在言语和非言语的交流以及想象活动中存在质的障碍,以及活动和兴趣的范围存在明显的局限性。

与此同时,Rutter(1978)归纳了儿童孤独症的三个主要诊断依据。

1)人际关系障碍。5岁之前,缺乏依恋行为,和他人没有目光交流。5岁之后,不会与其他儿童一起玩耍,没有朋友,缺乏共情能力,不能正常地感受他人的情感和反应。

2)语言交流障碍。语言理解和表达能力发展迟滞,有目地使用物品的能力欠缺,极少参与表演性游戏,机械模仿他人的话语,语言发声单调,而且很少用于交流。

3)知觉僵化。对游戏方式的变化无动于衷,心智活动僵硬和呆板,想象力极其有限,对物品有强烈的依恋,固执地进行某种单一活动,例如,孤独症儿童常对公交汽车路线、火车时刻表、颜色、数字和形状等表现出刻板行为或动作;拒绝环境的改变,例如,家具移动位置会使他们焦虑不安。上述观点得到了后续研究的支持。

目前,孤独症的诊断标准主要是人际关系障碍、语言交流障碍、知觉僵化和行为刻板。

第三节　孤独症的主要影响

孤独症对儿童个人、家庭和社会都有着不可忽视的影响,具体包括以下几个方面。

一、个人影响

（一）感知觉发展

许多关于孤独症儿童的研究都关注感觉和知觉能力。整体而言，这些研究发现，孤独症儿童基本的感觉和知觉能力是没有异常的，但是他们对特定刺激有异常的反应模式，包括过度反应和反应不足。例如，孤独症儿童对声音刺激存在异常的偏好，缺乏典型发展儿童所具备的对母亲声音的偏好（Klin et al.，1992），并且不同的儿童对于不同的刺激会表现出不同程度的反应。许多低功能孤独症儿童会表现出感觉异常，如对光线或者旋转的风扇的奇特和持久的注视，反复地让水和沙子从自己的手上流过，对物体进行仔细和持久的观察，以及在眼前闪动自己的手指。Losche（1990）对低功能孤独症儿童家庭录像的研究表明，孤独症儿童的感觉运动发展在婴儿阶段是正常的，但随着年龄的增长，这些儿童逐渐表现出了发展的迟滞甚至是倒退，表现出无目的和刻板的行为。孤独症儿童感知觉异常的另一个方面是整合缺陷，即孤独症儿童不能够协调和整合多种类型的感觉输入来形成连贯、一致的功能性表征（Shapiro & Hertzig，1991）。这种缺陷发生在所有模态上，并且可能是孤独症其他缺陷的基础。此外，研究发现，孤独症儿童对他们强迫性行为模式的微弱变化非常敏感，如日常物品摆设的改动或者熟悉的视觉刺激上出现的微小瑕疵。这种"增强"的知觉通常包括对低水平特征的加工，并且通常是针对具体领域的，而不是泛化的。

根据皮亚杰的认知发展理论，早期的认知发展属于感知运动阶段。这一阶段，典型发展儿童会具备某些能力，如客体永久性、模仿能力等。孤独症研究者发现，孤独症儿童在感知运动阶段的发展存在着不足，虽然他们能够表现出客体永久性，但是在语言和手势模仿上表现出了明显的缺陷。模仿技能的习得同更复杂的认知技能相关联，如目的推理。模仿缺陷是孤独症的一个明显特征，典型发展儿童在1岁左右通常能够进行模仿游戏，但孤独症儿童往往缺乏这种能力（Prior et al.，1975）。这种缺陷似乎随着儿童年龄的增长和语言能力的发展而逐渐消失（Morgan et al.，1989）。但除了高功能孤独症患者，交流和社交行为的模仿缺陷在孤独症群体中却是持久和广泛的（Wing，1981）。与模仿相关的是，孤独症儿童通常不能够发展出操作性表征、生成与操控象征材料及发展出概念结构（Green et al.，1995），因此他们的感知运动和认知的发展上限较低。在与智力障碍儿童的比较研究中，Sigman 等（1992）发现，运动、语言、感知、象征和情感行为的模仿缺陷是孤独症儿童所特有的。Smith 和 Bryson（1994）提出运动模仿能力的缺陷可能不是孤独症儿童所特有的,其他发展障碍的儿童,尤其是伴随语言损伤的儿童也会表现出这种特点。近年来,一些研究者也开始探索孤独症模仿缺陷的原因,尝试回答模仿缺陷是由概念化能力和象征能力的损伤所造成的,还是由组织、协调和整合身体运动的能力的问题所引起的（Rogers & Williams, 2006）。

（二）运动发展

近年来的系统性研究发现,低功能孤独症患者存在明显的运动发展延迟或异常。Wing（1976）描述了孤独症个体在计划和执行有组织的运动计划（如骑三轮车）和同时执行多个运动任务时存在着困难,表现很笨拙。他发现,运动障碍是孤独症的显著特点,例如,舞蹈症式的运动、平衡问题、步态异常和受损的运动模仿能力。Bennetto 等（1996）在研究高功能孤独症患者的运动模仿时注意到,孤独症个体存在基本的运动功能问题和运用障碍,十分不利于模仿动作的完成。

研究者进一步发现,大部分孤独症个案的运动发育里程碑的达成是更慢的（DeMyer et al., 1981）。Noterdaeme 等（2002）对孤独症儿童、语言障碍儿童和典型发展儿童进行了比较,发现孤独症儿童在平衡、协调、肢体动作和眼动等运动方面都存在问题。一些研究者倾向于使用更标准化的运动损伤测试,以改进对运动发展的评估（Smith, 2000）。研究者使用标准化运动损伤测试招募阿斯伯格综合征患者和高功能孤独症患者作为被试,结果发现两组被试在许多运动方面表现出了动作的笨拙（Goldstein et al., 2001）。Mayes 和 Calhoun（2003）对大量的3～15岁孤独症儿童进行了研究,发现及时发展出早期运动发育里程碑的儿童在学龄期也会表现出正常的智力水平。然而,通过标准化的视觉运动测试,研究者发现他们的书写运动能力一直存在缺陷。书写运动需要精细化运动技能,Manjiviona（2003）的研究也支持在学校的孤独症儿童中书写问题是一直存在的,即使是在高功能孤独症群体中也是如此。

（三）注意

许多研究记录了孤独症患者的注意异常。在案例研究和临床文献中,研究者发现孤独症个体似乎有过度聚焦的注意倾向,他们倾向于仅对部分环境线索做出反应（Lovaas et al., 1979）,并且孤独症患者在不同感觉模态间的注意转换上存在控制缺陷。在一项研究中,达到平均智商水平的成年孤独症患者在不需要转换注意的任务上的表现与成年控制组相近，但是当任务需要在语音和视觉通道上快速转换注意时，孤独症组比控制组的表现要差得多（Courchesne et al., 1994）。使用视觉空间朝向任务的研究发现，孤独症组比能力匹配的控制组要花更长的时间将注意从一个目标转移到另一个目标上（Townsend et al., 1999）。也有研究者指出了注意范围缺陷的问题，认为孤独症个体的注意范围更狭窄，并且要花更长的时间才能注意到注意范围边缘的事物（Mann & Walker, 2003）。

相比而言，一系列研究指出孤独症个体在维持注意的能力上具有正常的表现，在选择性注意上表现出了与典型发展儿童接近的水平（Allen & Courchesne, 2003）。研究者通过进行一系列注意测试发现了孤独症个体在维持和聚焦注意上的优势以及在取消和转移注意上的缺陷（Noterdaeme et al., 2001）。这种注意上的优势和缺陷不同于注意缺陷与多动障碍（attention deficit and hyperactivity disorder, ADHD）患者。ADHD患者在取消和转移注意上没有困难，但他们在维持注意和控制冲动上表现出了严重的损伤（Swanson et al., 1991）。

孤独症个体异常的注意过程可能影响了其对环境刺激意义的理解，导致他们在缺乏清晰指导的情况下对于要注意什么往往会做出更差的选择。此外，他们也具有更强的倾向去过度聚焦来达到对过度输入的控制，这反过来限制了适应性的学习，并使得缺陷持续存在。

（四）一般智力功能

长久以来，人们认为孤独症患者的智力是存在缺陷的。在一项早期有影响力的研究中，DeMyer等（1974）发现他们的孤独症样本中有接近1/2的人出现了严重智力缺陷（IQ<35）；1/4的人现出了中等程度的智力缺陷（IQ为35~50）；1/5的人有轻度智力缺陷（IQ为51~70）；只有6%的人的智力达到了正常水平（IQ>70）。但是后续的研究样本中有接近1/4儿童的智力功能是处于边缘水平或更好（Lord & Schopler, 1988）。早期的研究样本中，高功能孤独症个体较少，可能是因为当时对轻度孤独症的识别不如当前做得这么好。一项关于学龄前样本的流行病学研究发现，31%的孤独症儿童和94%的孤独症亚型（如阿斯伯格综合征和待分类的广泛发展性障碍）儿童表现出的智力水平为轻微智力障碍（Chakrabarti & Fombonne, 2001）。这说明IQ>70的高功能孤独症实际上可能是更普遍的形式。一般来说，孤独症女孩在智力测验上比男孩得分更低，并且有更低比例的人是高功能孤独症（Konstantareas et al., 1989）。

孤独症儿童在智力测验中表现出的具体技能水平有较大差异。他们在需要语言、抽象推理、整合和排序的智力任务中表现最差。他们在需要视觉空间加工、细节注意和机械性记忆的任务中表现更好（Green et al.，1995）。有研究者提出，这样的智力特点在孤独症儿童身上是普遍的，可以作为诊断依据（Lincoln et al.，1988）。但是在一项大样本高功能孤独症成人的研究中，只有20%的被试的语言智力水平高于非语言智力，16%的被试反而表现出了相反的模式（Siegel et al.，1996）。类似地，在一个由孤独症儿童组成的样本中，62%的儿童表现出了语言和非语言智力的差异，但这种差异以同等的概率发生在两个方向上（Tager-Flusberg，2003）。因此，这种智力特点不应被作为诊断的标准。

有的研究者认为，阿斯伯格综合征儿童的认知特点不同于孤独症儿童。在最初对症状的描述中，阿斯伯格指出这些儿童非常笨拙并且在粗大和精细运动发展上表现出了迟缓（Asperger，1944）。运动缺陷与较差的视觉空间技能相关（Henderson et al.，1994），这激发了研究者对阿斯伯格综合征个体的视觉空间技能进行研究的兴趣。一项研究发现，患有阿斯伯格综合征的被试在粗大和精细运动能力、视觉运动整合、视觉空间知觉、视觉记忆和非言语概念形成上表现出了缺陷。相反，具有相似IQ的高功能孤独症患者在这些任务中表现良好，但是在听知觉、语言记忆、发音、词汇和语言输出上表现出缺陷（Klin et al.，1995）。然而，一些研究团队不能够复现这些发现（Mayes & Calhoun，2003；Miller & Ozonoff，2000），因此尚且不能认为认知特点可以用于区分不同的孤独症亚型。

随着时间的推移，孤独症个体的IQ得分是相对稳定的。孤独症儿童学龄前和学龄期的IQ得分具有显著相关，并且这种相关性与无障碍儿童群体表现出的相关性是接近的。初始评估的年龄越大，得分越稳定，越具有可预测性。然而，有一部分孤独症儿童的IQ分组水平随年龄的增长而改变（Lord & Schopler，1989；Mayes & Calhoun，2003）。早期干预也会改变孤独症儿童的IQ分组（Rogers，1998）。尽管如此，IQ分数依然是孤独症功能水平的有效预测因素。

（五）记忆

Kanner（1943）在描述孤独症症状的文章中提到过孤独症儿童具有卓越的记忆力，他们能够记住很长的项目和事实清单。许多研究者也认为，孤独症儿童的仿说倾向表明其有高于平均水平的听觉机械记忆能力（Hermelin & Frith，1971）。早期实验研究证实了孤独症患者的短时和机械记忆过程是完整的。在一系列研究中，Hermelin和Frith（1971）发现，孤独症儿童的短时听觉记忆与同龄的典型发展儿童和智力缺陷儿童是一样的，尽管在方式上存在差异，但孤独症被试能够像控制组被试一样复述单词串。Prior 和 Chen（1976）的研究发现，如果年龄匹配的孤独症儿童、精神发育迟滞或其他发展障碍儿童在对清单的学习和获得上没有差异，那么这三组儿童在视觉任务中回忆起单个项目和清单的能力是等同的。他们据此提出孤独症组和非孤独症组记忆任务表现上的差异可能是由于学习与获取差异导致的，而不是记忆上的问题。一些研究者通过对多个年龄段的被试进行研究发现，孤独症被试的再认记忆是正常的，包括学龄前儿童（Dawson et al., 2001）、学龄期儿童（Barth et al., 1995）和更年长的孤独症被试（Beversdorf et al., 2000）。

虽然短时和机械记忆是完整的，但孤独症儿童在工作记忆上可能存在缺陷。工作记忆是一种将信息维持在激活状态以指导认知过程的能力（Baddeley, 1986）。典型的工作记忆任务需要被试同时维持信息的激活，加工并且储存结果，以便后续回忆。早期的研究发现，相比控制组被试，孤独症被试在工作记忆上是显著受损的，在短时和长时再认记忆以及线索回忆上却没有问题（Bennetto et al., 1996），但是后续的研究没有证实这一发现。Russell（1996）的研究表明，孤独症被试与控制组被试在言语工作记忆上没有出现差异。另一项研究也发现，高功能孤独症儿童与控制组之间在工作记忆上没有表现出显著差异（Ozonoff & Strayer, 2001）。因此，到目前为止，孤独症个体的工作记忆是否确实存在缺陷，尚且存在疑问。

（六）语言

大部分孤独症儿童在 2 岁时出现明显的语言和交流上的缺陷。学龄前被确诊的儿童的家长也报告了这种损伤的存在（Rapin, 1996）。交流能力的损伤影响了孤独症儿童的语言和非语言技能（Wing, 1996），表现是从完全不能够发展出语言能力到一定范围的语言异常，包括仿说、特异的发音、代词的混淆以及贫乏的理解能力（Bishop & Rosenbloom, 1987）。大概 1/2 的孤独症儿童没有发展出交流性的语言。许多缺乏语言能力的儿童可能会通过发出哼哼的声音、做出指示行为或者通过工具性的触摸如拉扯来表达需求。少数儿童可能会使用几个单词来实现类似的目的，他们使用手势交流的能力是受限的。如果一名孤独症儿童在 6 岁之前还没有发展出语言能力，那么他未来就很难习得语言。在 2 岁之前发展出一些语言能力的孤独症儿童预后是较好的，但不能说话的儿童的预后较差。即使是能够说话的儿童，他们的语言交流功能也明显地受到了损伤和限制。语言和社交行为的基础是交流的意图，而孤独症儿童的交流意图是受损的。另外一种观点则认为，许多儿童有交流的意愿，但是缺乏有效实现的能力。

对于那些能够说话的孤独症儿童，人们注意到他们的语言具有许多异常的特点，包括语言过于具体，仅从表面意义上理解语言，出现代词逆转、反常或单调的发声特点，使用比喻性的语言，不能够发起和维持对话，使用仪式化和不灵活的语言，对倾听者的反应不敏感（Tager-Flusberg，1981）。

语言的异常似乎在发展的早期就开始呈现，表现为婴儿咿呀语的缺少或异常，对人类言语缺少正常的偏好（Klin，1991），缺乏对语言环境的理解，不能够模仿声音和言语，说出第一个单词和短语的时间滞后，以及语言发展的倒退。

在一系列研究中，Tager-Flusberg（1981）及其同事研究了孤独症儿童的语言习得，并将其与典型发展儿童和唐氏综合征儿童进行了比较。尽管在家庭的环境中，孤独症儿童在语言发展的早期阶段的表现同对照组是相似的，但随着年龄的增长，他们逐渐偏离了正常的发展轨迹。他们更倾向使用惯用的和简单的回应，而没有发展出更复杂的对话，并且他们似乎没有意识到对话为自己提供了学习新知识和分享体验的机会。他们的词汇是受限和刻板的，语音、语调通常是异常的。一些儿童可能会经常说悄悄话，说话没有抑扬顿挫或者说话声音太大。

一项在学校情境中对多种认知能力水平孤独症儿童进行的自然观察研究表明，他们最普遍的交流形式是工具性的，并且会以运动的形式表达，例如，触碰另一个人来引起他们的注意（Stone & Caro-Martinez，1990）。Volden 和 Lord（1991）的研究发现，大部分高功能孤独症儿童会使用不同寻常的单词、短语，或者是自己造词。孤独症儿童也经常会使用特殊形式的语言，这种语言在语法和音律上同他们的母语都不相似。这种使用特异语言的倾向应当属于孤独症儿童广泛语言损伤的一部分，而不仅仅是发展迟滞的结果。

孤独症儿童最普遍的语言缺陷可能是语用障碍，例如，他们很难使用语言去进行社交性的交流（Tager-Flusberg & Anderson，1991）。大部分研究表明，孤独症儿童在语言的机械力学和形式方面是与心理年龄水平相匹配的，例如，习得语音的顺序，语法和语言内容的相关指标，如句子的长度和复杂度等（Green et al.，1995），但是他们不能够掌握语言的语义和语用，或者说与社交相关的方面。无论他们的语言能力如何，这种障碍几乎在所有孤独症儿童身上或多或少都有表现，即使是高功能孤独症儿童也表现出了这种语用障碍。他们很难根据听众的反应来调整对话，在感知听众想要或者在想什么上存在困难，在对话中难以想象下一步事情向哪里发展。一些个体能够表达他们体验到了这些交流问题，他们希望克服它，但是不管如何激励，他们都不能够调整自己的谈话和思考方式。一个典型的例子是阿斯伯格综合征患者倾向于使用卖弄学问式的语言进行对话，几乎不考虑听者的感受和兴趣。他们在对复杂问题的理解和反应、对高阶的情景化语言的加工上也存在困难。他们很少能够理解那些没有具体指代的抽象单词，因此"思考""感受""想要"这些在正常社交行为中传递的信息会使他们感到困惑。

（七）情绪和面孔知觉

孤独症个体情绪知觉能力的实验研究基础来自 Hobson（1986）对早期情绪发展所做的解释。Hobson（1986）强调婴儿天生具有识别社交和情绪线索的能力，能够与他人进行情绪接触，并且在情感上体验与他人的亲密关系。假设这种内在的机制在孤独症儿童身上并没有正常的发展，这可以解释他们诸多社交行为的异常。此外，他的理论也预测在那些需要识别他人情绪状态的实验任务中，孤独症儿童应该会出现困难。

Hobson（1986）使用一种跨模态范式探究了孤独症儿童的情绪加工问题。其中，被试需要匹配情绪性或非情绪性的语音、视觉刺激材料，相比控制组被试，孤独症被试在情绪性材料上犯了更多的匹配错误，但是在非情绪性材料上的表现与控制组被试一样。Weeks 和 Hobson（1987）的研究表明，孤独症儿童倾向于根据非情绪特点（如发型和装饰）对面孔进行分类，而不是根据面部表情，当需要根据情绪来对面孔进行分类时，他们的表现是相对较差的。

其他使用类似范式的研究重复了这一研究结果，还发现相比控制组，孤独症儿童很少注意他人的情绪表达，倾向于忽略它们，或者参与到其他活动中去（Sigman et al.，1992）。一些研究发现，孤独症个体在识别情绪相关词汇的意义时的表现比识别非情绪性词汇时的表现差（Hobson & Lee，1989）。

然而，情绪知觉的早期研究中存在着两个方法学的问题。一是问题的难度，非情绪任务的难度往往是比较小的。因此，孤独症被试在情绪任务中表现出缺陷而在非情绪任务中没有表现出缺陷的现象，未必能说明其只是在情绪知觉上具有缺陷。二是早期研究中没有控制语言能力在情绪知觉中的角色。如果加工情绪信息时需要语言能力的介入，那么情绪任务中的组间差异可能是由于语言能力的不匹配导致的，而非反映了情绪知觉的缺陷。这两个问题在接下来的研究中得到了解决。Hobson 等（1988a）的研究发现，当孤独症儿童与控制组被试在语言能力上相匹配时，情绪分类、匹配和命名任务的组间差异就不再明显了。其他研究团队也复现了情绪知觉任务上的表现对控制组特点的依赖以及当语言能力匹配时组间差异的消失（Buitelaar et al., 1999；Gepner et al., 2001）。Capps 等（1992）的研究发现，情绪识别的缺陷仅仅发生在复杂的情绪上，如骄傲和尴尬，因为识别这些情绪需要进行社会推断和社会比较。Baron-Cohen（1991a）认为，这类情绪识别上的缺陷反映的是孤独症儿童的心理理论问题而不是情绪知觉的损伤。类似地，Adolphs 等（2001）的研究发现，孤独症儿童在简单的情绪识别上没有表现出差异，但是当通过面孔做社会推断（如信任和亲近）时，孤独症儿童表现出了情绪知觉的损伤。

这些结果表明，有许多调节变量解释了孤独症患者在情绪知觉任务上表现出的差异。孤独症被试与控制组被试在情绪知觉上的差异，可能是继发于孤独症被试语言认知或者心理理论上的缺陷，并不是反映了独特的情绪加工的损伤。总之，研究表明，情绪知觉缺陷并不是孤独症患者特有的，精神发育迟滞（Hobson et al., 1989b）、学习障碍（Holder & Kirkpatrick, 1991）和精神分裂（Walker et al., 1984）个体也表现出了这种特点。

（八）与同伴的关系存在问题

目前，已有充分的证据表明，孤独症儿童无法参与社交游戏和同龄人的活动，并且无法建立亲密的友谊（Lord & Bailey, 2002）。其原因包括在婴幼儿时期，他们往往缺乏自动的社会性反应，比如，无法对房间另一端父母的声音进行定位。伴随个体的发育，他们可能会避免与同龄人接触，更喜欢与成年人在一起，或者他们可能会尝试加入比自身年龄小很多的孩子的游戏中。即使在与其他孩子的交往中，孤独症儿童还是会表现出许多问题，例如，可能会攻击他人，年幼的孤独症儿童缺乏适当的社交技能，以至于他们试图通过打别人或拿走别人的东西来与其接触。随着年龄的增长，同伴关系的困难会持续存在，但对于年幼的孩子来说，他们可能会主动地避免与同伴接触，年长的个体可能会变得更渴望被他人接受、加入到同伴中以及交朋友。由此可知，孤独症儿童在建立同伴关系时，往往无法充分意识到自己的社会困难，也无法掌握进入一个社会交流群体涉及的复杂互动方式。

同伴之间的亲密关系、乐于分享、相互帮助、具有同情和同理心等是建立友谊的基础。然而，许多孤独症儿童很难真正地理解这些抽象、难懂的概念。他们很可能意识到了友谊的存在，以及认为自己应该有朋友，却没有真正理解其中关系的复杂性。因此，尽管许多患有孤独症的成年人会描述自己有朋友，甚至有可以交谈的熟人，但他们之间很少有共同经历或相互理解的体验。

（九）难以接受教育

许多研究表明，只有大约20%的孤独症患者在主流学校接受教育，大约一半的患者则是在特殊教育机构中接受教育。比如，在伦敦进行的一项研究中，研究对象是68名相对有能力的年轻人（Howlin et al., 2004），他们童年时的IQ都在50以上，其中只有15%的人在主流学校接受过教育，将近一半的人在特殊教育机构中度过了大部分的学习时间，13%的人上过为有一般学习障碍的儿童开设的学校，约1/4的人大部分时间在各种其他教育环境中度过，如医院开设的学校、为有情绪和行为问题的学生开设的学校等。对于大多数人来说，学校的安置是相对稳定的，他们在小学或高中期间几乎很少换学校。但是研究人员在对181所中等教育学校学生的调查中发现，大多数学生的基本学业技能非常差，超过1/3的人在拼写、阅读准确性或理解能力测试中得分很低，在这些测试中表现较好的个体的平均年龄为9～11岁，可见孤独症患者在学校中接受教育的程度令人担忧（Howlin et al., 2004）。

（十）就业困难

多年来，孤独症群体就业的比例虽然有所提高，但仍然相对较低，而且大多数人的工作岗位都是比较简单的，并且薪水很低，比如，厨房帮手、工厂的非熟练工或超市工作人员。此外，他们的工作往往是通过家庭或个人关系获得的（即非正式渠道）（Howlin et al., 2004），并且这类群体的就业稳定性也很差，多数人长时间从事的是无薪工作。Howlin等（2004）对68名符合孤独症标准且儿童时期IQ ≥ 50的个体进行了随访，发现孤独症成年群体的平均IQ为75，只有1/3的人IQ在80以上。虽然大约20%的人已经获得正式资格（学位或文凭），但只有8人能够独立参与工作。即使是那些从事计算机或会计等高水平工作的人，他们的工作能力也常常低于正常水平，只有极少数职位能完全发挥他们的高文凭能力。Howlin等（2004）在收集了初始数据后的一段时间对同一组人进行了后续随访，发现从事独立工作的人数并没有增加，而且以前有工作的人也已不再工作。由此可知，随着年龄的增长，孤独症群体的就业情况不容乐观（Howlin et al., 2004）。

（十一）婚姻问题

人们普遍认为孤独症患者很难建立亲密关系，多数关于性或亲密关系的文章论述的都是关于不恰当或不可接受的性行为、如何处理这些行为、孤独症患者结婚困难以及伴侣间的问题等，并且这些问题常表现在沟通、分享、理解、表达或回应感觉和情绪困难，以及与僵化、刻板和重复的行为模式有关的障碍等方面。对于孤独症患者的婚姻问题，还应考虑到孤独症（在大多数情况下）是一种遗传障碍，夫妻中一方患有孤独症，他们的子女有更高的风险患有孤独症。关于遗传家庭的研究已经证实，近亲结婚的后代很可能会表现出孤独症的某些症状，包括与语言相关的问题（从发音障碍到阅读和拼写困难）、社会关系障碍、僵硬的行为模式或兴趣（Lord & Bailey, 2002）。在临床研究中，已有许多专业人士意识到，被确诊为孤独症儿童的父母中的一方（有时两者都有）在某种程度上与他们的子女有共同的特征。

（十二）独立生活

过去的许多研究表明，能够独立生活的孤独症患者少之又少，他们更多是与父母同居或者生活在庇护社区、收容机构中。例如，Larsen 和 Mouridsen（1997）完成了对18名丹麦个体的30年随访，其中9人患有孤独症，9人患有阿斯伯格综合征，年龄在30～40岁，认知水平从50岁以下到85岁以上不等。所有人都曾在某个阶段作为成年精神病患者入院，其中2人已经死亡，只有3人能够独立工作，3人参加了庇护讲习班，5人领取了残疾养恤金，其余的人参加了当地精神病医院的日间培训。在美国，Ballaban-Gil 等（1996）进行的一项电话调查发现，在45名被诊断为孤独症的成年人中，超过一半（53%）的人长期居家，只有1人独立生活。11%的人有正规工作（全部从事体力劳动），还有16%的人在收容所工作。研究者在伦敦莫德斯利医院进行的一项研究中（Howlin et al., 2004），有68人（61名男性和7名女性）在21～48岁被跟踪调查，其中7人能够独立或半独立生活，但1/3的人仍与父母住在一起，有一半住在特殊社区，这些社区大多是专门为孤独症患者设立的，几乎没有发展竞争性工作技能的空间。由此可见，孤独症患者成年后的独立生活会受到自身能力的限制与阻碍，需要国家、政府采取更加积极的措施，加大对各类机构和家庭的投入与帮助。

二、家庭影响

孤独症对儿童父母和家庭的影响是多方面的。孤独症患者在认知及适应能力上的缺陷限制了他们独立生活的能力，导致他们一生都需要父母和家庭的照顾与帮助（Volkmar & Pauls, 2003）。Seltzer 等（2001）对发育障碍儿童父母开展的纵向研究表明，超过50%的50岁以上的父母仍然和孩子生活在一起。孤独症儿童的父母往往认为患孤独症的孩子会为自己和家庭带来终身的负担，进而改变对养育子女的看法，并对未来抱有更悲观的态度。总体而言，抚养和支持患有孤独症的孩子会对父母和家庭产生负面影响。以下从孤独症儿童对父母和家庭的多方面影响进行论述。

（一）降低父母的自我效能感

父母自我效能感（parental self-efficacy，PSE）指的是父母相信自己在多大程度上能够有效养育子女，这种信念会影响实际的育儿行为。Jones 和 Prinz（2005）对典型发展儿童父母的自我效能感进行了研究，认为自我效能感可以预测育儿能力，自我效能感水平高的父母往往会采用更有效的教养方式。同时，自我效能感可能会因孩子患有孤独症而受到影响。Sofronoff 和 Farbotko（2002）在提高孤独症母自我效能的家长管理培训计划的调查中发现，与对照组相比，参加为期 1 天研讨会的父母和参加个别治疗会议的父母的自我效能都有所提高。此外，Keen 等（2010）的研究发现，相对于自我导向干预，以家长为中心的干预对自我效能感有更大的改善。这些发现表明，孤独症儿童父母的自我效能感是可塑的，并被简短的、有针对性的干预所改善。Sofronoff 和 Farbotko（2002）的研究还发现，干预后父母报告的儿童行为问题更少，这表明孤独症儿童父母自我效能感的增加会对儿童产生直接影响。然而，总的来说，针对孤独症患儿父母的育儿自我效能感的研究还很缺乏。

孤独症儿童父母自我效能感降低的原因可能有以下几点。首先，孤独症儿童父母可能也具有一些自闭特征，例如，社交焦虑或非语言沟通困难，这导致他们在帮助孩子解决类似问题时缺乏信心。其次，关于孤独症的病因和定义存在争论，再加上针对孤独症的干预措施过多，家长常常对孩子的最佳治疗过程感到不确定和困惑（Mackintosh et al.，2012）。此外，Sofronoff 和 Farbotko（2002）指出，诊断的延迟（对于阿斯伯格综合征，诊断可能会延伸到青少年时期）通常意味着患有孤独症儿童的父母在很长一段时间内一直在使用无效的育儿策略，这让他们感到沮丧，并怀疑自己的育儿能力。最后，由于孤独症儿童缺乏相互的社会交流，孩子的父母可能会觉得无法满足其患有孤独症的孩子的情感需求。

在针对孤独症儿童父母的研究中，影响自我效能感的各方面因素不可忽略。Kuhn 和 Carter（2006）指出，母亲的代理感下降和内疚感增加与较低的自我效能感相关，并且抑郁、压力、孤独症儿童确诊时长以及家庭中是否存在另一名残障儿童等因素对自我效能感同样产生了很大影响。Hastings 和 Brown（2002）的研究发现，父母对于明确孤独症和自我效能感之间的关系十分重要，并且他们的育儿效能方面也存在差异。对于母亲来说，自我效能感在儿童不良行为与母亲焦虑和抑郁之间起中介作用，而对于父亲而言，自我效能感被发现可以调节儿童行为问题和父亲焦虑之间的关系。

（二）育儿压力

父母养育孤独症孩子过程中的育儿压力是被广泛研究的领域之一，研究者一般专门围绕养育任务中存在的焦虑、压力、冲突进行（Rao & Beidel, 2009）。孤独症儿童照顾者的育儿压力因素包括儿童的认知障碍、外化行为问题和内化痛苦、情绪紊乱或易怒、功能依赖、多动、不服从、缺乏自我照顾能力和适应功能低下、语言障碍、学习障碍、终生需要照顾、广泛的社会困难以及不适当的饮食、如厕和性表达，还有家庭发展机会受限、留在家庭中的高可能性（Bebko et al., 1987; Ingersoll & Hambrick, 2011）。因此，明确父母养育孤独症儿童的压力水平显得尤为重要。认知障碍虽曾被认为是父母养育压力升高的重要原因（Bebko et al., 1987），但 Davis 和 Carter（2008）发现，它并不是父母养育压力产生差异的唯一原因。Rao 和 Beidel（2009）指出，高功能孤独症儿童的高智力功能并不能改善父母的高水平压力。Davis 和 Carter（2008）认为，语言和沟通缺陷与刻板印象行为都不是父母教养压力的显著原因，孤独症儿童常见的情感、功能和行为问题的独特组合以及该障碍的普遍性对父母的影响远大于孤独症的核心症状本身。因此，在评估治疗如何影响父母育儿压力时，孤独症干预的目标（即改善功能障碍与相关症状）可能是重要的考虑因素。

一些研究人员发现，父母所使用的应对策略类型和父母所获得的社会支持程度对父母的压力有显著影响（Tehee et al., 2009）。父母的压力似乎也受到他们的烦躁不安、是否推迟或放弃生活计划、与家庭和朋友疏远等方面的影响（Wolf et al., 1989）。父母性别同样与育儿压力有不同程度上的关系。孤独症儿童的母亲相较父亲承受着更高水平的育儿压力（Davis & Carter, 2008; Herring et al., 2006; Tehee et al., 2009）。Bebko 等（1987）注意到了父母性别和孩子年龄之间的交互作用，年龄较大的孤独症儿童的母亲表现出较低的压力水平，而父亲的压力水平在孤独症儿童的整个童年都保持一致。这种压力的降低可能表明母亲在养育子女过程中能调整自身压力并逐渐接受孩子的孤独症缺陷。Hastings（2003）指出，母亲的压力与子女的障碍程度和父亲的心理健康息息相关。Tehee 等（2009）的研究发现，与父亲相比，孤独症儿童的母亲表现出更高的父母参与水平，并且与父母压力密切相关。由此可知，在研究父母养育压力时，我们应更详细地了解父母如何划分孤独症患儿的照顾责任，以及这种照顾责任的划分是如何影响父母的心理健康的。

（三）父母身心健康和生活质量下降

有研究指出，抚养一个患有孤独症的孩子会导致父母幸福感的普遍下降和心理健康问题的增加（Ekas et al., 2010）。与典型发展儿童的父母和其他发育障碍儿童的父母相比，孤独症儿童父母的心理健康问题水平较高（尤其是抑郁和焦虑）。Gau 等（2011）的研究表明，孤独症儿童的父母表现出更多的强迫症、人际关系敏感、敌意、偏执狂和精神分裂症特征。研究人员还发现，与智力残障儿童的母亲相比，孤独症儿童的母亲经历的总体痛苦水平更高，生活质量更低（Mugno et al., 2007；Olsson & Hwang, 2001）。同样，父母在心理健康问题上也表现出了性别差异。Olsson 和 Hwang（2001）注意到，孤独症儿童的母亲和其他发育性残障儿童的母亲都比孤独症儿童的父亲经历了明显更大的痛苦。Hastings（2003）在一项对有一个患有孤独症孩子的已婚夫妇的研究中指出，母亲比父亲经历了更高水平的焦虑，且更容易受到孩子和父亲身心健康的影响。也有研究者注意到（Olsson & Hwang, 2001），在有孤独症孩子的家庭中，单身母亲比有伴侣的母亲经历了更多的痛苦，这表明父亲（或其他）照顾者的存在会影响抚养患有孤独症的孩子和母亲抑郁之间的关系，并且儿童行为问题和能力低下是导致母亲抑郁水平升高的原因。Herring 等（2006）指出，孤独症儿童的行为和情绪功能缺陷比其他方面更容易导致父母的心理健康问题。相较于典型发展儿童和智力障碍儿童的父母，孤独症儿童的父母的身心疲劳程度（Smith et al., 2010a, 2010b）、身体健康受损程度（Allik et al., 2006；Mugno et al., 2007）更高，并且孤独症儿童父母与典型发展儿童父母的生理和心理症状差异的方向性尚不明确。因此，这一领域的未来研究应以关注孤独症儿童的父母身心健康为首要考虑，以及明确父母身体健康受损与因时间和经济资源有限而缺乏自我照顾之间的关系。

（四）对亲子关系的影响

孤独症儿童的父母虽受到自身压力水平、沟通质量等方面的影响，但能够与孩子维持良好的亲密关系。此外，孤独症儿童的母亲和典型发展儿童的母亲在与孩子的情感亲密度上没有区别。Hoffman 等（2009）假设孤独症的诊断实际上可能是亲子关系中的一个保护性因素，并且 Montes 和 Halterman（2007）的研究发现，父母不太可能对他们自己的孩子生气，而是将不良行为的原因归咎于孤独症症状（Whittingham et al., 2008）。Gau 等（2011）认为，不应单纯地将高水平的亲子关系亲密度（或家庭凝聚力）解释为家庭的积极关系，并指出它可能代表父母一方或双方与孤独症患儿之间的亲密或过度亲密的二元关系，这可能会对兄弟姐妹和/或整个家庭产生负面影响。因此，为了理解这些构念之间的相互作用，需要更深入地理解父母适应性、关系内聚性和二元关系满意度。父母谨慎的育儿实践强调清晰、冷静的心态，专注于当下，可以减少孤独症儿童的攻击性行为、不听话和自残行为，同时也可以提升母亲对育儿技巧和儿童互动关系的满意度（Singh et al., 2006）。

（五）对父母婚姻关系的影响

家中有孤独症孩子会在不同程度上影响父母的婚姻和整个家庭系统。很多研究已证实，父母的压力、冲突以及孤独症儿童问题行为的增加会导致孤独症儿童父母的离婚率高于正常儿童的家庭。Hartley 等（2010）的研究发现，有孤独症儿童的家庭离婚率几乎是正常儿童家庭的 2 倍，并且孤独症儿童的父母离婚的风险会持续很长一段时间，这种风险会从儿童早期持续到儿童成年早期。Kelly 等（2008）注意到了家庭冲突对孤独症症状的预测作用，发现消极的家庭关系比积极的家庭互动对儿童孤独症症状表现的影响更大。与正常儿童的父母相比，孤独症儿童的父母对婚姻的满意度会下降，原因是父母之间缺乏一致意见和积极的情感表达（Brobst et al., 2009；Gau et al., 2011）。Hartley 等（2011）的研究指出，婚姻满意度会显著影响孤独症儿童父母的育儿经验，尤其是父亲更容易受到孩子症状严重程度的影响。婚姻满意度似乎也会影响孤独症儿童的兄弟姐妹关系（Rivers & Stoneman, 2003）。这表明孤独症的缺陷会在整个家庭系统中产生影响。

（六）对兄弟姐妹的影响

患有孤独症的群体在生长发育过程中尽管可能会面临着父母关注的减少、与兄弟姐妹之间存在沟通障碍、社会互动与互惠有限以及其他尴尬或困难的公共行为，但大多数典型发展中的兄弟姐妹与孤独症患者之间的关系是积极的（Rivers & Stoneman, 2003）。然而，最初亲密的兄弟姐妹关系似乎会随着时间的推移而恶化，因为典型发展儿童可能与早期患有孤独症的兄弟姐妹具有更亲密的关系，并且孤独症儿童的父母对未受影响的孩子之间的兄弟姐妹关系的评价相对要高一些（Rivers & Stoneman, 2003）。此外，父母高估了未受影响的孩子对患病的兄弟姐妹所造成家庭影响的理解。因此，正常发育的孩子可能会将家庭困难的责任归因于患病的兄弟姐妹（Glasberg，2000）。

（七）家庭资源与生活质量下降

家庭生活质量（quality of life，QOL）是一种常用的衡量身体残障或精神疾病对家庭系统的负面影响的指标。对于父母来说，总体生活满意度的最佳预测因子是育儿负担（Milgram & Atzil，1988）。抚养患有孤独症孩子的家庭实际资源和生活质量与具体的日常需求息息相关，而这些需求包括持续的时间压力、巨大的经济负担、为子女的教育提供支持和照顾的需要、对医疗保健的投资以及获得医疗服务等，以至于父母至少一方不得不放下工作，居家照顾孩子的日常生活和对其进行干预训练。Lord 和 Bishop（2010）的研究指出，抚养一个患有孤独症的孩子比抚养一个正常发育的孩子需要多花费 300 万～500 万美元。Gabriels 等（2001）的研究发现，与正常发育儿童的母亲相比，孤独症儿童的母亲花在照顾孩子和完成家务上的时间更多，参与休闲活动的时间更少（Smith et al.，2010a，2010b）。由于这种压力，有发育障碍儿童的母亲每年比患有其他心理健康问题儿童的母亲少工作大约 8 周（Seltzer et al.，2001）。无工作能力增加了家庭的经济压力，父母也可能会减少为孤独症儿童提供的社会和情感支持资源。

三、社会影响

（一）医药费用

Croen 等（2006）分析了 2003 年 7 月—2004 年 6 月加利福尼亚州一家健康管理组织的行政数据。他们计算出了孤独症患者人均增加的医疗支出和中位数分别为 1800 美元和 700 美元。在家庭调查中，Liptak 等（2006）发现，1997—2000 年，每个孤独症儿童人均增加的医疗支出及其中位数分别为 2100 美元和 1400 美元。Shimabukuro 等（2008）计算出了 2003 年 1～21 岁孤独症患者相对于非孤独症患者平均每人增加的医疗开支和中位数分别为 4700 美元和 2600 美元，其中处方药所占比例较大（Oswald & Sonenklar，2007）。基于以上数据，我们发现不同研究之间在高昂的医疗费用上存在差异，原因可能如下：①被诊断为孤独症的儿童比那些在医疗系统之外被发现并没有被医生确认为孤独症的儿童会花费更多的医疗费；②由谁做出诊断或如何报告诊断，例如，医疗记录与教育记录、行政记录与父母调查等方面的差异也是致使孤独症患者医疗支出不同的原因。

（二）卫生保健服务

并非所有研究都收集了与孤独症相关的医疗费用数据，一些关于家长的调查仅收集了有关卫生保健服务使用情况的信息（Ganz，2006；Gurney et al.，2006）。此外，我们还可以基于患有孤独症和没有孤独症的人在使用保健服务比例上的差异估算相对医疗费用。有研究发现，孤独症儿童的非急诊门诊就诊次数平均是正常儿童的2倍，急诊门诊就诊次数也比正常儿童多（Croen et al.，2006；Gurney et al.，2006）。造成非急诊门诊就诊人数差异的原因尚不清楚，但保健服务比率与报告的医疗支出或费用的差异是一致的。在各类研究中，关于孤独症儿童保健利用趋势的数据却存在不一致。例如，1994—2000年，美国田纳西州参加医疗补助的孤独症儿童的平均服务天数减少了40%（Ruble et al.，2005）。相比之下，根据医疗理赔数据库（MarketScan）中统计数据的时间趋势分析，2000—2004年，经通货膨胀调整后的支出，私人投保的孤独症患者的平均医疗保险利用率增加了20%（Leslie & Martin，2007）。这一发现表明，不同支付方为孤独症儿童提供保健方面的政策和做法存在差异。

（三）非医疗支出

孤独症患者的非医疗支出包括教育服务、行为干预、居住成本、住宿护理、职业培训等方面。与孤独症相关的教育成本取决于提供什么样的服务。寄宿学校的费用要高得多，这在瑞典似乎很普遍，其教育患有孤独症的儿童的平均增量费用为25 100美元（Järbrink，2007）。在美国，更多的孤独症儿童在学校接受行为治疗，而不是在医疗机构（Ruble et al.，2005；Yeargin-Allsopp et al.，2003）。在受美国教育部委托的1999—2000学年特殊教育支出项目中，研究人员计算了为不同残障学生接受政府资助的特殊教育服务的平均支出，发现每名接受孤独症服务学生的平均增量支出为12 900美元（Chambers et al.，2004，2003）。在公立学校系统之外接受教育并有特殊教育服务报销的多重残障儿童平均增量支出为20 000美元（Chambers et al.，2003）。行为干预通常被推荐用于孤独症患儿的辅助治疗，并且越早干预效果就会越好，一般是在3岁之前（Butter et al.，2003）。基于应用行为分析的早期强化行为干预是一种常用的行为干预形式。使用这种方法时，孤独症儿童的标准护理周期为2~4年，每周应接受35~40个小时的一对一教学。根据最初的估算（Lovaas，1987），这种干预的成本平均每个儿童每年为4万美元，再加上家庭参与程度、经济情况以及其他因素，干预成本可能会超过 6 万美元（Butter et al., 2003；Chasson et al., 2007；Jacobson et al., 1998；Sallows & Graupner, 2005）。

患有孤独症的成人住院护理费用难以估计，部分原因是缺乏代表性样本的住院手续信息。孤独症患者的居住条件从独立生活到在为重度残障者提供的机构接受护理，在该范围之内同样存在一系列的选择，如构建集体之家、支持生活服务、半独立生活服务、与原生家庭成员一起生活或在寄养环境中生活。为了估计孤独症患者的平均居住成本，首先需要估计孤独症患者在这些不同环境中的分布情况。Krauss 等（2005）的研究发现，133 名患有孤独症的美国成年人（平均年龄 32 岁）中有 67 人生活在一个有工作人员的机构中，11%的人生活在半独立的环境中。有 51 人（38%）与家人住在一起，1 人住在寄养家庭。类似地，Eaves 和 Ho（2008）的研究发现，在加拿大 47 名患有孤独症的年轻人（平均年龄为 24 岁）中，有 23 人（49%）住在抚养机构。有研究指出，患有高功能孤独症的成年人居住成本（非医疗支出）要低得多，因为他们可能需要的监督更少。一些高功能孤独症成年人每人每年的平均支出仅为 2200 美元，其中大多数人不需要住院护理（Järbrink et al., 2007）。

患有孤独症的成年人可以从支持性就业服务中受益，如评估和诊断、咨询、求职援助、辅助技术和在职培训，进而提高工作的保留率和减少生产力损失（Hagner & Cooney, 2005；Lawer et al., 2008）。在瑞典，Järbrink 等（2007）评估了患有孤独症（主要是阿斯伯格综合征）的成年人的社区支持和就业服务费用，每年为 9800 美元。在英国一个为期两年的调查研究项目中，扶持就业的年平均成本为每人 20 400 美元（Mawhood & Howlin, 1999）。美国最大的就业扶持项目是由康复服务管理局运营的。2005 年，大约有 2000 名患有孤独症的成年人通过该机构接受了职业康复服务，平均每人花费 3300 美元（Lawer et al., 2008）。

（四）孤独症患者生产力较低

患有孤独症的人往往因失业或就业不足（缺乏适当的工作或良好的社会技能）而丧失生产力。Lawer 等（2008）的研究发现，在接受职业康复服务的美国成年孤独症患者中，有 42%的人获得了有竞争力的就业岗位，而 2.1%的人在从事有保障的工作。Järbrink 等（2007）的研究发现，大约 50%的患者有一份有偿工作，但每人每年平均损失 16 400 美元的潜在收入，占该研究中孤独症患者全年消费的近一半。Eaves 和 Ho（2007）研究了 47 名平均年龄为 24 岁的加拿大孤独症年轻人，发现 4%的人能够实现个人独立，49%的人有工作，47%的人在低薪兼职或者志愿者工作岗位工作。一项关于低功能孤独症个体在劳动力市场参与情况的国际综述表明，2%～18%的成年人有工作（Lavelle et al.，2014）。由此可见，多数研究表明至少50%患有高功能孤独症的成年人能够拥有工作，而功能水平较低的成年人由于自身的功能障碍，缺乏良好的社会生产技能，无法从事具有一定难度的工作，在生产制造效率上严重不足，致使平均社会生产力下降。

（五）养育者工作效率下降

养育患有孤独症的孩子需要额外的时间。在英国的一项调查中，8位父母报告每周平均花费40个小时来照顾他们患有孤独症的孩子（Järbrink et al.，2003）。美国的一项全国性调查发现，在孤独症儿童（3～17岁）的家庭中，有27%的家庭每周花费10小时以上的时间来照顾他们的孩子（Kogan et al.，2008）。2002—2003年，瑞典的家庭护理人员报告说，他们每周大约花2小时照顾患有孤独症的儿童（Järbrink et al.，2007）。在美国，2005—2006年的全国孤独症谱系障碍儿童或青少年（3～17岁）卫生保健调查报告指出，绝大多数（57%）的家庭会因为孩子的问题减少或停止至少一个家庭成员的工作（Kogan et al.，2008）。2003—2004年的关于美国儿童健康分析的调查发现，有39%的家庭在育儿方面考虑了家庭成员退出工作、换工作或者改变工作类型（Montes & Halterman，2008b）。Montes和Halterman（2006）通过对2005年全国家庭课外活动进行调查发现，从幼儿园到8年级，患有孤独症儿童的父母比其他儿童父母就业的可能性更小。Montes和Halterman（2008a）的研究发现，每一个患有孤独症孩子的父母每年约损失6000美元的收入。由此可知，有孤独症儿童的家庭在工作上正承受着来自不同方面的压力，其中的一方（父亲或母亲）作为养育者是导致工作效率下降的重要原因。

（六）年度总成本和终身成本较高

2009年，英国的Knapp等（2009）计算出4～17岁无智力障碍的孤独症儿童每年平均支出为33 100美元，其中教育和临时护理费用占比为89%。智力残障儿童的费用从4～11岁的36 900美元上升到12～17岁的63 200美元，教育和临时护理费用加起来分别占这些支出的58%和89%。在英国的一项针对17名孤独症儿童的小型试点调查中，每个孩子的平均年花费及其中位数分别为57 600美元和54 200美元（Järbrink et al.，2003），其中医疗费用占3%，非医疗费用占63%（教育和行为治疗费用占53%），父母的收入损失占34%。在瑞典，在一项33名儿童的样本中，孤独症患者的年人均费用为54 500美元（Järbrink，2007），成人的年度支出一般高于儿童。在英国，Järbrink 和 Knapp（2001）的研究发现，患有孤独症和智力残障的成年人每年的支出为 11.65 万美元，而没有智力残障的成年人每年的支出为 6.79 万美元。在瑞典，19 名年龄在 19～39 岁患有孤独症的年轻成年人的平均年费用为每人 35 600 美元（Järbrink et al., 2007），其中医疗费用占总费用的 16%，非医疗费用占 30%，生产力损失占 49%，父母收入损失占 5%。在澳大利亚，所有年龄的孤独症患者的平均总增量成本约为每人 38 000 美元，其中医疗费用占总费用的 3%，非医疗费用占 25%，生产力损失占 49%，父母收入损失占 23%（Lavelle et al., 2014）。

Ganz（2007, 2006）按照美国卫生经济学分析的标准做法，使用每年 3% 的折现率来计算，估计出一个典型的孤独症儿童一生的成本约为 320 万美元。该研究设定孤独症患者一生的过程为：在 3 岁时确诊，接受 4 年的行为治疗，到 22 岁时接受特殊教育和儿童保育，23 岁至生命结束前接受成人护理。Ganz 假设有 10%～35% 的孤独症患者从事支持性工作，他们能够接受与工作相关的特定帮助和指导，收入为平均国民收入的 20%；50% 的孤独症成年人生活在专门的机构中。同时，他假设 10%～20% 的父亲和 55%～60% 的母亲没有工作。根据这些假设，Ganz 预计其终生医疗支出约为 100 000 美元（3%），非医疗支出为 1 185 100 美元（37%），生产力损失为 971 100 美元（31%），父母生产力损失为 904 600 美元（29%）。在英国，Järbrink 和 Knapp（2001）评估了孤独症患者的终身成本。他们假设 25% 的孤独症患者患有高功能孤独症，75% 的患者除了患有孤独症还有智力障碍。患有高功能孤独症的人在其一生中预计要花费 130 万美元，而功能较低的孤独症患者大约要花费 470 万美元，其中生活支持或住宿护理约占高功能孤独症患者总费用的 40%，占低功能孤独症患者总费用的 73%。35% 患有高功能孤独症的成年人被认为是能独立生活的，而其他人都需要生活支持，60% 左右患有孤独症和智力残障的人将在 20 岁和 55 岁接受寄宿护理。Knapp 等（2009）估计了英国孤独症患者（有智力障碍和没有智力障碍）的寿命成本，假设两者的比为 45∶55，按照英国健康经济学分析的标准做法，使用 3.5% 的折现率，估计无智力障碍者的终生成本为 1 221 366 美元，有智力障碍者的终生成本为 1 893 400 美元（Knapp et al., 2009）。总的来说，Ganz 估计的终生成本假设孤独症儿童获得了最佳护理模式，但在丧失生产力方面可能过于悲观，比如，对成年后独立工作能力的评估。孤独症患者所获得的早期强化治疗和适当的教育将有助于改善长期效果，并降低生产力成本和居民成本（Jacobson et al., 1998；Motiwala et al., 2006）。我们认为部分研究似乎可能夸大了成年人的服务成本和支出，特别是在住宿护理方面，因为他们没有考虑到那些在儿童时期被诊断为孤独症但在成年后未继续接受孤独症相关服务的人。

第四节 孤独症的病因

目前，关于孤独症的发病原因，没有明确定论。尽管很多科学家和医生从遗传学、神经生物学和社会心理方面做了大量研究，但迄今仍未能阐明孤独症的病因和发病机制。目前，多数学者认为此病是生物、心理、社会因素共同作用的结果。孤独症是一种发育障碍类疾病，其病程可持续一生，难以逆转，且患病率逐年升高，已给家庭和社会造成巨大的经济负担。虽然孤独症的病因目前尚未明晰，但研究者在这一领域已经取得了一些重大进展，下面主要从生物学和心理学两方面进行综述。

一、生物学

（一）遗传学因素

对孤独症患者的双生子和家庭成员的研究表明，一些患者存在明显的遗传易感性。同卵双生子之一患有孤独症，另一个的患病概率可达60%甚至90%，而异卵双生子的患病概率则只有5%。结合孤独症的发病率，有研究推测孤独症及类似行为特征的遗传性达90%（Rutter，2005；Rosenberg et al.，2009）。除此之外，直系亲属患病率也受遗传因素的影响，孤独症患儿的兄弟姐妹患病风险会明显增加；家庭中有一个孩子患有孤独症，再生一个孩子的患病概率可达5%~6%（Hallmayer et al.，2011）。研究者还发现，孤独症儿童的家庭成员会出现较多的社交技能或重复性行为异常（DiGuiseppi et al.，2010），以及某些情感障碍类精神疾患，如躁郁症（Cohen et al.，2005）等。有研究者认为两个重复、刻板、注重秩序和规则等超系统性行为比较明显的人结婚后，更容易生出患有孤独症的孩子（Baron-Cohen，2006）。

（二）孕期因素

研究发现，怀孕期间的多种因素都有可能影响孩子的神经系统发育，如怀孕期子宫感染和孕期并发症（Gardener et al., 2009）、接触化学物质（Roberts et al., 2007）、环境污染（Volk et al., 2013；Christensen et al., 2013）、围产期和产后的不良健康状况等（Gardener et al., 2011；Rai et al., 2013；苏媛媛, 2012）都可能会增加幼儿患病风险。有研究报道，父母生育孩子时的年龄越大，孩子患孤独症的风险越大（Durkin et al., 2008），并且祖父母晚育也会增加第三代患孤独症的风险（Frans et al., 2013）。一项研究表明，孤独症儿童母亲的年龄显著高于对照组，且约有50%的人曾经有过产前并发症（Gohary et al., 2015）。在怀孕期间服用药物可能会增加孩子患孤独症的风险，如孕期服用处方药丙戊酸和萨力多胺等（Strömland et al., 1994；Rutter, 2005）。此外，母亲孕期接触可卡因和酒精、感染病毒以及甲状腺功能减退等都可能增加孩子患孤独症的风险（张文渊, 2003）。孕妇生活的环境也会影响孩子，环境污染会使孩子患孤独症的概率提高。研究发现，怀孕期间以及在孩子出生后的第一年暴露于空气污染中（如高浓度的二氧化氮等）会增加孩子患孤独症的风险（Furness, 2007）。因此，孕期乃至在母亲怀孕之前就应该进行后代孤独症风险评估和干预。

（三）脑

大量孤独症的神经机制方面的证据主要来自运用脑成像技术的发现。Harrison等（1998）的研究认为，右侧额叶机能障碍可能是导致某种类型孤独症的原因之一。Minshew等（1999）的研究发现，孤独症患者的前额皮质以及与它相联系的顶叶皮质可能存在机能障碍，从而使空间的工作记忆受到损害，并且不能主动选择正确反应所需的线索。Dawson等（1998）认为，孤独症的早期行为障碍可能与内侧颞叶及与之相连的眶前额皮质机能障碍有密切联系，比如，杏仁核的损伤会使孤独症儿童在对社会刺激的定向上有困难，海马的损伤会使延迟的动作模仿有困难，进而影响社会互动、移情等社会交往技能的发展。Courchesne等（1994）提出孤独症患者的小脑发生病变可能是导致注意障碍的原因。虽然有关孤独症神经机制的研究还在继续进行，但目前人们倾向于认为小脑的机能障碍是导致孤独症的主要原因（张文渊, 2003）。

（四）肠脑

肠道里的神经细胞在细胞类型、神经递质及感受器方面都与大脑极其相似，与大脑的神经细胞数量相当，比脊髓里的还多（Furness, 2007），常见的 5-羟色胺、多巴胺、谷氨酸、去甲肾上腺素、阿片肽、P 物质等神经递质在大脑与肠神经系统都有广泛分布（Forsythe et al., 2010）。因此，肠道也被称为人的"第二脑"或"肠脑"（Gershon, 1999）。肠脑与头脑之间双向互通，它们之间通过脑肠轴进行连接（Grenham, 2011）。肠脑会影响中枢神经系统，进而影响人的情感、认知和行为（Forsythe et al., 2010），并且肠道微生物可能在其中具有重要作用（Lee & Chua, 2011）。孤独症可能也受到了脑肠轴的影响（Mayer, 2014）。

研究发现，2006—2010 年，美国 3～17 岁的孤独症儿童患有腹泻或结肠炎的比例是正常人的 7 倍（Schieve, 2012）。近些年的一项研究发现，61%的孤独症儿童同时伴有至少一种胃肠道症状，并且所有伴有消化道症状的儿童情感问题都比较严重（Mazefsky et al., 2014）。此外，不同群体孤独症患者同时伴随胃肠道症状的比例不同，为 9%～91%（Buie et al., 2010）。这种巨大差异可能是由于调查过程中孤独症患者的语言和沟通障碍造成的。孤独症患者的胃肠道症状主要包括淋巴结节性增生、小肠结肠炎、胃炎、食管炎、肠道通透性增加、双糖酶活性不足、淋巴细胞种群密度较高、细胞因子和免疫球蛋白 G 异常等。有研究发现，患有孤独症的儿童中有 1/4 伴有腹泻，1/4 伴有便秘，并且胃肠道炎症影响了患者对营养物质的吸收（Adams et al., 2011a, 2011b），有 36.7%的孤独症儿童肠道通透性增加，而相比没有进行饮食控制的患者，进行无酪蛋白/谷蛋白饮食控制的患者的肠漏症状显著减轻（de Magistris et al., 2010）。

（五）肠道微生物

研究显示，粪便中有超过 90%的 DNA 序列来自肠道微生物，这些微生物主要属于两个门，即拟杆菌门和厚壁菌门，并且可以大致聚类为以拟杆菌属、普氏菌属和瘤胃球菌属 3 个属的微生物为主的类型，称为肠型。肠型是稳定的，几乎不受饮食等因素的影响，可用于区分个体的肠道微生物特征。研究发现，孤独症儿童具有独特的肠型，大多为拟杆菌属和瘤胃球菌属肠型，缺少普氏菌属肠型（Kang et al., 2013）。

孤独症儿童的消化道症状可由特定的肠道微生物引起，并且肠道早期定植的微生物出现异常可能会干扰大脑发育，引起或促进后代出现孤独症症状（Borre et al., 2014）。值得注意的是，孤独症儿童在 1 岁以前开始出现症状，大多数都是在 3 岁以内发病，这与婴儿肠道菌群的发育过程的时间节点重叠，可以推测婴儿的大脑发育需要伴随肠道微生物的正常定植完成。所以，孤独症可能是婴儿早期肠道微生物的发育异常导致的。目前，已经发现了一些疑似与孤独症密切相关的肠道微生物或菌群组成紊乱，一些在正常人体内出现的细菌缺失，或者出现了正常人体内没有的菌群，或者各种菌群的比例发生了明显变化，有益菌减少，有害菌增加（段云峰等，2015）。

（六）饮食和营养

患有孤独症的儿童通常对味道、质地和气味等感官刺激极端敏感，并对吃的东西极其挑剔。据估计，有超过90%的孤独症儿童存在饮食问题（Ledford et al., 2006）。有一些父母反映他们患有孤独症的孩子只吃五六种食物，更喜欢富含脂肪、淀粉类的食物，以及零食和加工食物，厌恶大多数水果、蔬菜和含有丰富蛋白质的食物。然而，父母有限的时间、繁重的工作及巨大的心理和经济压力都有可能影响孩子的饮食习惯，目前，还不清楚孤独症儿童的饮食特点是否受其照料者和监管人的影响。

（七）代谢因素

孤独症患者的营养状况不仅取决于他们从食物中摄取的营养物质，还在于自身的代谢。孤独症患者的氧化应激水平升高，能量运输能力下降，硫酸盐化作用和解毒能力降低，血液中存在低水平的生物素、谷胱甘肽、红细胞活性腺苷甲硫氨酸等，还存在高水平的氧化应激生物标记物和血谷氨酸（Adams et al., 2011a, 2011b）。但是，到目前为止，还没有找到明确的孤独症的生物标记物。

二、心理学

关于孤独症病因的心理学假说主要包括心理理论、执行功能障碍和中央统合缺陷等。以下我们重点对这三种假说加以详细介绍，使读者能够从心理学的角度认识孤独症的病因。

（一）心理理论

心理理论在20世纪80—90年代开始成为一个重要的研究方向。与之相伴的是对孤独症患者的社会交往、认知和交流问题的研究。心理理论为孤独症患者的心理特点提供了一种全面的解释（Frith, 1989）。从 Baron-Cohen（1991a, 1991b）等的实验研究开始，心理理论假设在孤独症研究领域产生了相当大的影响（Happé & Frith, 1995）。早期的研究表明，孤独症儿童在理解他人的心理状态如错误信念、二阶信念（如关于信念的信念）方面有缺陷；在关于假装的理解上，以及对他人基于信念的情绪反应的理解上也存在缺陷（Baron-Cohen, 1991a, 1991b）。心理理论认为，这些缺陷是由于孤独症儿童不能够感知和理解他人的想法、感受，他们不知道他人具有"心智"（Happé & Frith, 1995）。他们不理解他人是有信念、思想、感受、计划和意图的，也不理解这些心理状态会影响他人的行为，并且需要在社会性事件中加以考虑以形成相互性的社交行为。不能够"阅读"和预测他人的行为，是孤独症儿童社交缺陷的主要表现。他们在理解他人心理状态上的困难意味着其不能够对他人行为进行"心智化"的解释（Tager-Flusberg & Sullivan, 1994）。孤独症个体自发的语言中很少有包括心理状态的词语和评论，但研究者也发现一些个体能够使用较为简单的概念如渴望、情绪和感知（Tager-Flusberg, 1992）。根据心理理论可知，更复杂的心理理解包括识别欺骗、理解笑话对他们来说是很困难的。

研究者使用了许多实验任务和程序来评估孤独症儿童的心智化能力，最普遍的是要求儿童参与一系列社交情境任务（社交对象包括玩偶和成人），其中玩偶和成人的社交状态需要设定，从而预测孤独症儿童的行为。例如，问儿童如果给另一个人拿来一个糖果盒，另一个人会觉得里面是什么（正确答案是糖果）。当另一个人不在场的时候，实验人员向儿童展示盒子里面实际上是铅笔，之后再问他们另一个人会认为盒子里面是什么。此时，超过 4 岁的典型发展儿童会回答说是糖果，而孤独症儿童更可能回答说是铅笔。这表明孤独症儿童缺乏能力去想象其他人在获得的信息的基础上会相信什么。许多其他研究在多个复杂度和抽象度的水平上评估了孤独症儿童的上述能力，并且发现孤独症儿童存在这种心智化缺陷。

这一关键缺陷的早期迹象表现为儿童缺乏共同注意能力、交流手势，无法对感兴趣的物体、信息进行分享（Baron-Cohen, 1991b）。这些行为被认为是心智化能力发展的前兆。但是，需要注意的是，这种心智化能力在孤独症群体中并不总是缺失，有时表现出的是发展延迟（Baron-Cohen, 1989; Happé, 1995）。与之相对，Klin 等（1992）认为，孤独症儿童的社交缺陷在发展的最早期阶段已经出现，而心理理论能力缺失的出现要稍晚一些。另外，Leekam（1993）认为，交流能力和心理状态知识的发展是独立、平行的，而非因果性的。

并非所有孤独症儿童都缺乏心理理论，因此早期认为心理理论是孤独症的核心缺陷的观点难以站住脚。针对阿斯伯格综合征和较大比例的有语言能力的孤独症儿童通常能够完成心理理论任务这一发现，心理理论的支持者认为这是因为他们使用了补偿性的认知机制来"计算"解决方案，这不能成为其真正具有心理理论的证据（Happé & Frith，1995）。值得指出的是，不管心理理论在解释社交、语言和想象功能缺陷方面有多成功，都不足以解释其他关键缺陷，如缺少自发活动和语言的损伤。

近些年，该理论受到了更多的质疑。正如前文所述，心理理论无法解释许多孤独症儿童的特点，并且孤独症儿童个体特征具有显著的异质性。因此，一个单一的模块缺陷假说似乎是过于简单了，而且不同孤独症个体的社会认知水平以及交流缺陷差异很大，还原式的模型可能不足以解释孤独症患者的能力和缺陷的谱系。

（二）执行功能障碍

执行功能是孤独症研究中一个比较活跃的领域。执行功能是目标导向和未来指向的认知能力，一般认为由前额叶调节（Duncan，1986），包括计划、抑制、认知灵活性、组织和自我监控。最早关于孤独症执行功能的研究是由 Rumsey（1985）开展的。他采用了威斯康星卡片分类测验（Wisconsin card sorting test，WCST）来测量高功能孤独症成人的认知灵活性。该研究发现，相比年龄匹配的典型发展成人，孤独症成人表现出了明显的固执行为，他们会坚持按照之前的规则进行卡片排序，尽管反馈提示他们之前的规则是不正确的。在后续的研究中，Rumsey 和 Hamburger（1990）指出，这种固执不是学习和发展障碍的普遍结果，因为这种损伤是孤独症患者特有的，没有在严重失语症匹配组被试身上出现。

Prior 和 Hoffmann（1990）对孤独症儿童进行了威斯康星卡片分类测验。类似于孤独症成人，孤独症儿童也出现了更多的固执性错误。一些研究团队发现，相比其他神经发展障碍患者，孤独症患者的执行功能缺陷更加明显（Ozonoff et al.，1991b）。在一项研究中，汉诺塔游戏中的表现能够正确预测80%的被试，而其他神经心理变量（如心理理论、记忆、情绪知觉、空间能力）的预测效果没有超过随机水平。在对上述样本的追踪研究中，Ozonoff 和 McEvoy（1994）的研究发现，被试在汉诺塔游戏和威斯康星卡片分类测验中表现出的缺陷在2.5年间没有明显的改善，甚至相对于控制组有加剧的倾向。

在一项执行功能的文献综述中，研究者报告在14项相关研究中，有13项研究至少在一项执行功能任务中发现了孤独症患者执行功能的损伤，这些研究所采用的执行功能实验任务包括了执行功能实证研究中常用的32项任务中的25项

（Pennington & Ozonoff，1996）。

　　此外，有研究者针对学龄前儿童的执行功能发展情况进行了相关研究。在 McEvoy 等（1993）的研究中，其采用匹配的发展迟滞和典型儿童作为控制组，通过空间逆转任务测量其认知灵活性。该任务将一个物品藏在两面完全一致的墙后面，当被试能连续 4 次正确地定位物品藏在哪面墙后就更换位置。结果表明，相比控制组儿童，孤独症儿童会更持续地坚持在原来发现的位置寻找，即使在那里已经无法找到目标物品了。另外两项关于 3 岁和 4 岁孤独症儿童的研究却发现，孤独症儿童在空间逆转任务中的表现与控制组并没有显著的差异（Griffith et al.，1999；Dawson et al.，2002）。这说明分化的执行功能的缺陷是随着年龄的增长出现的，在学龄前早期阶段是没有出现的。这可能是由于执行功能在学龄前早期才刚刚开始发展，典型发展儿童还没有足够的时间发展出明显不同于孤独症儿童的执行功能。另外，不同执行功能任务测量的方面是不同的。未来，有必要开展追踪研究探索具体的执行功能缺陷在孤独症儿童发展的哪个阶段出现，以及它们发展的前兆是什么。

　　执行功能是一个多维度的结构，包括一系列技能，这些技能在某种程度上是彼此分离的。孤独症执行功能的早期研究使用的任务是相对不精确的，没有研究个体在几种执行功能任务中表现的差异。一个相关的研究取向是使用计算机化的实验范式来研究执行功能的具体方面，并且更精准地确定孤独症患者执行功能损伤的本质。Ozonoff 及其同事在一系列研究中提出了相比抑制，认为认知灵活性是孤独症患者执行功能中失调更为严重的成分。他们使用 Go-NoGo 任务分离认知灵活性和抑制，并发现孤独症患者在抑制自己的反应上与控制组没有差异，但是在任务转换上存在困难（Ozonoff et al.，1994）。

　　也有研究发现，非执行功能技能（如语言、智力）与执行功能缺陷有关。在控制 IQ 之后，Liss 等（2001）发现，孤独症组在威斯康星卡片分类测验上的固执性错误与控制组之间并没有显著差异。Ozonoff 等也发现了 IQ 对孤独症患者执行功能表现的贡献（Ozonoff & McEvoy，1994；Ozonoff & Strayer，2001）。

（三）中央统合缺陷

　　中央统合理论认为，孤独症患者的弱中央统合特点能够为其症状模式提供一种整合的解释（Frith，1989；Frith & Happé，1994）。该理论提出孤独症患者的核心认知损伤是不能够根据情境加工信息。相比之下，典型发展儿童的信息加工是为了获取高级别的意义并且具有整体加工的倾向。Frith（1989）首先提出正是孤独症患者缺乏中央统合的能力，导致其出现了对细节聚焦的加工方式。中央统合理论预测孤独症患者在需要将不同组成部分整合成连贯、整体的任务上表现不佳，但是在需要聚焦细节或者局部加工的任务上会表现正常。同时，孤独症患者也会在环境信息起干扰作用的任务中表现较好，因为中央统合理论预测孤独症患者不受环境因素的影响。中央统合理论认为，孤独症患者对细节的过于关注是整体加工出现缺陷导致的。

从直觉上看，中央统合理论是有吸引力的，因为它似乎既解释了孤独症患者的神经心理缺陷，也解释了孤独症患者的特殊认知优势（Happé，1999）。它也有潜力解释其他理论所不能解释的一些行为症状，如重复刻板行为。例如，弱中央统合可以解释孤独症患者对受限的兴趣中的细节和无关紧要事情的过度关注。

一些研究支持孤独症的中央统合理论。该理论的第一个实证研究使用镶嵌图形测试，其中一些形状镶嵌在更大、更复杂的图片中。研究人员发现，相比控制组儿童，孤独症儿童能够更准确地发现隐藏的图形（Shah & Frith，1983）。他们也发现弱中央统合对于孤独症患者在韦氏积木设计子测验中的良好表现起到了一定的促进作用（Shah & Frith，1993）。其他孤独症中央统合缺陷的证据来自语言任务。一些研究发现，孤独症患者不能够使用句子上下文来确定同形异义词的正确读音（Frith & Snowling，1983；Happé，1997；Jolliffe & Baron-Cohen，2000）。

然而，后续的研究没有完全确证这些结果。一些研究同样使用了镶嵌图形测试，其中一项研究没有发现孤独症患者在准确率上表现出优势（Ozonoff et al.，1991b）。另外一项研究虽然没有能够重复准确率的结果，但是表明孤独症患者的反应时是更短的（Jolliffe & Baron-Cohen，1997）。中央统合理论的一个预测是无论形状所镶嵌的环境是有意义的还是无意义的，孤独症患者的表现应该没有太大差异，因为全局加工缺陷会导致他们对环境投入较少的注意或者对环境不编码。有两项研究使用了调整过的镶嵌图形测试，其中环境的意义是可以控制的。两项研究都发现，孤独症被试受环境信息影响的方式同控制组是一样的（Brian & Bryson，1996；López & Leekam，2003）。Brian 和 Bryson（1996）的研究同时发现，孤独症被试对于情境信息的记忆同控制组的加工方式是一样的，情境任务所呈现的信息可以被孤独症患者积极地加工和编码。

一些实验使用了整体-局部任务来检验中央统合理论，如由小的刺激材料（通常是字母或数字）组成的大的刺激材料（也是字母或数字）。这两种刺激材料可以是相同的，也可以是不同的。例如，在整体-局部任务的研究中，一个大写的 H 或者由小写的 h（相容条件），或者由小写的 s 组成（不相容条件），要求被试去观察大写字母或者小写字母，并确定它是 H（h）还是 S（s）。典型发展组被试表现出了整体加工优势。相比小写字母，当要求识别大写字母时，他们的反应更加迅速和准确。整体对局部的干扰效应也存在，识别与大刺激材料不相容的小字母是更慢和更不准确的。与此相反，对孤独症被试的预测应该是相反的，会存在局部而非整体的干扰效应。但是，多项研究得到的结果是不一致的。一项研究证实了上述两个预测（Rinehart et al., 2000），但有其他研究发现孤独症患者具有全局加工优势，同时全局加工对局部加工有一定的干扰效应（Mottron et al., 1999; Ozonoff et al., 1994）。另外，有研究报告没有发现孤独症患者的局部加工优势（Rodgers, 2000）。使用其他范式的研究发现也同样不一致，Happé（1996）首先报告相比控制组，孤独症个体更不易受依赖于环境的视错觉的影响，然而使用同样的错觉任务，Ropar 和 Mitchell（1999）的研究没有能够重现这种不敏感性。

这些互相矛盾的结果表明，中央统合理论并不能完全解释孤独症患者的视觉加工特点，需要进一步完善。孤独症患者的认知特点确实包括对细节加工的偏好，但这可能不完全是整体加工的缺陷造成的。一些最近的研究支持了这一观点。Plaisted 及其同事发现，孤独症被试表现出了更强的能力去识别刺激材料中的单个特征，但同时也像控制组一样能够整合这些特征，认识到这些特征组合起来的意义（Plaisted et al., 2003）。研究者在关于孤独症患者听觉加工的一项研究中也发现了这种类似于视觉加工的特点，相比控制组，孤独症患者能够更好地发现音高的微小变化（局部特征），同时也像控制组一样能够发现韵律轮廓的变化（整体特征）（Mottron et al., 2000）。

第五节　孤独症的筛查与诊断

孤独症在临床上缺乏生物标记物，无法通过医学测试（如血液测试）来筛查诊断，主要依靠专业医生观察孩子的行为特征及家长对其日常行为的描述做出诊断。研究发现，孤独症可以在 18 个月或更早时被发现，到 24 个月时，由经验丰富的专业人员做出的诊断可以被认为是非常可靠的（Lord et al., 2006）。婴儿与父母的早期互动行为，如很少或没有语言，眼神交流不良，没有指点行为或兴趣分享，很少或没有社交微笑，互动减少，或不回应对自己名字的呼喊，可能是孤独症的早期迹象。孤独症的早期迹象在0～12个月龄高风险的兄弟姐妹身上开始表现出来，虽然这些早期的发育表现非常普遍，但在临床上将其作为孤独症诊断标准仍不太完善；6个月时，婴儿有细微的感官运动差异，但社会沟通的缺陷在12个月后开始出现，从第二年生命开始，限制和重复的行为可能会出现，个体间会存在明显的差异；在12个月龄后，核心症状更加明显，多数症状在24个月龄比较明确，但诊断年龄却晚至54个月龄。这种延迟意味着很多儿童可能无法获得及时的帮助，甚至错过了最佳干预时机（DiGuiseppi，2010）。

孤独症儿童诊断一般需要两个步骤：发育监测和筛查与综合诊断评估。

一、发育监测和筛查

发育监测和筛查是早期识别儿童发育迟缓或障碍的有效途径。其中，发育监测的目的是发现、鉴别具有发育迟缓风险的儿童，发育筛查是采用简单、标准化的筛查工具辅助识别可能有发育迟缓、障碍或需要进行复杂、综合评估的儿童。定期的标准化发育筛查可提高儿童发育迟缓、障碍的早期识别率。研究表明，在3岁之前对孤独症患儿进行教育干预，对于孤独症的核心症状、情绪智力发展等有明显改善效果，但由于缺乏对早期筛查与评估的重视，很多患儿错过了最佳干预时机。早期识别儿童发育迟缓、障碍或行为异常是儿童保健的重要任务之一，有利于儿童发育障碍及相关疾病的早期发现和早期干预、治疗，促进儿童早期发展并降低残障率（邵洁，2016）。针对孤独症儿童，美国儿科学会（American Academy of Pediatrics，AAP）提出了孤独症儿童监测与筛查方法，建议在婴幼儿9个月、18个月、24个月或30个月时要进行标准化发育筛查，在18个月、24个月时均需要做孤独症标准化筛查，孤独症高危人群（如兄弟姐妹中有孤独症患者）需要接受额外的检查（Johnson et al.，2007）。

美国儿科学会发布的发育监测与筛查方法与孤独症识别及评估方法中建议：①在每一次儿童预防保健体检中均应实施发育监测，对于家长担忧儿童有孤独症问题及风险或其他发育问题的，均应实施针对孤独症的发育监测；②在发育监测过程中未发现发育迟缓或障碍（低风险）的儿童，在其9个月、18个月和30个月龄体检时进行标准化发育筛查；③对于在发育监测中怀疑有孤独症风险的儿童，应采用针对孤独症的标准化筛查工具进行孤独症筛查，以确认可能存在的发育迟缓或孤独症障碍；④对于发育监测怀疑有孤独症风险的婴幼儿，如果未满18个月，儿科医生建议采用标准筛查工具针对孤独症临床特征进行评估，对于已满18个月的婴幼儿应采用孤独症专项筛查工具进行筛查；⑤对于发育监测怀疑有孤独症风险，但标准化发育筛查未证实异常的儿童，预约下一次的随访日期，并提供家长教育；⑥孤独症筛查阳性的儿童应转诊，实施诊断型发育评估和医学评估以确诊，并提供家长教育（Johnson et al., 2007）。儿童发育监测与筛查应伴随儿童早期成长的整个阶段，是进行儿童发育迟缓、障碍精准评估与干预的必要前提。

在中国，2013年，国家卫生和计划生育委员会组织国内具有资深经验的儿童心理、发育领域的专家制定了"儿童心理行为发育问题预警征象筛查表"，立足于简单、可行、有效，拟作为我国基层儿童心理行为发育问题的早期筛查工具（黄小娜等，2017），解决基层儿童心理行为发育问题早发现的重要技术瓶颈。"儿童心理行为发育问题预警征象筛查表"主要涵盖的儿童年龄范围为0～3岁，其中包括3～36个月的8个年龄节点，每一个年龄节点包含4条预警征象，如表1-1所示。在初筛过程中，相关人员应对儿童进行观察，并且检查其是否具有相应月龄的预警症状，该年龄段任何一条预警征象阳性，都提示有发育异常的可能。其中，表1-1中用下划线标出的条目为与孤独症有关的预警征象。如果专业人员、教师、父母及其他监护人等发现儿童符合下列任一情况的，应转诊至有孤独症评估资质的机构进行诊断评估，从而进行早期干预。

表1-1 儿童心理行为发育问题预警征象筛查表

年龄	预警征象	年龄	预警征象
3个月	1. 对很大声音没有反应 2. 逗引时不发音或不会笑 3. 不注视人脸，不追视移动的人或物品 4. 俯卧时不会抬头	18个月	1. 不会有意识地叫"爸爸"或"妈妈" 2. 不会按要求指人或物 3. 与人无目光对视 4. 不会独走
6个月	1. 发音少，不会笑出声 2. 不会伸手及抓物 3. 紧握拳不松开 4. 不能扶坐	24个月	1. 不会说3个物品的名称 2. 不会按吩咐做简单事情 3. 不会用勺吃饭 4. 不会扶栏上楼梯/台阶
8个月	1. 听到声音无应答 2. 不会区分生人和熟人 3. 双手间不会传递玩具 4. 不会独坐	30个月	1. 不会说2～3个字的短语 2. 兴趣单一、刻板 3. 不会示意大小便 4. 不会跑
12个月	1. 呼唤名字无反应 2. 不会模仿"再见"或"欢迎"动作 3. 不会用拇指、食指对捏小物品 4. 不会扶物站立	36个月	1. 不会说自己的名字 2. 不会玩"拿棍当马骑"等假想游戏 3. 不会模仿画圆 4. 不会双脚跳

注：加下划线的条目与孤独症相关

资料来源：中华医学会儿科学分会发育行为学组等（2017）

儿童孤独症较高的患病率迫切需要早期发现、筛查诊断和评估等相关理论及技术研究的支持。至今，孤独症的病因仍然不明，也没有医学仪器可以直接检测和诊断。早期筛查和发现是诊断孤独症的第一步。儿童在进行日常体检时，可以由家长或医生填写孤独症早期筛查量表，以判断儿童是否存在患孤独症的风险，以及是否需要接受进一步的诊断和跟踪监测。国外常用的筛查与诊断工具包括"婴幼儿孤独症筛查量表（修订版）"（Modified Checklist for Autism in Toddlers, Revised with Follow-Up, M-CHAT-R/F）、"沟通和象征行为发展量表"（Communication and Symbolic Behavior Scales-Developmental Profile, CSBS-DP）、"社会交流问卷"（Social Communication Questionnaire, SCQ）、"儿童孤独症筛查工具"（Screening Tool for Autism in Toddlers and Young Children, STAT）和"孤独症谱系障碍筛查问卷"（Autism Spectrum Screening Questionnaire, ASSQ）等。目前，国内尚缺乏本土化的用于孤独症筛查的工具，普遍使用"儿童孤独症行为量表"（Childhood Autism Behavior Scale, CABS）、"孤独症行为评定量表"（Autism Behavior Checklist, ABC）、"儿童孤独症测评量表"（Childhood Autism Rating Scale, CARS）等工具进行孤独症的筛查与诊断工作（表1-2）。

表 1-2 孤独症筛查工具

项目	常用量表	适用月龄	测试方式	项目数/个	测试时间/min
孤独症初级筛查工具（部分）	CHAT	18~24	父母报告	9（父母）	5
			医生观察	5（医生）	不确定
	M-CHAT	16~30	父母报告	23	5~10
	CHAT-23	18~24	父母报告	23（父母）	5~10
			医生观察	4（医生）	5
	Q-CHAT	18~24	父母报告	25	5~10
	CABS	>24	父母报告	14	5~10
	CSBS-DP-ITC	9~24	父母报告	24	5~10
孤独症重点筛查工具（部分）	AOSI	6~18	专业人员观察儿童表现	19	15~20
	ABC	>18	医生访谈、行为核查	57	10~20
	CSBS-DP	6~24	专业人员与儿童互动	3	30~40
	CARS	>24	专业人员观察儿童表现	15	15~20
	SCQ	≥48	父母报告	40	15~20

注：CHAT 为"婴幼儿孤独症筛查量表"（Checklist for Autism in Toddlers）；CHAT-23 为"23项婴幼儿孤独症筛查量表"；Q-CHAT 为"量化婴幼儿孤独症筛查量表"（Quantitative CHAT）；CSBS-DP-ITC 为"婴幼儿沟通和象征行为发展量表"（Communication and Symbolic Behavior Scales-Developmental Profile Infant-Toddler Checklist）；AOSI 为"婴儿孤独症观察量表"（Autism Observation Scale for Infants）

二、综合诊断评估

2013 年，美国的 DSM-5 中重新修订了孤独症的定义，以孤独症谱系障碍作为统一诊断标准，而不再区分典型孤独症、阿斯伯格症、其他无定义的广泛性发育障碍等类别。DSM-5 将孤独症原有的三大临床核心症状归结为两个维度：持久性的社会交流或交往障碍和狭隘兴趣及重复刻板的行为方式。同时，诊断为孤独症的个体必须是儿童早期表现出症状，并且所有这些症状共同限制和损害了儿童的日常功能（卜凡帅，徐胜，2015）。儿童孤独症的特征主要表现为在认知（包括智力、感觉、记忆、注意力）、语言发展（包括语义理解、语言表达及语言应用）、行为模式（包括模仿能力等）和社会性发展（包括社会动机、朋友关系及情感和社会互动）等方面存在质的缺陷。在 DSM-4（Diagnostic and Statistical Manual of Mental Disorders-4，《精神障碍诊断与统计手册（第四版）》）中，孤独症的诊断有三方面（社交障碍、语言/交流障碍和刻板的兴趣/重复性的行为），个体如果符合总共 12 条诊断标准中的 6 条就可以诊断为孤独症。在 DSM-5 中，诊断只有两方面的障碍（社交障碍和刻板的兴趣/重复性的行为），个体如果表现出 3 项社交障碍及至少 2 项刻板的兴趣和重复性的行为，则可以诊断为孤独症（表 1-3）。DSM-5 对孤独症最新的更改和描述，既完善了孤独症的辨别分类，大大提高了诊断的同质性，也为医学诊断提供了较为精确的判断细则。

表 1-3 DSM-5 的相关内容

诊断标准		具体描述
A. 在多种背景下持续存在社会交往和社会互动的不足，表现为以下情况、当前情况或历史情况（示例具有说明性，并非详尽无遗）	A.1	社交与情感互动的缺陷，例如，异常的社会互动方式；兴趣、情绪和情感分享及社交应答缺少；不能发起或回应社会互动
	A.2	社会交往中非语言交际能力的不足，例如，言语和非语言交流的整合性差；眼神接触和肢体语言异常，或手势理解和使用不足；完全缺乏面部表情和非语言交流
	A.3	在发展、维持和理解人际关系方面的不足，例如，难以调整行为以适应各种复杂社会背景；难以分享富有想象力的游戏或交朋友；对同侪不感兴趣
B. 受限制、重复的行为、兴趣或活动模式，至少有以下两种（当前或历史）表现（示例具有说明性，并非详尽无遗）	B.1	固定或重复的运动、物体的使用或言语，例如，刻板的简单动作、排列玩具或翻转物体、仿说、异常的短语
	B.2	坚持相同、不灵活的方式和常规，或言语、非语言行为具有仪式化模式，例如，在出现小变化时表现极度痛苦，过渡或者转变存在困难，僵化的思维模式，仪式化的问候方式，需要采取相同的路线或每天吃相同的食物
	B.3	非常局限、固定的兴趣，其强度或专注对象不同寻常，例如，对异常物体的强烈依恋或关注、过度限制或坚持的兴趣
	B.4	对感官输入的过度或反应不灵敏，或对环境中某些感官刺激的异常兴趣，例如，对疼痛/温度不敏感、对特定声音或材料的异常反应、对物体异味不敏感或对物体触摸过多、对灯光或运动有视觉上的迷恋

续表

诊断标准	具体描述
C	症状必须存在于早期发育阶段，但在社会需求超过有限能力或可能在晚年被学习策略掩盖之前，症状可能不会完全显现出来
D	症状导致在社交、职业或当前其他重要功能领域的临床上的严重损伤
E	智力障碍（智力发育障碍）或整体发育迟缓不能更好地解释这些障碍。智力障碍和孤独症谱系障碍经常共同发生；要对孤独症谱系障碍和智力障碍进行合并诊断，社会沟通能力应低于一般发展水平

同时，DSM-5 根据社会交流及重复、刻板行为这两类症状的严重程度不同，将孤独症划分为三级，其中等级 3 最严重，等级 1 最轻，具体定义如表 1-4 所示。

表 1-4 孤独症的严重程度等级划分

严重等级	社会交流	重复、刻板行为
等级 1：需要支持	语言和非语言社交能力严重不足会导致机能严重受损，主动发起社会交往的能力非常有限，对他人的社交暗示反应极少。例如，只会说很少可理解的词语，很少主动发起社交互动，会用不寻常的方法满足需求	行为不灵活、难以应对变化，或其他受限/重复的行为会明显干扰相关领域的功能；如果他人试图打断其重复、刻板行为或将其从狭隘、固着的兴趣中转移出来，其会表现出抵抗态度
等级 2：需要高强度的支持	言语和非语言社交沟通能力明显缺乏；即使在得到必要的支持时，社交缺陷也很明显；发起社会互动的能力有限，对他人的社交示意反应较低或异常。例如，个体说简单的句子，互动仅限于狭隘的特殊兴趣，以及明显奇怪的非语言交流	观察可明显发现，频繁出现重复、刻板行为，迷恋行为或固定的仪式；在很多场合下影响患者的功能；当这些行为被中断时表现出痛苦反应或挫折反应；较难从狭隘的兴趣中转移出来
等级 3：需要非常高强度的支持	如果没有支持，会表现出因社会沟通能力不足造成的明显缺陷；极少发起社会互动，对他人的社交示意反应低下。例如，个体能够用完整的句子说话，并参与交流，但与其他人的交谈失败了，其交朋友的方式是奇怪的，而且通常不成功	迷恋固定的仪式或重复、刻板行为，并显著影响各方面的功能；当这些行为被中断时表现出明显的痛苦反应；很难从其狭隘的兴趣中转移出来或很快回到原有兴趣（行为）中去

孤独症的诊断是后续治疗、干预和教育最重要的基础，唯有进行确切的评估和诊断才有可能"对症下药"。孤独症的诊断标准经历了一个发展过程，从"早期婴幼儿孤独症"到"孤独症谱系障碍"，孤独症和相关障碍的诊断标准引起过争议，也先后发生了较大的变化，包括《国际疾病分类（第九版）》(International Classification of Diseases, ICD-9)、DSM-3(Diagnostic and Statistical Manual of Mental Disorders-3)、《国际疾病分类（第十版）》(International Classification of Diseases-10, ICD-10)、DSM-4、DSM-5，并且每一个国家采用的孤独症诊断标准并不统一。根据具体国情，我国目前使用的诊断标准包括《中国精神障碍分类与诊断标准（第三版）》(Chinese Classification of Mental Disorders-3, CCMD-3)、ICD-10 和 DSM-4。据统计，目前精神科医生在工作中使用率最高的孤独症诊断工具是 CCMD-3，约为 78.10%，而 DSM-4 的使用率约为 13.30%，ICD-10 的使用率约为 8.60%(邹义壮等，2009)。2010 年 7 月，卫生部办公厅印发《儿童孤独症诊疗康复指南》，推荐使用

ICD-10 作为我国的孤独症诊断标准（表 1-5）。

表 1-5 ICD-10 相关内容

诊断标准		具体描述	
1. 3 岁以前就出现发育异常或损害，至少表现在下列领域之一		1.1	人际沟通时所需的感受性或表达性语言
		1.2	选择性社会依恋或社会交往能力的发展
		1.3	功能性或象征性游戏
2. 具有 2.1、2.2、2.3 项下至少 6 种症状，且其中 2.1 项下至少 2 种，2.2、2.3 两项下至少 1 种	2.1 在下列至少两个方面表现出社会交往能力的实质性异常	2.1.1	不能恰当地应用眼对眼注视、面部表情、姿势和手势来调节社会交往
		2.1.2	（尽管有充分的机会）不能发展与其智龄相适应的伙伴关系，用来共同分享兴趣、活动与情感
		2.1.3	缺乏社会性情感的相互交流，表现为对他人情绪的反应偏颇或有缺损；或不能依据社交场合调整自身行为；或社交、情感与交往行为的整合能力弱
		2.1.4	不能自发地寻求与他人分享快乐、兴趣或成就（如不向旁人显示、表达或指出自己感兴趣的事物）
	2.2 交流能力有实质性异常，表现在下列至少一个方面	2.2.1	口语发育延迟或缺损，如不伴有以手势或模仿等替代形式补偿沟通的企图（此前常没有牙牙学语的沟通）
		2.2.2	在对方对交谈具有应答性反应的情况下，相对地不能主动与人交谈或使交谈持续下去（在任何语言技能水平上都可能发生）
		2.2.3	刻板和重复地使用语言，或"别出心裁"地使用某些词句
		2.2.4	不能进行各种自发的假扮性游戏，或（幼年时）不能进行社会模仿性游戏
	2.3 局限、重复、刻板的兴趣、活动和行为模式，表现在下列至少一个方面	2.3.1	专注于一种或多种刻板、局限的兴趣之中，感兴趣的内容异常或患儿对它异常地关注；或尽管内容或患儿关注的形式无异常，但其关注的强度和局限性仍然存在异常
		2.3.2	强迫性地明显固着于特殊而无用的常规或仪式
		2.3.3	刻板与重复的怪异动作，如拍打、揉搓手或手指，或涉及全身的复杂运动
		2.3.4	迷恋物体的一部分或玩具的没有功能的性质（如气味、质感或所发出的噪声或振动）
3. 其他		临床表现不能归因于以下情况：其他类型的广泛性发育障碍；特定性感受语言发育障碍及继发的社会情感问题；反应性依恋障碍或脱抑制性依恋障碍；伴发情绪/行为障碍的精神发育迟滞；儿童少年精神分裂症和雷特综合征（Rett syndrome）	

资料来源：World Health Organization（1992）

近年来，随着人们对孤独症认识的深入，又发展出一些较新的诊断量表，其中较受推崇的当属美国凯瑟琳·劳德（C. Lord）等制定的"孤独症诊断量表修订版"（Autism Diagnostic Interview Revised，ADI-R）和"孤独症诊断观察量表新版"（Autism Diagnostic Observation Schedule-Toddler Module 2，ADOS-TM-2）。目前，这两种量表在欧美等国家已享有孤独症诊断"金标准"的美誉（汤宜朗等，2010）。孤独症的早期筛查与诊断应从多维度、多领域进行，同时应遵循群体筛查、重点筛查和最终诊断的过程，在不同筛查阶段应采用针对性的筛查工具。

除了上述提及的常规诊断标准和评估量表，一些生物医学和认知神经科学研究者也不断从专业角度探索孤独症儿童的检测与诊断方法。2017年3月，美国伦斯勒理工学院的研究人员提出了基于简单血液检测诊断孤独症的方法，这一发现具有巨大的潜力，并且一项对儿童实施测试的后续研究证实了最初研究结果的成功，可以更可靠地检测哪些婴儿发展为孤独症的概率更高，识别成功率高达88%（Howsmon et al., 2017）。中国的南方医科大学采用三引物荧光PCR-毛细管电泳法来检测FMR1基因5′非编码区CGG重复序列。研究结果显示，其在孤独症、脆性X染色体综合征发病机制及大规模携带者筛查方面都具有一定的应用价值（孙莉等，2017）。脑电（electroencephalogram, EEG）研究发现，在6个月时，孤独症儿童与正常儿童的脑连接差异很小，而在12个月时，孤独症儿童的脑连接显著降低（Righi et al., 2014），这提示儿童早期发展的脑电特征或许可以作为孤独症早期诊断的依据。同时，人工智能技术也为孤独症的早期识别与诊断提供了更多可能及途径。

第六节　孤独症干预治疗简介

如果自己的孩子不幸可能"遭遇"了孤独症这种病，父母该怎么办？是选择放弃、逃避、默默承受，还是理智、平和、坦然地面对现实，以爱和理解给孩子实实在在的帮助？面对这些孩子，父母真的没有理由强求什么，唯一能做的就是调整自身，依据孩子的发育状况，用爱心、耐心帮助他们，协助他们最大限度地改善现状。本节对目前一些重点医学治疗和教育干预方法，以及教育干预中的人机交互技术应用做简单介绍，详细内容将在第二章重点介绍。

一、医学治疗

目前，孤独症的主要医学治疗方法包括西药治疗、食物治疗、益生菌治疗以及中医治疗。

（一）西药治疗

有研究者认为，孤独症治疗应综合考虑遗传的、后天的或环境因素（Freitag,

2007; Müller, 2007), 并试图寻找一种有效、安全且可接受的医学和生物医学治疗方法。目前, 获得美国食品和药物管理局 (U. S. Food and Drug Administration, FDA) 核准的只有一种药物——利培酮。利培酮可用于处理孤独症患者的攻击性、自伤、发脾气等问题, 但并不针对孤独症的核心缺陷即社会交往、沟通、刻板行为等 (Geschwind, 2009)。

此外, 一些治疗者开始采用可以降低血液中 5-羟色胺水平的药物 (如芬氟拉明) 来对孤独症患者进行治疗。此类药物能增加孤独症儿童目光接触、社会知觉和对学校任务的注意维持, 提高 IQ 测验分数, 减少多动或重复行为, 改善睡眠状态等。同样, 这类药物对社会交往方面没有明显的改善效果, 并且这类药物往往有副作用, 当停止用药时还可能会出现反弹。虽然有以上局限性, 但研究者认为, 精神科药物的使用是对孤独症非药物治疗的一种辅助 (Lubetsky & Handen, 2008)。

由于孤独症患者常伴有肠道症状, 人们开始尝试使用抗生素治疗肠道症状。一些孤独症患者口服两种广泛用于厌氧菌感染的万古霉素和甲硝唑后都有一定的效果。万古霉素用于孤独症治疗时, 其有效性是短期的, 一旦停用后就会出现反复, 并且在治疗的每个疗程, 每次中断都会复发。

(二) 食物治疗

适当的饮食也能够帮助患者减轻痛苦, 改善心理和胃肠道症状。目前, 已有多种饮食干预方法和理论。某些饮食方式对孤独症有一定的改善作用, 获得了一些患者家庭的认可, 但其机制仍缺乏科学的依据, 相应的研究也较为欠缺。以下介绍其中两种常见的方法: ①无麸质/无酪蛋白饮食。这种方法主要考虑孤独症儿童常伴有食物不耐受或过敏, 需要去除食谱中可能引起食物不耐受和过敏的食物。同时, 人们发现减少或杜绝含有谷蛋白和酪蛋白的食物能够减轻孤独症症状 (Whiteley et al., 2012)。这一疗法在全球非常流行, 但其作用机制仍不清楚, 且并非对所有孤独症儿童都有效, 还可能会引起营养不良等副作用, 因此受到一些质疑 (Marí-Bauset et al., 2014)。在严格的双盲实验条件下, 研究者对 2～16 岁的孤独症儿童进行连续 12 周的无麸质/无酪蛋白饮食干预后, 发现无麸质/无酪蛋白饮食对孤独症症状并没有明显的改善, 虽然有部分患儿的父母表示有改善作用 (Elder et al., 2006)。也有综述文章系统地比较了多项相关研究, 表明目前的研究还不能充分证明这种饮食方式可以治愈孤独症 (Millward et al., 2008)。②特殊碳水化合物饮食。这种疗法的目的是缓解患者的吸收障碍症状, 防止致病性肠道微生物的增长。此疗法比无麸质/无酪蛋白饮食的要求更严格，不仅完全无麸质，也无淀粉。研究者认为，某些肠道微生物（肠道病原体）引起了胃肠道异常，并产生一些神经毒性物质，影响了孤独症儿童的大脑发育，而这些有害肠道病原体的生存需要依赖难以消化的碳水化合物，因此减少这种碳水化合物能够断绝这些有害肠道病原体的食物，从而抑制这些有害肠道病原体产生神经毒性物质伤害大脑（Gottschall, 2004）。然而，与这一疗法相关的科学报道较少，仍缺乏有效性和安全性方面的评价。

（三）益生菌治疗

孤独症症状可能与肠道菌群健康状况有关。益生菌是直接影响肠道微生物组成的活性微生物，因此益生菌治疗也是一种孤独症治疗的可选方法。相比食物干预，益生菌治疗的干预目标更明确，干预作用更直接和有效。富含益生菌和益生元的食物可提供大量有益细菌和促进有益菌生长的物质，通过发酵食品或额外补充益生菌，可以明显改善肠道微生物和多种消化问题。然而，患有孤独症的儿童经常在食物选择方面存在困难，他们选择有限的食物种类，难以获得足够多的益生菌和益生元。因此，在孤独症人群中，强制和短时补充大量活性益生菌的方式，可能比食物干预更有效。有研究发现，给33名孤独症患者服用含有5种益生菌的胶囊和一种来自乳酸菌细胞裂解物的免疫激活剂21天后，88%的孤独症患者的症状都有明显改善，包括语言沟通、社会交往、感觉和认知意识以及身体健康和行为等方面。此外，益生菌能够显著降低孤独症患者体内真菌的数量，明显改善孤独症症状。L-阿拉伯糖醇在哺乳动物体内产生，D-阿拉伯糖醇作为真菌感染的检测标志只由真菌产生，孤独症患者尿液中的D-阿拉伯糖醇含量显著高于正常人（Kałużna-Czaplińska & Błaszczyk, 2012）。Kałużna-Czaplińska 和 Błaszczyk（2012）在给22名孤独症儿童服用嗜酸乳杆菌后，其尿液中D-阿拉伯糖醇的含量明显降低，并且L-阿拉伯糖醇的含量也显著降低，同时眼神交流、社会交往和反馈行为等孤独症的典型行为也有明显改善。虽然这些研究存在样本量少、缺乏对照实验和安慰剂实验等问题，但其干预效果较为明显，甚至有些对孤独症的核心症状有所改善，表现出明显的优势。益生菌用于改善孤独症症状的潜力巨大，但现在还不清楚是益生菌直接影响了孤独症患者大脑中某些区域的功能，改善了孤独症症状，还是通过先改善肠道菌群健康状况，得到恢复的肠道菌群进而改善孤独症的症状，抑或其同时起作用。

（四）中医治疗

近年来，中医对儿童孤独症的认识逐步深入，治疗手段也进一步丰富。在病因病机方面，研究者认为，孤独症病位在脑，其与心、肝、脾、肾有密切联系。先天不足、肾精亏虚、神失所养、心窍不通、肝失条达、升发不利是孤独症的主要病机（李诺，刘振寰，2009）。Li（2009）提出孤独症的预防和治疗应从四个方面入手：一是纠正心理紊乱；二是促进其神经系统发育；三是减小病理因素的影响；四是加强学习训练，纠正意识层面的无意识特征的想法。他认为，由于中药治本、西药治标的特点，在用药上，应交替服用能促进发育、调理睡眠的中药。孤独症的中医治疗，主要有针灸治疗、中药治疗等手段，在提高孤独症患儿的认知及语言功能方面有一定的疗效。针灸治疗儿童孤独症以广州中医药大学靳瑞教授独创的靳三针疗法较为常用，是以头部穴组为主，辨证论治治疗儿童孤独症的一套"三针"治疗体系。袁青（2005）用靳三针疗法对孤独症儿童进行治疗，结果显示，其对于改善孤独症儿童的言语与非言语交流、刻板行为与统一性保持及社会交往与人际关系有显著效果。他们认为，这可能是因为针灸治疗通过刺激特定穴位，在一定程度上直接刺激了相应的大脑皮层，从而产生了改善患儿临床症状的效果。

二、教育干预方法

目前，孤独症主要的教育干预方法以应用行为分析（applied behavior analysis，ABA）为主，其次包括一些综合干预方法，如游戏干预、音乐干预和录像示范干预等。

（一）应用行为分析

应用行为分析是将目标任务（即教学的知识、技能、行为、习惯等）按照一定的方式和顺序分解成一系列较小或者相对独立的步骤，然后采用适当的强化方法，按照任务分解确定的顺序逐步训练每一小步骤，直到儿童掌握所有步骤，最终可以独立完成任务，并且在其他场合下能够应用其所学会的知识、技能。其最基本的原理就是行为科学的刺激-反应-强化，目标是改善孤独症的核心缺陷（沟通和社交延迟）。应用行为分析将行为分解为小单元进行处理，每周利用 30~40 个小时对患儿进行一对一的训练，内容包括注意、基本识别、语言交流、日常生活、社会化、游戏、精细动作和大运动控制等方面（Zachor et al.，2007），训练孤独症儿童的社交技能，如拥抱、对话以及与他人进行目光接触等（Weiss & Harris, 2001; White et al., 2007）。与传统的行为疗法相比，应用行为分析的运用非常强调个体化，即针对不同的患者采用不同的方法。此方法更注重个体内在需要，强调行为方法，巧妙运用各种行为技术，从个体的需求出发，采用前提-行为-结果（antecedent-behavior-consequence, ABC）的模式消除问题行为或塑造社会适应性行为。采用应用行为分析进行孤独症儿童康复训练的突出特点为：①将动作分解为小的单元；②恰当地使用强化程序，针对不同的个体、不同的时期、不同的动作来进行行为干预；③尽早实施干预，一般认为在3岁之前为宜；④长时间实施干预（刘惠军，李亚莉，2007）。干预实验研究表明，应用行为分析与折中发展（eclectic-developmental, ED）的办法对于改善孤独症患者的社交互动均有显著效果，但应用行为分析的效果更明显，且语言与交流能力的前后测有显著差异，行为干预方法比折中发展对孤独症的核心症状干预效果更为突出（Zachor et al., 2007）。也有研究者认为，应用行为分析能有效地改变孤独症患者的行为，但这种改变仅仅是暂时性的，无法保持长期的效果（Bellini et al., 2007），这可能是由于应用行为分析没有触及孤独症患者的认知方面。

（二）游戏干预

游戏疗法（play therapy, PT）是指以游戏为治疗的载体，将心理学理论运用其中，让儿童通过游戏工具直接或象征性地表现出他们无法用语言表现的感受，体验一些他们从未有过的经历，使得儿童获得成长的一种方法（Kottman, 2001）。游戏疗法最初起源于弗洛伊德的精神分析学派以游戏代替口头的自由联想对儿童行为进行分析（Freud, 1946），而后经过系统化和理论化衍生出不同的派别。游戏疗法的主要特点为：①干预年龄在3~13岁；②聚焦核心障碍；③以短程化的游戏治疗为主；④注重多种方法的综合、灵活运用；⑤生态化倾向。根据理论的不同，可以将游戏疗法分为精神分析学派的沙盘游戏疗法、人本主义学派的儿童中心游戏疗法以及结构化治疗理论的结构化游戏疗法。

沙盘游戏疗法又称箱庭疗法，是采用意象的创造性治疗形式，赋予沙盘和沙具意象，反映儿童的内心活动，从而达到治疗效果的方法（Kalff, 2003）。该疗法适用于4~13岁的患儿，主要程序为在亲人的陪同下，为患儿提供信任程度高的环境后，指导患儿自由选择玩具模型，并且在沙箱中制作一个自己想做的作品，创作结束后让患儿对自己的作品做出评价（陈顺森，2010）。此外，沙盘游戏疗法的对象一般由1名孤独症患儿和1~2名正常儿童组成，首先让这群儿童进行独立创作，经过一段时间的观察后，根据患儿进步的情况进入联合创作阶段，即与正常儿童逐一按照规则选择沙盘、沙具，共同完成一幅作品（林彩云等，2016），有助于患儿更好地融入社会。沙盘游戏疗法的关键在于模拟情境创作过程本身的自主性和自发性，能充分利用非言语交流和象征性意义（王宏轩，李灵，2019）。该疗法具有操作简单、能充分发挥想象力等优点，但同时其也存在理解游戏规则困难、作品完成度低、易出现破坏行为等缺点。

儿童中心游戏疗法是患儿参加自行安排的愉悦活动，来象征性地解决其情绪和行为困扰的游戏疗法（Guerney，2001）。该疗法关注的是多个患儿的共同进步而不是具体患儿的某一种症状是否有所缓解，此疗法适用于6～11岁的患儿。其主要程序是治疗师真诚地接受和信赖患儿，在舒适的氛围中让患儿自主选择活动内容，不施加任何指令。其关键在于，患儿与治疗师之间依赖的形成，治疗师要相信患儿会自发地通过游戏活动表达真实感受，释放紧张情绪，培养健康的自我意识，然后在强烈健康意识的推动下形成健康的行为模式（Salter et al.，2016）。该疗法具有自主、压力小等优点，能够起到对患儿行为进行改善的作用，但治疗过程中也会发生患儿与治疗师无法相互信任和依赖的问题。

结构化游戏疗法是指治疗师根据患儿的具体情况为其设计具体的游戏，让患儿在有针对性的游戏中发泄情绪，进而解决患儿的心理问题（Landreth，2012）。结构化游戏疗法的关键在于要设计一个合适的游戏，为患儿提供可预测、容易理解、规范化的环境（何婷婷，2019）。该疗法适用于6～11岁的患儿，主要程序是由治疗师事先设计活动的具体内容，如搭乐高，让患儿自由畅想自己想做的模型。在互动的过程中，需要患儿耐心地倾听指令，让其明白何时该做什么及如何做。当无法完成时，治疗师根据需要给予帮助，如进行视觉提示，并在后续过程中逐渐取消提示。同时，要保证游戏开始和结束的时间清晰明了，严格遵循系统化的结构模式（胡晓毅等，2016）。结构化游戏疗法能够改善患儿的沟通行为，但也存在结构化的形式难以迁移、患儿对游戏的兴趣不高等缺点。

（三）音乐干预

音乐疗法（music therapy，MT）是由美国音乐治疗协会（American Music Therapy Association）定义的可以在临床使用的干预方法。该疗法的原理在于音乐既能激活与音乐任务有关的神经网络，也能激活与非音乐任务有关的神经网络，音乐刺激的节奏性和结构性能为孤独症患儿组织运动、预测事件和运动反应提供外部线索，对其具有独特的吸引力（LaGasse & Hardy，2013）。该疗法的主要特点为：①干预年龄在3～12岁；②由经过专业训练的音乐治疗师进行干预；③治疗改变的催化剂是音乐体验；④关注患儿在整个体验过程中的情绪、行为的变化，并随时做出有针对性的改变。实施该疗法的关键在于音乐治疗师选择的音乐，音乐的好坏直接决定了治疗活动的计划能否顺利进行和治疗效果的好坏。应用于孤独症儿童干预的音乐疗法从治疗形式上可以划分为三种：主动性音乐疗法、接受性音乐疗法和综合性音乐疗法。

主动性音乐疗法是指患儿直接参与到歌曲的演唱中，通过音乐表达自己的情绪，如通过慢慢地打击乐器宣泄情绪。治疗师主要负责配合患儿进行即兴表演，并引导患儿用音乐表达积极的情绪（Papadopoulou，2016）。即兴创作作为一种非言语或前言语的沟通方式，患儿不需要说话就可以达到社会性治愈的效果。

接受性音乐疗法是让患儿在设置的专业房间中接受与音乐相关的多感官刺激，通过灯光的配合，采取音乐聆听的形式，为患儿选择有意义的音乐，如情绪亢奋时选择高亢的音乐并搭配红色灯光，情绪低落时选择低沉的音乐并搭配蓝色灯光。治疗师引导患儿专注地欣赏和聆听音乐，让患儿体验音乐带来的情绪。在聆听过程中，反思与音乐相关的个人问题或产生的联想，让患儿在此环境中能够受到鼓励以及宣泄自己的情绪。

综合性音乐疗法是音乐治疗与物理治疗及其他治疗方法的融合，如聆听戏剧或者玩一些音乐游戏等。元分析研究表明，音乐疗法能够有效改善患儿的情绪调控、社交技能、共同注意、模仿以及同伴互动（LaGasse，2017）。该疗法不仅能减少患儿自身的障碍，还能利用音乐的表达功能表达出一些通过言语无法表达的情绪（Gebauer et al.，2014）。患儿能够在治疗师的参与下自发探索不同的乐器或模仿他人的动作，同时音乐能增强其参与干预的积极性。但该疗法也存在专业音乐治疗师匮乏的问题，同时干预价格过高以及家长认可度不高阻碍了音乐疗法在我国的继续发展。目前，综合性音乐疗法的应用逐渐增多，并衍生出许多不同的形式，但其仍然要依赖于专业治疗师才能进行更好的治疗。

（四）录像示范干预

录像示范干预（video modeling intervention，VMI）是指通过录像示范来教授患儿进行特定的行为，要求患儿观看录像并进行模仿，以此帮助患儿掌握诸如运动、社交、沟通等技巧（de Bruin et al.，2013）。该疗法建立在班杜拉的社会学习理论基础上（Iacoboni et al.，1999），主要强调了观察学习的有效性。其主要特点为：

①干预年龄为 6～18 岁；②提供有限的注意范围；③要求儿童通过录像来模仿和学习目标行为；④在干预过程中结合强化策略习得行为，促进良好行为的保持和泛化。实施录像示范干预的关键是将视频中的示范行为与日常生活中的事件相结合，增强模仿和练习，通过观察学习掌握并应用技能。根据示范人员不同，录像示范干预可分为他人录像示范和自我录像示范。前者是由与患儿熟悉的同龄人、亲人等进行示范，也可以由示范者的局部身体动作组成，即视频中仅展示目标行为，如喝水时的手部动作，也称为角度示范；后者是干预对象自己表现出的目标行为，首先为患儿提供一个机会，并提示患儿完成目标行为，而后对录像进行剪辑，以显示出其独立完成目标行为的过程（Yakubova et al.，2015）。此外，在实际干预过程中，也可以将二者结合使用。使用该疗法的具体操作程序如下：首先，识别和选择目标行为及设备；其次，对目标技能进行分析并收集基线数据，以此制定拍摄计划，决定最适合目标的拍摄环境和方式；最后，完成录像、编辑及播放过程，同时监测治疗过程中的不足，在以后的干预中进行适当的调整（翁盛，魏寿洪，2015）。

三、人机交互干预方法

近些年来，国内外的研究成果与实践表明，人机交互的智能学习环境是孤独症儿童教育干预训练的有效途径。人机交互的智能学习环境是基于学生和教师-导师（虚拟化身）能够建立对话和构建知识的环境（Rossi，2008），并以语音识别、视觉搜索、情境分析、动态手势识别、眼动交互、触觉交互等多模态互动方式作为智能化环境的输入体系，以虚拟/混合/增强现实、数字孪生、知识图谱、物联网和可穿戴交互等技术与方法作为智能化学习环境的输出体系（张兴旺等，2018），实现学习者和交互环境共协、共创与共存。人机交互干预方法具有以下优势。

（一）个性化推荐和个别化指导

基于人机交互的智能学习环境可以分析学生的学习数据，然后进行个性化推荐、个别指导或自适应反馈和提示等。智能学习环境是人工智能在教育领域的重要应用，它能根据学生的学习兴趣、习惯和学习需求制定专门的学习计划，有利于学生的个性化学习（韩建华等，2019）。例如，个性化的推荐系统程序会根据用户的浏览行为数据而产生过滤规则，自动帮助用户筛选信息，为此人工智能可以判断并预测学习者可能感兴趣的知识，帮助人和学习内容之间建立起全新的感情联结与亲密关系（杨扬，张学骞，2018）。目前，智能学习环境通过自然语言处理和语音识别技术，让计算机扮演导师角色，能代替教师为学生提供辅助性学习材料、智能学习环境实时跟踪、记录和分析学生的学习过程和学习结果，了解其个性化学习特点，并据此为学习者选择合适的学习资源，定制个别化的学习指导方案。

（二）智能化的输入与输出

基于人机交互的智能学习环境能够通过自然、灵活和智能的信息隐喻方式，通过用户交互界面将用户心理、行为与状态（输入）转换成数字应用能识别和理解的表达方法，将数字应用拥有的信息与知识、行为与状态（输出）转换成用户能理解和掌握的知识体系，并通过人机交互环境反馈给用户。一方面，智能化输入体系需要感知用户的心理变化、行为姿态、语言文字或身体动作等多模态、多通道的输入信息；另一方面，智能化输出体系可通过用户的听觉、视觉、嗅觉、感觉等感知通道，将所需要的信息与知识以智能化的方式加以展示（张兴旺等，2018）。

（三）智能监测与预警

基于人机交互的智能学习环境能够系统地监控学生的学习进度。一旦发现学习成绩不理想的学生，教师就可以采取措施，给困难学生提供额外的支持与关注（Khan et al., 2021）。例如，智能学习管理系统、智能辅导系统和智能在线学习平台等能够实时记录与动态监测大量关于学生与学习环境交互的数据，并可以将学生的行为互动轨迹可视化，以实现对学生学习状况的智能识别与适时性预警（黄昌勤等，2021）。

以上介绍了人机交互环境的特点和优势，下一章将具体展开基于人机交互技术的孤独症教育干预方法介绍。

本 章 小 结

本章针对孤独症的研究现状、定义及特征、主要影响、病因、筛查诊断及干预治疗方法相关内容做了简单介绍，对最新的研究发现与实践成果做了分析，便于读者快速了解孤独症的相关知识，下一章将针对孤独症的教育干预方法进行详细的阐述。

参 考 文 献

卜凡帅，徐胜.（2015）. 自闭症谱系障碍诊断标准：演变、影响与展望. 中国特殊教育，（2），40-45.

陈顺森.（2010）. 箱庭疗法治疗自闭症的原理和操作. 中国特殊教育，（3），42-47.

陈顺森，白学军，张日昇.（2011）. 自闭症谱系障碍的症状、诊断与干预. 心理科学进展，（1），60-72.

段云峰，吴晓丽，金锋.（2015）. 自闭症的病因和治疗方法研究进展. 中国科学（生命科学），（9），820-844.

韩建华，赵蔚，姜强，等.（2019）. STEM智能学习环境与认知科学研究——访美国范德堡大学彼斯沃思教授. 开放教育研究，（2），4-11.

何婷婷.（2019）. 儿童游戏疗法理论概述与应用. 中小学心理健康教育，（36），57-59.

胡晓毅，陈婷婷，郑群山.（2016）. 运用结构化游戏干预学前孤独症儿童共同注意的个案研究. 现代特殊教育，（18），49-55.

黄昌勤，涂雅欣，俞建慧，等.（2021）. 数据驱动的在线学习倦怠预警模型研究与实现. 电化教育研究，（2），47-54.

黄伟合.（2008）. 用当代科学征服自闭症——来自临床与实验的干预教育方法. 上海：华东师范大学出版社.

黄小娜，张悦，冯围围，等.（2017）. 儿童心理行为发育问题预警征象筛查表的信度效度评估. 中华儿科杂志，（6），445-450.

李诺，刘振寰.（2009）. 中医对自闭症的认识及治疗现状. 中国中西医结合儿科学，（2），150-152.

林彩云，陈顺森，叶桂青.（2016）. 融合团体箱庭在儿童自闭症康复训练中的应用. 牡丹江师范学院学报（社会科学版），（1），127-129.

刘惠军，李亚莉.（2007）. 应用行为分析在自闭症儿童康复训练中的应用. 中国特殊教育，（3），33-37.

邵洁.（2016）. 儿童发育监测和筛查在儿童保健中的应用. 中国实用儿科杂志，（10），735-739.

苏媛媛.（2012）. 孤独症、智力低下儿童环境危险因素的研究. 天津医科大学硕士学位论文.

孙莉，杨琳艳，叶倩平，等．（2017）．基于三引物荧光 PCR-毛细管电泳法的 FMR1 基因突变检测技术建立及其在自闭症辅助诊断中的应用．分子诊断与治疗杂志，（5），319-324．

谭成慧，宋博海，马姗姗，等．（2021）．自闭症患儿行为干预研究方法的发展与趋势．中国临床心理学杂志，（2），436-442．

汤宜朗，郭延庆，Rice C E，等．（2010）．孤独症诊断的金标准之一《孤独症诊断观察量表》介绍．国际精神病学杂志，（1），38-40．

王宏轩，李灵．（2019）．沙盘游戏疗法对自闭症儿童的干预研究．中小学心理健康教育，（15），30-32．

翁盛，魏寿洪．（2015）．录像示范法在自闭症儿童社交技能训练中的应用．中国特殊教育，（9），25-32，57．

五彩鹿自闭症研究院．2019．中国自闭症教育康复行业发展状况报告(Ⅲ)．天津：天津教育出版社．

杨扬，张学骞．（2018）．人工智能技术环境下日本出版业的创新实践．出版发行研究，（9），84-87．

袁青．（2005）．针刺治疗儿童自闭症疗效观察．美中医学，（3），40-43．

张文渊．（2003）．自闭症的病因、诊断及心理干预．中国特殊教育，（3），71-75．

张兴旺，赵乐，葛梦兰．（2018）．人工智能时代数字图书馆智能化人机交互技术分析——以古代南海海图数字图书馆为例．图书与情报，（5），56-64．

中华医学会儿科学分会发育行为学组，中国医师协会儿科分会儿童保健专业委员会，儿童孤独症诊断与防治技术和标准研究项目专家组．（2017）．孤独症谱系障碍儿童早期识别筛查和早期干预专家共识．中华儿科杂志，（12），890-897．

邹义壮，肖春玲，韩素欣．（2009）．ICD-10 在我国医疗和信息系统中的应用情况．中国心理卫生杂志，（7），507-508．

邹卓，刘芸，黄浩宇，等．（2020）．儿童孤独症谱系障碍流行现状和家庭干预的研究及策略．中国全科医学，（8），900-907．

Adams, J. B., Audhya, T., McDonough-Means, S., et al.（2011a）. Effect of a vitamin/mineral supplement on children and adults with autism. BMC Pediatrics, 11, 111.

Adams, J. B., Audhya, T., McDonough-Means, S, et al.（2011b）. Nutritional and metabolic status of children with autism vs. neurotypical children, and the association with autism severity. Nutrition & Metabolism,（1）, 34.

Adolphs, R., Sears, L., & Piven, J.（2001）. Abnormal processing of social information from faces in autism. Journal of Cognitive Neuroscience,（2）, 232-240.

Allen, G., & Courchesne, E.（2003）. Differential effects of developmental cerebellar abnormality on cognitive and motor functions in the cerebellum：An fMRI study of autism. American Journal of Psychiatry, (2), 262-273.

Allik, H., Larsson, J. O., & Smedje, H. (2006). Health-related quality of life in parents of school-age children with Asperger syndrome or high-functioning autism. Health and Quality of Life Outcomes, (1), 1-8.

American Psychiatric Association. (1994). Diagnostic and Statistical Manual of Mental Disorders. 4th ed. Washington: American Psychiatric Association.

Asperger, H. (1944)."Autistic psychopathy" in childhood. Archiv Für Psychiatrie und Nervenkrankheiten, (1), 76-136.

Baddeley, A. D. (1986). Working Memory. Oxford: Clarendon Press.

Ballaban-Gil, K., Rapin, I., Tuchman, R., et al. (1996). Longitudinal examination of the behavioral, language, and social changes in a population of adolescents and young adults with autistic disorder. Pediatric Neurology, (3), 217-223.

Baron-Cohen, S. (1989). The autistic child's theory of mind: A case of specific developmental delay. Journal of Child Psychology and Psychiatry, and Allied Disciplines, (2), 285-297.

Baron-Cohen, S. (1991a). Do people with autism understand what causes emotion? Child Development, (2), 385-395.

Baron-Cohen, S. (1991b). The theory of mind deficit in autism: How specific is it? British Journal of Developmental Psychology, 9 (2), 301-314.

Baron-Cohen, S. (2001). Theory of mind and autism: A review. In L. M. Glidden (Ed.), International Review of Research in Mental Retardation: Autism (Vol. 23). New York: Academic Press, 169-184.

Baron-Cohen, S. (2006). Two new theories of autism: Hyper-systemising and assortative mating. Archives of Disease in Childhood, (1), 2-5.

Barth, C., Fein, D., & Waterhouse, L. (1995). Delayed match-to-sample performance in autistic children. Developmental Neuropsychology, (1), 53-69.

Bebko, J. M., Konstantareas, M. M., & Springer, J. (1987). Parent and professional evaluations of family stress associated with characteristics of autism. Journal of Autism and Developmental Disorders, (4), 565-576.

Bellini, S., Peters, J. K., Benner, L., et al. (2007). A meta-analysis of school-based social skills interventions for children with autism spectrum disorders. Remedial and Special Education, (3), 153-162.

Bennetto, L., Pennington, B. F., & Rogers, S. J. (1996). Intact and impaired memory functions in autism. Child Development, (4), 1816-1835.

Beversdorf, D. Q., Smith, B. W., Crucian, G. P., et al. (2000). Increased discrimination of "false memories" in autism spectrum disorder. Proceedings of the National Academy of Sciences of the United States of America,（15）, 8734-8737.

Birenbaum, A., Guyot, D., & Cohen, H. J.（1990）. Health care financing for severe developmental disabilities. Monographs of the American Association on Mental Retardation,（14）, 1-150.

Bishop, D., & Rosenbloom, L.（1987）. Childhood language disorders: Classification and overview. In W. Yule & M. Rutter（Eds.）, Language Development and Disorders. London: MacKeith Press, 16-41.

Borre, Y. E., O'Keeffe, G. W., Clarke, G., et al.（2014）. Microbiota and neurodevelopmental windows: Implications for brain disorders. Trends in Molecular Medicine,（9）, 509-518.

Brian, J. A., & Bryson, S. E.（1996）. Disembedding performance and recognition memory in autism/PDD. Journal of Child Psychology and Psychiatry, and Allied Disciplines,（7）, 865-872.

Brobst, J. B., Clopton, J. R., & Hendrick, S. S.（2009）. Parenting children with autism spectrum disorders: The couple's relationship. Focus on Autism and Other Developmental Disabilities,（1）, 38-49.

Buie, T., Campbell, D. B., Fuchs, G. J., et al.（2010）. Evaluation, diagnosis, and treatment of gastrointestinal disorders in individuals with ASDs: A consensus report. Pediatrics,（sup 1）, S1-S18.

Buitelaar, J. K., van der Wees, M., Swaab-Barneveld, H., et al.（1999）. Theory of mind and emotion-recognition functioning in autistic spectrum disorders and in psychiatric control and normal children. Development and Psychopathology,（1）, 39-58.

Butter, E. M., Wynn, J., & Mulick, J. A.（2003）. Early intervention critical to autism treatment. Pediatric Annals,（10）, 677-684.

Capps, L., Yirmiya, N., & Sigman, M.（1992）. Understanding of simple and complex emotions in non-retarded children with autism. Journal of Child Psychology and Psychiatry, and Allied Disciplines,（7）, 1169-1182.

Centers for Disease Control and Prevention.（2023）. Prevalence and characteristics of autism spectrum disorder among children aged 8 years—Autism and developmental disabilities monitoring network, 11 sites, United States, 2020. https://www.cdc.gov/mmwr/volumes/72/ss/ss7202a1. htm?s_cid=ss7202a1_w.

Cerigo, H., & Quesnel-Vallée, A.（2020）. Systematic mixed studies reviews: Leveraging the literature to answer complex questions through the integration of quantitative and qualitative evidence. International Journal of Public Health,（5）, 699-703.

Chakrabarti, S., & Fombonne, E.（2001）. Pervasive developmental disorders in preschool children. Journal of the American Medical Association,（24）, 3093-3099.

Chambers, J. G., Parrish, T. B., & Harr, J. J. (2004). What are we spending on special education services in the United States, 1999-2000? http://www.csef-air.org/Docs/AdvRpt1.PDF.

Chambers, J. G., Shkolnik, J., & Pérez, M. (2003). Total Expenditures for Students with Disabilities, 1999-2000: Spending Variation by Disability. Washington: American Institutes for Research for United States Department of Education Office of Special Education Programs.

Chasson, G. S., Harris, G. E., & Neely, W. J. (2007). Cost comparison of early intensive behavioral intervention and special education for children with autism. Journal of Child and Family Studies, (3), 401-413.

Christensen, J., Grønborg, T. K, Sørensen, M. J, et al. (2013). Prenatal valproate exposure and risk of autism spectrum disorders and childhood autism. Journal of the American Medical Association, (16), 1696-1703.

Cohen, D., Pichard, N., Tordjman, S., et al. (2005). Specific genetic disorders and autism: Clinical contribution towards their identification. Journal of Autism and Developmental Disorders, (1), 103-116.

Courchesne, E., Townsend, J., Akshoomoff, N. A., et al. (1994). Impairment in shifting attention in autistic and cerebellar patients. Behavioral Neuroscience, (5), 848-865.

Croen, L. A., Najjar, D. V., Ray, G. T., et al. (2006). A comparison of health care utilization and costs of children with and without autism spectrum disorders in a large group-model health plan. Pediatrics, (4), 1203-1211.

Davis, N. O., & Carter, A. S. (2008). Parenting stress in mothers and fathers of toddlers with autism spectrum disorders: Associations with child characteristics. Journal of Autism and Developmental Disorders, (7), 1278-1291.

Dawson, G., Carver, L., Meltzoff, A. N., et al. (2002). Neural correlates of face and object recognition in young children with autism spectrum disorder, developmental delay, and typical development. Child Development, (3), 700-717.

Dawson, G., Meltzoff, A. N., Osterling, J., et al. (1998). Neuropsychological correlates of early symptoms of autism. Child Development, (5), 1276-1285.

Dawson, G., Osterling, J., Rinaldi, J., et al. (2001). Brief report: Recognition memory and stimulus-reward associations. Indirect support for the role of ventromedial prefrontal dysfunction in autism. Journal of Autism and Developmental Disorders, (3), 337-341.

de Bruin, C. L., Deppeler, J. M., Moore, D. W., et al. (2013). Public school-based interventions for adolescents and young adults with an autism spectrum disorder: A meta-analysis. Review of Educational Research, (4), 521-550.

de Magistris, L., Familiari, V., Pascotto, A., et al. (2010). Alterations of the intestinal barrier in patients with autism spectrum disorders and in their first-degree relatives. Journal of Pediatric Gastroenterology and Nutrition, (4), 418-424.

DeMyer, M. K., Barton, S., Alpern, G. D., et al. (1974). The measured intelligence of autistic children. Journal of Autism and Childhood Schizophrenia, (1), 42-60.

DeMyer, M. K., Hingtgen, J. N., & Jackson, R. K. (1981). Infantile autism reviewed: A decade of research. Schizophrenia Bulletin, (3), 388-451.

DiGuiseppi, C., Hepburn, S., Davis, J. M., et al. (2010). Screening for autism spectrum disorders in children with Down syndrome: Population prevalence and screening test characteristics. Journal of Developmental & Behavioral Pediatrics, (3), 181-191.

Duncan, J. (1986). Disorganisation of behaviour after frontal lobe damage. Cognitive Neuropsychology, (3), 271-290.

Durkin, M. S., Maenner, M. J., Newschaffer, C. J., et al. (2008). Advanced parental age and the risk of autism spectrum disorder. American Journal of Epidemiology, (11), 1268-1276.

Eaves, L. C., & Ho, H. H. (2008). Young adult outcome of autism spectrum disorders. Journal of Autism and Developmental Disorders, (4), 739-747.

Ekas, N. V., Lickenbrock, D. M., & Whitman, T. L. (2010). Optimism, social support, and well-being in mothers of children with autism spectrum disorder. Journal of Autism and Developmental Disorders, (10), 1274-1284.

Elder, J. H, Shankar, M., Shuster, J., et al. (2006). The gluten-free, casein-free diet in autism: Results of a preliminary double blind clinical trial. Journal of Autism and Developmental Disorders, (3), 413-420.

el Gohary, T. M. E., el Aziz, N. A. E., Darweesh, M., et al. (2015). Plasma level of transforming growth factor β1 in children with autism spectrum disorder. Egyptian Journal of Ear, Nose, Throat and Allied Sciences, (1), 69-73.

Forsythe, P., Sudo, N., Dinan, T., et al. (2010). Mood and gut feelings. Brain Behavior, and Immunity, (1), 9-16.

Frans, E. M., Sandin, S., Reichenberg, A., et al. (2013). Autism risk across generations: A population-based study of advancing grandpaternal and paternal age. JAMA Psychiatry, (5), 516-521.

Freitag, C. M. (2007). The genetics of autistic disorders and its clinical relevance: A review of the literature. Molecular Psychiatry, (1), 2-22.

Freud, A. (1946). The Psycho-analytical Treatment of Children. New York: International Universities Press.

Frith, U. (1989). Autism: Explaining the Enigma. Oxford: Basil Blackwell.

Frith, U., & Happé, F. (1994). Autism: Beyond "theory of mind". Cognition, (1-3), 115-132.

Frith, U., & Snowling, M. (1983). Reading for meaning and reading for sound in autistic and dyslexic children. British Journal of Developmental Psychology, (4), 329-342.

Furness, J. B. (2007). The Enteric Nervous System. Malden: Blackwell Publishing.

Gabriels, R. L., Hill, D. E., Pierce, R. A., et al. (2001). Predictors of treatment outcome in young children with autism: A retrospective study. Autism, (4), 407-429.

Ganz, M. L. (2006). The costs of autism. In S. Moldin & J. Rubenstein (Eds.), Understanding Autism: From Neuroscience to Treatment. Boca Raton: Taylor and Francis Group, 476-502.

Ganz, M. L. (2007). The lifetime distribution of the incremental societal costs of autism. Archives of Pediatrics and Adolescent Medicine, (4), 343-349.

Gardener, H., Spiegelman, D., & Buka, S. L. (2009). Prenatal risk factors for autism: Comprehensive meta-analysis. The British Journal of Psychiatry, (1), 7-14.

Gardener, H., Spiegelman, D., & Buka, S. L. (2011). Perinatal and neonatal risk factors for autism: A comprehensive meta-analysis. Pediatrics, (2), 344-355.

Gau, S. S. F., Chou, M. C., Chiang, H. L., et al. (2011). Parental adjustment, marital relationship, and family function in families of children with autism. Research in Autism Spectrum Disorders, (1), 263-270.

Gebauer, L., Skewes, J., Westphael, G., et al. (2014). Intact brain processing of musical emotions in autism spectrum disorder, but more cognitive load and arousal in happy vs. sad music. Frontiers in Neuroscience, 8, 192.

Gepner, B., Deruelle, C., & Grynfeltt, S. (2001). Motion and emotion: A novel approach to the study of face processing by young autistic children. Journal of Autism and Developmental Disorders, (1), 37-45.

Geschwind, D. H. (2009). Advances in autism. Annual Review of Medicine, 60, 367-380.

Gershon, M. (1999). The Second Brain: A Groundbreaking New Understanding of Nervous Disorders of the Stomach and Intestine. New York: Harper Collins Publishers, Inc.

Glasberg, B. A. (2000). The development of siblings' understanding of autism spectrum disorders. Journal of Autism and Developmental Disorders, (2), 143-156.

Goldstein, G., Beers, S. R., Siegel, D. J., et al. (2001). A comparison of WAIS-R profiles in adults with high-functioning autism or differing subtypes of learning disability. Applied Neuropsychology, (3), 148-154.

Gottschall, E. (2004). Digestion-gut-autism connection: The specific carbohydrate diet. Medical Veritas: The Journal of Medical Truth, 1, 261-271.

Green, L., Fein, D., Joy, S., et al. (1995). Cognitive functioning in autism: An overview. In E. Schopler & G. B. Mesibov (Eds.), Learning and Cognition in Autism. New York: Plenum Press,

13-31.

Grenham, S., Clarke, G., Cryan, J. F., et al. (2011). Brain-gut-microbe communication in health and disease. Frontiers in Physiology, 2, 1-15.

Griffith, E. M., Pennington, B. F., Wehner, E. A., et al. (1999). Executive functions in young children with autism. Child Development, (4), 817-832.

Guerney, L. (2001). Child-centered play therapy. International Journal of Play Therapy, (2), 13-31.

Gurney, J. G., McPheeters, M. L., & Davis, M. M. (2006). Parental report of health conditions and health care use among children with and without autism: National survey of children's health. Archives of Pediatrics and Adolescent Medicine, (8), 825-830.

Hagner, D., & Cooney, B. F. (2005). "I do that for everybody": Supervising employees with autism. Focus on Autism and Other Developmental Disabilities, (2), 91-97.

Hallmayer, J., Cleveland, S., Torres, A., et al. (2011). Genetic heritability and shared environmental factors among twin pairs with autism. Archives of General Psychiatry, (11), 1095-1102.

Happé, F. G. (1995). The role of age and verbal ability in the theory of mind task performance of subjects with autism. Child Development, (3), 843-855.

Happé, F. G. (1996). Studying weak central coherence at low levels: Children with autism do not succumb to visual illusions. A research note. Journal of Child Psychology and Psychiatry, and Allied Disciplines, (7), 873-877.

Happé, F. G. (1997). Central coherence and theory of mind in autism: Reading homographs in context. British Journal of Developmental Psychology, (1), 1-12.

Happé, F. G. (1999). Autism: Cognitive deficit or cognitive style? Trends in Cognitive Sciences, (6), 216-222.

Happé, F. G, & Frith, U. (1995). Theory of mind in autism. In E. Schopler & G. B. Mesibov (Eds.), Learning and Cognition in Autism. New York: Plenum Press, 177-197.

Harrison, D. W., Demaree, H. A., Shenal, B. V., et al. (1998). QEEG assisted neuropsychological evaluation of autism. International Journal of Neuroscience, (1-2), 133-140.

Hartley, S. L., Barker, E. T., Seltzer, M. M., et al. (2010). The relative risk and timing of divorce in families of children with an autism spectrum disorder. Journal of Family Psychology, (4), 449-457.

Hartley, S. L., Barker, E. T., Seltzer, M. M., et al. (2011). Marital satisfaction and parenting experiences of mothers and fathers of adolescents and adults with autism. American Journal on Intellectual and Developmental Disabilities, (1), 81-95.

Hastings, R. P. (2003). Child behaviour problems and partner mental health as correlates of stress in mothers and fathers of children with autism. Journal of Intellectual Disability Research, (4-5),

231-237.

Hastings, R. P., & Brown, T. (2002). Behavior problems of children with autism, parental self-efficacy, and mental health. American Journal of Mental Retardation, (3), 222-232.

Henderson, S. E., Barnett, A., & Henderson, L. (1994). Visuospatial difficulties and clumsiness: On the interpretation of conjoined deficits. Journal of Child Psychology and Psychiatry, and Allied Disciplines, (5), 961-969.

Hermelin, B., & Frith, U. (1971). Psychological studies of childhood autism: Can autistic children make sense of what they see and hear? Journal of Special Education, (2), 107-117.

Herring, S., Gray, K., Taffe, J., et al. (2006). Behaviour and emotional problems in toddlers with pervasive developmental disorders and developmental delay: Associations with parental mental health and family functioning. Journal of Intellectual Disability Research, (12), 874-882.

Hobson, R. P. (1986). The autistic child's appraisal of expressions of emotion. Journal of Child Psychology and Psychiatry, and Allied Disciplines, (3), 321-342.

Hobson, R. P. (1989). Beyond cognition: A theory of autism. In G. Dawson (Ed.), Autism: Nature, Diagnosis and Treatment. New York: The Guilford Press, 22-48.

Hobson, R. P., & Lee, A. (1989). Emotion-related and abstract concepts in autistic people: Evidence from the British Picture Vocabulary Scale. Journal of Autism and Developmental Disorders, (4), 601-623.

Hobson, R. P., Ouston, J., & Lee, A. (1988a). Emotion recognition in autism: Coordinating faces and voices. Psychological Medicine, (4), 911-923.

Hobson, R. P., Ouston, J., & Lee, A. (1988b). What's in a face? The case of autism. British Journal of Psychology, (4), 441-453.

Hobson, R. P., Ouston, J., & Lee, A. (1989a). Naming emotion in faces and voices: Abilities and disabilities in autism and mental retardation. British Journal of Developmental Psychology, (3), 237-250.

Hobson, R. P., Ouston, J., & Lee, A. (1989b). Recognition of emotion by mentally retarded adolescents and young adults. American Journal of Mental Retardation, (4), 434-443.

Hoffman, C. D., Sweeney, D. P., Hodge, D., et al. (2009). Parenting stress and closeness: Mothers of typically developing children and mothers of children with autism. Focus on Autism and Other Developmental Disabilities, (3), 178-187.

Holder, H. B., & Kirkpatrick, S. W. (1991). Interpretation of emotion from facial expressions in children with and without learning disabilities. Journal of Learning Disabilities, (3), 170-177.

Howlin, P., Goode, S., Hutton, J., et al. (2004). Adult outcome for children with autism. Journal of Child Psychology and Psychiatry, and Allied Disciplines, (2), 212-229.

Howsmon, D. P., Kruger, U., Melnyk, S., et al. (2017). Classification and adaptive behavior prediction of children with autism spectrum disorder based upon multivariate data analysis of markers of oxidative stress and DNA methylation. PLoS Computational Biology, (3), e1005385.

Howsmon, D. P., Vargason, T., Rubin, R. A., et al. (2018). Multivariate techniques enable a biochemical classification of children with autism spectrum disorder versus typically-developing peers: A comparison and validation study. Bioengineering & Translational Medicine, (2), 156-165.

Iacoboni, M., Woods, R. P., Brass, M., et al. (1999). Cortical mechanisms of human imitation. Science, (5449), 2526-2528.

Ingersoll, B., & Hambrick, D. Z. (2011). The relationship between the broader autism phenotype, child severity, and stress and depression in parents of children with autism spectrum disorders. Research in Autism Spectrum Disorders, (1), 337-344.

Jacobson, J. W., Mulick, J. A., & Green, G. (1998). Cost-benefit estimates for early intensive behavioral intervention for young children with autism: General model and single state case. Behavioral Interventions, (4), 201-226.

Järbrink, K. (2007). The economic consequences of autistic spectrum disorder among children in a Swedish municipality. Autism, (5), 453-463.

Järbrink, K., & Knapp, M. (2001). The economic impact of autism in Britain. Autism, (1), 7-22.

Järbrink, K., Fombonne, E., & Knapp, M. (2003). Measuring the parental, service and cost impacts of children with autistic spectrum disorder: A pilot study. Journal of Autism and Developmental Disorders, (4), 395-402.

Järbrink, K., McCrone, P., Fombonne, E., et al. (2007). Cost-impact of young adults with high-functioning autistic spectrum disorder. Research in Developmental Disabilities, (1), 94-104.

Johnson, C. P., & Myers, S. M. (2007). Identification and evaluation of children with autism spectrum disorders. Pediatrics, (5), 1183-1215.

Jolliffe, T., & Baron-Cohen, S. (1997). Are people with autism and Asperger syndrome faster than normal on the embedded figures test? Journal of Child Psychology and Psychiatry, and Allied Disciplines, 38 (5), 527-534.

Jolliffe, T., & Baron-Cohen, S. (2000). Linguistic processing in high-functioning adults with autism or Asperger's syndrome: Is global coherence impaired? Psychological Medicine, 30 (5), 1169-1187.

Jones, T. L., & Prinz, R. (2005). Potential roles of parental self-efficacy in parent and child adjustment: A review. Clinical Psychology Review, (3), 341-363.

Kalff, D. M. (2003). Sandplay: A Psychotherapeutic Approach to the Psyche. Illinois: Temenos Press.

Kałużna-Czaplińska, J., & Błaszczyk, S.（2012）. The level of arabinitol in autistic children after probiotic therapy. Nutrition,（2）, 124-126.

Kang, D. W., Park, J. G., Ilhan, Z. E., et al.（2013）. Reduced incidence of prevotella and other fermenters in intestinal microflora of autistic children. PLoS One,（7）, e68322.

Kanner, L.（1943）. Autistic disturbances of affective contact. Nervous Child, 2, 217-250.

Keen, D., Couzens, D., Muspratt, S., et al.（2010）. The effects of a parent-focused intervention for children with a recent diagnosis of autism spectrum disorder on parenting stress and competence. Research in Autism Spectrum Disorders,（2）, 229-241.

Kelly, A. B., Garnett, M. S., Attwood, T., et al.（2008）. Autism spectrum symptomatology in children: The impact of family and peer relationships. Journal of Abnormal Child Psychology,（7）, 1069-1081.

Khan, I., Ahmad, A. R., Jabeur, N., et al.（2021）. An artificial intelligence approach to monitor student performance and devise preventive measures. Smart Learning Environments, 8（1）, 1-18.

Klin, A.（1991）. Young autistic children's listening preferences in regard to speech: A possible characterization of the symptom of social withdrawal. Journal of Autism and Developmental Disorders,（1）, 29-42.

Klin, A., Volkmar, F. R., & Sparrow, S. S.（1992）. Autistic social dysfunction: Some limitations of the theory of mind hypothesis. Journal of Child Psychology and Psychiatry, and Allied Disciplines,（5）, 861-876.

Klin, A., Volkmar, F. R., Sparrow, S. S., et al.（1995）. Validity and neuropsychological characterization of Asperger syndrome: Convergence with nonverbal learning disabilities syndrome. Journal of Child Psychology and Psychiatry, and Allied Disciplines,（7）, 1127-1140.

Knapp, M., Romeo, R., & Beecham, J.（2009）. Economic cost of autism in the UK. Autism,（3）, 317-336.

Kogan, M. D., Strickland, B. B., Blumberg, S. J., et al.（2008）. A national profile of the health care experiences and family impact of autism spectrum disorder among children in the United States, 2005-2006. Pediatrics,（6）, 1149-1158.

Konstantareas, M. M., Homatidis, S., & Busch, J.（1989）. Cognitive, communication, and social differences between autistic boys and girls. Journal of Applied Developmental Psychology,（4）, 411-424.

Kottman, T.（2001）. Adlerian play therapy. International Journal of Play Therapy,（2）, 1-12.

Krauss, M. W., Seltzer, M. M., & Jacobson, H. T.（2005）. Adults with autism living at home or in non-family settings: Positive and negative aspects of residential status. Journal of Intellectual

Disability Research, 49, 111-124.

Kuhn, J. C., & Carter, A. S. (2006). Maternal self-efficacy and associated parenting cognitions among mothers of children with autism. American Journal of Orthopsychiatry, (4), 564-575.

LaGasse, A. B. (2017). Social outcomes in children with autism spectrum disorder: A review of music therapy outcomes. Patient Related Outcome Measures, 8, 23-32.

LaGasse, A. B., & Hardy, M. W. (2013). Rhythm, movement, and autism: Using rhythmic rehabilitation research as a model for autism. Frontiers in Integrative Neuroscience, 7, 19.

Landreth, G. L. (2012). Play Therapy: The Art of the Relationship. London: Routledge.

Larsen, F. W., & Mouridsen, S. E. (1997). The outcome in children with childhood autism and Asperger syndrome originally diagnosed as psychotic: A 30-year follow-up study of subjects hospitalized as children. European Child and Adolescent Psychiatry, (4), 181-190.

Lavelle, T. A., Weinstein, M. C., Newhouse, J. P., et al. (2014). Economic burden of childhood autism spectrum disorders. Pediatrics, (3), e520-e529.

Lawer, L., Brusilovskiy, E., Salzer, M. S., et al. (2008). Use of vocational rehabilitative services among adults with autism. Journal of Autism and Developmental Disorders, (3), 487-494.

Ledford, J. R., & Gast, D. L. (2006). Feeding problems in children with autism spectrum disorders: A review. Focus on Autism and Other Developmental Disabilities, (3), 153-166.

Lee, Y. Y., & Chua, A. S. (2011). Influence of gut microbes on the brain-gut axis. Journal of Neurogastroenterology and Motility, (4), 427-429.

Leekam, S. R. (1993). Children's understanding of mind. In M. Bennett (Ed.), The Child as Psychologist: An Introduction to the Development of Social Cognition. London: Harvester Wheatsheaf, 26-61.

Leslie, D. L., & Martin, A. (2007). Health care expenditures associated with autism spectrum disorders. Archives of Pediatrics and Adolescent Medicine, (4), 350-355.

Li, C. M. (2009). The prevention and therapy of infantile autism. Progress in Modern Biomedicine, 9 (11), 2162-2167.

Lincoln, A. J., Courchesne, E., Kilman, B. A., et al. (1988). A study of intellectual abilities in high-functioning people with autism. Journal of Autism and Developmental Disorders, (4), 505-524.

Liptak, G. S., Stuart, T., & Auinger, P. (2006). Health care utilization and expenditures for children with autism: Data from U. S. national samples. Journal of Autism and Developmental Disorders, (7), 871-879.

Liss, M., Fein, D., Allen, D., et al. (2001). Executive functioning in high-functioning children with autism. Journal of Child Psychology and Psychiatry, and Allied Disciplines, (2), 261-270.

López, B., & Leekam, S. R. (2003). Do children with autism fail to process information in context? Journal of Child Psychology and Psychiatry, and Allied Disciplines, (2), 285-300.

Lord, C., & Bailey, A. (2002). Autism spectrum disorders. In M. Rutter & E. Taylor (Eds.), Child and Adolescent Psychiatry. 4th ed. Oxford: Blackwell, 636-663.

Lord, C., & Bishop, S. L. (2010). Autism spectrum disorders: Diagnosis, prevalence, and services for children and families. Society for Research in Child Development, (2), 1-21.

Lord, C., & Schopler, E. (1988). Intellectual and developmental assessment of autistic children from preschool to schoolage: Clinical implications of two follow-up studies. In E. Schopler & G. B. Mesibov (Eds.), Diagnosis and Assessment in Autism. New York: Plenum, 167-181.

Lord, C., & Schopler, E. (1989). The role of age at assessment, developmental level, and test in the stability of intelligence scores in young autistic children. Journal of Autism and Developmental Disorders, (4), 483-499.

Lord, C., Risi, S., DiLavore, P. S., et al. (2006). Autism from 2 to 9 years of age. Archives of General Psychiatry, (6), 694-701.

Losche, G. (1990). Sensorimotor and action development in autistic children from infancy to early adulthood. Journal of Child Psychology and Psychiatry, and Allied Disciplines, (5), 749-761.

Lovaas, O. I. (1987). Behavioral treatment and normal educational and intellectual functioning in young autistic children. Journal of Consulting and Clinical Psychology, (1), 3-9.

Lovaas, O. I., Koegel, R. L., & Schreibman, L. (1979). Stimulus overselectivity in autism: A review of research. Psychological Bulletin, (6), 1236-1254.

Lubetsky, M. J., & Handen, B. L. (2008). Medication treatment in autism spectrum disorder. Speaker's Journal, (10), 97-107.

Mackintosh, V. G., Goin-Kochel, R. P., & Myers, B. J. (2012). "What do you like/dislike about the treatments you're currently using?": A qualitative study of parents of children with autism spectrum disorders. Focus on Autism and Other Developmental Disabilities, (1), 51-60.

Manjiviona, J. (2003). The assessment of specific learning difficulties in children with Asperger syndrome. In M. Prior (Ed.), Learning and Behavior Problems in Asperger Syndrome. New York: The Guilford Press, 55-84.

Mann, T. A., & Walker, P. (2003). Autism and a deficit in broadening the spread of visual attention. Journal of Child Psychology and Psychiatry, and Allied Disciplines, (2), 274-284.

Marí-Bauset, S., Zazpe, I., Mari-Sanchis, A., et al. (2014). Evidence of the gluten-free and casein-free diet in autism spectrum disorders: A systematic review. Journal of Child Neurology, (12), 1718-1727.

Mawhood, L., & Howlin, P. (1999). The outcome of a supported employment scheme for high-functioning adults with autism or Asperger syndrome. Autism, (3), 229-254.

Mayer, E. A., Padua, D., & Tillisch, K. (2014). Altered brain-gut axis in autism: Comorbidity or causative mechanisms? Bioessays, (10), 933-939.

Mayes, S. D., & Calhoun, S. L. (2003). Ability profiles in children with autism: Influence of age and IQ. Autism, (1), 65-80.

Mazefsky, C. A., Schreiber, D. R., Olino, T. M., et al. (2014). The association between emotional and behavioral problems and gastrointestinal symptoms among children with high-functioning autism. Autism, (5), 493-501.

McEvoy, R. E., Rogers, S. J., & Pennington, B. F. (1993). Executive function and social communication deficits in young autistic children. Journal of Child Psychology and Psychiatry, and Allied Disciplines, (4), 563-578.

Milgram, N. A., & Atzil, M. (1988). Parenting stress in raising autistic children. Journal of Autism and Developmental Disorders, (3), 415-424.

Miller, J. N., & Ozonoff, S. (2000). The external validity of Asperger disorder: Lack of evidence from the domain of neuropsychology. Journal of Abnormal Psychology, (2), 227-238.

Millward, C., Ferriter, M., Calver, S., et al. (2008). Gluten- free and casein-free diets for autistic spectrum disorder. Cochrane Database Systematic Reviews, (2), CD003498.

Minshew, N. J., Luna, B., & Sweeney, J. A. (1999). Oculomotor evidence for neocortical systems but not cerebellar dysfunction in autism. Neurology, (5), 917-922.

Montes, G., & Halterman, J. S. (2006). Characteristics of school-age children with autism. Journal of Developmental and Behavioral Pediatrics, (5), 379-385.

Montes, G., & Halterman, J. S. (2007). Psychological functioning and coping among mothers of children with autism: A population-based study. Pediatrics, (5), 1040-1046.

Montes, G., & Halterman, J. S. (2008a). Association of childhood autism spectrum disorders and loss of family income. Pediatrics, (4), 821-826.

Montes, G., & Halterman, J. S. (2008b). Child care problems and employment among families with preschool-aged children with autism in the United States. Pediatrics, (1), 202-208.

Morgan, S. B., Cutrer, P. S., Coplin, J. W., et al. (1989). Do autistic children differ from retarded and normal children in Piagetian sensorimotor functioning? Journal of Child Psychology and Psychiatry, and Allied Disciplines, (6), 857-864.

Motiwala, S. S., Gupta, S., Lilly, M., et al. (2006). The cost effectiveness of expanding intensive behavioural intervention to all autistic children in Ontario. Healthcare Policy, (2), 135-151.

Mottron, L., Burack, J. A., Stauder, J. E. A., et al. (1999). Perceptual processing among high-functioning persons with autism. Journal of Child Psychology and Psychiatry, and Allied Disciplines,

（2），203-211.

Mottron, L., Peretz, I., & Ménard, E. (2000). Local and global processing of music in high-functioning persons with autism: Beyond central coherence? Journal of Child Psychology and Psychiatry, and Allied Disciplines, (8), 1057-1065.

Mugno, D., Ruta, L., D'Arrigo, V. G., et al. (2007). Impairment of quality of life in parents of children and adolescents with pervasive developmental disorder. Health and Quality of Life Outcomes, 5, 22.

Müller, R. A. (2007). The study of autism as a distributed disorder. Mental Retardation and Developmental Disabilities Research Reviews, (1), 85-95.

Noterdaeme, M., Amorosa, H., Mildenberger, K., et al. (2001). Evaluation of attention problems in children with autism and children with a specific language disorder. European Child and Adolescent Psychiatry, (1), 58-66.

Noterdaeme, M., Mildenberger, K., Minow, F., et al. (2002). Evaluation of neuromotor deficits in children with autism and children with a specific speech and language disorder. European Child and Adolescent Psychiatry, (5), 219-225.

Olsson, M. B., & Hwang, C. P. (2001). Depression in mothers and fathers of children with intellectual disability. Journal of Intellectual Disability Research, (6), 535-543.

Oswald, D. P., & Sonenklar, N. A. (2007). Medication use among children with autism spectrum disorders. Journal of Child and Adolescent Psychopharmacology, (3), 348-355.

Ozonoff, S., & McEvoy, R. E. (1994). A longitudinal study of executive function and theory of mind development in autism. Development and Psychopathology, (3), 415-431.

Ozonoff, S., & Strayer, D. L. (2001). Further evidence of intact working memory in autism. Journal of Autism and Developmental Disorders, (3), 257-263.

Ozonoff, S., Pennington, B. F., & Rogers, S. J. (1991). Executive function deficits in high-functioning autistic individuals: Relationship to theory of mind. Journal of Child Psychology and Psychiatry, and Allied Disciplines, (7), 1081-1105.

Ozonoff, S., Strayer, D. L., McMahon, W. M., et al. (1994). Executive function abilities in autism and tourette syndrome: An information processing approach. Journal of Child Psychology and Psychiatry, and Allied Disciplines, (6), 1015-1032.

Papadopoulou, P. (2016)."We are singing together!": Promoting vocal, language, and communication skills in children with autism spectrum disorder. Nordic Journal of Music Therapy, (sup1), 56.

Pennington, B. F., & Ozonoff, S. (1996). Executive functions and developmental psychopathology. Journal of Child Psychology and Psychiatry, and Allied Disciplines, (1), 51-87.

Plaisted, K., Saksida, L., Alcántara, J., et al. (2003). Towards an understanding of the mechanisms of weak central coherence effects: Experiments in visual configural learning and auditory perception. Philosophical Transactions of the Royal Society of London, Series B. Biological Sciences, (1430), 375-386.

Prior, M. R., & Chen, C. S. (1976). Short-term and serial memory in autistic, retarded, and normal children. Journal of Autism and Childhood Schizophrenia, (2), 121-131.

Prior, M. R., & Hoffmann, W. (1990). Brief report: Neuropsychological testing of autistic children through an exploration with frontal lobe tests. Journal of Autism and Developmental Disorders, (4), 581-590.

Prior, M., Perry, D., & Gajzago, C. (1975). Kanner's syndrome or early-onset psychosis: A taxonomic analysis of 142 cases. Journal of Autism and Childhood Schizophrenia, (1), 71-80.

Rai, D., Lee, B. K., Dalman, C., et al. (2013). Parental depression, maternal antidepressant use during pregnancy, and risk of autism spectrum disorders: Population based case-control study. The British Medical Journal, 346, f2059.

Rao, P. A., & Beidel, D. C. (2009). The impact of children with high-functioning autism on parental stress, sibling adjustment, and family functioning. Behavior Modification, (4), 437-451.

Rapin, I. (1996). Practitioner review: Developmental language disorders: A clinical update. Journal of Child Psychology and Psychiatry, and Allied Disciplines, (6), 643-655.

Righi, G., R., Tierney, A. L., Tager-Flusberg, H., et al. (2014). Functional connectivity in the first year of life in infants at risk for autism spectrum disorder: An EEG study. PLoS One, (8), e105176.

Rinehart, N. J., Bradshaw, J. L., Moss, S. A., et al. (2000). Atypical interference of local detail on global processing in high-functioning autism and Asperger's disorder. Journal of Child Psychology and Psychiatry, and Allied Disciplines, (6), 769-778.

Rivers, J. W., & Stoneman, Z. (2003). Sibling relationships when a child has autism: Marital stress and support coping. Journal of Autism and Developmental Disorders, (4), 383-394.

Roberts, E. M., English, P. B., Grether, J. K., et al. (2007). Maternal residence near agricultural pesticide applications and autism spectrum disorders among children in the California central valley. Environmental Health Perspectives, (10), 1482-1489.

Rodgers, J. (2000). Visual perception and Asperger syndrome: Central coherence deficit of hierarchization deficit? Autism, (3), 321-329.

Rogers, S. J. (1998). Empirically supported comprehensive treatments for young children with autism. Journal of Clinical Child Psychology, (2), 168-179.

Rogers, S. J., & Williams, J. H. G. (2006). Imitation and the Social Mind: Autism and Typical Development. New York: The Guilford Press.

Ropar, D., & Mitchell, P. (1999). Are individuals with autism and Asperger's syndrome susceptible to visual illusions? Journal of Child Psychology and Psychiatry, and Allied Disciplines, (8), 1283-1293.

Rosenberg, R. E., Law, J. K., Yenokyan, G., et al. (2009). Characteristics and concordance of autism spectrum disorders among 277 twin pairs. Archives of Pediatrics and Adolescent Medicine, (10), 907-914.

Rossi, P. G. (2008). Intelligent learning environment (ILE). Learning environment with AI support tools for teachers and tutors. Unpublished paper, Università degli Studi di Macerata, Marcerata.

Ruble, L. A., Heflinger, C. A., Renfrew, J. W., et al. (2005). Access and service use by children with autism spectrum disorders in medicaid managed care. Journal of Autism and Developmental Disorders, (1), 3-13.

Rumsey, J. M. (1985). Conceptual problem-solving in highly verbal, nonretarded autistic men. Journal of Autism and Developmental Disorders, (1), 23-36.

Rumsey, J. M., & Hamburger, S. D. (1990). Neuropsychological divergence of high-level autism and severe dyslexia. Journal of Autism and Developmental Disorders, (2), 155-168.

Russell, J., Jarrold, C., & Henry, L. (1996). Working memory in children with autism and with moderate learning difficulties. Journal of Child Psychology and Psychiatry, and Allied Disciplines, (6), 673-686.

Rutter, M. (1978). Diagnosis and definition of childhood autism. Journal of Autism and Childhood Schizophrenia, (2), 139-161.

Rutter, M. (2005). Aetiology of autism: Findings and questions. Journal of Intellectual Disability Research, (4), 231-238.

Sallows, G. O., & Graupner, T. D. (2005). Intensive behavioral treatment for children with autism: Four-year outcome and predictors. American Journal of Mental Retardation, (6), 417-438.

Salter, K., Beamish, W., & Davies, M. (2016). The effects of child-centered play therapy (CCPT) on the social and emotional growth of young Australian children with autism. International Journal of Play Therapy, (2), 78-90.

Schieve, L. A., Gonzalez, V., Boulet, S. L., et al. (2012). Concurrent medical conditions and health care use and needs among children with learning and behavioral developmental disabilities, National Health Interview Survey, 2006-2010. Research in Developmental Disabilities, (2), 467-476.

Seltzer, M. M., Greenberg, J. S., Floyd, F. J., et al. (2001). Life course impacts of parenting a child with a disability. American Journal of Mental Retardation, (3), 265-286.

Shah, A., & Frith, U. (1983). An islet of ability in autistic children: A research note. Journal of

Child Psychology and Psychiatry, and Allied Disciplines, (4), 613-620.

Shah, A., & Frith, U. (1993). Why do autistic individuals show superior performance on the block design task? Journal of Child Psychology and Psychiatry, and Allied Disciplines, (8), 1351-1364.

Shah, A., & Wing, L. (1986). Cognitive impairments affecting social behavior in autism. In E. Schopler & G. B. Mesibov (Eds.), Social Behavior in Autism. Boston: Springer, 153-169.

Shapiro, T., & Hertzig, M. E. (1991). Social deviance in autism: A central integrative failure as a model for social non-engagement. Psychiatric Clinics of North America, (1), 19-32.

Shimabukuro, T. T., Grosse, S. D., & Rice, C. (2008). Medical expenditures for children with an autism spectrum disorder in a privately insured population. Journal of Autism and Developmental Disorders, (3), 546-552.

Siegel, D. J., Minshew, N. J., & Goldstein, G. (1996). Wechsler IQ profiles in diagnosis of high-functioning autism. Journal of Autism and Developmental Disorders, (4), 389-406.

Sigman, M. D., Kasari, C., Kwon, J. H., et al. (1992). Responses to the negative emotions of others by autistic, mentally retarded, and normal children. Child Development, (4), 796-807.

Singh, N. N., Lancioni, G. E., Winton, A. S. W., et al. (2006). Mindful parenting decreases aggression, noncompliance, and self-injury in children with autism. Journal of Emotional and Behavioral Disorders, (3), 169-177.

Smith, I. M. (2000). Motor functioning in Asperger syndrome. In A. Klin, F. Volkmar & S. Sparrow (Eds.), Asperger Syndrome. New York: The Guilford Press, 97-124.

Smith, I. M., & Bryson, S. E. (1994). Imitation and action in autism: A critical review. Psychological Bulletin, (2), 259-273.

Smith, I. M., Koegel, R. L., Koegel, L. K., et al. (2010a). Effectiveness of a novel community-based early intervention model for children with autistic spectrum disorder. American Journal on Intellectual and Developmental Disabilities, (6), 504-523.

Smith, L. E., Hong, J., Seltzer, M. M., et al. (2010b). Daily experiences among mothers of adolescents and adults with autism spectrum disorder. Journal of Autism and Developmental Disorders, (2), 167-178.

Sofronoff, K., & Farbotko, M. (2002). The effectiveness of parent management training to increase self-efficacy in parents of children with Asperger syndrome. Autism, (3), 271-286.

Stone, W. L., & Caro-Martinez, L. M. (1990). Naturalistic observations of spontaneous communication in autistic children. Journal of Autism and Developmental Disorders, (4), 437-453.

Strömland, K., Nordin, V., Miller, M., et al. (1994). Autism in thalidomide embryopathy: A population study. Developmental Medicine & Child Neurology, (4), 351-356.

Swanson, J. M., Posner, M., Potkin, S., et al. (1991). Activating tasks for the study of visual-spatial attention in ADHD children: A cognitive anatomic approach. Journal of Child Neurology, 6, S119-S127.

Tager-Flusberg, H. (1981). On the nature of linguistic functioning in early infantile autism. Journal of Autism and Developmental Disorders, (1), 45-56.

Tager-Flusberg, H. (1992). Autistic children's talk about theory of mind. Child Development, (1), 161-172.

Tager-Flusberg, H. (2003). Language and communicative deficits and their effects on learning and behavior. In M. Prior (Ed.), Learning and Behavior Problems in Asperger Syndrome. New York: The Guilford Press, 55-103.

Tager-Flusberg, H., & Anderson, M. (1991). The development of contingent discourse ability in autistic children. Journal of Child Psychology and Psychiatry, and Allied Disciplines, (7), 1123-1134.

Tager-Flusberg, H., & Sullivan, K. (1994). Predicting and explaining behavior: A comparison of autistic, mentally retarded and normal children. Journal of Child Psychology and Psychiatry, and Allied Disciplines, 35, 1059-1075.

Tehee, E., Honan, R., & Hevey, D. (2009). Factors contributing to stress in parents of individuals with autistic spectrum disorders. Journal of Applied Research in Intellectual Disabilities, (1), 34-42.

Townsend, J., Courchesne, E., Covington, J., et al. (1999). Spatial attention deficits in patients with acquired or developmental cerebellar abnormality. The Journal of Neuroscience, 19, 5632-5643.

Volden, J., & Lord, C. (1991). Neologisms and idiosyncratic language in autistic speakers. Journal of Autism and Developmental Disorders, (2), 109-130.

Volk, H, E., Lurmann, F., Penfold, B., et al. (2013). Traffic-related air pollution, particulate matter, and autism. JAMA Psychiatry, (1), 71-77.

Volkmar, F. R., & Pauls, D. (2003). Autism. The Lancet, (9390), 1133-1141.

Walker, E., McGuire, M., & Bettes, B. (1984). Recognition and identification of facial stimuli by schizophrenics and patients with affective disorders. British Journal of Clinical Psychology, (1), 37-44.

Weeks, S. J., & Hobson, R. P. (1987). The salience of facial expression for autistic children. Journal of Child Psychology and Psychiatry, and Allied Disciplines, (1), 137-151.

Weiss, M. J., & Harris, S. L. (2001). Teaching social skills to people with autism. Behavior Modification, (5), 785-802.

White, S. W., Keonig, K., & Scahill, L. (2007). Social skills development in children with autism spectrum disorders: A review of the intervention research. Journal of Autism and Developmental Disorders, 37, 1858-1868.

Whiteley, P., Shattock, P., Knivsberg, A. M., et al. (2012). Gluten-and casein-free dietary intervention for autism spectrum conditions. Frontiers in Human Neuroscience, 6, 344.

Whittingham, K., Sofronoff, K., Sheffield, J., et al. (2008). An exploration of parental attributions within the autism spectrum disorders population. Behaviour Change, (4), 201-214.

Wing, L. (1976). Early Childhood Autism: Clinical, Educational and Social Aspects. Oxford: Pergamon Press.

Wing, L. (1981). Asperger's syndrome: A clinical account. Psychological Medicine, (1), 115-129.

Wing, L. (1996). The Autistic Spectrum: A Guide for Parents and Professionals. London: Constable.

Wing, L., & Gould, J. (1979). Severe impairments of social interaction and associated abnormalities in children: Epidemiology and classification. Journal of Autism and Developmental Disorders, (1), 11-29.

Wolf, L. C., Noh, S., Fisman, S. N., et al. (1989). Brief report: Psychological effects of parenting stress on parents of autistic children. Journal of autism and developmental disorders, (1), 157-166.

World Health Organization. (1992). The ICD-10 classification of mental and behavioural disorders: Clinical descriptions & diagnostic guidelines. https://iris.who.int/bitstream/handle/10665/37958/9241544228_eng.pdf?sequence=8.

Yakubova, G., Hughes, E. M., & Hornberger, E. (2015). Video-based intervention in teaching fraction problem-solving to students with autism spectrum disorder. Journal of Autism and Developmental Disorders, (9), 2865-2875.

Yeargin-Allsopp, M., Rice, C., Karapurkar, T., et al. (2003). Prevalence of autism in a U. S. metropolitan area. Journal of the American Medical Association, (1), 49-55.

Zachor, D. A., Ben-Itzchak, E., Rabinovich, A. L., et al. (2007). Change in autism core symptoms with intervention. Research in Autism Spectrum Disorders, (4), 304-317.

第二章
孤独症儿童教育干预方法

　　孤独症尚没有有效治疗药物，主要以教育干预为主。其核心目标是通过密集化的教育干预改善孤独症儿童的核心症状，提高孤独症儿童的社会适应和生活自理能力。随着科技的发展，人机交互技术支持的干预方法为孤独症儿童教育干预提供了新途径。本章主要概述了孤独症儿童教育干预的传统方法和人机交互技术支持的现代干预方法。首先，介绍了传统教育干预方法，包括基于理论视角而划分的教导主义模式、发展主义模式和自然主义模式。其次，阐述了当前人机交互技术支持的现代干预方法，主要包括虚拟现实技术、增强现实技术、多媒体技术和智能机器人等，总结分析了当前教育干预面临的问题。最后，介绍了一种人工智能技术增强的孤独症儿童自适应干预方法。

第一节　传统教育干预方法概述

孤独症儿童传统教育干预方法众多，主要以应用行为分析为主，同时也包括其他通过循证实践支持的干预方法。这些干预方法可以系统划分为教导主义模式、发展主义模式和自然主义模式三大理论流派。

一、教导主义模式

教导主义模式是以行为理论为根基，由干预者采用重复回合式的教学以及强化物对孤独症儿童进行反复训练。该模式是 Lovaas（1987）及其所在科研团队提出的，强调孤独症儿童对具体细化技能的习得，因此对干预成效的评估主要是以儿童的可观察到的行为改变为依据的。典型的教导式干预方法包括应用行为分析、回合式训练（discrete trial training，DTT）、早期强化行为干预（early intensive behavior intervention，EIBI）、言语行为疗法（verbal behavior，VB）等。

（一）应用行为分析

应用行为分析兴起于 20 世纪下半叶将学习理论的心理学原理系统地应用于行为修正的实践，其基础是斯金纳（Skinner，1953）最为著名的操作性条件反射原则。华生（Watson）普遍被认为是建立应用行为科学的第一人。应用行为分析被广泛地应用于特殊教育和孤独症的治疗。20 世纪 60 年代，该领域的创始人之一蒙特罗斯·沃尔夫（M. Wolf）教授在为自己照顾的一名 3 岁孤独症患者开发有效治疗方法的过程中，提出了暂停疗法（Todd & Patrick，2005）。沃尔夫认为，孩子发脾气是由于一些行为引起了其注意，因此他设置了暂停时间，以减少孩子的注意，并提供一种有效的行为反应。在此过程中，他利用了心理学家斯金纳提出的行为修正理论，将行为建立在观察和结果的基础上，后来被称为应用行为分析的 ABC，被统称为 A-B-C 原理（Bijou et al.，1968）。具体包括以下几个方面：①前提（antecedent，A），即导致行为发生时的刺激或行为发生前的事件；②行为（behavior，B），即作为对环境刺激或事件产生的动作或行为（发脾气、发泄等）；③结果（consequence，C），即行为发生后的情境，也包括物理环境和其他行为等，它对行为有强化作用。沃尔夫和他的同事们意识到，通过仔细观察环境（前因）和理解与孤独症儿童表现出的行为之间的关系，可以系统地改变结果（Thompson，1984），即要么强化积极行为，要么阻止消极行为。这种系统的操作是应用行为分析治疗的本质。应用行为分析干预方法的优势是教导和强化孤独症儿童做出正确的行为，并且行为分析师可以在包容的环境中一对一地对其进行观察与强化训练，以个性化评估的形式对孤独症儿童进行信息收集和治疗。其局限性如下：首先，耗时长，有效的应用行为分析干预时长一般为每周25～40个小时；其次，对家长有严格的要求（应灵活熟练地掌握应用行为分析的应用原理），以使干预成效最大化；最后，训练机构收取的费用较高，不能满足大多数家庭的需求。

（二）回合式训练

回合式训练是由加利福尼亚大学洛杉矶分校的Lovaas（1987）教授提出的。它是在一种高结构化的环境中运用前述应用行为分析原则，包括前因、行为（学习者的反应）和结果（Lang et al.，2016）。以正向强化为主促进儿童各方面能力的发展，是应用行为分析方法的核心部分，由教师在一种没有干扰的环境下一对一地指导儿童。该训练法不仅适用于教师，包括家庭成员在内的专业和非专业治疗师都可以实施，并且对孤独症儿童和成人都有益（Smith，2001）。回合式训练的目的是系统地教会孩子以有意义的方式（如说话、玩耍）对语言和社会刺激做出反应。每一个回合式训练的干预过程都包括5个部分（Smith，2001）。

1）线索。教师给出一个简短、清晰的指示或问题，如"这是什么？""你看"。

2）提示。在给予儿童线索的同时或者在给予线索之后，教师帮助儿童对线索做出正确的反应（引导与提示），例如，教师可以牵着儿童的手引导其做出反应，或者教师可以模仿正确的反应来引起儿童的注意与理解。随着儿童的进步（学会自己对辨别刺激做出反应），教师逐渐淡出并最终消除提示，以便让儿童学会单独对提示做出反应。

3）回应。儿童会根据教师的提示与引导给出正确或错误的答案。

4）结果。如果儿童给出了正确的回答或当儿童对区别刺激做出适当反应时，教师应立即提供一个积极的强化物，比如，儿童喜欢的零食、口头表扬、喜欢的玩具等。如果儿童给出了错误的回答，教师就会说"不"，然后把目光移开，拿走教学材料，或者以其他方式暗示他的回答是错误的。

5）间隔时间。在给出结果后，教师在给出下一次提示前应有短暂的停顿（1～5s）。需要注意的是，教师应仔细选择强化因素或强化物，并根据儿童的反应立即进行强化。

回合式训练在儿童的运动模仿、声音模仿和语言模仿等多种技能的教学中也是适用的，能够有效提高儿童的学习能力和学习动机。其优势主要包括：首先，离散式的实验持续时间都比较短，互动频次较高（每分钟最多12次），既能保持儿童的持续兴趣，还能为其提供很多学习机会；其次，因为是一对一指导，教师可以定制教学内容以满足儿童的个性化需求；最后，每个离散实验都有明确的开始和结束，内容组成简短明确、能突出重点（提示）等。其局限在于训练要求高强度的一对一，每周训练时间达25～40个小时，并且教师需要不断地提供线索或提示；在缺乏明确提示的情况下，他们可能无法学会发起行为；在回合式训练中，教师建立了一种严格控制的学习环境，儿童不能将在回合式训练或行为分解训练中获得的技能转移到其他环境，如教室或家庭环境（Smith，2001），即在没有先前学到的自然情境事件的情况下，泛化（迁移能力）并不能真正达到让儿童在自然情景或人际交往中应用所学到的行为技能的效果。

（三）早期强化行为干预

早期强化行为干预的起源与美国加利福尼亚大学洛杉矶分校开发的Lovaas模型有关（Lovaas，1981）。早期强化行为干预是针对孤独症儿童广泛使用的治疗方法之一，是一种特定形式的行为干预和比较成熟的孤独症治疗方法（Reichow et al.，2018）。早期强化行为干预的核心要素包括以下几个方面。

1）回合式训练的特定教学程序。

2）一项针对4岁或4岁以下孤独症儿童一对一的行为干预和强化计划（Reichow et al.，2018）。

3）在家庭或学校环境中实施，在前1～4年，治疗时间为每周20～40个小时，每周40个小时效果最佳（Eldevik et al.，2009）。

通常，早期强化行为干预是在受过应用行为分析培训的人员的监督下实施的，这些人员系统地遵循一份说明手册，用来介绍和教授任务范围以及治疗顺序等（Maurice et al.，1996）。在干预过程中，治疗团队与家长同时参与并合作，根据儿童当前的行为清单（例如，沟通和社交技能）制定个性化干预计划。通常将每项技能分解为小的、可管理的步骤来构建技能，有效的教学程序用于教授技能并最大限度地激发儿童的学习动力。随着儿童的进步，技能的复杂性也会增加，重点是要确保儿童可以在不同的情况下使用他们在日常生活中学到的技能，包括语言与沟通技能、游戏技能、认知技能及社交技能等。在最终的分析评估中，也需要明确影响儿童能力评估结果的可能变量，包括是谁提供治疗（父母、临床医生、教师）、治疗强度和持续时间（剂量）、员工监督时间表和干预设置。该方法的局限在于，仅针对患有孤独症的幼儿和学龄前儿童，费用昂贵，家长需要全程参与；循证实践有限，仅对参与的部分儿童有效，而且对于干预强度、课程内容及采用的干预技术等方面，相关研究不足，存在一定争议（Studer et al.，2017）。

（四）言语行为疗法

言语行为疗法是一种旨在教授语言和交流技能的疗法，是基于应用行为分析的原理和行为主义者斯金纳的理论提出的。Sundberg 和 Michael（2001）根据这些理论开发了一种治疗方法，鼓励孤独症患者通过将单词与其目的联系起来学习语言，可以帮助他们进行更好的沟通。言语行为疗法不只是关注作为标签的单词（如糖果、汽车等），相反，它教导儿童如何使用文字，以及他们在提出请求和交流想法时该如何具体使用或表达。斯金纳将言语行为划分为核心功能单位（即言语操作性单位），包括命令或指令（mand，如请求一块糖果）、评论（tact，用于分享体验或引起注意的评论）、回应（intraverbal，用于回答或应答问题的对话）、重复（echoic，重复或反复确认，对于儿童进行模仿十分重要）（Skinner，1957）。根据斯金纳对言语行为治疗方式的归纳，我们在这里举例具体说明治疗干预的过程。例如，使用"苹果"一词来请求一个苹果，即提出要求，让孤独症儿童了解到说"苹果"就可以获得苹果；当儿童看到"苹果"时，说出了"苹果"，则为评论；当别人（治疗师或家长）问"你吃的红色的是什么东西？"时，他会说"苹果"，则为回应；有人说它是"苹果？"，儿童会重复"苹果"一词，则为重复。该方法的优势在于，在干预过程中，一旦儿童提出相关要求，治疗师就会重复词语并展示目标对象，然后治疗师可以在相同的上下文情景中再次使用这个词语强化意义。但在起初干预时，考虑到不同个体语言障碍的程度，只需要通过非语言性方式提出请求，让他们了解到交流会产生积极的结果即可。随着时间的推移，治疗师会帮助儿童掌握沟通技巧，提出一系列结合简单和困难要求的问题。这使儿童能够更频繁地取得成功并减少挫败感。治疗师应该以保持儿童兴趣的方式改变情况和指示。它的局限是，教学所处的是自然环境，获得的是自然发生的结果。有研究表明，在缺乏直接指导的情况下，通过语言操作者建立的一种语言行为形式并不总是能促使儿童使用该形式达到既定目的（Arntzen & Almås, 2002; Carroll & Hesse, 1987）。

二、发展主义模式

发展主义模式是指以儿童的语言发展为基本干预导向，着重于功能性的言语沟通和交流意愿。典型的发展式干预方法包括发展性社交语用模型（developmental social-pragmatic model，DSP）、地板时光干预模式、社交故事法、图片交换沟通系统（picture exchange communication system，PECS）和早期丹佛模式（early-start Denver model，ESDM）等。

（一）发展性社交语用模型

发展性社交语用模型是一种发展式干预方法，在孤独症治疗中的应用始于20世纪80年代早期（Ingersoll，2010）。发展性社交语用模型是对皮亚杰的发展心理学和精神分析理论（Greenspan et al., 1998）以及语言习得的社会语用模型（Bruner，1983）的整合，关注的是孤独症儿童沟通的起始性和自发性，并遵循儿童的注意力焦点和动机变化规律。发展性社交语用模型的重点是帮助儿童形成与他人建立积极、有意义的关系的能力，通过利用照料者和孤独症儿童之间的日常互动来促进交流。在使用发展性社交语用模型过程中，需要注意以下几点（Prizant et al., 2000）。

1）父母和看护人须遵循儿童的导向或兴趣，并尝试对其交流做出回应。

2）成年人布置环境，并鼓励或激发儿童主动开始行为活动。常用的策略包括游戏性阻碍（短暂地打断儿童正在做的活动）、破坏（省略或隐藏活动所需的必要物品）、违反常规（改变儿童通常做事情的方式）以及无法接触的物品（儿童需要父母帮助才能接触到无法接触的物品）。

3）包容所有的交流尝试，包括语言行为（模仿说话、自主表达）和非语言行为（伸手和抓握、眼睛凝视、哭泣、面部表情、身体姿势）交流都是有目的的。例如，一名儿童牵着大人的手走到冰箱前，看了看苹果，大人就会推断儿童想要苹果，然后给他。同样，如果儿童在互动过程中开始哭泣或扔玩具，大人需要推断儿童是否有可能希望停止自己正在做的事情，并以停止冒犯行为作为回应。

4）成人强调情感表达和情感分享（用语言表达他们的感受并标记儿童的感受）。患有孤独症的儿童通常难以理解他人的情绪状态，因此成年人会夸大他或她的情感手势和面部表情，并标记儿童的情绪反应。例如，如果儿童表现出开心，成年人会做出一个"开心"的表情,并说"你要那个玩具,我真的很高兴,看来你也很开心",以此来描述儿童的情绪。

5)调整语言和社会输入以促进交际成长。成年人用简化的语言来描述儿童的注意力,调整他们的互动方式(根据儿童的发展水平),以确保儿童能够理解。常见的间接语言刺激策略包括声音模仿、描述性言语、自言自语、平行对话等。

发展性社交语用模型的局限是,它适用于已经具备一些基本沟通技巧的儿童,能帮助孤独症儿童在没有提示的情况下开始交流和参与交流,对于部分有重度沟通障碍的儿童不太适用。

(二)地板时光干预模式

地板时光干预模式的全称是"基于发展、个别差异和人际关系的模式"(developmental, individual differences, relationship-based model, DIR)。地板时光干预模式的核心是"地板时光"(floor time)。该名称的由来主要是儿童的活动通常在地板上进行,也有孩子的成长是从地板开始的(孩子都是和家长在地板上玩着长大的),另外也包含了"实验室的""课程性的""特定环境性的"等含义。该方法是在20世纪80年代由斯坦利·格林斯潘(S. GreenSpan)和塞雷娜·维德(S. Wieder)开发的(Wieder et al., 2003),其核心主张是促进儿童的社交、情感和智力等多领域的发展,能够帮助临床医生、家长和教育工作者对孤独症儿童进行全面评估。

基于地板时光干预模式发展出来的地板时光疗法,是地板时光干预模式的核心组成部分。地板时光是一种系统地重建儿童与他人沟通及建立关系的干预方法,基本目标是促进互动过程中的人际交互关系,让儿童产生温情、亲密和愉快的感觉,并不仅仅在于教授特定的技能(Hess, 2013)。要实现这个目标,地板时光的训练会集中帮助儿童在人际交互中建立情感联系,从诱发共同注意开始,慢慢引导儿童投入社交关系,发展双向沟通,通过丰富互动经验、发展自我意识,更进一步地发展各种认知和社交能力。地板时光干预是以家庭干预为基础的,相对于其他干预模式来说,投入会少很多,也比较容易实现。

地板时光干预通常以儿童主导的游戏形式进行。家长和照顾者应是儿童最主要的游戏伙伴。儿童与家长或照顾者建立了正面的关系,便可以拓展到与其他成人建立关系。简单而言,成人要尝试进入儿童的活动世界中,并愿意让儿童扮演活动开启的领导者角色,即成人要投入儿童主导的活动中。在这段共处的时间里,父母和儿童之间进行积极而有效的交往,也尝试建立一个相互的、共同参与的空间,由父母按部就班地带领儿童掌握较复杂的人际交往：一个有始有终的沟通回合。采用地板时光的理论和方法，不但能大大提高训练的效益，也能建立融合、美好的亲子关系。

地板时光干预模式的干预目标是帮助儿童实现心理发展的六大基础性任务，或获得六种基本能力。

1）对周围的环境、情境、声音等刺激能有效表达自己的兴趣和感受，具备情绪体验和自我调节的能力。

2）与父母等"重要他人"在互动性的日常经验中体验到亲密感的能力。

3）与他人进行密切接触、相互影响的双向沟通能力。

4）丰富、复杂的表情表达（动作或言语）能力。

5）通过想象和游戏产生观念的想象能力。

6）在各种不同观念之间建立联系的能力，即现实构想和逻辑建构的能力，包括游戏活动的规划、话语的逻辑表达、情绪感受、个人意见的确切表达、形成周密的问题解决程序的能力。

上述能力不同于传统意义上的认知技能，也不是一般性的社交技巧，而是更基本的功能性的情绪体验表达、调节能力，是儿童知觉、想象、思维、问题解决能力发展的基础条件。

地板时光训练共分为以下五个步骤。

1）成人通过"听""看"（如面部表情、身体语言、动作等）来观察儿童的表现。

2）成人要参与儿童开展的沟通。

3）在这个过程中，成人要跟随儿童的引导。

4）成人要拓展儿童的游戏，例如，要随时响应儿童随意或没有意识的活动，赋予其意义。

5）引导儿童来结束这次交流。

训练要点包括：利用儿童的基本情感或意图，设计日常生活中具体的活动情境和游戏，以激发儿童的情绪体验和表达，通过愉悦的互动循环达成治疗的目标。互动循环指的是成人与儿童之间成功交往的一次应答。例如，妈妈对孩子笑，孩子也对妈妈笑，就是一次交往的互动循环。通过一次次互动循环的螺旋式上升，交往活动的复杂性层层递进，从而可以促进儿童的心理发展水平不断提升。例如，如果儿童持续地开电灯开关，治疗者或主要照顾者可以用手遮住开关，这个动作制造了沟通的机会，儿童因此需要移开治疗者或主要照顾者的手，或走开；治疗者或主要照顾者也可以将儿童喜欢，但平常可以随手取得的食物或玩具放在他们拿不到的地方，制造儿童向治疗者或主要照顾者寻求协助的机会。

地板时光干预模式的六个发展目标，可以围绕四个操作性的目标，应用相应的技术、策略来实现。这四个目标是：第一，建立亲密关系；第二，形成双向沟通能力；第三，学会象征性的意义表达；第四，发展情感与观念相联系的逻辑智慧。

（三）社交故事法

社交故事法是由卡罗尔·格雷（C. Gray）于1991年开发的，其中的故事是可以与孤独症患者交流个性化和插图信息的故事。社交故事通常简短、简单，并有明确的标准。任何人都可以创建社交故事，但要保证其包含特定的社交故事元素。社交故事可以给孤独症儿童解释社交情况，并帮助他们学习适合社交的行为和反应。Gray 和 Garand（1993）指出，为了写出一个有效的社交故事，从儿童的视角出发是至关重要的。仔细地观察儿童在目标情境中可能看到、听到和感受到的东西，这种视角也决定了社会故事的焦点。例如，教师写关于排队的社交故事，对于触摸敏感的学生，教师会解释为什么学生在排队时偶尔会互相触摸，原因是他们想要开始移动，或者可能需要整理自己的衬衫或想挠头。对于在指导下理解社交故事所描述的活动存在困难的学生，教师需要修改这个故事，换一个视角进行，比如，将重点放在排队时需要站立和走在一条线上的规则方面，并解释为什么存在这些规则。因此，教师需要考虑儿童的个人观点，然后准确地描述发生了什么事情以及事情是如何发生的（原因）。开发社交故事的主要目的就是让经常误解或不了解社会线索的孤独症患者（如肢体语言、面部表情、手势和眼神交流）学习他们在社交场合应该如何表现。一个好的社交故事应该是在儿童的理解水平内，并使用适合儿童自身能力的词语。

通常，社交故事由三种简短的句子组成，包括描述性的、指导性或指示性的和观点性的（Gray & Garand, 1993）。描述性的句子描述了人们在特定情况下的行为及其产生的原因。社会故事通常是以描述性的内容创设目标情境下的社会背景。指导性或指示性的句子是对期望反应的个性化陈述，侧重于儿童应该做什么才能在特定情况下取得成功，例如，"我能够/可以走路"而不是"我不会跑步"。指导性或指示性的句子通常是以"我可以""我将要"作为目标指令说出的。观点性的句子描述了儿童对一种情况的反应，或者对一个故事中描述的反应。比如，"我的老师会非常高兴看到所有的孩子都在排队"。故事通常被分割成不同的小节，每一小节有 1~4 句话，并被裱在黑色的图画纸的底部，以吸引儿童对书面文字的注意。在使用社交故事治疗方式时，不推荐使用插图（部分插图与故事内容的关联度不高），因为这有可能会分散儿童的注意力，或者他们可能会根据插图对情况做出不准确的解释，造成不必要的干扰。社交故事法的优势是能够为儿童带来新的或不了解的事件，这些故事为儿童提供了理解和表达的机会，让他们在一种安静的环境中熟悉日常生活中完成某项任务或工作的步骤，稍加修改即可扩展到其他教学领域。对于理解能力较差的儿童而言，社交故事法的效果可能较差，并且不适合非语言儿童，同时该治疗方法的有效性还需更多的研究来进行证明（Kokina & Kern, 2010；Reynhout & Carter, 2009；Saad, 2016）。

（四）图片交换沟通系统

图片交换沟通系统是由 Bondy 和 Frost（1994）开发的，作为一种增强和替代沟通系统，为那些语言交流能力有限或没有语言交流技能的孤独症儿童提供了一种通过使用图片进行沟通的学习系统。图片交换沟通系统专注于教儿童自发进行互动或功能性的交流，即儿童通过接近交流伙伴（如家长或教师），使用图片请求想要的物品或谈论自己观察到的事物，进而自发地发起交流互动。家长或教师可以依据儿童自身的能力或喜好，帮助其构建图片词语，如玩具、人物、事件、感受等，用拍照、画图等方式制成卡片，并且配有可多次粘贴的文件夹作为沟通工具。图片交换沟通系统训练过程可以分为六个阶段（Bondy & Frost, 1994）。

第一阶段，教师将儿童喜欢的玩具或食物放在其视线之外。如果儿童对某样东西感兴趣，成年伙伴就会给儿童一张图片卡。然后，握住儿童的手并引导他将图片卡交还给伙伴。在收到图片卡后，伙伴将卡片上描述的东西作为积极的强化物提供给儿童。

第二阶段，增大儿童与互动伙伴之间的物理距离，儿童必须移动到目标伙伴所在的位置方可进行交换。

第三阶段，教授儿童掌握分辨能力，即能够从多个卡片中选择与所需物品相对应的卡片。

第四阶段，教授儿童构建简单的句子，如"我想和××交流"。

第五阶段，互动伙伴通过询问的方式了解儿童想要什么，并引导儿童直接回答这个问题。

第六阶段，儿童被教导用"我看到了××"这样的句子来回答自己观察到的东西。

图片交换沟通系统的优势是将儿童所需的技能分解成小的部分，这与应用行为分析方法一致。这一过程有助于确定儿童在技能习得的哪个阶段遇到了困难。此外，其还提供了部分提示，以确保儿童掌握相关的技能（Yokoyama et al., 2006）。图片交换沟通系统是以简单操作技能（这些技能很容易获得或已经在儿童行为库中存在）为前提构建的，包括伸手、拿起、递卡片等。因此，图片交换沟通系统有助于一些行为能力严重受限的儿童快速使用，即从干预的最初就已确保在一定程度上能进行有效沟通。再者，图片交换沟通系统中使用的图片很容易被参与的大多数成员理解，无需明确的培训即可在各种环境中使用，包括家庭、教室和其他更为广泛的场所（Rotholz et al., 1989）。更多的对照实验研究探讨了图片交换沟通系统对孤独症和相关残障儿童的言语发展、社交等的影响。其局限在于，首先，在实施图片交换沟通系统的过程中，教师、家长或看护人需要制定学习者喜欢的玩具、书籍和食品等物品清单，即了解学习者的偏好，这种偏好的评估需要通过全天参与各种活动完成，耗时耗力，并且需要不断地更换物品清单，在成本上会是一个大问题；其次，词汇学习具有局限性，儿童只能学习图片上的内容；最后，交流或沟通是有限的，在图片卡片受损或丢失的情况下，掌握特定卡片的儿童与教师之间的沟通将会受限。

（五）早期丹佛模式

早期丹佛模式是一种针对学龄前孤独症儿童的综合性的早期行为干预方法，由心理学家罗杰斯（Rogers）和道森（Dawson）开发（Smith et al., 2008）。该模式将应用行为分析原则与以发展、关系为基础的方法相结合，旨在满足12~48个月的孤独症幼儿的治疗需求。其要求是干预要在熟悉的环境（家庭或学校）中进行，并根据每个儿童的需求和自身优势设计个性化的学习课程（量身定制），由训练有素的专业人员和家长在自然玩耍和日常生活中进行一对一的干预与观察（Magán-Maganto et al., 2017）。这种疗法的基础是在儿童与其实施者之间建立或已发展成牢固、稳定的关系。早期丹佛模式的优势在于，可以应用于多种环境，如临床环境、机构治疗环境及家庭环境，具有一定的灵活性，有助于父母和看护人更容易地实施。例如，在机构治疗环境中，干预周期一般是连续的12周，每周教授90min的干预课程，12周以后再更新下一个阶段的目标设计。在这段时间里，治疗师或家长要学会在一种共享的、自然的活动环境中使用适合儿童年龄的游戏材料来教儿童，并且在每周的干预会议上，会对不同的发展目标进行讨论、改进。在与儿童进行游戏活动的前几分钟，专业人员口头描述并演示所选择的策略或干预方法。在示范游戏阶段之后，治疗师或家长被要求在一定的游戏时间内与儿童一起使用或训练，干预专家会指导治疗师使用这些技术，直到他们能够熟练、准确地示范。实证研究表明，该模型具有严格的项目指导方针，结构化的课程和实施都显示出了积极的治疗效果，包括儿童的认知能力、社交技能、语言能力、日常生活技能、运动技能以及智商和适应行为等（Rogers et al., 2010; Dawson et al., 2010）。

该干预方式的局限在于，首先，在成本方面，家长前期需要购买手册、课程清单，要获得早期丹佛模式认证，并支付高额的培训费和研讨会费用；其次，耗时，每周至少要有 25 个小时或更长的时间投入；最后，此种治疗效果会随着孤独症儿童年龄的增长而降低，因此需要进行及时的干预治疗。

三、自然主义模式

自然主义模式借鉴了教导主义模式倡导的应用行为干预与分析的特征，也吸收了发展主义模式倡导的儿童的交流自主性，强调在自然情境下孤独症儿童自行发起或基于适度的引导而自发进行社会行为互动。该模式着眼于儿童的动机维持与泛化，强调实用的社会互动。典型的自然主义模式干预方法包括自然情境教学（incidental teaching, IT）、关键反应训练（pivotal response training, PRT）、学龄前儿童及其家长提供的学习经验和替代计划（learning experiences and alternative program for preschoolers and their parents, LEAP）、孤独症及相关沟通障碍儿童的治疗和教育（treatment and education of autistic and communication handicapped children, TEACCH）模式等。

（一）自然情境教学

自然情境教学是基于应用行为分析的原则，利用儿童的兴趣和自然动机，在自然环境中提供结构化的学习机会，并直接集中对儿童进行教学的指导（Hart & Risley, 1975）。在自然情境教学过程中，教师或家长需要跟随儿童的自主选择或相关动机的发生而组织开展具体的学习活动，即一旦教师确定了一个儿童表达兴趣的自然发生，就应该使用相关策略来鼓励儿童的这种反应。自然情境教学策略的设计是为了促进儿童的动机泛化。自然情境教学的实施策略具体包括以下几个方面（McGee et al., 1999）。

1）跟随儿童的脚步。教师或家长可以通过确定儿童当前的兴趣来提高其参与度，并且需要明确当前儿童应该处于哪种发展水平，及时发现儿童兴趣的变化或转移（与其引入儿童之前表现出兴趣的玩具，不如使用儿童目前已经在玩的玩具），在现有状态的基础上开展活动，将更有助于促进儿童相关能力的提升。

2）提高注意力。在开始做任何需要儿童回应的事情之前，教师或家长都需要确保两点：他们是否注意到了成人的要求？自己（成人）是否已经获得有效的回应？在此，教师或家长应学会调整自己，使自己与儿童面对面的互动效果最大化。比如，教师或家长可以靠近儿童，并与其眼睛平齐，有助于儿童集中注意力并理解所期望得到的东西，或者做一些意想不到的事情、玩一个想要的玩具等，也可以提高其注意力。

3）组织环境。活动是以儿童为主导的，因此成人对环境的控制与组织十分重要。组织环境时，要考虑到教师或家长的部署、活动和课程表的规范性，最后还要考虑到家具的布置和玩具的展示。例如，为了教授适当的请求，教师将儿童喜欢的零食或玩具放在他们能看到但不能接触到的地方，以此来布置环境，以使儿童有主动提出请求的机会。一旦儿童通过眼神转换、手势、近似词语或使用词语（视儿童的能力而定）表现出要求该项目的动机，教师就应进行相应的提示，以做出更具体的交际反应。当发出有或没有提示的回应时，儿童就会收到期望的东西作为强化物。

4）反应时间和示范正确的反应。成人在开始或发出请求后，需要等待儿童的回应。此时，应留出一定的反应时间让儿童自主思考。在等待过程中，成人可以鼓励儿童使用非语言的暗示做出回应，比如，期待的眼神、夸张的表情或相关肢体动作。若单纯的非语言线索无法引导儿童独立做出回应，成人可以模仿正确的反应或给予额外的提示，比如，儿童在艰难地伸手去拿架子上的糖果，此时成人可以蹲下（到儿童眼睛的高度），做出好奇或疑问的表情，如果儿童没有独立地提出要求，成人则可以模仿他们想要糖果的反应（期待地用手指向糖果，并说出"吃糖果""我想吃糖果"等关键词或句子）。

5）重复。儿童需要多种机会来练习正在学习的技能。开始学习一项技能时，这种重复可能会持续不断地分配到儿童一整天的活动中，以促进其独立自主能力的提升。此外，利用回合式的游戏方式，也可以让儿童重复地训练。

6）调整难度。在自然环境中优化学习机会时，要着重考虑的是如何保障儿童的持续动机。跟随儿童的引导可以确保儿童的兴趣，但也需要成人提供一些难度较小的任务来调整干预进度，以保持动机。在经历成功的同时也受到挑战的儿童更有可能坚持下去。将困难的任务与相对简单的组件穿插在一起可以减少挫折，创造更多强化的机会，并促进成功的互动。

该方法的局限在于，它提供的学习机会较少，特别是对于那些入门率低的儿童来说，容易导致目标技能习得速度缓慢。

（二）关键反应训练

关键反应训练是一种基于应用行为分析原则的自然行为干预，用于早期对孤独症儿童的干预，由加利福尼亚大学圣巴巴拉分校的琳恩（Lynn）、凯格尔（Koegel）和施赖布曼（Schreibman）开发（Matson，2009）。关键反应训练中的关键反应指的是对孤独症儿童许多不同功能方面的核心关键反应，例如，动机、对多种线索的反应（Koegel & Egel，1979）、自我管理和社会启蒙（Schreibman et al.，1982），而不是像在回合式训练或行为分解训练中那样连续地教授个体目标行为。关键反应训练的策略动机是干预整个过程，其中包括儿童选择、任务变更、奖励、指令训练以及使用直接自然的强化方式（Koegel et al.，1998）。例如，孤独症儿童想要玩具车，当他完成"我想要车"这个请求或表达时，教师直接给他车即可，而不是在其成功表达后给一块糖果，这就是对目标行为的刻意尝试后得到自然强化物的奖励，并且此种方式是在儿童的主动要求下实现的。在这个过程中，教师需要主动诱导其关键行为的发生。比如，教儿童语言表达时，将玩具车（目标刺激）放在儿童拿不到的地方，当他们看向或指向车的时候，教师可以辅助儿童说"车""我要""我要玩车"，循序渐进地让儿童完整表达出来。关键反应训练的优势是，在训练过程中允许儿童自主选择所使用的玩具或活动，有助于训练动机的产生（Koegel et al.，1999）。其次是将儿童先前掌握的与新习得的训练任务穿插在一起，有助于相关技能的泛化。最后，使用与任务直接相关的、更自然发生的强化物来强化儿童所有正确反应的尝试，比如，当儿童在有零食的盒子面前说"打开"时，照顾者或教师则打开盒子拿零食，孩子的反应就会得到加强（Matson，2009）。其局限在于，不能提供一对一的干预，在大多数需要关键反应训练的环境中实施并不总是可行的（Suhrheinrich et al.，2013）。另外，关键反应训练的哪些部分最有效，以及在课堂上对关键反应训练做多少修改可能会影响其有效性，尚未可知。

（三）LEAP 模式

LEAP 模式是将应用行为分析和早期儿童教育的共同原则结合（Strain & Hoyson，2000）在一起的综合治疗模式（Wong et al.，2015），旨在满足典型学龄前儿童和孤独症儿童在综合课堂环境中的教育需求（Strain et al., 1996）。LEAP 模式采用了一种全纳教育方法，孤独症儿童与正常发育的同龄同伴一起接受教育，这些同伴可以成为教育帮助者或干预的代理人（Boyd et al., 2014）。LEAP 模式的教学干预过程如下：每个儿童被安排在 LEAP 教室，前 4 周用于评估儿童当前在社交互动、言语沟通、适应性行为等方面的功能水平。每间教室的物理环境都经过了精心安排，以便治疗师明确制定相关兴趣领域中的干预活动，支持儿童发起游戏。治疗师通过组织动物、交通、自然和家庭等主题活动来帮助儿童了解周围的世界，通过在每个兴趣领域进行的顺序活动获取信息和理解概念。为了满足孤独症儿童的需求，儿童课程增加了专门设计的学习活动和教学策略，以促进其相关技能的发展，包括独立游戏、社交互动技能、语言技能和适应性行为等。功能性的教学侧重教授孤独症儿童一些个人方面的能力，例如，从一项活动过渡到另一项活动的适应能力、选择游戏活动的能动性、遵循课堂惯例及参与小组活动的自主性等。儿童课程也要根据需要进行调整，以满足表现出具有更高挑战性行为儿童的需求。LEAP 模式注重利用各种不同的干预策略来鼓励儿童进行社会互动：①教师提示和强化；②构建环境以促进互动；③选择材料以促进互动；④以同伴中介的社交互动培训为着重点（Boyd et al., 2014）。LEAP 模式的优势在于，可以提供一种高效、手册化、包容、适合发展且成本较低的干预方式（Strain & Bovey, 2011），并且它能够有效利用各种基于科学的干预方法，包括同伴中介干预、无错误学习、时间延迟（儿童反应时间）、自然情境教学（Matson, 2009）、关键反应训练（McGee et al., 1999）、图片交换沟通系统（Bondy & Frost, 1994）。LEAP 模式的局限在于，干预的持续周期过长，在经过 2 年的干预后，儿童的孤独症症状才能有显著的减少（Strain & Schwartz, 2009）。

（四）TEACCH模式

TEACCH 是美国北卡罗来纳大学的一个公共卫生项目，20 世纪 70 年代前后由美国心理学家绍普勒（Schopler）等创立，旨在为孤独症儿童及其家庭提供一套符合孤独症儿童感知觉和认知特征的训练框架体系。TEACCH 模式治疗的核心是，了解和接受每个孤独症儿童的现有优势和劣势，通过结构化的教学方式（物理空间的布置、制定时间表、个人工作系统以及明确的组织任务），增进儿童对教学环境和训练内容的认知与理解（Howlin, 1997）。

TEACCH 模式的干预过程如下：第一，对物理干预环境进行布局，包括用于教学、工作、休闲或生活活动的房间或物理空间。其重点是要和特定的教学活动保持一致，视觉上应有清晰的活动区域和边界，让学生能够很快地记住所发生的活动以及活动之间的关系。例如，房间内有特定的、清晰的活动区域，个性化的学习任务都会在此发生，那么当儿童处于这个区域时则会很快地进入学习状态。需要注意的是，学习区域要有足够大的空间放置学习材料，以减少儿童在视觉上的不舒适感。第二，制定时间表。孤独症儿童的时间意识往往发育不良，通过课程表能向每名儿童解释将会进行哪些活动以及活动的顺序。清晰的时间表有助于培养孤独症儿童的独立性，即其可以依照指示自主地进行学习活动。第三，建立个人工作系统，告诉儿童在他们独自的活动区域做什么。该系统可以帮助儿童了解在活动中治疗师对他们的期望，如何系统地组织自己的方法来完成相关的任务。每个工作系统包含三个层面的信息：①儿童应该完成什么任务；②他们自身有多少事情要做；③他们如何知道什么时候结束（Schopler et al., 1995）。第四，明确的组织任务，包括对各部分活动材料之间的位置关系和任务的完成提供视觉上清晰的指导，即它们阐明了任务的要求、顺序、相关概念和其他重要的指导，教儿童学会独立理解任务指令。

　　TEACCH模式的优势是，可以根据每个孤独症儿童的特点与学习情况制定个性化和以家庭为中心的计划，而不是使用标准的课程。TEACCH模式根植于行为治疗，其结构化教学包括为儿童构建可理解的物理环境，例如，为个人作业系统和小组活动区域提供明确的物理与视觉边界，以促进儿童的学习，并尽量减少视觉和听觉上的干扰（Schopler et al., 1971）。此外，TEACCH模式的结构化教学还包括通过操纵空间方向使每个任务的开始和结束变得可理解与可预测。例如，儿童将物品放置在左侧托盘启动任务，完成任务后则将其放置在右侧托盘中（Mesibov, 1994）。此外，TEACCH模式在训练机构和家庭环境中都可以实施。其局限在于，首先，在实施此种模式前，需要了解每个学习个体的基本情况，前期的工作投入过大，耗时且成本高；其次，之前制作和使用的材料不能用于其他孤独症儿童，因为每个儿童的特征不同。

第二节　人机交互技术支持的干预方法

　　辅助技术或辅助工具在教育领域的应用已经有一段较长的历史，包括多媒体教学设备，专门用于单项能力训练的工具，用于替代或辅助沟通的设备，以及其他对教育干预能起到辅助作用的软件系统、实体工具等。传统的干预方法结合辅助技术或工具以优化干预效果，在课堂教学、个别训练以及家庭日常生活中得到了一定的运用。近年来，国外学者逐渐重视发展人机交互技术辅助的孤独症儿童干预与学习方法（Piper et al.，2006；Chen et al.，2014）。基于人机交互技术的游戏化学习环境在儿童教学中的应用广泛，孤独症儿童在游戏化学习环境中通过完成指定的任务和操作，能够在安全、愉悦的状态下习得知识和技能，达到干预训练的效果。已有研究成果证明了人机交互技术应用于孤独症儿童教育干预的可行性和有效性。下面介绍的主要人机交互技术支持的干预方法包括虚拟现实（virtual reality，VR）、增强现实（augmented reality，AR）、多媒体技术、智能机器人等。

一、基于虚拟现实技术的干预

虚拟现实技术是一种利用计算机生成模拟环境，通过多种传感设备使用户投入到该环境中，实现孤独症儿童与环境直接交互的技术（李长山等，2006）。孤独症儿童大多存在不同程度的心理和生理障碍，不能像典型发展儿童那样有效地感知周围世界（王庭照等，2013），虚拟现实能为他们提供多种来源的感知，为早期干预提供新的技术支撑。各种真实重现的仿真场景和软件平台，融入寓教于乐的动画、语音等元素后，能让孤独症儿童直观、立体地了解知识，这对于提升他们的社会交往能力和日常生活技能具有重要作用（Marnik & Szela，2008；Josman et al.，2008）。此外，虚拟现实技术不仅能充分调动孤独症儿童的视觉、听觉、触觉等多重感官，还突破了以往治疗模式单调、枯燥的局限，具有逼真的现场感和可控性，能达到良好的干预和教育目的（张倩，2010）。

社交和沟通是孤独症儿童普遍缺乏的一项能力，他们在人际交往上存在障碍，难以有效地适应复杂的社会生活。借助于虚拟现实技术创设的虚拟社交情境，孤独症儿童可以理解他人的行为意图，并做出合理的判断与反应（Parsons et al.，2004）。虚拟现实技术现已成为孤独症儿童社会干预研究的重要领域（Bellani et al.，2011）。帕森斯（Parsons）等采用虚拟现实技术实现基于现实生活的社会场景仿真，训练儿童在不同拥挤程度下的咖啡馆和公共汽车中就座，来提高其社会互动能力。经过反复训练后，实验结果表明该方法具有明显的效果（Parsons et al.，2006）。儿童在社会交往过程中主要通过人的面部表情获取社交线索，而通过面部表情感知社会相关信息是促进有效社会互动的基本技能（Trepagnier et al., 2006）。Bekele 等（2016）设计了在虚拟环境下的多模式适应社会互动系统，通过跟踪儿童在不同虚拟社交环境中观察人物面部表情的注意力，生成视线扫描图案，用于孤独症儿童的社会互动干预。

日常生活技能是孤独症儿童亟须提升的重要能力，为了更好地融入社会，他们不仅要学习简单的生活技能，如穿衣、吃饭、洗漱等，年龄稍大一些的儿童还需要掌握上学、购物、过马路等技能。对于这些能力的培养，需要进行回合式、密集的训练才会有一定效果。基于虚拟现实技术可以创建特定的生活情景，为培养孤独症儿童的日常生活技能提供一种安全、可重复、可控制的环境。Charitos 等（2000）用虚拟现实技术营造出了"回家"的仿真场景，孤独症儿童可以跟随虚拟人物学习一系列日常基本活动技能。Bamasak 等（2013）将5～16岁孤独症儿童放在虚拟的房间中，在每个不同的房间开展一系列学习活动，活动结束后测试儿童的理解力，结果发现这种方法有助于孤独症儿童养成日常生活习惯，增强危险意识和周围环境感知意识。Josman（2008）的研究表明，在虚拟现实环境中，孤独症儿童不仅能学习过马路的相关知识，还能将习得的技能迁移到真实环境中。

虚拟现实技术在我国的应用处于起步阶段，设备价格昂贵、使用范围非常有限，未能广泛地应用于孤独症儿童的教育干预中。国内相关学者主要介绍了国外虚拟现实技术在孤独症干预中的应用（张玲，2016；柳菁，2008）及干预模型理论分析与设计（刘翠娟等，2015）。2016年开始，有学者设计与实现了基于虚拟现实技术的感觉统合游戏（王勇丽等，2016），但未展开循证层面的研究。虚拟现实技术营造的仿真环境为孤独症儿童提供了轻松、舒适、安全的学习空间，使训练效果得到了大幅提升，相对于传统教学方法具有明显的优势。但是，目前主要的研究是基于实验室环境进行的，家庭干预研究较少；研究主要针对具体能力的缺陷进行，缺乏系统性的学习活动设计；干预效果和学习者的操作规范评估都缺乏客观、明确的标准。

二、基于增强现实技术的干预

增强现实技术是一种将真实世界信息和虚拟世界信息无缝集成的新技术，借助计算机图形技术和可视化技术创造现实环境中不存在的虚拟对象，并通过传感技术将虚拟对象准确地"放置"在真实环境中，借助显示设备将虚拟对象与真实环境融为一体，并呈现给使用者一种感官效果真实的新环境（柳祖国等，2003）。增强现实技术是依托虚拟现实技术发展起来的，与虚拟现实相比，增强现实更具现实感，简化了场景模式。对于教学应用而言，增强现实技术能够营造出虚拟元素和真实场景相融合的教学环境，生动形象地表现多种教学内容，使儿童充分体验并掌握知识，提高技能水平。

孤独症儿童通常难以识别面部表情和理解相关的情绪，控制和表达情绪能力欠缺，学习迁移能力不足。增强现实技术将真实的环境与虚拟对象相结合，能够吸引孤独症儿童的注意力，激发其想象力，更加有利于孤独症儿童将在训练环境中学习的技能迁移到真实生活情境中，有利于促使其回归现实社会。同时，基于增强现实技术可以创建更加有吸引力和交互性更强的用户界面，只需手势操作，不需要外围设备（如键盘、鼠标），非常适用于可视化教学和深度交互学习，能够促进孤独症儿童与对象之间的交互，增强他们在完成学习活动时的兴趣和好奇心（Richard et al.，2007）。佩德罗·库纳特（P. Cunhat）通过游戏手册提供的 Tobias 冒险游戏，验证了增强现实技术在提高孤独症儿童认知能力和社交技能方面的积极作用，并且游戏手册提供了一些在线游戏，方便家庭实施教育干预（Cunha et al.，2016）。在国内，央数文化（上海）股份有限公司与华东师范大学就增强现实技术在学前教育领域的使用合作开发了相关课程，并且应用在上海部分特殊学校，对孤独症儿童产生了较强的吸引力（熊剑明，2015）。程鹏润（2015）等完成了基于 Android 平台的增强现实技术实现及其在孤独症教育干预中的应用，通过对比使用与不使用该软件的孤独症儿童在注意力和情绪上的差异，表明增强现实技术能更好地帮助孤独症儿童融入社会、认知新事物。我们团队也将增强现实技术用于孤独症儿童词汇认知学习，发现学习效果显著优于传统方式（陈靓影等，2019）。

增强现实技术具有三个突出的特点：①真实世界和虚拟世界的信息集成；②实时交互性；③三维（3-dimention，3D）空间中增添定位虚拟物体。增强现实技术在孤独症儿童的教育领域有很好的应用前景。但目前基于增强现实技术的孤独症儿童教育干预应用还非常有限，技术与学习内容缺乏深度融合，关于系统的学习活动和个性化的干预方法有待进一步研究。

三、基于多媒体技术的干预

多媒体技术是指把文本、图形、图像、声音、动画、视频等多种形式的信息结合在一起,并通过计算机进行综合处理和控制,能支持完成一系列交互式操作的信息技术(冯学斌,赵建民,2010)。孤独症儿童在抽象思维和认知理解方面的能力较弱,多媒体技术所呈现的直观、形象、具体的知识正好符合孤独症儿童的学习特征。因此,在日常干预训练中,教师可以充分利用这一特点,通过多媒体技术提供具有丰富视觉效果的教学内容,这能够激发孤独症儿童的学习兴趣,从而达到提高其沟通、社交等能力的目的(王广帅等,2015)。

目前,一些研究者通过多媒体技术,如视频、音频、图片等方式,训练孤独症儿童的理解、表达及社交能力等。研究结果表明,孤独症儿童具有视觉学习的优势(曹漱芹,方俊明,2008),依托于视觉的干预方法得到了广泛使用。在视频方面,MacPherson 等(2015)在竞技游戏课中用平板电脑给 5 名孤独症儿童播放视频,结果显示,观看视频后的儿童表现出更多的赞美手势和语言。美国研究者 Rao 和 Skouge(2015)基于多媒体软件采用对被试儿童前后测的方法,发现静态的图片有助于提高孤独症儿童交流的频次。不仅如此,音频对孤独症儿童的干预也有良好的效果,如 Lorah 等(2015)将平板电脑和便携式媒体播放器作为语音发生装置系统训练孤独症儿童,研究证明使用这些设备的儿童很快习得了一定的口头表达能力。多媒体技术最大的优势在于,能集多种媒体特征于一身。李亚华(2014)利用感官训练软件,结合文字、声音、图像、图形和视频等多种媒介手段,证明该方法能促进孤独症儿童的倾听技能的发展。

除了以上方式,更多研究者开始关注各类应用程序。随着移动设备的普及,众多为孤独症儿童量身打造的应用程序陆续出现,为教育干预提供了全新的方式。对于孤独症儿童而言,触摸是一个非常重要的社会信号,在手机、平板电脑等移动设备上安装应用程序,使孤独症儿童通过触控屏幕的简单操作完成学习活动,为其学习提供了便利。张春花(2015)采用基于平板电脑的图片交换沟通系统对孤独症儿童的沟通行为进行了干预研究,为图片交换沟通系统教学的信息化提供了参考。目前,已有超过 350 款应用程序服务于孤独症儿童、家庭及学校,这些应用程序价格较低、操作简单、交互性强,学习活动不受时间、地点的限制,干预人员和家长可以即时干预孤独症个体,从而大大提高了干预的效果(Kagohara et al.,2012)。

综上所述,基于多媒体技术的交互活动对于提高孤独症儿童的语言、社交、行为等能力有明显的效果,可归功于两方面:一是多媒体系统的新颖、人性化交互方式深受孤独症儿童的欢迎,可增强他们参与学习活动的积极性;二是多媒体提供了丰富多样的学习情景,集娱乐、学习于一体,有利于提升干预的有效性。但由于孤独症儿童的个体差异大，基于多媒体技术的学习活动并不一定适用于每个孤独症儿童，如何设计更有针对性、个性化的学习活动，以及建立自适应的干预机制，值得进一步研究。

四、基于智能机器人的干预

区别于一般机器人，智能机器人具备形形色色的内部信息传感器和外部信息传感器，在孤独症儿童的教育干预领域具有重要作用，被视为非常有潜力的康复工具。大多数孤独症儿童缺乏正常的社交、沟通能力，与他人在表情、肢体和行为上的互动会让他们畏惧（申宁馨，2011）。通过智能机器人干预治疗孤独症儿童，可以模拟与普通人沟通、生活的真实情景，并为孤独症儿童提供各式各样的训练活动，以提高其社交、语言、沟通等方面的能力。越来越多的学者开始关注智能机器人对孤独症儿童的干预治疗，智能机器人在实践训练和能力巩固方面发挥了重要作用（Diehl et al., 2012；Scassellati et al., 2012；Thill et al., 2012）。

由于专业的康复人员严重不足，孤独症儿童个体差异大，康复人员的技巧和耐心就显得十分重要，智能机器人可以为康复人员提供有力支持。目前，聚焦于智能机器人辅助干预孤独症儿童的研究结果表明，智能机器人在行为改善、情绪理解和注意力提升等方面均能取得较好的干预效果。Chia 和 Kee（2014）通过 3D 虚拟粉红海豚机器人，为孤独症儿童创建了良好的学习环境和治疗平台。Wainer 等（2014）设计了专门的以模仿为基础的合作游戏，通过仿生机器人"Kaspar"训练了 23 名孤独症儿童。实验结果表明，机器人有助于孤独症儿童社会行为的改善，将机器人用于提升孤独症儿童的合作能力有一定的可行性。Shamsuddin 等（2013）的研究发现，NAO 机器人作为孤独症儿童理解人类表情的媒介，能帮助他们学习、理解和猜测情绪，并能成功地将这种能力迁移到人与人之间的实际交往中，为提升孤独症儿童的认知能力提供了新途径。Kajopoulos 等（2015）通过宠物机器人"CuDDler"，让孤独症儿童学会根据机器人头部方向的指引来完成游戏，经过几周的训练后，发现被试的注意力有明显改善。Bevill 等（2016）采用了具有面部表情识别功能以及通过语言、手势表达情绪功能的机器人对孤独症儿童进行干预，儿童通过学习模仿，有效提升了自然情感表达和互动交流能力。

国内也开展了机器人干预的相关研究。刘小峰等通过 NAO 训练平台，对孤独症儿童动作模仿技能进行干预训练，实验表明机器人能够吸引孤独症儿童的注意力，通过模仿训练可以发展孤独症儿童的社交技能（Liu et al.，2015）。李睿强（2016）开展了基于 NAO 机器人的孤独症儿童教育干预研究，设计了基于 NAO 机器人的孤独症儿童教育课程。研究表明，NAO 机器人能引起孤独症儿童的兴趣，改善孤独症儿童的专注力与行为能力，增强孤独症儿童的交往能力。

  总体来看，智能机器人提供的智能、先进的治疗方式确实能为孤独症儿童的康复带来曙光。然而，目前智能机器人的功能比较简单，主要以单一的学习活动为主，尚未形成一种包含孤独症儿童发展轨迹的学习体系。适用于不同年龄、不同特征的孤独症儿童的智能机器人非常少，很难满足其实际的学习需求，但这些先进研究成果为未来孤独症儿童的干预治疗提供了坚实的基础。

第三节　人工智能增强的孤独症儿童教育干预方法

  当前，我国孤独症儿童教育干预的发展仍处于初级阶段，干预技术简单（个性化缺失）、粗放（评估主观片面）、低效（智能化水平不足）。近十年来的研究成果与实践表明，人机交互的智能学习环境是孤独症儿童教育干预训练的有效途径（Chen et al.，2014；Grossard et al.，2017）。面对我国孤独症儿童康复日益严峻的形势，亟待发展新一代信息技术支持的孤独症儿童智能化干预体系，其具有重大的科学价值、社会价值与应用前景。

  当前，关于孤独症儿童的教育干预主要集中于传统干预方法的循证研究，如应用行为分析、地板时光、关键反应训练等。同时，一些研究者也开始采用某种技术手段，如上节所提到的人机交互技术支持的干预方法，应用于孤独症儿童单一方面能力（包括洗手、如厕、表情识别等）的教育干预，如严肃游戏（Hassan et al.，2021）、虚拟现实技术（Josman et al.，2008）等。当前，人机交互干预研究涉及儿童社会互动能力的多个方面，且干预效果得到了有效验证。然而，社会互动学习涉及多个阶段与多重场景，当前研究中的学习活动创建主要是基于单项心理机能理论，集中在有限的儿童发展阶段和社会场景，缺乏系统性的指导理论和方法，难以针对儿童独特的认知与社会发展缺陷创建多层次的学习活动。同时，社会互动学习是一个复杂的动态过程，当前人机交互干预中的学习干预模式固定，不能根据儿童的学习状态随时动态地调整学习活动，难以适应孤独症儿童发展轨迹多样化的需求。人机交互干预方法的发展趋势是探索孤独症儿童发展轨迹与学习活动的关联机理，建立精准的智能化干预机制。基于此，我们团队提出了一种针对孤独症儿童教育干预的智能化干预体系，通过干预与评估不断迭代的自主优化教育干预过程，实现对孤独症儿童的自适应、个性化教育干预，提高干预效果，促进人工智能、特殊教育的深度融合与实践。

人工智能与特殊教育的深度融合为特殊儿童的发展带来了新的希望。人工智能为特殊儿童获得包容性与公平性的教育提供了可靠的技术手段，打破了限制特殊儿童有效获取教育资源和服务的有形或无形的障碍，能够最大限度地满足孤独症儿童等特殊儿童的需要，为其适应正常社会生活提供了条件。

一、智能教育干预面临的科学问题

孤独症儿童教育干预的首要问题是孤独症儿童社会互动能力缺失，传统依赖专业人员指导的训练方法体系效能偏低。新型人机交互干预接受度高、安全易监管、可重复、易普及。教育干预的有效性取决于三个层面：①学习者（孤独症儿童）的个性表达，要求儿童建模精确，这是有效干预的前提；②教育者的过程干预，要求系统性地创建学习活动以实施精准的干预机制，这是保证干预效果的关键；③干预效果评估，要求客观理解个体状态，通过精细地评估干预效果优化教育者的干预过程，这是验证干预有效性的依据。人机交互环境下孤独症儿童教育干预典型的工作流程如图 2-1 所示。

图 2-1 孤独症儿童教育干预典型工作流程

目前，教育干预方法效能偏低与个性表达、过程干预和效果评估等三个层次所面临的三大科学问题密切相关，具体如下。

1）与正常儿童相比，孤独症儿童内在的个体差异更为显著，成为制约人机交互学习中儿童模型精确构建的技术瓶颈。认知心理状态是影响人类思考、解决问题的核心因素，是孤独症儿童个体差异的根本特征。由于缺乏获取认知心理状态的可靠技术方法，当前儿童模型的构建主要基于性别、年龄等静态信息或简单的交互行为，社会交互过程中的认知心理状态及其演化被忽视；认知心理状态外在表现于行为和生理两个方面，孤独症儿童的行为、生理信息、认知心理状态的反演在理论方法层面仍存在困难。因此，个性表达需要解决的科学问题在于，探究人机交互学习中孤独症儿童的认知心理状态理解模式，实质性地提升儿童模型的精确性。

2）孤独症儿童的发展轨迹复杂多样，个性化的干预机制是保证干预有效性的必然选择，与此相对应的社会互动学习涉及多个阶段与多重场景。孤独症儿童认知与社会发展缺陷对应多个层次的社会互动学习，当前学习活动的创建主要基于单项心理机能理论，缺乏系统性的社会互动学习活动创建理论和方法；传统固定模式的干预方法难以实现学习活动的动态调整以适应发展轨迹多样化的需求。因此，过程干预需要解决的科学问题在于发掘孤独症儿童发展轨迹与学习活动的关联机理，建立精准的智能化干预机制。

3）孤独症儿童的社会互动能力表现在涉及行为、语言与情感等多个范畴的庞杂指标体系。传统源于社会科学的方法难以定量表达，因此当前教育干预效果评估的"金标准"依赖于行为观察与量表评估，取决于专家、家长及儿童个人的主观判断和认知。总体来看，评估方式上呈间接性、评估过程易受固有经验的影响、评估技术操作过于复杂、评估结果主观、评估体系的客观性与精确性难以保证。因此，效果评估需要解决的科学问题在于，发现孤独症儿童社会性活动的外在表征与整体社会互动能力的映射机理，获得精细化的效果评估。

二、智能教育干预实施方案

针对上述三大科学问题，我们提出一种人工智能增强的孤独症儿童自适应干预方法，精确构建孤独症儿童个性化模型，精准建立智能化干预机制，实现干预效果的精细评估，重点突破个性表达、过程干预、效果评估三个方面的技术瓶颈，从而实现孤独症儿童自适应的个性化智能教育干预。

（一）个性表达

孤独症儿童内在的个体差异巨大，传统学习者模型缺乏描述认知心理状态及其演化的能力，导致孤独症儿童个性表达的准确性无法保证。针对这一问题，需要着力构建反映动态认知心理状态的儿童个性化模型。具体而言，主要内容包括：基于心理理论构建包含认知度、情绪愉悦度和生理唤醒度的3D认知心理模型，从认知水平、主观情绪与生理反应多个维度描述认知心理状态；研究自然人机交互条件下多模态信息智能感知方法获取描述认知心理状态的信息，发展基于卷积神经网络（convolutional neural network，CNN）多任务框架的儿童头部姿态与表情识别方法估计认知度及情绪愉悦度，研究儿童脑电信号与认知度、情绪愉悦度和生理唤醒度的关系；发展认知心理模型指导下的视觉及生理多模态信息融合方法识别认知心理状态；构建反映动态认知心理状态的儿童个性化模型。

（二）过程干预

孤独症儿童的发展轨迹复杂多样，要求的社会互动学习阶段多、场景多且干预过程复杂，当前单一化的学习活动模式与固定的干预方法难以适用。针对这一问题，需要深入探究学习活动系统性创建方法与自适应于儿童个体的智能化干预机制。具体而言，主要内容包括：基于心理机能理论研究融合心理、执行功能、中央统合功能及相互主观性理论的学习活动创建理论框架；创建面向镜像阶段、相互关系阶段、互动交流阶段的多阶段社交学习活动；基于儿童发展理论研究包含学习策略与智能虚拟导师的二维（2-dimention，2D）干预模型，构建基于强化学习算法的智能虚拟导师，发展基于儿童个性化模型的以学习目标为导向的自适应干预方法；最终建立自适应于儿童个体的智能化干预机制。

（三）效果评估

孤独症儿童的社会互动能力表现在涉及行为、语言与情感等多个范畴庞杂的指标体系，当前干预效果的评估依赖于专家的问卷调查及行为观测，缺乏客观性与精确性。针对这一问题，我们需要探索宏观与微观相结合的教育干预定量评估方法。具体而言，主要内容包括：研究面向单个独立学习目标与活动的儿童行为智能感知方法，从行为和生理反应两方面获取儿童的注意力、情绪、任务表现以及脑电特征等反应能力的指标，发展微观层面上的孤独症儿童能力定量评估技术；发展基于问卷量表的社会交流能力评定方法，建立以新场景推广能力为核心的宏观层面的定性评价框架。在此基础上，研究宏观与微观相结合的教育干预定量评估方法，进而实现教育干预机制的自主优化。

本章小结

本章介绍了孤独症儿童教育干预的传统方法和人机交互技术支持的现代干预方法,并进一步提出了人工智能增强的孤独症儿童教育干预方法。同时,重点分析了智能教育干预在个性表达、过程干预、效果评估三个重要方面所面临的科学问题以及解决方案。第三章至第五章将对个性表达、过程干预、效果评估三个方面所涉及的关键技术及具体应用进行详细论述。

参 考 文 献

曹漱芹,方俊明.(2008).自闭症谱系儿童语言干预中的"视觉支持"策略.中国特殊教育,(5),26-32.

陈靓影,赵俊敏,王广帅,等.(2019).增强现实技术在孤独症儿童干预中的应用研究——以词汇认知干预为例.现代教育技术,(8),86-92.

程鹏润.(2015).基于Android平台的增强现实的实现和应用.浙江工业大学硕士学位论文.

冯学斌,赵建民.(2010).现代教育技术简明教程.济南:山东科学技术出版社.

李长山,刘晓明,朱丽萍,等.(2006).虚拟现实技术及其应用.北京:石油工业出版社.

李睿强.(2016).基于NAO机器人的自闭症儿童康复训练核心模块的研究与应用.华东师范大学硕士学位论文.

李亚华.(2014).多感官训练系统培养自闭症儿童交往能力的个案研究.乐山师范学院学报,(5),133-136.

刘翠娟,刘箴,刘婷婷,等.(2015).虚拟现实在焦虑症和自闭症治疗中的应用研究.系统仿真学报,(10),2233-2238.

柳菁.(2008).虚拟现实技术应用于心理治疗领域的最新进展.心理科学,(3),762-764.

柳祖国,李世其,李作清.(2003).增强现实技术的研究进展及应用.系统仿真学报,(2),222-225.

申宁馨.（2011）.机器人医生：治愈自闭症.环球科学,（9）,84-85.

王广帅,鲁明辉,王广海,等.（2015）.现代教育技术在自闭谱系障碍儿童干预中的应用.中国医学教育技术,（2）,174-177.

王庭照,许琦,赵微.（2013）.虚拟现实技术在特殊儿童教学与训练中的应用研究.华东师范大学学报（教育科学版）,（3）,33-40.

王勇丽,梁峻波,万勤,等.（2016）.基于体感技术的感觉统合游戏的设计与实现.中国教育技术装备,（2）,53-57.

熊剑明.（2015）.增强现实互动技术在学前教育领域的应用.中国教育信息化,（6）,22.

张春花.（2015）.基于 iPad 的 PECS 教学方案干预自闭症儿童沟通行为之研究.重庆师范大学硕士学位论文.

张玲.（2016）."医教结合"：教育康复人才培养的创新路径与对策.广西师范大学学报（哲学社会科学版）,（3）,120-125.

张倩.（2010）.虚拟现实技术在自闭症患者干预中的应用.中国特殊教育,（5）,27-31.

Arntzen, E., & Almås, I. K.（2002）. Effects of mand-tact versus tact-only training on the acquisition of tacts. Journal of Applied Behavior Analysis,（4）, 419-422.

Bamasak, O., Braik, R., Al-Tayari, H., et al.（2013）. Improving autistic children's social skills using virtual reality. International Conference of Design, User Experience, and Usability, 342-351.

Bekele, E., Wade, J., Bian, D., et al.（2016）. Multimodal adaptive social interaction in virtual environment（MASI-VR）for children with autism spectrum disorders（ASD）. 2016 IEEE Virtual Reality（VR）, 121-130.

Bellani, M., Fornasari, L., Chittaro, L., et al.（2011）. Virtual reality in autism: State of the art. Epidemiology & Psychiatric Sciences,（3）, 235-238.

Bevill, R., Azzi, P., Spadafora, M., et al.（2016）. Multisensory robotic therapy to promote natural emotional interaction for children with ASD. The 11th ACM/IEEE International Conference on Human Robot Interaction（HRI）, 571.

Bijou, S. W., Peterson, R. F., & Ault, M. H.（1968）. A method to integrate descriptive and experimental field studies at the level of data and empirical concepts. Journal of Applied Behavior Analysis,（2）, 175-191.

Bondy, A. S, & Frost, L. A.（1994）. The picture exchange communication system. Focus on Autism and Other Developmental Disabilities,（3）, 1-19.

Boyd, B. A., Hume, K., McBee, M. T., et al.（2014）. Comparative efficacy of LEAP, TEACCH and non-model-specific special education programs for preschoolers with autism spectrum disorders. Journal of Autism and Developmental Disorders, 44, 366-380.

Bruner, J. (1983). Child's Talk: Learning to Use Language. New York: W. W. Norton.

Carroll, R. J., & Hesse, B. E. (1987). The effects of alternating mand and tact training on the acquisition of tacts. The Analysis of Verbal Behavior, 5, 55-65.

Charitos. D., Karadanos. G., Sereti. E., et al. (2000). Employing virtual reality for aiding the organisation of autistic children behaviour in everyday tasks. https://www.researchgate.net/publication/228541923_Employing_virtual_reality_for_aiding_the_organisation_of_autistic_children_behaviour_in_everyday_tasks.

Chen, J. Y., Chen, D., Li, X. L., et al. (2014). Towards improving social communication skills with multimodal sensory information. IEEE Transactions on Industrial Informatics, (1), 323-330.

Chia, N. K. H., & Kee, N. K. N. (2014). Application of universal design for learning (Udl1) and living (Udl2) in virtual Dolphin-assisted intervention (Vdai) for children with autism. Journal of the International Association of Special Education, (1), 75-82.

Cunha, P., Brandão, J., Vasconcelos, J., et al. (2016). Augmented reality for cognitive and social skills improvement in children with ASD. The 13th International Conference on Remote Engineering and Virtual Instrumentation (REV), 334-335.

Dawson, G., Rogers, S., Munson, J., et al. (2010). Randomized, controlled trial of an intervention for toddlers with autism: The Early Start Denver Model. Pediatrics, 125, 17-23.

Diehl, J. J., Schmitt. L. M., Villano. M., et al. (2012). The clinical use of robots for individuals with autism spectrum disorders: A critical review. Research in Autism Spectrum Disorders, (1), 249-262.

Eldevik, S., Hastings, R. P., Hughes, J. C., et al. (2009). Meta-analysis of early intensive behavioral intervention for children with autism. Journal of Clinical Child & Adolescent Psychology, (3), 439-450.

Gray, C. A., & Garand, J. D. (1993). Social stories: Improving responses of students with autism with accurate social information. Focus on Autistic Behavior, (1), 1-10.

Greenspan, S. I., Wieder, S., & Simons, R. (1998). The Child with Special Needs: Encouraging Intellectual and Emotional Growth. Reading: Addison-Wesley.

Grossard, C., Grynspan, O., Serret, S., et al. (2017). Serious games to teach social interactions and emotions to individuals with autism spectrum disorders (ASD). Computers & Education, 113, 195-211.

Hart, B., & Risley, T. R. (1975). Incidental teaching of language in the preschool. Journal of Applied Behavior Analysis, 8, 411-420.

Hassan, A., Pinkwart, N., & Shafi, M. (2021). Serious games to improve social and emotional intelligence in children with autism. Entertainment Computing, 38, 100417.

Hess, E. B. (2013). DIR®/floortime (TM): Evidence-based practice towards the treatment of autism and sensory processing disorder in children and adolescents. International Journal of Child Health and Human Development, (3), 267-274.

Howlin, P. (1997). Prognosis in autism: Do specialist treatments affect long-term outcome? European Child & Adolescent Psychiatry, (2), 55-72.

Ingersoll, B. R. (2010). Teaching social communication: A comparison of naturalistic behavioral and development, social pragmatic approaches for children with autism spectrum disorders. Journal of Positive Behavior Interventions, (1), 33-43.

Josman, N., Ben-Chaim, H. M., Friedrich, S., et al. (2008). Effectiveness of virtual reality for teaching street-crossing skills to children and adolescents with autism. International Journal on Disability and Human Development, (1), 49-56.

Kagohara, D. M., Sigafoos, J., Achmadi, D., et al. (2012). Teaching children with autism spectrum disorders to check the spelling of words. Research in Autism Spectrum Disorders, (1), 304-310.

Kajopoulos, J., Wong, A. H. Y., Yuen, A. W. C., et al. (2015). Robot-assisted training of joint attention skills in children diagnosed with autism. International Conference on Social Robotics, 296-305.

Koegel, L. K., Camarata, S. M., Valdez-Menchaca, M., et al. (1998). Setting generalization of question-asking by children with autism. American Journal of Mental Retardation, (4), 346-357.

Koegel, L. K., Koegel, R. L., Harrower, J. K., et al. (1999). Pivotal response intervention I: Overview of approach. Journal of the Association for Persons with Severe Handicaps, (3), 174-185.

Koegel, R. L., & Egel, A. L. (1979). Motivating autistic children. Journal of Abnormal Psychology, (4), 418-426.

Kokina, A., & Kern, L. (2010). Social story interventions for students with autism spectrum disorders: A meta-analysis. Journal of Autism and Developmental Disorders, (7), 812-826.

Lang, R., Hancock, T., & Singh, N. N. (2016). Early Intervention for Young Children with Autism. New York: Springer.

Liu, X. F., Liu, C., Zhou, X., et al. (2015). Movement imitation underlying coaching platform for children with ASD. IEEE International Conference on Consumer Electronics, 57-58.

Lorah, E. R., Parnell, A., Whitby, P. S, et al. (2015). A systematic review of tablet computers and portable media players as speech generating devices for individuals with autism spectrum disorder. Journal of Autism and Developmental Disorders, (12), 3792-3804.

Lovaas, O. I. (1981). Teaching Developmentally Disabled Children: The "Me" Book. Baltimore: University Park Press.

Lovaas, O. I. (1987). Behavioral treatment and normal educational and intellectual functioning in young autistic children. Journal of Consulting and Clinical Psychology, (1), 3-9.

MacPherson, K., Charlop. M. H., & Miltenberger, C. A. (2015). Using portable video modeling technology to increase the compliment behaviors of children with autism during athletic group play. Journal of Autism and Developmental Disorders, (12), 3836-3845.

Magán-Maganto, M., Bejarano-Martín, A., Fernández-Alvarez, C., et al. (2017). Early detection and intervention of ASD: A European overview. Brain Sciences, (12), 159.

Marnik, J., & Szela, M. (2008). Multimedia program for teaching autistic children: Information technologies in biomedicine. Springer Berlin Heidelberg, 505-512.

Matson, J. L. (2009). Applied Behavior Analysis for Children with Autism Spectrum Disorders. New York: Springer.

Maurice, C., Green, G., & Luce, S. C. (1996). Behavioral Intervention for Young Children with Autism: A Manual for Parents and Professionals. Austin: Pro-Ed.

McGee, G. G., Morrier, M. J., & Daly, T. (1999). An incidental teaching approach to early intervention for toddlers with autism. Journal of the Association for Persons with Severe Handicaps, (3), 133-146.

Mesibov, G. B. (1994). A comprehensive program for serving people with autism and their families: The TEACCH model. In J. L. Matson (Ed.), Autism in Children and Adults: Etiology, Assessment, and Intervention. Belmont: Thomson Brooks/Cole Publishing Co, 85-97.

Parsons, S., Leonard, A., & Mitchell, P. (2006). Virtual environments for social skills training: Comments from two adolescents with autistic spectrum disorder. Computers & Education, (2), 186-206.

Parsons. S., Mitchell, P., & Leonard. A. (2004). The use and understanding of virtual environments by adolescents with autistic spectrum disorders. Journal of Autism and Developmental Disorders, (4), 449-466.

Piper, A. M., O'Brien, E., Morris, M. R., et al. (2006). SIDES: A cooperative tabletop computer game for social skills development. Proceedings of the 20th Anniversary ACM Conference on Computer Supported Cooperative Work, 1-10.

Prizant, B. M., Wetherby, A. M., & Rydell, P. J. (2000). Communication intervention issues for children with autism spectrum disorders. In A. M. Wetherby & B. M. Prizant (Eds.), Autism Spectrum Disorders: A Transactional Developmental Perspective. Baltimore: Brookes, 193-224.

Rao, K., & Skouge, J. (2015). Using multimedia technologies to support culturally and linguistically diverse learners and young children with disabilities. https://www.doc88.com/p-0894871309964.html.

Reichow, B., Hume, K, Barton, E, E., et al.（2018）. Early intensive behavioral intervention（EIBI）for young children with autism spectrum disorders（ASD）. The Cochrane Database of Systematic Reviews,（5）, CD009260.

Reynhout, G., & Carter, M.（2009）. The use of social stories by teachers and their perceived efficacy. Research in Autism Spectrum Disorders,（1）, 232-251.

Richard, E., Billaudeau, V., Richard, P., et al.（2007）. Augmented reality for rehabilitation of cognitive disabled children: A preliminary study. Virtual Rehabilitation, 102-108.

Rogers, S., Estes, A., Lord, C., et al.（2010）. Effects of a brief early start denver model（ESDM）—Based parent intervention on toddlers at risk for autism spectrum disorders: A randomized controlled trial. Journal of the American Academy of Child & Adolescent Psychiatry,（10）, 1052-1065.

Rotholz, D. A., Berkowitz, S. F., & Burberry, J.（1989）. Functionality of two modes of communication in the community by students with developmental disabilities: A comparison of signing and communication books. Journal of the Association for Persons with Severe Handicaps, 14, 227-233.

Rutherford, M. D., & Towns, A. M.（2008）. Scan path differences and similarities during emotion perception in those with and without autism spectrum disorders. Journal of Autism and Developmental Disorders,（7）, 1371-1381.

Saad, M. A. E.（2016）. The effectiveness of social stories among children and adolescents with autism spectrum disorders: Meta-analysis. International Journal of Psycho-Educational Sciences,（2）, 51-60.

Scassellati, B., Admoni, H., & Matarić, M.（2012）. Robots for use in autism research. Annual Review of Biomedical Engineering,（4）, 275-294.

Schopler, E., Brehm, S., Kinsbourne, M., et al.（1971）. Effect of treatment structure on development in autistic children. Archives of General Psychiatry,（5）, 415-421.

Schopler, E., Mesibov, G. B., & Hearsey, K.（1995）. Structured teaching in the TEACCH system. In E. Schopler & G. B. Mesibov（Eds.）, Learning and Cognition in Autism. Current Issues in Autism. Boston: Springer, 243-268.

Schreibman, L., Charlop, M. H., & Koegel, R. L.（1982）. Teaching autistic children to use extra stimulus prompts. Journal of Experimental Child Psychology,（3）, 475-491.

Shamsuddin, S., Yussof, H., Miskam, M. A., et al.（2013）. Humanoid robot NAO as HRI mediator to teach emotions using game-centered approach for children with austism. 8th HRI 2013 International Conference on Human Robot Interaction. Tokyo, Japan.

Skinner, B. F.（1953）. Science and Human Behavior. New York: The Free Press.

Skinner, B. F. (1957). Verbal Behavior. Englewood Cliffs: Prentice-Hall.

Smith, M., Rogers, S., & Dawson, G. (2008). The early start Denver model: A comprehensive early intervention approach for toddlers with autism. In J. S. Handleman & S. L. Harris (Eds.), Pre-school Education Programs for Children with Autism. Austin: Pro-Ed, 65-101.

Smith, T. (2001). Discrete trial training in the treatment of autism. Focus on Autism and Other Developmental Disabilities, (2), 86-92.

Strain, P. S., & Bovey, E. H. (2011). Randomized, controlled trial of the LEAP model of early intervention for young children with autism spectrum disorders. Topics in Early Childhood Special Education, (3), 133-154.

Strain, P. S., & Hoyson, M. (2000). The need for longitudinal, intensive social skill intervention: LEAP follow-up outcomes for children with autism. Topics in Early Childhood Special Education, (2), 116-122.

Strain, P. S., & Schwartz, I. (2009). Positive behavior support and early intervention for young children with autism: Case studies on the efficacy of proactive treatment of problem behavior. In W. Sailor, G. Dunlap, G. Sugai, et al (Eds.), Handbook of Positive Behavior Support. Issues in Clinical Child Psychology. Boston: Springer, 107-123.

Strain, P. S., Kohler, F. W., & Goldstein, H. (1996). Learning experiences... an alternative program: Peer-mediated interventions for young children with autism. In E. D. Hibbs & P. S. Jensen (Eds.), Psychosocial Treatments for Child and Adolescent Disorders: Empirically Based Strategies for Clinical Practice. Washington: American Psychological Association, 573-587.

Studer, N., Gundelfinger, R., Schenker, T., et al. (2017). Implementation of early intensive behavioural intervention for children with autism in Switzerland. BMC Psychiatry, (1), 34.

Suhrheinrich, J., Stahmer, A. C., Reed, S., et al. (2013). Implementation challenges in translating pivotal response training into community settings. Journal of Autism and Developmental Disorders, (12), 2970-2976.

Sundberg, M. L., & Michael, J. (2001). The benefits of Skinner's analysis of verbal behavior for children with autism. Behavior Modification, (5), 698-724.

Thill, S., Pop, C. A., Belpaeme, T., et al. (2012). Robot-assisted therapy for autism spectrum disorders with (partially) autonomous control: Challenges and outlook. Paladyn, (4), 209-217.

Thompson, T. (1984). The examining magistrate for nature: A retrospective review of Claude Bernard's an introduction to the study of experimental medicine. Journal of the Experimental Analysis of Behavior, (2), 211-216.

Todd, R., & Patrick, F. (2005). Montrose M. Wolf (1935-2004). Journal of Applied Behavior Analysis, (2), 279-287.

Trepagnier, C. Y., Sebrechts, M. M., Finkelmeyer, A., et al. (2006). Simulating social interaction to address deficits of autistic spectrum disorder in children. Cyberpsychology, Behavior, and Social Networking, (2), 213-217.

Wainer, J., Robins, B., Amirabdollahian, F., et al. (2014). Using the humanoid robot KASPAR to autonomously play triadic games and facilitate collaborative play among children with autism. IEEE Transactions on Autonomous Mental Development, (3), 183-199.

Wieder, S., & Greenspan, S. I. (2003). Climbing the symbolic ladder in the DIR model through floor time/interactive play. Autism, (4), 425-435.

Wong, C., Odom, S. L., Hume, K. A., et al. (2015). Evidence-based practices for children, youth, and young adults with autism spectrum disorder: A comprehensive review. Journal of Autism and Developmental Disorders, (7), 1951-1966.

Yokoyama, K., Naoi, N., & Yamamoto, J. I. (2006). Teaching verbal behavior using the picture exchange communication system (PECS) with children with autistic spectrum disorders. The Japanese Journal of Special Education, (6), 485-503.

第三章
孤独症儿童个性化建模

与典型发展儿童相比,孤独症儿童的内在个体差异性更为显著,传统学习者模型缺乏描述认知心理状态及其动态演化的能力,导致孤独症儿童个性表达的准确性无法保证。本章针对孤独症儿童个体差异难以准确刻画的问题,建立多维认知心理模型,突破现有心理状态模型对认知过程理解的局限性,实现人机交互干预过程中孤独症儿童的情感与认知状态的全面、准确描述,发展基于卷积神经网络多任务框架的儿童头部姿态与表情识别方法,以及基于多通道脑电信号的多层次同步分析方法,获取描述认知及情感状态的信息,发展基于认知心理模型指导的多模态信息融合方法理解孤独症儿童认知心理状态,实现儿童个性化模型的精确构建。

第一节　学习者建模

一、概述

学习者建模是实现有效教育干预的重要前提。基于数据类型的学习者模型可分为静态模型和动态模型。静态模型是在学习者进入学习环境之前就已经建好的，一般使用铅版模型方法进行表征，这种方法是将学习者通过依据预先设计的类别如性别、能力、兴趣爱好等特质进行归类。动态模型是捕捉学习者与智慧学习环境交互中产生的信息，随时更新学习者模型，以进行适应性反馈。动态模型的表征方法有覆盖模型方法、赋值模型方法、贝叶斯模型方法等。覆盖模型方法通过建立与学习内容相关的概念、技能、错误的领域知识集合，然后将学习者目前掌握的概念、技能、错误作为领域知识子集的方法将学习者模型表征出来。赋值模型方法一般依据项目反应原理估算学习者的能力水平，以及通过心理学量表判断学习者的认知风格、认知偏好，将诊断结论赋值表征学习者的水平。贝叶斯模型方法通过建立学习内容之间的因果关系，依据诊断的信息，推断学习者对知识的掌握程度等。

Chrysafiadi 和 Virvou（2013）的研究采用了基于铅版模型的学习者建模方法，实验结果证明了铅版模型可以很好地描述学生的学习风格和偏好。Macfadyen 和 Dawson（2010）通过学生学习某一门课程过程中发布讨论消息的次数、发送邮件的次数和完成作业的次数等数据，构建了学习者回归模型。该模型在一定程度上解释了学生学习过程与最终成绩的相关性。Yu 和 Jo（2014）使用学生学习过程中的总学习时间、与同伴的互动次数、学习间隔的规律性、下载量等数据建立了学习者模型，分析了在网络学习环境中影响学生学习成绩的重要因素。Goggins 和 Xing（2016）基于学生的静态数据（即通过量表评估获取的学生集体效能感和社交能力的数据），以及异步在线讨论学习活动中的动态数据（学生发帖和读帖的数量、时间等数据）构建学习者模型，分析了学生在网络学习中的参与度。

在孤独症儿童教育领域，儿童个体模型的构建也有很大的进展。Boyd 等

(2015)设计出了孤独症儿童 iPad 多人协作游戏，根据儿童游戏后的访谈数据和游戏过程中的人工行为观察数据进行孤独症儿童社会认知能力建模。García-Blanco 等（2017）在研究孤独症儿童社交障碍的过程中，使用儿童识别面部表情图片时的正确率和反应时进行数据建模。该模型在一定程度上反映了孤独症儿童对不同情绪面孔的偏好。Zhang 等（2015，2019）在培训孤独症青少年驾驶技能的虚拟驾驶系统中，使用眼动数据对参培人员进行了认知状态建模。该模型能够实时感知参与者的认知负荷。随后，研究者对原模型进行了优化，加入脑电数据和执行任务时的行为数据，提高了模型的精准性，使系统能够提供更加个性化的驾驶训练，取得了更好的技能学习效果。Jaiswal 等（2017）对执行阅读任务的孤独症患者和多动症患者拍摄视频，通过计算机视觉技术提取视频中人物的相关信息，使用面部动作单元、头部姿态、头部运动速度等数据进行了学习者建模，通过该模型筛选出多动症患者和孤独症患者。Samad 等（2017）在一项孤独症行为标记研究中，通过面部表情数据、眼动数据和表征手眼协调能力的行为数据对孤独症患者进行了建模。该模型能够为制定孤独症患者的干预规划提供有效帮助。Rudovic 等（2018）使用孤独症儿童的语言、面部表情、生理数据构建了个性化模型。该模型能够自动感知儿童与机器人互动过程中的情感状态和参与度。

总体而言，当前学习者模型构建既考虑了个体的静态信息，也考虑了个体在人机交互过程中的交互行为，如眼动、面部表情、生理数据等动态信息，在孤独症儿童的教育干预中取得了一定的进展。孤独症儿童个体差异显著，且其根本特征体现在认知心理状态的差异上。然而，当前的儿童模型缺乏对认知心理状态及其在交互过程中演化信息的有效利用，这导致孤独症儿童的个体差异无法得到精确刻画。儿童模型构建的发展趋势是探究人机交互学习中孤独症儿童的认知心理状态理解模式，实质性地提升儿童模型的精确性。

二、多维认知心理模型

与典型发展儿童相比，孤独症儿童内在的个体差异性更为显著，所以孤独症儿童个性化模型构建对实现有效教育干预至关重要。认知心理状态是影响人类思考、解决问题能力的核心因素，是孤独症儿童个体差异的根本特征。目前，常用的心理和情绪认知模型主要包括 OCC（Ortony、Clore、Collins）模型、罗素（Russell）模型、施洛伯格（Schloberg）情绪三维模型、普拉切克（Plutchick）情绪三维模型、伊扎德（Izard）情绪四维模型等。

OCC模型是认知心理学中经典的情感认知结构模型，也是近年来在计算领域应用较多的心理学情感模型。OCC模型的整个层次结构主要包括3个部分：与事件结果相关的情感、与智能体行为相关的情感和与对象属性相关的情感。这3个部分也可以结合起来组合成更为复杂的情感类型。该模型共描述了22种不同情感类型的认知结构。OCC模型中每个情感类型的出现都由一定的条件触发，这些条件通过不同的情感维度值表达。其中，合意性（desirability）、褒贬性（praise/blameworthiness）、可能性（likelihood）是该模型中3个比较重要的情感维度变量。合意性与主体的目标相关联，褒贬性与行为是否符合社会道德标准相关联，可能性则表示对事件发生的期望。在情感认知结构理论中，每个情感维度变量有不同的取值。合意性维度的取值包括合意的（desirable）和不合意的（undesirable）。当某些事件的发生有利于最终目标的实现时，这种情况对于主体而言是合意的；反之则是不合意的。类似地，褒贬性维度的取值有"值得称赞的"（praiseworthy）和"应受责备的"（blameworthy）。可能性维度的取值有"可能的"（likely）和"确定的"（certain）。情感维度变量的不同取值及其组合可以生成不同的情感类型。例如，如果"合意的"事件的可能性是"确定的"，引发"高兴"，否则引发"希望"。如果个体"值得表扬的"行为带来合乎自己心意的行为后果，则导致"骄傲"情感的产生。

罗素模型是基于愉悦度（valence）与唤醒度（arousal）两个维度建立的，愉悦度描述人的正负情绪，其理论基础是正负情绪的分离激活，而唤醒度表示与情感状态相联系的机体能量激活的程度。该模型可通过愉悦度与唤醒度的正负组合描述心理状态。

施洛伯格则通过对面部表情的研究得出，情绪的维度可分为快乐-不快乐、注意-拒绝和激活水平三个维度，并由此建立了施洛伯格情绪三维模型（Schlosberg, 1954）。如图3-1所示，图中椭圆切面的长轴为快乐维度，短轴为注意维度，而垂直于椭圆面的轴表示的则是激活水平的强度，通过这三种水平的整合可以得到各种情绪。

普拉切克情绪三维模型认为，情绪可以分为强度、相似性和两极性三个维度，并用一个倒锥体来表示三个维度之间的关系（Plutchik, 1980）。如图3-2所示，其中锥体截面划分为8种原始情绪，相邻的情绪是相似的，对角位置的情绪则是对立的，锥体自下而上表明情绪由弱到强。这个模型的特色是描述了不同情绪之间的相似性及对立性特征，这在情绪实验研究中对于情绪的界定是很有用的。

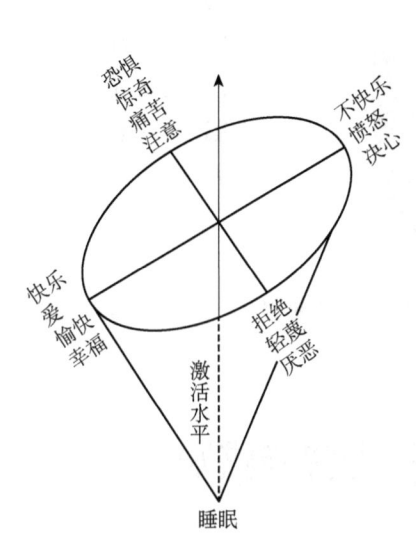

图 3-1 施洛伯格情绪三维模型 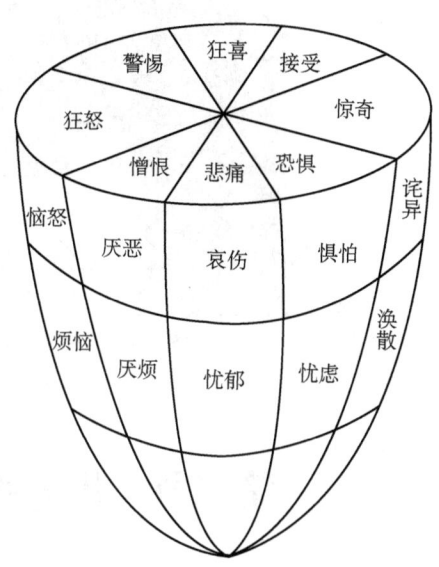　　图 3-2 普拉切克情绪三维模型

伊扎德情绪四维模型由美国心理学家伊扎德提出。该模型将情绪分为愉快度、紧张度、激动度和确信度四个维度（Izard，1977）。其中愉快度表示主观体验到的舒适度；紧张度表示情绪的生理激活水平；激动度表示个体对突如其来的情绪、情境缺乏预料和准备的程度；确信度则表示个体对感情的承受、胜任的程度。由此，在认知水平上，个体可以报告出对情绪的理解程度；在行为水平上，可以报告出自身动作对情境的适宜度。

在学习过程中，学习者的注意力以及学习任务的进展情况是反映学习者认知状态的重要因素。例如，当学习者处于有兴趣、高兴状态时，而他的注意力并不在于学习内容，这是一种负面的学习状态，采取适当的干预措施是有必要的。当学习者集中学习且表现出困惑时，可根据学习任务的进展状态为学习者提供相应的干预（例如，困惑但有进展，不提供干预；困惑且无进展，提供干预）。因此，我们提出包含认知度、愉悦度和唤醒度的三维认知心理模型（图 3-3），即通过对孤独症儿童的头部姿态、面部表情、生理信号以及学习记录的分析，从认知、情绪和生理反应多个维度描述孤独症儿童在交互学习中的认知心理状态，为提高干预效果提供理论依据。

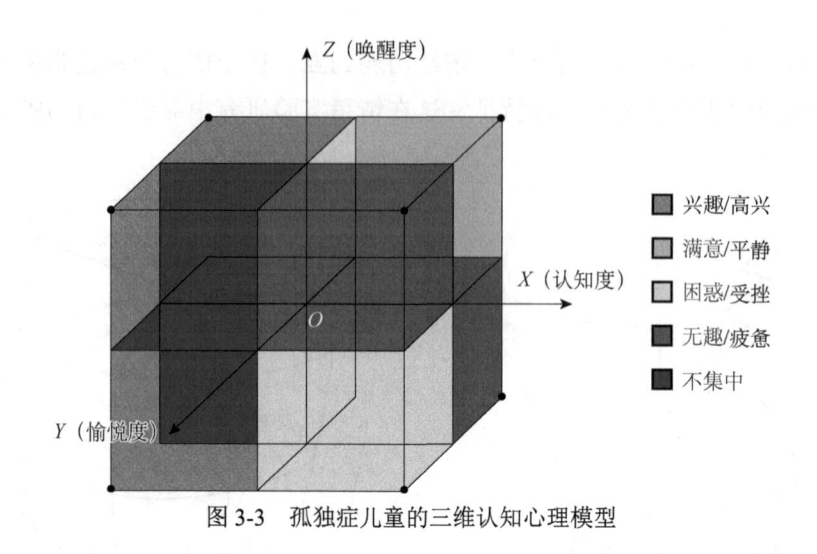

图 3-3　孤独症儿童的三维认知心理模型

第二节　儿童外显行为智能感知

情感是人类对于某个话题、某人或者某个实体的潜在态度。随着人工智能技术的发展及人机交互场景的不断丰富，情绪智能感知和情感识别已经得到工业界与学术界越来越多的关注。

一、面部表情识别

面部表情是指通过眼部肌肉、面部肌肉和口部肌肉的变化来表现各种情绪状态的表情。面部表情作为最原始的交流方式，是一种十分重要的非语言交往手段，是人类传达其情绪状态和意图较为自然与有力的途径之一，也是实现智能化人机交互的重要外显因素之一。

心理学家 Mehrabian（2017）的研究表明，在人类日常交流的方式和途径中，人脸表情传递的信息是最丰富的，占总量的 55%，其次是声音和语言，分别占 38% 和 7%。这说明相比其他生理信号和动作姿态等研究对象，面部表情更能传达人类的情绪情感状态，在人类社交的发展交流中发挥着不可替代的作用。因此，面部表情的诸多优点使得其在人类情感研究领域处于举足轻重的地位。

面部表情分析包括表情识别和表情强度估计两项工作，其中表情识别通常是将来自图片或视频中的人脸表情归类为 6 种基本表情之一，即高兴、悲伤、生气、惊讶、恐惧和失望。表情识别以人工智能技术为依托，可应用于情感计算等相关领域，旨在赋予计算机识别、理解、表达和适应人类情感的能力，建立在人工智能技术的基础上。面部表情识别流程大致分为三个步骤，包含人脸检测、人脸表情特征提取和人脸表情分类（图 3-4）。

人脸检测　　人脸表情特征提取　　人脸表情分类

图 3-4　面部表情识别流程

然而，有心理学研究者指出，仅仅对基本表情进行分类并不能完全理解人的情绪。为了进一步理解人的情感状态和情绪强度，表情强度估计引起了广泛的关注。表情强度估计关注同一种表情在表达程度上的细微差别，赋予表情强度等级标签。图 3-5 展示了同一个人在不同表情、不同强度下的外观差异。

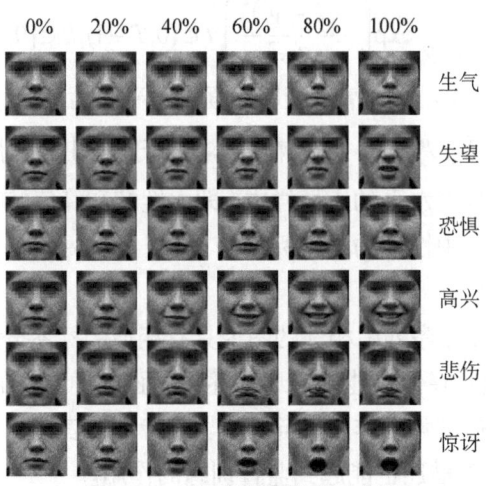

0%　20%　40%　60%　80%　100%

生气

失望

恐惧

高兴

悲伤

惊讶

图 3-5　表情类别和强度示意图

针对变化的表情类别与表情强度，我们提出一种基于强度标签分布的面部表情分析方法，通过扩展的强度标签分布对表情类别和表情强度进行统一编码，用以监督孪生卷积神经网络训练表情模型。

（一）表情类别与强度编码

给定表情图像序列，起始帧为中性表情，表情强度逐渐增加，达到峰值截止，记为 $X = \{x_t\}_{t=0}^{T-1}$，其中 T 是序列的总长度，t 是图像序列的索引，x_t 是序列的第 t 帧图像。与样本 X 关联的表情强度标签为 $Y = \{y_t\}_{t=0}^{T-1}$，其中 $y_t \subseteq \{0,1,\cdots,K-1\}$。

假设起始帧表情强度值为 0，强度等级-最高的峰值帧表情强度为 $K-1$，其余各帧的表情强度通过线性插值函数进行估计：

$$y_t = \frac{t}{T-1} \cdot (K-1) \tag{3.1}$$

其中，$\frac{t}{T-1}$ 表示图像 x_t 在标准化后的图像序列中的索引。

不同个体之间的情感表达存在差异，导致表情序列中的表情强度分布是不均匀的。这种强度估计不足以作为训练表情强度估计模型的监督信息，因此，有必要对线性编码进行"软化"，提高监督的鲁棒性。为此，我们提出用标签分布进一步编码表情强度。

给定表情序列中的某一帧 $x_t, t \in (0, T-1)$，将其标签分布表示为 $d_{x_t} \in \mathbb{R}^K$。假设 d_{x_t} 遵循以线性插值函数 y_t 为中心的离散高斯分布：

$$d_{x_t}^k = \frac{1}{2\pi\sigma Z} \exp\left(-\frac{(k-y_t)^2}{2\sigma^2}\right) \quad t \in (0, T-1); k \in [0, K-1] \tag{3.2}$$

其中，$d_{x_t}^k$ 表示表情样本 x_t 的表情强度属于强度水平 k 的概率，σ 是协方差，Z 是归一化因子，用来确保 $\sum_k d_{x_t}^k = 1$，即表情样本 x_t 属于不同强度水平的概率之和为 1。此外，对于具有确定强度水平的表情样本（即中性帧和峰值帧），使用 one-hot 标签来表示其强度。例如，中性帧的强度标签分布为（1, 0, $\cdots$, 0），而峰值帧的强度标签分布为（0, $\cdots$, 0, 1）。

依照这一编码方式，序列中相邻的图像具有相似的标签分布。随着图像间距离的增加，标签的相似度降低，能很好地描述不同强度样本间的差异（图3-6）。同时，标签分布具有数据增强的作用，当模型学习特定的表情强度时，其他强度样本标签中相应元素的非零描述也能起到监督训练的作用。

为了将面部表情识别和表情强度估计集成到统一的框架中，我们对强度标签

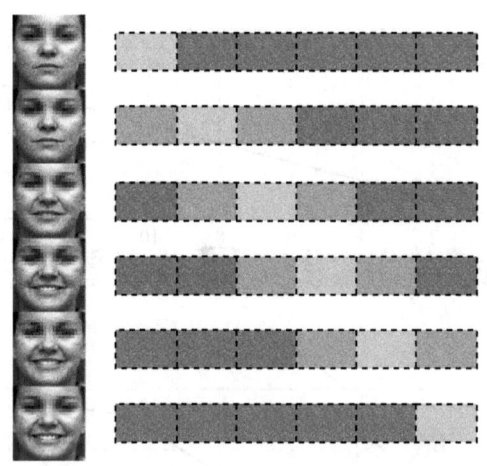

图 3-6　CK+数据集上序列中某些图像的强度标签分布示例
注：图像颜色深浅代表表情强弱程度

分布进行扩展，提出扩展强度标签分布（extended intensity label distribution，EILD）这一概念，实现表情类别与强度的统一编码。具体而言，给定一个面部表情序列 $X=\{x_t\}_{t=0}^{T-1}$，该序列的表情类别用 $c\in\{1,2,3,4,5,6\}$ 来表示，其中数字 1~6 分别代表愤怒、厌恶、恐惧、高兴、悲伤和惊讶。那么，表情样本 x_t 的扩展强度标签分布可以表示为 $D_{x_t,c}\in\mathbb{R}^{6K}$，

$$D_{x_t,c}=(D_{x_t}^1,\cdots,D_{x_t}^6), D_{x_t}^j=\begin{cases}d_{x_t}, j=c\\ \underbrace{(0,\cdots,0)}_{K}, j\neq c\end{cases} \quad (3.3)$$

其中，$D_{x_t}^j\in\mathbb{R}^K$ 是长度为 K 的片段，代表类别 j 上的强度分布。进一步地，$D_{x_t,c}$ 表示的是给定类别 c 的扩展强度标签分布。扩展强度标签分布的生成过程如图 3-7 所示。

以一个表情序列中的过渡帧为例，使用线性插值估计得到的值 y_t 作为高斯函数中心构建该帧的强度标签分布 d_{x_t}，然后根据公式（3.3）构建该帧对应的 6 个强度标签分布片段，将每个片段组合起来，构成扩展的强度标签分布。

扩展强度标签分布所表示的多维表情空间，如图 3-8 所示。在该表情空间中，表情强度的变化是连续的，一个表情类别可以通过中性表情演变成另一个表情类别。一方面，通过软标签描述相同类别的相邻表情之间的强度相关性（不同强度水平用环形实线划分，数字 0~5 代表表情强度）；另一方面，相同强度的不同类别表情之间是不连续的，也就是使用硬标签描述各类别之间的差异（不同的类别分布于环形不同区域）。

图 3-7 扩展强度标签的生成过程

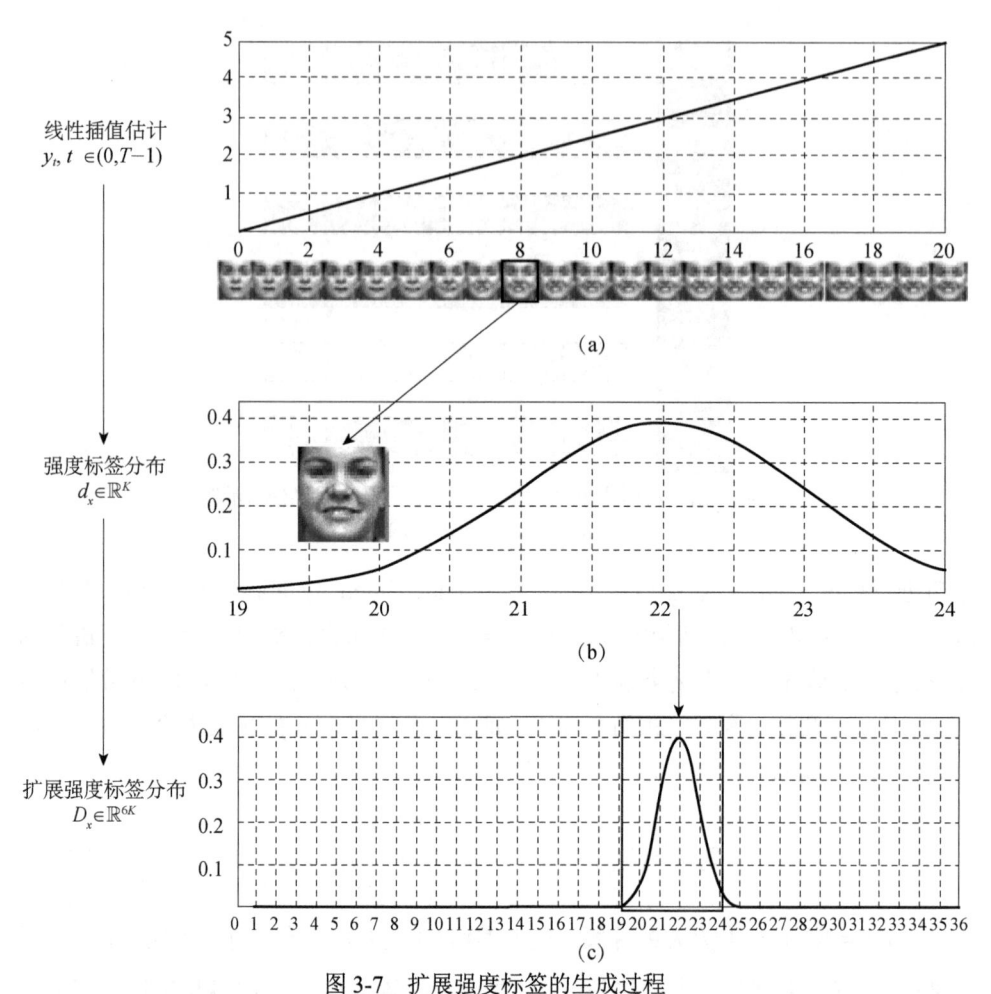

注：图 3-7（a）中，横轴表示时间，纵轴表示对应的表情强度标签；图 3-7（b）与图 3-7（c）中，横轴表示一个表情类别-强度集成的空间中（此处为 6×6）不同的表情-强度类别，纵轴表示对应的概率

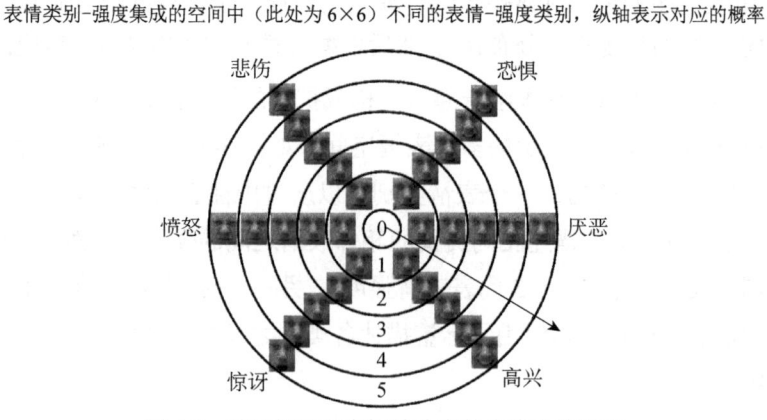

图 3-8 基于扩展强度标签分布的多维表情空间

使用扩展强度标签分布编码表情类别，可以有效地提高面部表情识别和强度估计的性能，主要体现在以下两个方面：对于不同表情类别的样本，通过在不同标签段上分配强度标签分布来增大不同类别表情样本之间的差异，即增加类间距离；对于具有相同类别但强度水平不同的表情，使用对应标签段中的强度标签分布来减小同一类别样本的距离。

（二）类孪生卷积神经网络

人脸是蕴含信息十分丰富的人体部位，除表情类别和表情强度外，人的面部还包含许多其他与表情无关的因素，如性别、年龄和身份属性等。在这些表情无关因素的影响下，同一表情序列中的帧之间的距离会增大。为了消除这些因素对面部表情分析的影响，我们提出基于中性表情抑制身份差异的类孪生卷积神经网络（siamese-like CNN），其架构如图 3-9 所示。类孪生卷积神经网络的基础模型是 VGG-16（visual geometry group-16）框架。该框架由 13 个卷积层和 3 个完全连接层（FC6、FC7 和 FC8）组成。其中，Conv 代表卷积层，Pool 代表池化层，FC 代表全连接层。

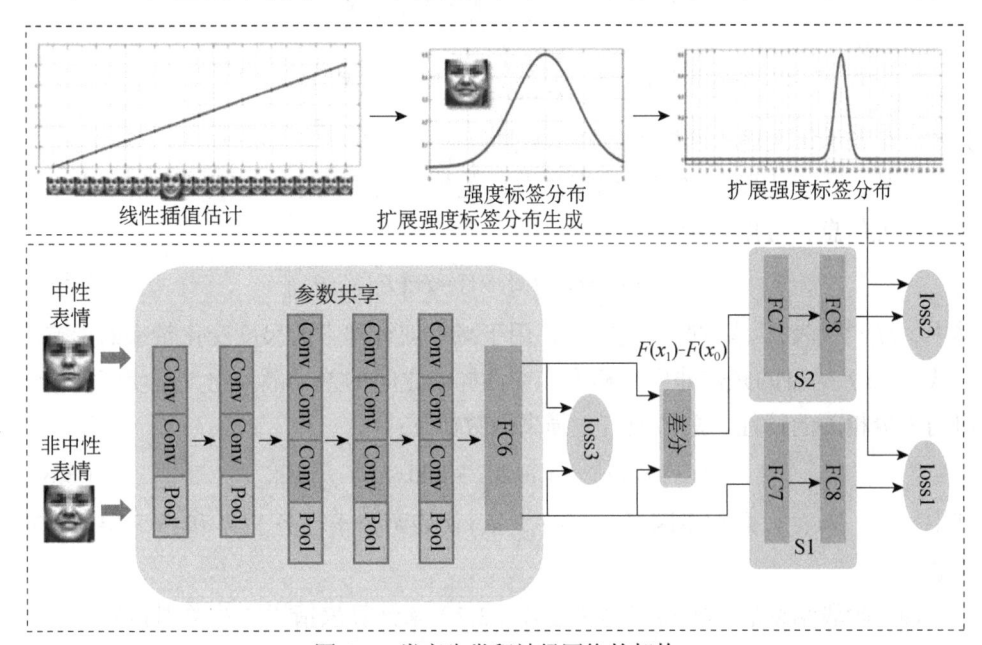

图 3-9 类孪生卷积神经网络的架构

注：S1、S2 分别代表两个子任务；loss 代表模型的损失

在训练阶段，类孪生卷积神经网络的输入是成对的，这对样本分别是来自同一表情序列中的非中性表情（非首帧）和中性表情（首帧），可以将其表示为 (x_t^i, x_0^i)。

输入的样本对分别通过所有卷积层和 FC6 组成的共享参数模块来提取对应非中性帧和中性帧的中间特征。

假设将共享参数模块的一系列操作表示为 $F(x;\theta)$，其中 θ 表示网络中所有被共享的参数，那么 FC6 层输出的两个输入样本的中间特征可以表示为 $F(x_t^i;\theta)$ 和 $F(x_0^i;\theta)$。这两个特征之间的差异可以表示为 $\Delta F = F(x_t^i;\theta) - F(x_0^i;\theta)$。随后，将后续任务划分为两部分，即子任务 S1 和子任务 S2。

在缺少中性表情帧的情况下，子任务 S1 可以从单个非中性表情样本 x_t^i 中学习中间特征，表示为 $S_1(x_t^i) = G(F(x_t^i;\theta), w_1)$。子任务 S2 从输入的成对样本数据中学习特征差异 ΔF，可以表示为 $S_2 = G(F(x_t^i;\theta) - F(x_t^0;\theta), w_2)$。其中，$G(\cdot)$ 代表全连接层 FC7 和 FC8 的操作，而 w_1 和 w_2 代表两个子任务 S1 和 S2 中 $G(\cdot)$ 的参数。

类孪生卷积神经网络框架采用交叉熵损失来优化两个子任务 S1 和 S2。假设表情样本 x_t^i 的扩展强度标签分布为 $D_{x_t^i}$，则两个子任务的损失函数可以分别表示为

$$\text{loss}_{S_1} = -\frac{1}{N} \sum_{i=1}^{N} D_{x_t^i} \cdot \log\left(S_1(x_t^i)\right)$$
$$\text{loss}_{S_2} = -\frac{1}{N} \sum_{i=1}^{N} D_{x_t^j} \cdot \log\left(S_2(x_t^i)\right) \quad (3.4)$$

其中，N 表示每次输入网络中的样本数量。

此外，类孪生卷积神经网络通过对 l_2-范数损失的优化来增强弱表情样本中的表情相关信息，可以表示为

$$\text{loss}_{S_3} = -\left\| H\left(F(x_t^i;\theta)\right) - H\left(F(x_0^i;\theta)\right) \right\|^2 \quad (3.5)$$

其中，$H(\cdot)$ 代表 l_2-范数归一化操作，用于减小训练样本的尺度变化带来的影响。公式（3.5）的目的是使非中性样本和中性样本之间的差异最大化，迫使模型去学习与表情相关的特征。总体而言，损失函数如下：

$$\text{loss}_{S_{\text{total}}} = \|w\|^2 + \gamma_1 \text{loss}_{S_1} + \gamma_2 \text{loss}_{S_2} + \gamma_3 \text{loss}_{S_3} \quad (3.6)$$

其中，γ_1、γ_2、γ_3 是权重因子，$w = (w_1, w_2)$ 代表两个子任务 FC7 和 FC8 层的所有参数。

训练阶段结束后，模型将通过公式（3.7）来计算表情样本的类别和强度，即

$$\hat{c} = \arg\max_{j}\left(\sum \hat{D}_{x_t}^1, \cdots, \hat{D}_{x_t}^j, \cdots, \hat{D}_{x_t}^6\right)$$
$$\hat{y} = \arg\max_{k}\left(\hat{D}_{x_t}^{\hat{c}}\right) = \arg\max_{k}\left(\left\{\hat{d}_{x_t}^k\right\}_{k=0}^{K-1}\right) \quad (3.7)$$

其中，$\hat{c}$ 和 $\hat{y}$ 分别是表情类别和表情强度的估计值。表情类别由每个分段预测结果对应的总和来确定，从而提高模型在不同表情强度下的表情识别鲁棒性。求出的分布之和最大的分段对应的索引即为表情类别索引，而表情强度则是根据该最大分段的最大值来确定的。这是因为在扩展的表情强度分布中，强度估计对于表情类别具有依赖性。

这一方法在 CK+、OULU-CASIA 和 MMI 数据集上测试得到的识别准确度分别为 99.35%、87.42%、81.46%（Chen et al.，2021）。相较于静态表情识别方法，这一方法训练模型所使用的是不同强度级别的数据，而不只局限于峰值数据。相较于动态表情识别方法，这一方法从一对图像中学习特征数据，从而避免了处理整个序列所造成的冗余。

二、言语情感识别

作为人类最基本和有效的沟通方式，言语交流已被广泛应用于各类人机交互系统中。如何让机器去感知人类言语交流中的情感状态，已经成为人机交互系统需要解决的问题。对于现有的人机交互系统而言，言语情感识别和情绪学习能力将是人工智能技术从感知智能走向认知智能的关键一步。目前，绝大多数的言语情感识别方法使用言语交流中的语音声学特征作为识别对象。情感特征提取成为决定这些方法是否有效的一个关键因素。从早期的研究工作来看，传统的言语情感识别会将语音信号作为输入计算低层级特征，然后使用隐马尔科夫模型（Nwe et al.，2003）、高斯混合模型（Neiberg et al.，2008）、支持向量机（Milton et al.，2013）等经典机器学习方法作为分类器得到情感分类结果。Mower 等（Mower et al.，2011；Kim & Provost，2013）进一步通过计算低层级特征的统计信息来获得言语的全局表示，然后使用分类器模型对说话人的言语情感进行分类。然而，这些手工特征提取的方法并没有取得令人满意的情感识别结果。

近年来，随着深度学习技术的迅速发展及大规模情感数据集的出现，深度神经网络被用于提取说话人言语中的情感特征，取得了较好的情感识别效果（Han et al.，2014；Lee & Tashev，2015）。Han 等（2014）使用一个全连接神经网络从原始语音数据中提取高层特征，然后输入极限学习机（extreme learning machine，ELM）。尽管 Han 等（2014）给出的方法使得言语情感识别性能得到了提升，但它没有考虑到长时上下文的影响。针对这一问题，Lee 和 Tashev（2015）使用循环神经网络取代全连接神经网络来考虑语音数据中的长时记忆内容。目前,大部分语音情感识别研究都用了端到端的训练方法,使用后向传播算法来优化深度神经网络的参数(Chernykh et al., 2017; Li et al., 2018; Trigeorgis et al., 2016)。其中,Chernykh 等(2017)将卷积神经网络与长短时记忆网络进行组合来提取语音信号的上下文特征表示,从而实现语音数据的情感识别。尽管基于深度学习的方法使语音情感识别的性能有了较大提升,但是上述方法大多以声学特征作为识别对象,往往忽视了言语数据中语义内容对情感识别的影响。

在日常社会交往和沟通中,说话人言语中的语义内容是情感的重要承载主体,因此将声学特征与语义内容相结合成为情感识别的有效途径。一些研究者(Schuller et al., 2004; Chuang & Wu, 2004; Jin et al., 2015; Sahu et al., 2019; Yoon et al., 2018)除了使用声学特征,还使用言语数据中的语义信息进行情感分析,以此来提升情感识别的性能,实验结果也表明了语义信息对情感识别的有效性。上述文献通常是将言语数据的声学特征和语义信息特征送入多模态融合模块来实现情感识别,它们大多是基于模型无关方法的研究(D'Mello & Koryl., 2015)。从目前的研究来看,主要有三种基于模型无关方法:早期融合方法(也称为特征层融合)、晚期融合方法(也称为决策层融合)、混合融合方法(早期融合方法与晚期融合方法的结合)。有研究者(Schuller et al., 2004; Chuang & Wu, 2004; Jin et al., 2015)利用决策层融合方法训练基于声学特征和语义内容特征的分类器,通过整合两个分类器的结果得到最终的情感类别。还有研究者(Sahu et al., 2019; Yoon et al., 2018)直接将声学特征和语义内容特征进行拼接,完成了言语数据中两个模态的特征层融合,从而实现了情感分类。斯坦福大学课题组近些年使用深度神经网络来学习声学-语言的嵌入式表示,通过合并语音和语义内容两个模态实现在端到端的框架中训练情感分类器(Haque et al., 2019)。威斯康星大学麦迪逊分校的 Sun 等(2019)利用训练模型 BERT(bidirectional encoder representations from transformers)抽取的词嵌入表示来实现言语情感识别。中山大学和阿里研究团队提出了一种对话图卷积神经网络(graph-based convolutional neural network towards conversations, ConGCN)来对内容和说话人敏感的多人对话情感识别任务进行建模(Zhang et al., 2019)。

针对现有研究中存在的问题,我们提出了一种多模态言语情感识别方法,将言语数据中的声学特征和语义内容进行融合,用以识别情感的类别,系统框图如图 3-10 所示。

第三章
孤独症儿童个性化建模

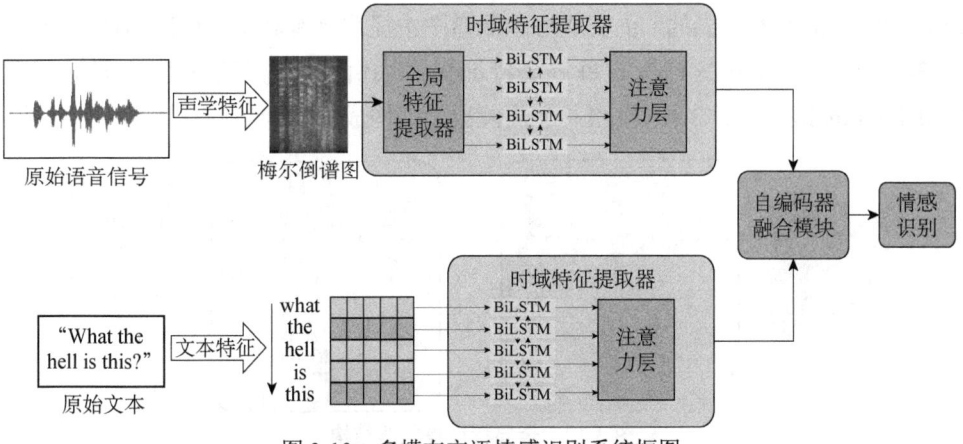

图 3-10 多模态言语情感识别系统框图

该方法利用卷积神经网络、双向长短时记忆（bidirectional long short-term memory，BiLSTM）网络和注意力层，从词嵌入文本序列和语音谱中提取高层情感特征向量。此外，构造一个自编码器进行特征层融合，从声学和文本模态中提取联合的言语情感特征表示。该方法构造的网络模型主要包含三个功能模块：一个音频数据的时域全局特征提取器、一个文本特征提取器和一个自编码器融合模块。我们提出的方法使用梅尔倒谱图作为语音数据的手工特征输入，然后使用语音时域全局特征提取器（temporal global feature extractor，TGFE）提取梅尔倒谱图中的情感特征。语音时域全局特征提取器的部分模块如图 3-11 所示。

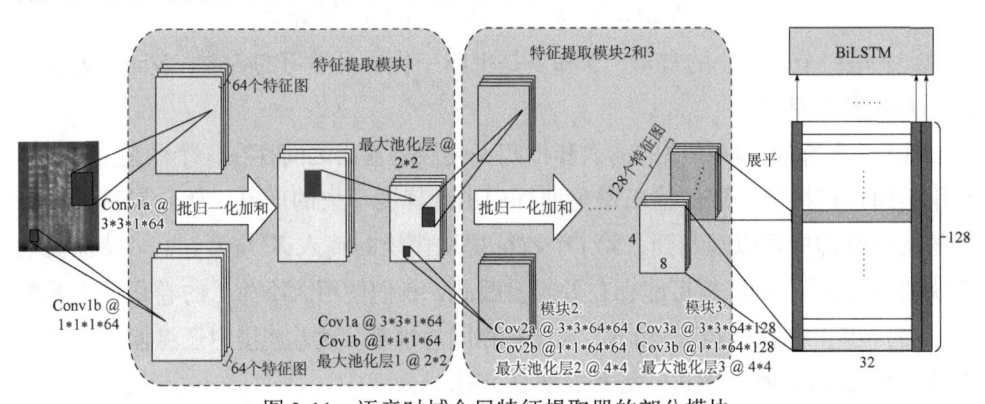

图 3-11 语音时域全局特征提取器的部分模块

（一）全局特征提取器

一个全局特征提取器（global feature extractor，GFE）是由几个卷积神经网络结构的特征提取器构成的,负责从梅尔倒谱图中提取具有高识别特性的情感特征。图 3-12 显示了 GFE 的结构,每一个特征提取块由一个卷积层、一个批归一化(batch normalization,BN)层和一个最大池化层构成。

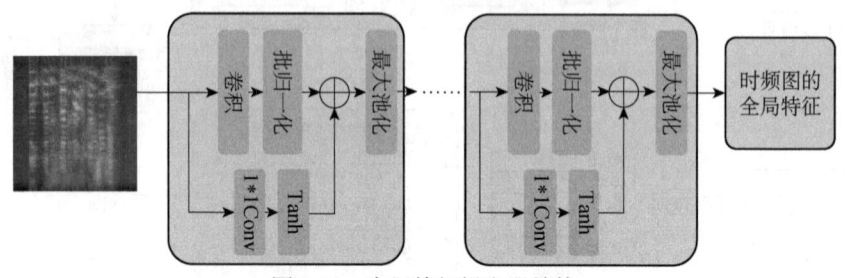

图 3-12 全局特征提取器结构

卷积层对手工特征或者特征提取模块输出的特征图进行计算。假设第 i 个特征提取模块的输入为 $X^{(i-1)}$,特征图通过输入 $X^{(i-1)}$ 与每个卷积核 $w_k(k \in 1,2,\cdots,K)$ 进行卷积运算获得,这里的 K 是卷积核的个数。当 $i=1$ 时,输入原始谱特征。特征提取模块的卷积运算表达式为

$$X_k^i = X^{(i-1)} \cdot w_k \tag{3.8}$$

然后,我们使用批归一化层来重新定位和缩放卷积特征图。批归一化能加速训练的收敛速度,提升神经网络的鲁棒性。批归一化层处理的表达式为

$$r = \frac{\gamma}{\sqrt{\text{Var}(X^i)+\varepsilon}} \cdot X^i + \left(\beta - \frac{\gamma E(X^i)}{\sqrt{\text{Var}(X^i)+\varepsilon}}\right) \tag{3.9}$$

其中,ε 是一个任意小的常量,γ 和 β 是批归一化层可学习的参数,$\text{Var}(\cdot)$ 表示方差,$E(\cdot)$ 表示期望。

此外,在特征提取模块的输入和批归一化层的输出之间存在一个残差连接,其作用是通过连接前一层的输出避免训练中出现梯度消失的现象。从全局特征提取器的网络结构中可以观测到,第 i 个特征提取模块的输入 X^i 与第 $i-1$ 个特征提取模块的输入 $X^{(i-1)}$ 的维度可能存在差异。因此,我们使用大小为 1 的卷积核来调整 $X^{(i-1)}$ 的维度,从而使得 X^i 和 $X^{(i-1)}$ 具有相同的维度。残差连接中还将使用非线性激活函数 Tanh 对特征图进行处理,具体表达式为

$$\hat{r} = r + \text{Tanh}(X^{(i-1)} \cdot w_k^1) \tag{3.10}$$

在这之后,特征提取模块使用一个最大池化层来对特征图进行下采样,从而得到模块的输出,即

$$X^i = \max \text{Pooling}(\hat{r}) \tag{3.11}$$

最后，特征提取模块得到的特征图将被展平成一个一维向量送入后续的情感时序特征提取模块。

（二）注意力层

注意力机制首先由 Bahdanau 等（2015）在神经机器翻译中提出。近些年来，注意力机制已经被广泛应用于文本分类、图像描述生成等领域，并且性能有了显著的提升。在言语情感识别领域，考虑到语音中并不是每一帧数据或者每一个词语都包含同等重要的情感特征，因此研究者开始考虑在现有深度网络中引入注意力机制来提升情感识别的准确率。

为了更好地提取言语数据中的情感特征，我们在声学特征提取模块和语义内容提取模块都使用了注意力层，以此来提升情感识别的准确率。具体到语音时域全局特征提取器，在从全局特征提取器模块提取到语音的全局情感特征后，输出被展平成一维特征向量送入双向长短时记忆网络提取情感时序特征，如图 3-13 所示。

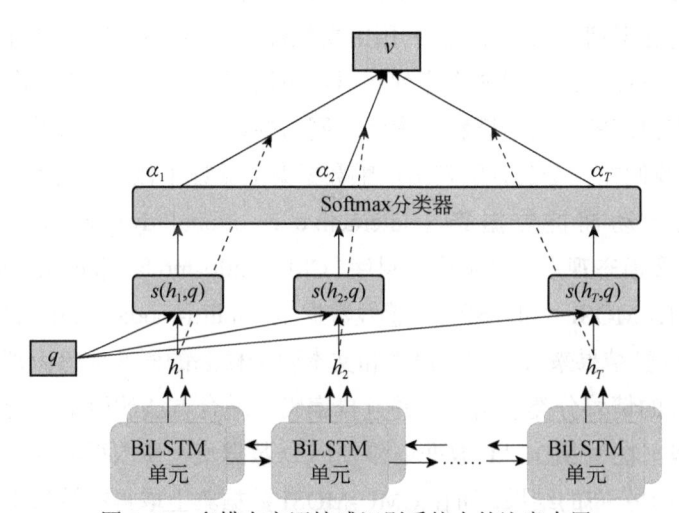

图 3-13　多模态言语情感识别系统中的注意力层
注：q 表示每个 BiLSTM 单元的注意力权重，α 表示 Softmax 分类器的判决权重向量

BiLSTM 在第 t 步的输出为 $h_t = [\overrightarrow{h_t}, \overleftarrow{h_t}]$，它由前向 LSTM（long short-term memory，长短时记忆）的输出 $\overrightarrow{h_t}$ 和后向 LSTM 的输出 $\overleftarrow{h_t}$ 拼接而成。假设 h_t 的维度为 d，那么 BiLSTM 到注意力模型每个时间步的输出即为情感识别任务的帧级特征表示。

注意力模型的第一步是使用表达式（3.12）计算 h_t 的注意力得分函数，即

$$s(h_t, q) = u(\text{Tanh}(Wh_t + b)) \quad (3.12)$$

其中，$W \in \mathbb{R}^{a \times d}$，$u \in \mathbb{R}^{1 \times a}$，$b$ 是偏置，这些都是可训练的参数。然后使用一个 Softmax 函数来计算注意力分布，即

$$\alpha_t = \text{Softmax}(s(h_t, q)) = \frac{\exp(s(h_t, q))}{\sum_{t=1}^{T} \exp(s(h_t, q))} \quad (3.13)$$

最后，计算注意力分布 α_t 和 BiLSTM 输出 h_t 的加权和，求解得到情感识别任务的语音片段特征表示，即

$$v = \sum_{t=1}^{T} \alpha_t h_t \quad (3.14)$$

在这里，加权和向量 v 是通过深度神经网络计算得到的语音信号高层特征表示。该特征表示既可以单独用来完成单模态情感分类，也可以进一步用多模态特征融合进行情感分类。

我们在这一部分提出了一种使用自编码器融合言语数据高层声学特征和语义内容的语音情感识别方法。该方法利用由卷积神经网络、BiLSTM 和注意力层构成的深度神经网络提取嵌入式文本序列和语音声谱图的高层情感特征向量，通过提取声学和文本模态的言语情感特征表示，网络模型使用一个自编码器进行特征层融合。最后，我们在三个公开的言语情感数据集上验证了该方法的性能，包括交互式情绪二元运动捕捉数据集（interactive emotional dyadic motion capture，IEMOCAP）、多模态观点情感强度语料库（CMU multi-modal opinion-level sentiment intensity，CMU-MOSI）和多模态情感线数据集（multi-modal emotion lines dataset，MELD）。从实验结果来看，融合声学和文本两个模态的语音情感识别模型能取得比单模态更好的情感分类准确率，并且自编码器融合方法比简单的特征拼接有明显的性能优势。在 IEMOCAP 数据集和 MELD 数据集上所取得的情感分类结果超过了现有文献中公布的结果，而在 CMU-MOSI 数据集上取得的结果也具有一定的竞争力（Peng et al., 2022）。

三、头部姿态识别

从计算机视觉的角度，头部姿态估计通常被解释为推断人的头部相对于相机

视图的方向的能力，假设人头部可以被建模为无实体的刚性物体，在这种假设下，人体头部的姿势受限于 3 个自由度，其特征可以表示为俯仰角（pitch，围绕 x 轴旋转）、偏航角（yaw，围绕 y 轴旋转）和滚动角（roll，围绕 z 轴旋转）（Murphy-Chutorian，2009），如图 3-14 所示。

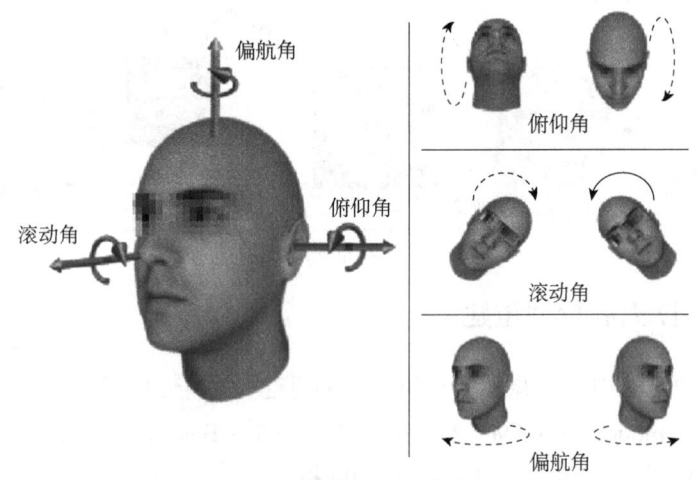

图 3-14　头部姿态的 3 个自由度

主流的头部姿态估计方法多采用有监督学习训练模型，模型的性能依赖于数据的标注精度。然而，现有的公共数据集标注手段与标注协议不尽相同，标注误差不可避免，导致跨数据集下头部姿态估计的性能显著下降。为了克服这一缺点，我们提出了一种基于 3D 人脸模型和 2D 图像特征点匹配的头部姿态估计算法，利用 3D 模型重建获取特征点的 3D 坐标信息，通过与 2D 图像特征点的匹配估计头部姿态，可以免去有监督的训练过程。

（一）算法总体框架

我们提出的头部姿态估计方法，其核心包括两个阶段，即 3D 人脸模型重建阶段和 3D-2D 关键点匹配阶段，具体过程如图 3-15 所示。在 3D 人脸模型重建阶段，我们使用卷积神经网络从输入的头部图像中重建个性化 3D 人脸模型，该卷积神经网络由非对称欧几里得损失和关键点损失共同优化。在 3D-2D 关键点匹配阶段，我们同时提出了一种迭代优化算法，在弱透视变换约束下，有效地匹配了重建的 3D 人脸模型和 2D 输入图像之间的关键点。

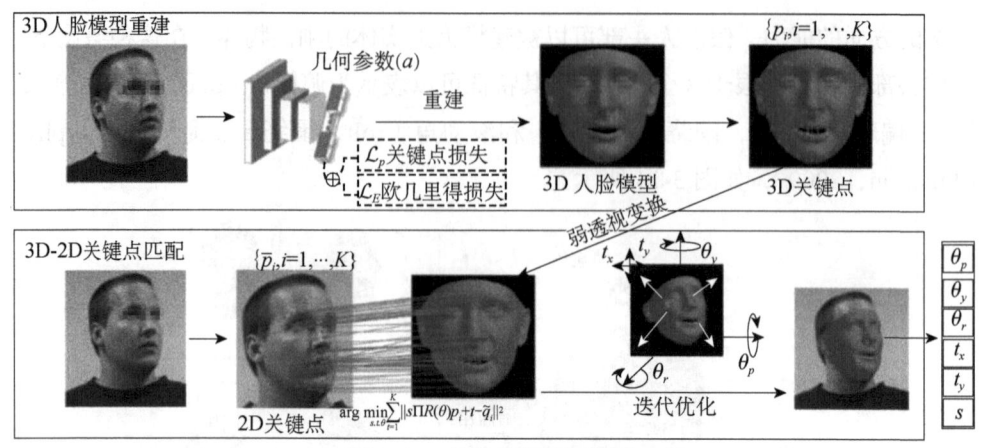

图 3-15　算法的总体框架图

（二）3D人脸模型重建

在我们的方法中，人脸模型几何形状的重建是基于3D可变性人脸模型（3D morphable face model，3DMM）和巴塞尔人脸模型（Basel face model，BFM）进行的，一个3D人脸模型由具有N个顶点的网格模型表示，表示形式如下：

$$P = [p_1, p_2, \cdots, p_N]^T \tag{3.15}$$

其中，$p_n = (x_n, y_n, z_n), n = 1, \cdots, N$，表示网格上各个顶点的3D位置。实际上，一个3D人脸模型通常包含数万个顶点，这意味着3D人脸模型P是高维的，这给重建过程增加了很大的困难，使得直接重建3D人脸模型成为一项极其困难的工作。为了解决这个问题，我们采用主成分分析法在低维子空间对高维3D人脸模型进行编码，编码形式如下：

$$P = \overline{P} + M_s \alpha_s \tag{3.16}$$

其中，$\overline{P} = [\overline{p}_1, \overline{p}_2, \cdots, \overline{p}_N]^T$，是根据大量3D人脸数据，在一组3D面部网格模型上计算出的平均3D人脸几何模型，M_s是同一组3D面部网格的主成分矩阵，α_s是模型系数向量，用于表征特定3D人脸的几何形状。$\overline{P}$、M和α的维度分别为$3N \times 1$、$3N \times d_s$和$d_s \times 1$，而$d_s \ll 3N$。在开源可用的巴塞尔人脸模型中，已经在对齐的人脸3D面部扫描的数据集上计算得到了$\overline{P}$和M_s。

但是，由于面部表情的不同，所测对象的面部关键点的位置也会大大不同。因此，我们添加了一个额外的混合项来表示面部表情，这样就得到了新的人脸编码方式，具体如下：

$$P = \overline{P} + M_s \alpha_s + M_e \alpha_e \tag{3.17}$$

其中，M_e 是从带有表情的面部网格和中性表情的面部网格之间的偏移量提取的主成分矩阵，而 α_e 是 d_e 维，是从所给定的 2D 人脸图像中提取的表情参数。在我们的方法中，使用 FaceWarehouse 数据集来计算 M_e。根据上述模型，要从 2D 的 RGB 色彩模式的图像中重建 3D 人脸模型，只需要从图像中获得低维人脸几何参数 α_s 和人脸表情参数 α_e 即可。

如图 3-16 所示，我们利用两个卷积神经网络分别从图像中回归人脸几何特征 α_s 和人脸表情特征 α_e。我们选择 ResNet-101 和 ResNet-18（He et al., 2016）作为骨干网络，因为它们在许多与人脸相关的计算机视觉任务中都展现出了良好的效果。网络的输入是单张 2D RGB 人脸图像，大小为 224×224；将两个 ResNet 的全连接层的输出分别修改为 d_s 维和 d_e 维，用于回归人脸几何特征 α_s 和人脸表情特征 α_e。然后，将回归得到的人脸几何特征 α_s 和人脸表情特征 α_e 带入公式（3.17）中，得到带有表情的 3D 人脸模型。

为了能够应用两个网络模型，我们首先在 CASIA-WebFace 数据集（Dong et al., 2014）上对主干网络 ResNet-101 和 ResNet-18 进行预训练，然后在 3DFaceNet 数据集（Guo et al., 2018）上对网络模型进行微调。在 3DFaceNet 数据集中，中性表情人脸模型的几何参数的提取是基于巴塞尔人脸模型进行的，而且带有表情的人脸模型与中性人脸模型之间偏移量的计算是基于 FaceWarehouse 数据集进行的。因此，可以在 3DFaceNet 上对 ResNet-101 和 ResNet-18 进行训练，以使其分别回归人脸几何特征和人脸表情特征。

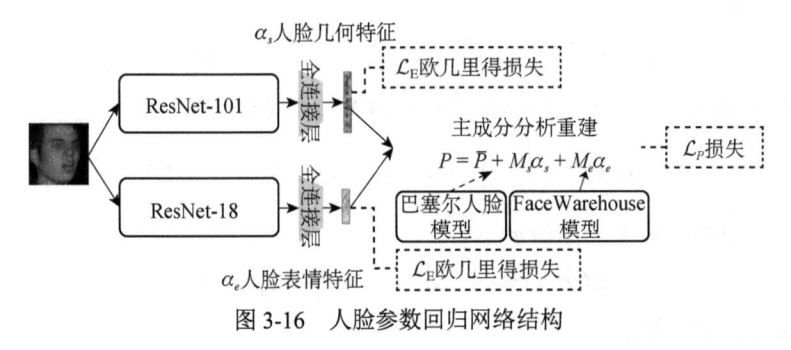

图 3-16 人脸参数回归网络结构

已有研究通过实验发现，在用网络回归形状模型参数 α 时，若直接使用均方误差（mean-square error, MSE）损失或欧几里得损失训练的网络，往往会生成趋近于平均人脸 $\overline{P}$ 的 3D 人脸。为了解决这个问题，我们在网络中使用了不对称欧几里得损失（Tran et al., 2017），具体形式如下：

$$L_E(\hat{\alpha},\alpha) = \lambda_1 \left\| \alpha^+ - \alpha_{\max} \right\|^2 + \lambda_2 \left\| \hat{\alpha}^+ - \alpha_{\max} \right\|_2^2 \quad (3.18)$$

其中，$\alpha \in \{\alpha_s, \alpha_e\}$，$\hat{\alpha} \in \{\hat{\alpha}_s, \hat{\alpha}_e\}$，是两个网络输出的人脸模型参数。此外，$\alpha^+ = \text{sign}(\alpha) \cdot \alpha$，$\hat{\alpha}^+ = \text{sign}(\hat{\alpha}) \cdot \hat{\alpha}$，$\alpha_{\max} = \max(\hat{\alpha}^+, \alpha^+)$。非对称欧几里得损失促使人脸模型的变形偏向于远离平均脸的方向，因此使用非对称欧几里得损失训练的网络可以生成更多种形式的 3D 人脸。但是，经过仅由非对称欧几里得损失训练的网络仍然很难输出能够精确还原面部成分的 3D 人脸。

为了使网络能生成具有准确人脸形状信息的 3D 人脸模型，我们提出了一个新的损失，即人脸特征点（facial feature point，FFP）损失，用以在还原得到的 3D 人脸模型和相应的 2D 人脸图片之间对齐人脸。FFP 损失是基于面部特征点（即面部五官，如眼睛、嘴巴和鼻子，以及周围的 3D 顶点）构建的，为了表示方便，我们将公式（3.17）重写为如下形式：

$$\begin{bmatrix} p_1 \\ p_2 \\ \vdots \\ p_N \end{bmatrix} = \begin{bmatrix} \bar{p}_1 \\ \bar{p}_2 \\ \vdots \\ \bar{p}_N \end{bmatrix} + \begin{bmatrix} M_s^1 \\ M_s^2 \\ \vdots \\ M_s^N \end{bmatrix} \alpha_s + \begin{bmatrix} M_e^1 \\ M_e^2 \\ \vdots \\ M_e^N \end{bmatrix} \alpha_e \quad (3.19)$$

于是，可以将 3D 人脸网格模型的第 n 个顶点定义为

$$p_n = \bar{p}_n + M_s^n \alpha_s + M_e^n \alpha_e \quad (3.20)$$

特别地，将为计算 FFP 损失而选择的所有面部关键点表示为 $\tilde{P} = \{\tilde{p}_k\}$，其中由单个面部特征点 $\tilde{p}_k$ 计算出的 FFP 损失，用其估计值与对应的 2D 关键点之间的距离定义，具体如下：

$$L_{\tilde{p}_k}(\hat{\alpha},\alpha) = \left\| \tilde{p}_k - \hat{p}_k \right\|_2^2 = \left\| M_s^k(\hat{\alpha}_s - \alpha_s) + M_e^k(\hat{\alpha}_e - \alpha_e) \right\|_2^2 \quad (3.21)$$

据此可以推导出由所有选定的面部关键点计算出的 FFP 损失为

$$L_{\tilde{P}}(\hat{\alpha},\alpha) = \frac{1}{|\tilde{P}|} \sum_{p_n \in \tilde{P}} \left\| M_s^n(\hat{\alpha}_s - \alpha_s) + M_e^n(\hat{\alpha}_e - \alpha_e) \right\|_2^2 \quad (3.22)$$

综上所述，模型总损失的函数如下：

$$L(\hat{\alpha},\alpha) = \omega L_E(\hat{\alpha},\alpha) + (1-\omega) L_{\tilde{P}}(\hat{\alpha},\alpha) \quad (3.23)$$

其中，ω 是权重参数。

（三）基于关键点匹配的头部姿态估计

给定重建的 3D 人脸模型，采用弱透视变换可以将 3D 人脸模型上的顶点（3D 点）投影到 2D 图像平面上，变换如下：

$$q = s\Pi R(\theta)p + t \tag{3.24}$$

其中，$p = (p_x, p_y, p_z)^T$ 和 $q = (q_x, q_y)^T$ 分别是重建人脸网格模型 3D 点的坐标和图像平面上 2D 点的坐标，$\Pi = \begin{pmatrix} 1 & 0 & 0 \\ 0 & 1 & 0 \end{pmatrix}$ 是透视矩阵，s 为缩放因子，$t = [t_x, t_y]^T$ 是平移量，$R(\theta)$ 是根据头部姿态 θ 计算得到的旋转矩阵。通常认为，人的头部是具有 3 个自由度的刚性物体，因此通常以俯仰角（θ_p）、偏航角（θ_y）和滚动角（θ_r）表示相对于图像平面的头部姿态（θ），即 $\theta = [\theta_p, \theta_y, \theta_r]^T$。在弱透视变换下，旋转矩阵 $R(\theta)$ 可分解为 $R(\theta) = R_x(\theta_r)R_y(\theta_p)R_z(\theta_y)$，其中，

$$\begin{aligned} R_x(\theta_r) &= \begin{pmatrix} 1 & 0 & 0 \\ 0 & \cos(\theta_r) & \sin(\theta_r) \\ 0 & -\sin(\theta_r) & \cos(\theta_r) \end{pmatrix} \\ R_y(\theta_p) &= \begin{pmatrix} \cos(\theta_p) & 0 & -\sin(\theta_p) \\ 0 & 1 & 0 \\ \sin(\theta_p) & 0 & \cos(\theta_p) \end{pmatrix} \\ R_z(\theta_y) &= \begin{pmatrix} \cos(\theta_y) & \sin(\theta_y) & 0 \\ -\sin(\theta_y) & \cos(\theta_y) & 0 \\ 0 & 0 & 1 \end{pmatrix} \end{aligned} \tag{3.25}$$

通过弱透视投影模型，可以将重构的人脸模型上的 3D 关键点投影到图像平面上，将投影后所得的关键点与输入图像中检测到的相应关键点进行匹配，可以计算出最终的头部姿态[图 3-17（a）]。这里采用所有关键点对的完全欧几里得距离来评估匹配结果的好坏。因此，可以将 3D-2D 关键点匹配表述为一个最优化问题，其总的能量函数可以表示为

$$E(s, t, \theta) = \sum_{i=1}^{K} \|q_i - \tilde{q}_i\|_2^2 = \sum_{i=1}^{K} \|s\Pi R(\theta)p_i + t - \tilde{q}_i\|_2^2 \tag{3.26}$$

其中，K 是选定关键点的数量，q_i 是投影后得到的 2D 关键点，而 $\tilde{q}_i$ 是由某个面部关键点检测器检测到的相应关键点。因此，在我们的方法中，对头部姿态的估计可以转换为解决以下优化问题：

$$\arg\min_{s,t,q} E(s, t, \theta) \tag{3.27}$$

显然，这是由 6 个参数决定的无约束非线性优化问题：$\{s, (t_x, t_y), (\theta_p, \theta_y, \theta_r)\}$。

为了简化上述优化问题，可以将 6 个参数分为两组（即 $\{s, t_x, t_y\}$ 和 $\{\theta_p, \theta_y, \theta_r\}$），并以迭代的方式分别进行优化。如图 3-17（b）所示，我们提出了 ST-step 和 R-step

来交替优化两组参数，直到能量低于给定阈值（ϵ）：

$$E(\tilde{s}, \tilde{t}, \tilde{\theta}) < \epsilon \tag{3.28}$$

其中，$\tilde{s}$ 和 $\tilde{t} = [\tilde{t}_x, \tilde{t}_y]^T$ 是由 ST-step 阶段分别求得的 s 和 t 的最优解，并且 $\tilde{\theta} = ^T[\widetilde{\theta_p}, \widetilde{\theta_y}, \widetilde{\theta_r}]$ 是 R-step 阶段求得的 $\theta_p, \theta_y, \theta_r$ 的最优解。接下来，我们将详细介绍这一算法的核心，即 ST-step 和 R-step。

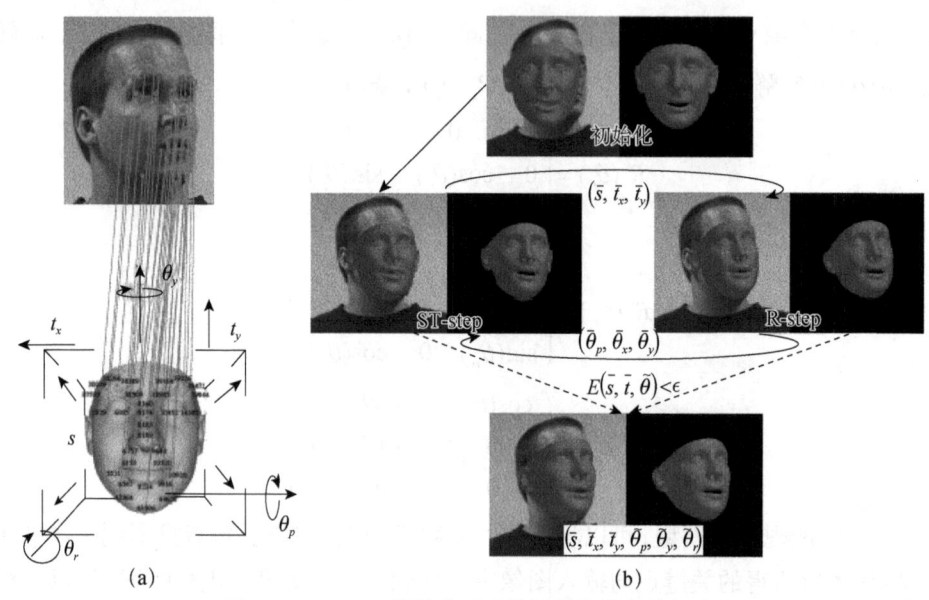

图 3-17 3D-2D 关键点匹配的迭代优化算法概述
（a）关键点匹配；（b）迭代优化

（1）ST-step

在此阶段，我们将三个欧拉角 $\{\theta_p, \theta_y, \theta_r\}$ 固定为 $\{\widetilde{\theta_p}, \widetilde{\theta_y}, \widetilde{\theta_r}\}$，并求 $\{s, t_x, t_y\}$ 的最优解。因此，ST-step 的优化问题可以写成如下形式：

$$\arg\min_{s,t} E_{ST}(s, t | \tilde{\theta}) \tag{3.29}$$

其中，能量函数形式为

$$E_{ST}(s, t | \tilde{\theta}) = \sum_{i=1}^{K} \left\| s\Gamma_i(\tilde{\theta}) + t - \tilde{q}_i \right\|_2^2 \tag{3.30}$$

其中，$\Gamma_i(\tilde{\theta}) = \Pi R(\tilde{\theta}) p_i$。显然，这是一个线性最小二乘求解问题。首先，分别令 $\dfrac{\partial E_{ST}(s,t|\tilde{\theta})}{\partial s} = 0$，$\dfrac{\partial E_{ST}(s,t|\tilde{\theta})}{\partial t_x} = 0$ 和 $\dfrac{\partial E_{ST}(s,t|\tilde{\theta})}{\partial t_y} = 0$，展开可得

$$\begin{cases} \sum_{i=1}^{K} s\Gamma_i^T \Gamma_i = \sum_{i=1}^{K} \Gamma_i^T (\tilde{q}_i - t) \\ \sum_{i=1}^{K} s\left(\Lambda_0^T \Gamma_i + \Gamma_i^T \Lambda_0\right) = \sum_{i=1}^{K} \left(\Lambda_0^T (\tilde{q}_i - t) + (\tilde{q}_i - t)^T \Lambda_0\right) \\ \sum_{i=1}^{K} s\left(\Lambda_1^T \Gamma_i + \Gamma_i^T \Lambda_1\right) = \sum_{i=1}^{K} \left(\Lambda_1^T (\tilde{q}_i - t) + (\tilde{q}_i - t)^T \Lambda_1\right) \end{cases} \quad (3.31)$$

其中，$\Lambda_0 = [1,0]^T$，$\Lambda_1 = [0,1]^T$。在求解了上述三元线性方程之后，可得到当前阶段 s 与 t 的最优解，记作 $\{\tilde{s}, \tilde{t}_x, \tilde{t}_y\}$。至此，ST-step 阶段的求解完成，将求得的最优解代入 R-step，可以求下一个最优解。

（2）R-step

在此阶段，我们将缩放因子和偏移量 $\{s, t_x, t_y\}$ 固定为 $\{\tilde{s}, \tilde{t}_x, \tilde{t}_y\}$，并求头部欧拉角 $\{\theta_p, \theta_y, \theta_r\}$ 的最优解，则在 R-step 阶段的优化问题可以写成如下形式：

$$\arg\min_{\theta} E_R(\theta \mid \tilde{s}, \tilde{t}) \quad (3.32)$$

其中，能量函数形式为

$$E_R(\theta \mid \tilde{s}, \tilde{t}) = \sum_{i=1}^{K} \left\| \tilde{s}\Gamma_i(\theta) + \tilde{t} - \tilde{q}_i \right\|_2^2 \quad (3.33)$$

其中，$\Gamma_i(\theta) = \Pi R(\theta) p_i$。由于 $R(\theta)$ 的存在，这是一个非线性最小二乘求解问题。为了求解这个问题，首先计算雅可比（Jacobian）矩阵：

$$\begin{bmatrix} \dfrac{\partial \Gamma_1(\theta)}{\partial \theta_p} & \cdots & \dfrac{\partial \Gamma_i(\theta)}{\partial \theta_p} & \cdots & \dfrac{\partial \Gamma_K(\theta)}{\partial \theta_p} \\ \dfrac{\partial \Gamma_1(\theta)}{\partial \theta_y} & \cdots & \dfrac{\partial \Gamma_i(\theta)}{\partial \theta_y} & \cdots & \dfrac{\partial \Gamma_K(\theta)}{\partial \theta_y} \\ \dfrac{\partial \Gamma_1(\theta)}{\partial \theta_r} & \cdots & \dfrac{\partial \Gamma_i(\theta)}{\partial \theta_r} & \cdots & \dfrac{\partial \Gamma_K(\theta)}{\partial \theta_r} \end{bmatrix} \quad (3.34)$$

求导公式展开如下：

$$\begin{cases} \dfrac{\partial \Gamma_i(\theta)}{\partial \theta_p} = \begin{pmatrix} -s_p c_y & -s_p s_r & -c_p \\ c_p c_y s_r & c_p s_y s_r & -s_p s_r \end{pmatrix} p_i \\ \dfrac{\partial \Gamma_i(\theta)}{\partial \theta_y} = \begin{pmatrix} -c_p s_y & 0 & 0 \\ -c_y c_r - s_p s_y s_r & -s_y c_r + s_p c_y s_r & 0 \end{pmatrix} p_i \\ \dfrac{\partial \Gamma_i(\theta)}{\partial \theta_r} = \begin{pmatrix} 0 & c_p c_r & 0 \\ s_y s_r + s_p c_y c_r & -c_y s_r + s_p s_y c_r & c_p c_r \end{pmatrix} p_i \end{cases} \quad (3.35)$$

其中，$c_p = \cos(\theta_p)$，$c_y = \cos(\theta_y)$，$c_r = \cos(\theta_r)$。求得雅可比矩阵后，则头部欧拉角$\{\theta_p, \theta_y, \theta_r\}$的最优解可以通过算法莱文贝格-马夸特（Levenberg-Marquardt）求得（Moré，1978），最优解记作$\{\tilde{\theta}_p, \tilde{\theta}_y, \tilde{\theta}_r\}$。至此，R-step 阶段的求解完成，将求得的最优解代入 ST-step 阶段，可以求下一个最优解。

本方法在 Pointing04、BIWI、AFLW2000、Multi-PIE 和 Pandora 数据集测试中，平均误差分别达到了 4.79°、6.88°、7.05°、5.47°和 5.06°（Liu et al.，2021）。相较于其他现有先进方法，本方法在跨数据集测试中体现出更优异的性能，能较好地克服不同数据集标注标准不统一的问题。

第三节 儿童内隐生理信号分析

一、脑电信号分析

近年来，基于脑电数据的孤独症儿童能力评估方法受到广泛的关注。脑电图（electroencephalogram，EEG）测量是第一种应用于儿童脑皮层活动检验的方法，它以无损、安全的方式实现了对儿童神经的调控（闻芳等，2019）。脑电信号能实时跟踪大脑毫秒级的神经活动，更加敏锐地检测神经电位的细微变化。脑电信号已经成为儿童脑发育障碍诊断及治疗反馈的重要生物学指标。Shams 和 Wahab（2013）收集了孤独症儿童与典型发展儿童在睁眼和闭眼情况下的静息态脑电数据，抽取了这些数据的时域特征，然后使用由多层感知机构成的神经网络对这些特征数据进行分类。Esguerra 等（2012）对孤独症儿童的脑电信号进行了非线性分析，探索了典型发展儿童、中功能孤独症儿童和低功能孤独症儿童脑电信号之间的差异。Tierney 等（2012）采集了孤独症儿童和典型发展儿童的静息态脑电信号，并且进行了功率谱分析，实验结果表明高风险儿童的功率谱比低风险儿童的功率谱更低。Acharya 等（2015）利用多种熵方法来辨识正常和间质脑电信号，并且发现谱熵、排列熵和样本熵在区分正常脑电信号与癫痫脑电信号时具有较高的辨识度。Zhao 等（2019）采集了 37 名孤独症儿童和 38 名典型发展儿童 5min 的静息态脑电信号，比较了它们的近似熵、样本熵、小波熵和序列熵等脑电特征，通过采用置换检验与支持向量机分类器相结合的特征选择方法，孤独症儿童筛查的最高准确率可以达到84.55%。Lei等（2016）采用虚拟开车环境作为复杂多任务刺激源，将大脑系统与人体动作控制有机地结合起来，对脑电信号提取样本熵特征，发现孤独症儿童的滑动平均样本熵总体上低于典型发展儿童，尤其是在前额叶、颞叶、顶叶和枕叶功能区。在孤独症儿童早期能力评估中，脑电信号是一个非常有价值的观测指标，利用不同的脑电信号分析方法，尽早地发现异常脑电信号，对于孤独症儿童能力的评估和教育干预具有非常重要的意义。

孤独症儿童的核心障碍之一是社会交往障碍。对他人情绪的识别、理解是个体参与社会沟通和交往的必要前提。孤独症儿童通常存在情绪化特征，难以控制自己的情绪，其认知水平会因外界情绪的干扰而变化。当大脑受到光线、图片、音乐、情绪等方面的刺激物的刺激时，人们可以收集大脑的动态脑电波信号，这类信号被称为事件相关电位（event-related potential，ERP）。ERP被认为是监测认知处理过程比较有效的方法之一。Lartseva等（2014）利用情绪词汇对孤独症儿童与典型发展儿童进行刺激，通过脑电数据分析发现，孤独症儿童对情绪的早期处理完整，但ERP中晚期正成分幅值的组间存在显著差异，孤独症儿童与典型发展儿童对不同情绪词汇的加工处理方式不同。曾庆淦等（2014）通过图片刺激孤独症儿童，经过脑电信号分析，发现孤独症儿童的枕叶、颞叶脑区对面孔刺激呈现较低的激活度，影响到了其社会认知能力及情绪识别能力的发展。与前人研究不同的是，王瑞玲（2019）通过结合不同情绪图片刺激与认知任务发现，孤独症儿童的相关脑区并未激活，情绪激活并没有影响到孤独症儿童的认知加工过程。另外，相关研究者认为，ERP在筛查各种病理性神经障碍时，如多动症、孤独症，准确率较高（Castro-Cabrera et al.，2010）。

情绪效价是测量情绪积极和消极状态的通用指标，唤醒度表示情绪从平静到兴奋的唤醒程度，作为情绪的重要维度也被广泛研究。情绪效价-唤醒度框架通过分析大脑皮层不同位置电极的α波（8～15Hz）和β波（15～30Hz）的平均频带功率在不同刺激下的数值计算情绪活动状态。部分研究表明，孤独症个体对他人面部表情的感知能力较差（Kasai et al.，2007）。然而，目前研究者较少采用ERP方法研究孤独症儿童和典型发展儿童对面部表情的感知差异，现有文献对面部情绪刺激的ERP实验设计也比较缺乏。脑电信号的随机性和非平稳特性使得基于ERP的孤独症儿童能力评估更加复杂。因此，如何构建一种基于脑电信号的孤独症儿童能力评估方法，仍然是一个值得深入研究的问题。

为了解决上述问题，首先需要对采集到的孤独症儿童脑电数据进行预处理，消除噪声和琐碎信息；其次，由于脑电数据具有非线性、非平稳和随机性的特点，我们还进行了脑电数据的手工特征提取；最后，利用选取好的特征，构建典型发展儿童和孤独症儿童的识别算法。

（一）脑电数据预处理

为了从脑电数据中提取有效特征，需要对原始脑电数据进行预处理，以消除噪声和琐碎信息。数据预处理主要包括四个步骤：消除直流偏置、去除伪迹、多节律信号提取和数据加窗。数据预处理的流程如图 3-18 所示。

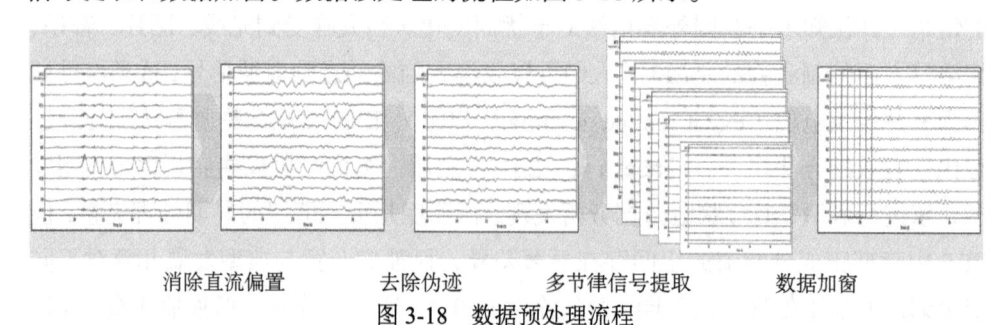

消除直流偏置　　　去除伪迹　　　多节律信号提取　　　数据加窗

图 3-18　数据预处理流程

1）消除直流偏置。这里的消除直流偏置遵循了 Emotiv PRO 软件工具提供的方法，从整个数据通道中减去平均值，使用一个 0.16Hz 的一阶高通滤波器来去除噪声。

2）去除伪迹。我们使用独立成分分析（independent component analysis，ICA）方法来去除来自眼电图（electro-oculogram，EOG）、心电图（electrocardiogram，ECG）和肌电图（electromyogram，EMG）的伪迹（Jung et al.，1998）。作为当前比较流行的盲源分离方法，ICA 会将观测数据分解成几个独立变量，并且通过优化算法估计混合矩阵。每个伪迹都可以被看作是从脑电源信号中分离出来的一个独立成分。

3）多节律信号提取。为了探索孤独症组和典型发展组儿童不同节律脑电信号之间的差异，我们使用基于汉明窗的有限脉冲响应带通滤波器来提取脑电图节律，它们分别是 θ 节律（4～8Hz）、α 节律（8～12Hz）、低 β 节律（12～16Hz）、高 β 节律（16～25Hz）和 γ 节律（25～45Hz）。

4）数据加窗。经过滤波器，数据会被划分成固定长度（4s）、重叠大小为 2s 的窗。

（二）脑电数据手工特征提取

从本质上来看，脑电信号是非常复杂的，它具有非线性、非平稳和随机性。为了从脑电信号中提取有价值的信息，各种手工特征提取的方法被提出用于描述脑电信号。然而，单一的手工特征不能全面表征脑电信号。针对这一问题，Li 等（2018）的研究探索了 18 种手工特征用于跨被试的情感识别。在此基础上，加入了脑电信号情感分析中广泛使用的两种特征——样本熵和微分熵，来构造候选特征集。该特征集包括多个指标。①峰间均值；②均方值；③方差；④功率和；⑤最大功率谱频率；⑥最大功率谱密度；⑦霍约斯参数：活动性；⑧霍约斯参数：移动性；⑨霍约斯参数：复杂性（Hjorth, 1970）；⑩相关维度；⑪柯尔莫哥罗夫熵（Solomon, 1986）；⑫近似熵（Delgado-Bonal & Marshak, 2019）；⑬样本熵（Delgado-Bonal & Marshak, 2019）；⑭李亚诺夫指数（Lyapunov exponent）；⑮奇异谱熵；⑯排列熵；⑰C0 复杂度；⑱香农熵；⑲功率谱熵；⑳微分熵。在进一步分析处理前，对上述所有特征都进行了归一化。孤独症儿童与典型发展儿童分类中使用的特征描述如表 3-1 所示。

表 3-1 孤独症儿童与典型发展儿童分类中使用的特征描述

特征名称	特征类型	特征描述与测量
峰间均值	时频域特征	时间序列极大值、极小值之间垂直长度的算术平均
均方值	时频域特征	时间序列平方的算术平均
方差	时频域特征	测量时间序列的分散度
功率和	时频域特征	经过傅里叶变换得到功率谱曲线，功率谱曲线覆盖的面积
最大功率谱频率	时频域特征	功率谱曲线最大功率对应的频率
最大功率谱密度	时频域特征	功率谱曲线的最大值
霍约斯参数：活动性	时频域特征	测量信号功率信息
霍约斯参数：移动性	时频域特征	估计信号的平均频率
霍约斯参数：复杂性	时频域特征	测量信号的带宽和信号在频率上的变化
相关维度	非线性动态系统特征	估计描述动态系统的独立变量数目，用于反映动态过程的复杂性和系统状态在相位空间上的分布
柯尔莫哥罗夫熵	非线性动态系统特征	测量系统产生信息的速度和丢失信息的速度，用于度量信号的混沌程度
近似熵	非线性动态系统特征	度量信号中产生新模式的概率
样本熵	非线性动态系统特征	近似熵的改进算法，具有更好的一致性
李亚诺夫指数	非线性动态系统特征	捕捉系统初始状态在相空间中的分离和演化，用于度量混沌系统的非周期动态
奇异谱熵	非线性动态系统特征	矩阵奇异值的信息熵，反映了能量分布的不确定性和复杂性，用于度量事件相关去同步和事件相关同步的指标

续表

特征名称	特征类型	特征描述与测量
排列熵	非线性动态系统特征	将时间序列映射为符号序列，计算符号序列的信息熵，用于度量信号的复杂性
C0复杂度	非线性动态系统特征	将信号分解为规律部分和随机部分，度量信号中随机分量的数量
香农熵	非线性动态系统特征	计算原始信号的信息熵，是一种经典的不确定性度量方法
功率谱熵	非线性动态系统特征	计算信号在频域上功率谱的信息熵，度量信号频谱的不确定性
微分熵	非线性动态系统特征	假定信号满足高斯分布时的信息熵

（三）脑电数据识别算法

我们使用支持向量机学习得到一个二元分类器提取脑电图特征来区分典型发展儿童和孤独症儿童。支持向量机是目前较为鲁棒的机器学习算法之一，它是基于万普尼克（Vapnik）和泽范兰杰斯（Chervonenkis）提出的统计学习框架建立的（Cortes & Vapnik, 1995）。

给定训练数据 $\left[\{x_i, y_i\}\right]_{i=1}^{n}$，支持向量机会去找到具有最大边界距离的最佳超平面，将训练数据按照标签 $y_i \in \{+1,-1\}$ 分成两组。最终，支持向量机通过最小化一个铰链损失函数来优化模型，该损失函数可以表示为

$$\sum_{i=1}^{n} \max\left(0, 1 - y_i\left(w^T x_i - b\right)\right) + \lambda w_P \quad (3.36)$$

这里的 w 和 b 是训练参数，w 是超平面的法向量，b 是偏置。参数 λ 是损失函数和惩罚因子之间的权重系数，用来调节两者间的平衡。根据结构风险最小化原则，在高维特征空间中，较高的裕度可以更好地泛化和防止过拟合。因此，与其他机器学习方法相比，支持向量机在处理具有高维特征的小样本时具有更好的泛化能力。考虑到可用的孤独症个体规模小，脑电信号特征维度多，支持向量机更适合本研究的数据分析。

公式（3.36）中的第二项是一个 l_p 范数惩罚的正则化项。当 $p=1$ 时，l_1 范数会使得法向量满足稀疏性。l_1 范数正则化是一种基于包装器策略的自动特征选择方法。当最小化模型预测到结构化风险时，l_1 范数正则化会使得不重要特征的权值变成零，从而被剔除出候选特征集合，剩下的特征可以用于积极或消极情绪刺激下的孤独症筛查。因此，利用权重值度量特征的重要性和可辨识性，并且消除冗余和非重要特征，是一种有效的特征选择方法。

在本研究中，我们利用ERP技术获取被试在积极和消极情绪刺激下的脑电图

数据，并提出了一种基于 l_1 范数正则化的脑电图特征选择算法来进行孤独症筛查。我们提出的脑电信号特征选择算法包括：①从原始数据中提取 20 个脑电信号特征；②支持向量机分类；③根据分类性能采用 l_1 范数正则化方法选择合适的脑电信号特征。实验结果表明，在积极和消极情绪的刺激下，孤独症儿童的筛查准确率分别可达 93.8%和 87.5%。与现有算法相比，这种算法能有效消除冗余特征，提高筛查的准确率（Peng et al., 2022）。

二、皮肤电信号分析

生理信号包含皮肤电信号、皮肤温度、心率、心电、肌电等数据。其中，皮肤电信号对交感神经的变化最敏感，能有效反映孤独症儿童的心理状态，尤其是唤醒度的细微变化。

我们使用 Empatica E4 生理信号传感器采集被试的皮肤电信号。在数据采集过程中，由于环境干扰或人为因素的影响，不可避免地存在噪声，为了降低噪声干扰，提高数据质量，需要对原始数据进行平滑和滤波处理。我们使用 25 点海明窗函数进行数据平滑处理，使用巴特沃斯（Batterworth）低通滤波器滤除带外噪声。在对数据进行平滑和滤波处理后，我们参照德国奥格斯堡大学的特征提取方法，提取反映生理信号变化的 30 个统计特征。

皮肤电反应水平的个体差异很大，并且会随着时间、地点、环境的变化而改变，因此需要对不同个体的特征数据进行去个体差异化处理，方法如下：

$$Y = Y_{\text{init}} - Y_{\text{calm}} \tag{3.37}$$

其中，Y_{calm} 是某时间段个体基线生理信号特征值的平均数，Y_{init} 是个体接受情绪刺激时的生理信号特征值，Y 是去除个体差异后的生理信号特征数据。

为了将各特征的尺度控制在相同的范围内，在进行了去个体差异化处理后，需要对特征进行归一化处理，以便在后续的情绪聚类过程中得到更精确的分类结果。特征归一化的方法如下：

$$Y_0 = \frac{Y - Y_{\text{mean}}}{Y_{\text{max}} - Y_{\text{min}}} \tag{3.38}$$

其中，Y_{mean} 是 Y 的均值，Y_{max} 是 Y 中的最大值，Y_{min} 是 Y 中的最小值。

提取特征并进行特征归一化之后，样本的特征维度较多，冗余的特征会带来一定的噪声，影响分类结果。同时，无关特征会加大运算量，耗费大量运算时间和运算资源。因此，我们使用主成分分析算法减少特征空间维度，抽取子空间数据来更好地表达样本信息。最后，使用 K-Means 无监督机器学习聚类算法对情绪样本进行分类。

该算法能够在数据中发现数据对象之间的关系，将数据进行分组，使同组内的数据相似性较大，不同组间的数据差异性较大，算法采用欧氏距离作为相似性的评价指标，即两个数据的欧氏距离越近，其相似度就越高，K 为需要聚类出的组数。本研究中的情绪分为两类，因此算法 K 值设置为 2。通过 K-Means 算法获得刺激材料所唤醒的儿童情绪类型后，与对应刺激材料情绪类型做对比，进而评估儿童的心理状态（Chen et al., 2016）。

第四节 多模态信息融合

信息融合是指利用计算机技术对按时序获得的多模态信息在一定准则下进行自动分析、综合，以完成决策和估计任务而进行的信息处理过程。多模态信息融合可以获得比任何单个模态信息更有价值的信息。目前，对多模态信息融合的研究通常分为特征层融合与决策层融合。不同的融合方法各具优势，特征层融合实现方便，而决策层融合能根据不同模态的特征选取合适的分类器，具有更高的灵活性。因此，我们采用了基于 3D 认知心理模型指导的特征层与决策层相结合的分层融合策略，来实现孤独症儿童的学习认知状态分析，如图 3-19 所示。根据数据来源和时序同步性，我们将所有融合因素分为两层。头部姿态估计的数据和表情识别的数据来自对学习活动视频监控数据的分析，在时序上同步获取；而游戏正确率（游戏得分）和游戏反应时来自儿童在人机交互游戏活动中的数据，在时序上是同步获取，交互数据和学习活动视频监控数据分析在时序上并不同步。因此，我们将来源相同、时序同步的两组数据作为第一层融合。同时，考虑到客观赋权法和主观赋权法各自的优缺点，我们根据不同的数据采用了主客观相结合的综合方法，其中，对儿童人机交互游戏数据采用客观赋权法进行融合，即通过赋权法对游戏正确率（游戏得分）和游戏反应时进行特征融合，以此来估计儿童的认知度。对于视频监控数据，首先通过头部姿态分类器和表情识别分类器、脑电和皮肤电数据分别获取儿童的愉悦度与唤醒度数据，然后进行决策融合。然后，将输出结果与认知度进行第二层决策融合，最后得出儿童的 3D 认知心理模型。这里的决策融合采用了主观赋权法。

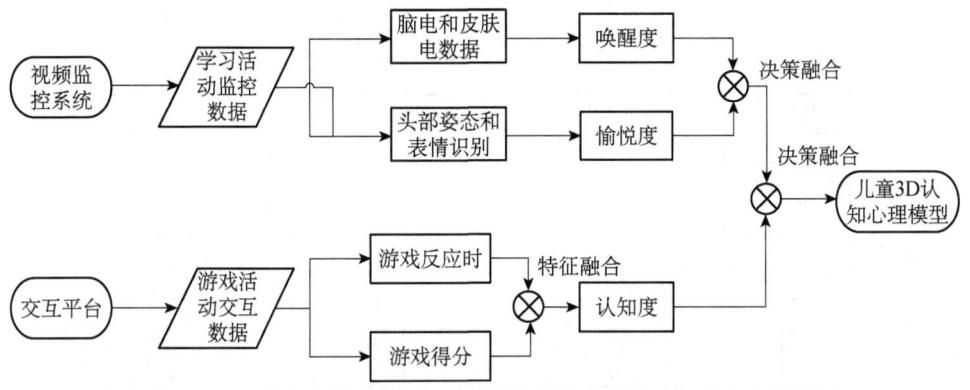

图 3-19 孤独症儿童 3D 认知心理模型指导的学习认知状态分析框架

一、多源异步多模态数据融合方法

不同数据对孤独症儿童和典型发展儿童的鉴别能力不同，因此本研究采集儿童眼动数据、面部表情数据、认知得分数据和认知反应时数据，并对这些数据进行融合分析，充分利用这些数据之间的互补性信息，提高数据表达效率和完整度，进而提升对孤独症儿童进行识别的准确率。

使用多模态数据融合技术可以处理多源异构、异步性数据，常用的多模态数据融合方法有特征层融合、决策层融合和混合融合。特征层融合结构简单，它从不同模态的数据中提取特征，然后进行特征融合组成复合特征向量，并输入识别器获得输出结果。这种方法能够尽早利用各种多模态特征之间的互补信息，但如果某一个模态数据丢失或出现错误，会导致最终的分类结果不可靠。决策层融合是一种比较健壮的方法，它结合了每种数据模态的子决策，但是不能反映不同模式的特征之间的相关性。混合融合方法结合了特征层融合和决策层融合的优点，能够灵活、方便地融合多源异步数据。本研究采集的数据来自不同的传感器，各模态数据格式不一致，部分数据采集时间同步，部分数据采集时间异步，因此我们提出基于数据源和时间同步的多模态数据混合融合方法，如图 3-20 所示。这一方法将数据融合过程分为两个层次，第一层对不同源的同步数据进行特征融合，第二层对异步数据进行决策融合，并得到最终的识别结果。

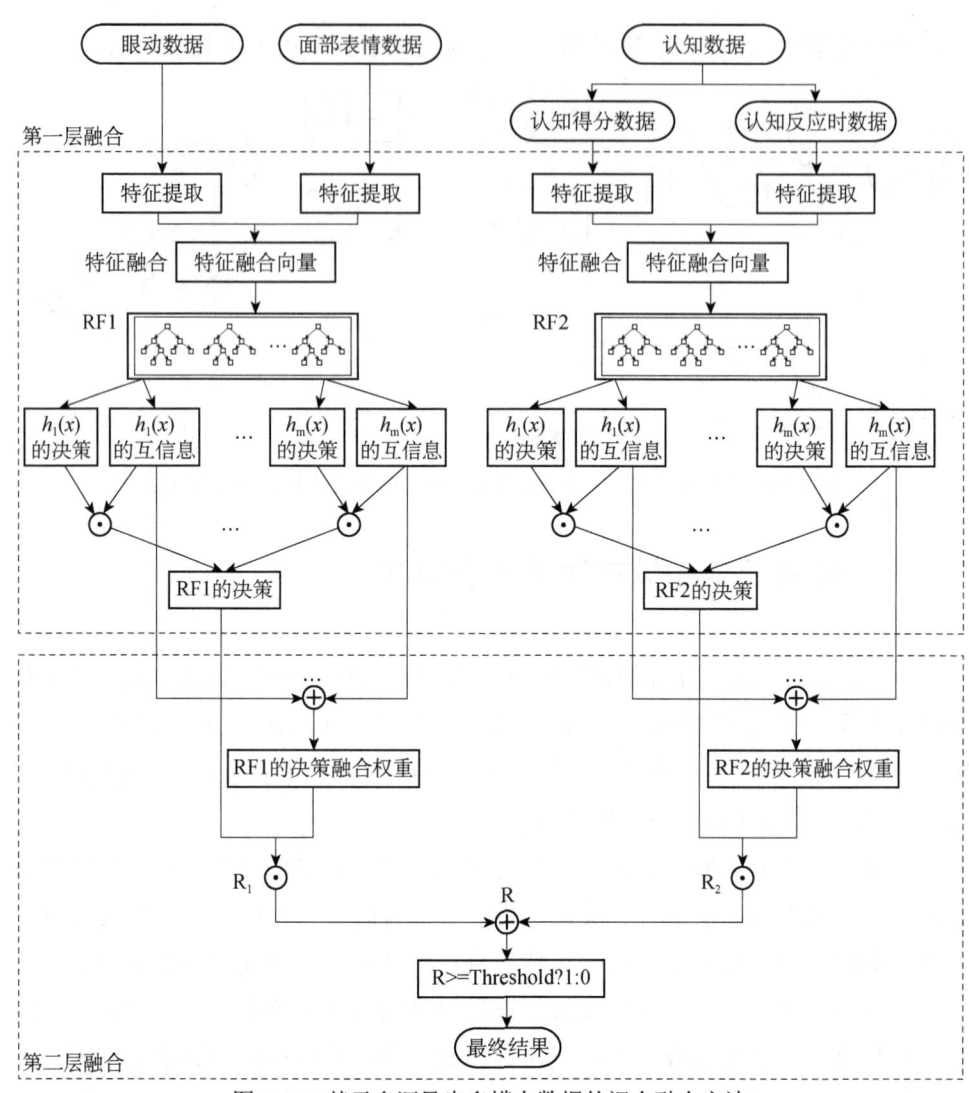

图 3-20　基于多源异步多模态数据的混合融合方法

在图 3-20 中，RF1 和 RF2 是两个随机森林模型，代表随机森林里的决策树，⊕是执行加法运算的算术运算符。眼动数据和面部表情数据同属于行为数据，且具有时间同步性。认知得分数据和认知反应时数据同属于认知数据，也具有时间同步性。行为数据和认知数据之间不具有时间同步性。在第一层融合中，将眼动特征向量和面部表情特征向量进行特征融合组成复合特征向量，并输入 RF1 的特征池中进行特征选择。同样，将认知得分数据和认知反应时数据的特征向量进行特征融合，输入 RF2 的特征池中进行特征选择。因此，RF1 对行为数据进行融合，RF2 对认知数据进行融合。为了提高混合融合最终的预测能力，接下来计算互信息为每个决策树或随机森林的分配投票权重。第二层为决策融合，主要通过决策权重对 RF1 和 RF2 的决策进行融合。随机森林的决策融合权重为其所有决策树的互信息之和，假设 RF1 的加权决策结果为 R_1，RF2 的加权决策结果为 R_2，则 R_1=RF1 的决策 $\odot$ RF1 的决策融合权重，R_2=RF2 的决策 $\odot$ RF2 的决策融合权重，加权决策融合结果 $R=R_1\oplus R_2$。接下来计算分类阈值，分类阈值是通过遍历所有 R 值得到的，对于每次遍历，将阈值设置为当前 R，在此阈值设置下计算分类精度，所有遍历结束后，比较所有分类精度，将分类精度最高时对应的阈值设置为最终阈值。与阈值相比，如果 R 大于或等于阈值，最终结果为 1，表明该儿童为孤独症儿童；否则，最终结果为 0，表明该儿童为典型发展儿童。

二、基于自编码器的特征融合方法

我们还提出了一种基于自编码器的特征融合方法。该方法可以使用自编码器模块对多模态数据进行特征层融合。假设 X_{audio} 和 X_{text} 分别表示言语数据片段的语音时频图特征和语义内容词向量特征。这两个底层特征经过上文介绍的 TGFE 和时序特征提取（temporal feature extractor，TFE）模块后，得到如下的语音和语义内容高层情感特征：

$$v_{\text{audio}} = \text{TGFE}(X_{\text{audio}}) \quad (3.39)$$

$$v_{\text{text}} = \text{TFE}(X_{\text{text}}) \quad (3.40)$$

图 3-21 给出了基于自编码器的特征融合模块网络结构。

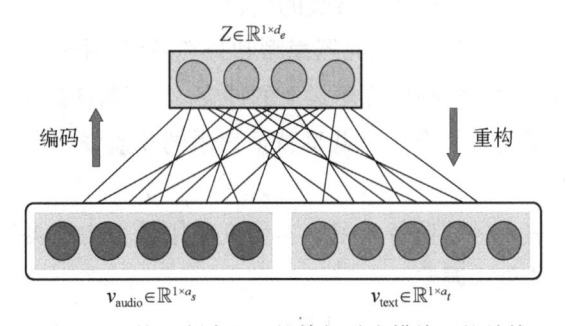

图 3-21　基于自编码器的特征融合模块网络结构

模块输入是语音和语义内容两个模态高层情感特征的拼接。由于两个模态的特征是异构的，经过自编码器后拼接的不同模态特征将映射到一个共享的特征空间，从而得到一个用于情感分类的特征表示。在这样一个映射过程中，实际上存在一个特征的编码和特征的重构过程，这两个对称处理过程将保证共享空间中的特征表示具有较高的情感辨识度。这一处理过程的数学表达形式如下：

$$V = \text{Concat}(v_{\text{audio}}, v_{\text{text}}) \quad (3.41)$$

$$Z = \sigma(W_e V + b) \quad (3.42)$$

$$V' = \sigma(W_e^T Z + b') \quad (3.43)$$

其中，W_e 表示线性层中的加权值，b、b' 表示偏置值。

经过上述处理后，共享空间中的特征表示即为两个模态的融合特征。融合特征后续将经过一个全连接层和一个归一化指数函数分类层（Softmax）完成言语情感特征分类。具体处理过程的数学表达式如下：

$$\hat{y}_i = \text{Softmax}(W_f Z + b_f) \quad (3.44)$$

其中，W_f 和 b_f 分别表示 Softmax 层中的加权值和偏置值。

自编码器通常是以无监督学习的方式训练能够重构输入特征 V 的参数集合，训练过程中的优化目标函数如下：

$$\phi = \arg\min_{\phi} \| V - \phi V \|^2 \quad (3.45)$$

其中，ϕ 表示需要训练的加权值和偏置值的集合。

但是，本研究分类模型的优化目标是以有监督的方式学习网络中的参数集合，从而使得输入模态的特征表示被分到特定的情感标签。这里我们使用 Y 来表示数据样本的情感标签，上述优化目标的数学表达形式如下：

$$\psi = \arg\max_{\psi} P(Y \mid X_{\text{audio}}, X_{\text{text}}, \psi) \quad (3.46)$$

其中，ψ 表示分类模型需要训练的参数的集合。

在本研究中，如果直接将自编码器模型和分类模型进行连接，训练过程中将出现监督学习和非监督学习两种训练模式上的冲突。为了解决这个问题，我们提出一种新颖的特征融合策略来综合考虑共享特征表示的非监督学习过程和情感分类特征的监督学习过程。

对于共享特征表示的非监督学习，本研究使用最小均方误差作为优化目标函数来度量自编码器的重构误差：

$$\mathcal{L}_a = \frac{1}{d} \sum_{i=1}^{d} \| V_i - \hat{V}_i \|^2 \quad (3.47)$$

其中，V_i 表示学习得到的共享特征表示，$\hat{V}$ 是共享特征表示的估计。

对于情感分类特征的监督学习，本研究使用交叉熵最优化目标函数来度量模型的分类误差，如下所示：

$$\mathcal{L}_c = -\sum_{i=1}^{N} y_i \log(\hat{y}_i) \quad (3.48)$$

其中，y_i 表示情感分类标签，$\hat{y}_i$ 表示情感分类标签的估计。

通过整合上述两个优化目标，可以得到一个兼顾自编码器优化目标和情感分类目标的联合优化函数，即

$$\mathcal{L} = \mathcal{L}_a + \mathcal{L}_c = \frac{1}{d}\sum_{i=1}^{d} \| V_i - \hat{V}_i \|^2 - \sum_{i=1}^{N} y_i \log(\hat{y}_i) \quad (3.49)$$

这里提出的自编码器特征融合模块将以上述联合优化函数作为优化目标，训练生成能够完成言语情感识别任务的网络模型。

本 章 小 结

孤独症儿童的情感与认知状态的准确描述是孤独症儿童个性化建模的关键。本章从学习者建模的基本要素出发，讨论了面部表情识别、言语情感识别、头部姿态识别三方面的儿童外显行为智能感知方法，同时通过对脑电信号和皮肤电信号两类内隐生理信号进行分析，试图更全面地刻画孤独症儿童的个性化模型。最后，本章还介绍了多源异步多模态数据融合方法以及一种基于自编码器的特征融合方法。本章为儿童的个性化建模提供了理论指导和技术支撑，是开展孤独症儿童智能化评估和干预的重要前提。

参 考 文 献

王瑞玲.（2019）. 情绪效价对自闭症谱系障碍个体认知控制的影响. 东北师范大学硕士学位论文.
闻芳, 庞姣, 李小俚, 等.（2019）. 经颅直流电刺激对孤独症谱系障碍儿童脑电的影响研究. 中国生物医学工程学报,（5）, 566-572.
曾庆淦, 罗一峰, 黄添容, 等.（2014）. 高功能自闭症儿童面孔加工的ERP研究. 现代生物医学

进展，（12），2278-2281.

Acharya, U. R., Fujita, H., Sudarshan, V. K., et al.（2015）. Application of entropies for automated diagnosis of epilepsy using EEG signals: A review. Knowledge-Based Systems, 88, 85-96.

Bahdanau, D., Cho, K. H., & Bengio, Y.（2015）. Neural machine translation by jointly learning to align and translate. Paper Presented at 3rd International Conference on Learning Representations.

Boyd, L. E., Ringland, K. E., Haimson, O. L., et al.（2015）. Evaluating a collaborative ipad game's impact on social relationships for children with autism spectrum disorder. ACM Transactions on Accessible Computing,（1）, 1-18.

Castro-Cabrera, P., Gómez-Garcia, J., Restrepo, F., et al.（2010）. Evaluation of feature extraction techniques on event-related potentials for detection of attention-deficit/hyperactivity disorder. 2010 Annual International Conference of the IEEE Engineering in Medicine and Biology, 851-854.

Chen, J. Y., Guo, C., Xu, R. Y., et al.（2021）.Toward children's empathy ability analysis: Joint facial expression recognition and intensity estimation using label distribution learning. IEEE Transactions on Industrial Informatics,（1）, 16-25.

Chen, J. Y., Chen, D., Li, X. L., et al.（2014）. Towards improving social communication skills with multimodal sensory information. IEEE Transactions on Industrial Informatics,（1）, 323-330.

Chen, J. Y., Luo, N., Liu, Y. Y., et al.（2016）. A hybrid intelligence-aided approach to affect-sensitive e-learning. Computing,（1）, 215-233.

Chernykh, V., Sterling, G., & Prihodko, P.（2017）. Emotion recognition from speech with recurrent neural networks. https://www.researchgate.net/publication/313044503_Emotion_Recognition_From_Speech_With_Recurrent_Neural_Networks.

Chrysafiadi, K., & Virvou, M.（2013）. Student modeling approaches: A literature review for the last decade. Expert Systems with Applications,（11）, 4715-4729.

Chuang, Z. J., & Wu, C. H.（2004）. Multi-modal emotion recognition from speech and text. International Journal of Computational Linguistics & Chinese Language Processing,（2）, 45-62.

Cortes, C., & Vapnik, V.（1995）. Support-vector networks. Machine Learning,（3）, 273-297.

Delgado-Bonal, A., & Marshak, A.（2019）. Approximate entropy and sample entropy: A comprehensive tutorial. Entropy,（6）, 541.

D'Mello, S. K., & Kory, J.（2015）. A review and meta-analysis of multimodal affect detection systems. https://jakory.com/static/papers/DMello-Kory-2015-CSUR4703-43.pdf.

Dong, Y., Zhen, L., Liao, S. C., et al.（2014）. Learning face representation from scratch. https://arxiv.org/pdf/1411.7923.pdf.

Esguerra, J. P. H., Keh, L. O. S. C. T, Chupungco, A. M.（2012）. Nonlinear time series analysis of electroencephalogram tracings of children with autism. International Journal of Bifurcation and

Chaos, (3), 1250044.

García-Blanco, A., López-Soler, C., Vento, M., et al. (2017). Communication deficits and avoidance of angry faces in children with autism spectrum disorder. Research in Developmental Disabilities, 62, 218-226.

Goggins, S., & Xing, W. L. (2016). Building models explaining student participation behavior in asynchronous online discussion. Computers & Education, 94, 241-251.

Guo, Y. D., Zhang, J. Y., Cai, J. F., et al. (2018). CNN-based real-time dense face reconstruction with inverse-rendered photo-realistic face images. IEEE Transactions on Pattern Analysis & Machine Intelligence, (6), 1294-1307.

Han, K., Yu, D., & Tashev, I. (2014). Speech emotion recognition using deep neural network and extreme learning machine. In Proceedings of the 15th Annual Conference of the International Speech Communication Association.

Haque, A., Guo, M., Verma, P., et al. (2019). Audio-linguistic embeddings for spoken sentences. https://arxiv.org/abs/1902.07817.

He, K. M, Zhang, X. Y, Ren, S. Q, et al. (2016). Deep residual learning for image recognition. https://arxiv.org/abs/1512.03385.

Hjorth, B. (1970). EEG analysis based on time domain properties. Electroencephalography & Clinical Neurophysiology, (3), 306-310.

Izard, C. E. (1977). Human Emotions. New York: Plenum Press.

Jaiswal, S., Valstar, M. F., Gillott, A., et al. (2017). Automatic detection of ADHD and ASD from expressive behaviour in RGBD data. https://www.xueshufan.com/publication/2559952875.

Jin, Q., Li, C. X., Chen, S. Z., et al. (2015). Speech emotion recognition with acoustic and lexical features. https://doi.org/10.1109/ICASSP.2015.7178872.

Jung, T., Humphries, C., Lee, T., et al. (1998). Removing electroencephalographic artifacts: Comparison between ICA and PCA. Neural Networks for Signal Processing—Proceedings of the IEEE Workshop, 63-72.

Kasai, K., Kawakubo, Y., Kuwabara, H., et al. (2007). Neuroimaging in autism spectrum disorders. Neuroscience Research, 58, S27.

Kim, Y., & Provost, E. M. (2013). Emotion classification via utterance-level dynamics: A pattern-based approach to characterizing affective expressions. 2013 IEEE International Conference on Acoustics, Speech and Signal Processing, 3677-3681.

Lartseva, A., Dijkstra, T., Kan, C. C., et al. (2014). Processing of emotion words by patients with autism spectrum disorders: Evidence from reaction times and EEG. Journal of Autism and Developmental Disorders, (11), 2882-2894.

Lee, J., & Tashev, I. (2015). High-level feature representation using recurrent neural network for speech emotion recognition. Interspeech, 1537-1540.

Lei, M., Meng, G., Zhang, W. M., et al. (2016). Sample entropy of electroencephalogram for children with autism based on virtual driving game. Acta Physica Sinica-Chinese Edition, (10), 108701.

Li, P. C., Song, Y., McLoughlin, I. V., et al. (2018). An attention pooling based representation learning method for speech emotion recognition. Interspeech, 3087-3091.

Li, X., Song, D. W., Zhang, P., et al. (2018). Exploring EEG features in cross-subject emotion recognition. Frontiers in Neuroscience, 12, 162.

Liu, L., Y., Ke, Z. R., Huo, J. A., et al. (2021). Head pose estimation through keypoints matching between reconstructed 3D face model and 2D image. Sensors, (5), 1841.

Macfadyen, L. P., & Dawson, S. (2010). Mining LMS data to develop an "early warning system" for educators: A proof of concept. Computers & Education, (2), 588-599.

Mehrabian, A. (2017). Nonverbal Communication. New York: Routledge.

Milton, A., Roy, S. S., & Selvi, S. T. (2013). SVM scheme for speech emotion recognition using MFCC feature. International Journal of Computer Applications, (9), 34-39.

Moré, J. J. (1978). The levenberg-marquardt algorithm: Implementation and theory. Lecture Notes in Mathematics, 630.

Mower, E., Mataric, M. J., & Narayanan, S. (2011). A framework for automatic human emotion classification using emotion profiles. https://www.semanticscholar.org/paper/A-Framework-for-Automatic-Human-Emotion-Using-Provost-Matari%C4%87/e55ccce31f736e8459c33bbd9c4a781b8156a214.

Murphy-Chutorian, E. M. (2009). Vision-based Head Pose Estimation and Interactivity Analysis: Algorithms, Systems and Evaluation. San Diego: University of California.

Neiberg, D., Elenius, K., Karlsson, I., et al. (2008). Emotion recognition in spontaneous speech. Lund Working Papers in Linguistics, (52), 101-104.

Nwe, T. L., Foo, S. W., & de Silva, L. C. (2003). Speech emotion recognition using hidden Markov models. Speech Communication, (4), 603-623.

Peng, S. X., Chen, K., Tian, T., et al. (2022). An autoencoder-based feature level fusion for speech emotion recognition. Digital Communications and Networks, 227-236.

Plutchik, R. (1980). Emotion: A Psychoevolutionary Synthesis. New York: Harper & Row.

Rudovic, O., Lee, J., Dai, M., et al. (2018). Personalized machine learning for robot perception of affect and engagement in autism therapy. https://www.science.org/doi/10.1126/scirobotics.aao6760.

Sahu, S., Mitra, V., Seneviratne, N., et al. (2019). Multi-modal learning for speech emotion recognition: An analysis and comparison of ASR outputs with ground truth transcription. Interspeech, 3302-3306.

Samad, M. D., Diawara, N., Bobzien, J. L., et al. (2017). A feasibility study of autism behavioral markers in spontaneous facial, visual, and hand movement response data. IEEE Transactions on Neural Systems and Rehabilitation Engineering, (2), 353-361.

Schlosberg, H. (1954). Three dimensions of emotion. Psychological Review, (2), 81-88.

Schuller, B., Rigoll, G., & Lang, M. (2004). Speech emotion recognition combining acoustic features and linguistic information in a hybrid support vector machine-belief network architecture. IEEE International Conference on Acoustics.

Shams, W. K., & Wahab, A. (2013). Source-temporal-features for detection EEG behavior of autism spectrum disorder. 5th International Conference on Information & Communication Technology for the Muslim World, 1-5.

Solomon, A. I. (1986). Deterministic chaos: An introduction. Physics Bulletin, (2), 78.

Sun, Z. K., Sarma, P. K., Sethares, W., et al. (2019). Multi-modal sentiment analysis using deep canonical correlation analysis. Proceedings of the Annual Conference of the International Speech Communication Association, Interspeech, 1323-1327.

Tierney, A. L., Gabard-Durnam, L., Vogel-Farley, V., et al. (2012). Developmental trajectories of resting EEG power: An endophenotype of autism spectrum disorder. PLoS One, (6), e39127.

Tran, A. T., Hassner, T., Masi, I., et al. (2017). Regressing robust and discriminative 3D morphable models with a very deep neural network. 2017 IEEE Conference on Computer Vision and Pattern Recognition (CVPR), 1493-1502.

Trigeorgis, G., Ringeval, F., Brueckner, R., et al. (2016). Adieu features? End-to-end speech emotion recognition using a deep convolutional recurrent network. IEEE International Conference on Acoustics, Speech and Signal Processing (ICASSP), 5200-5204.

Yoon, S., Byun, S., & Jung, K. (2018). Multimodal speech emotion recognition using audio and text. 2018 IEEE Spoken Language Technology Workshop (SLT), 112-118.

Yu, T., & Jo, I. H. (2014). Educational technology approach toward learning analytics: Relationship between student online behavior and learning performance in higher education. In Proceedings of the 4th International Conference on Learning Analytics and Knowledge (LAK'14), 269-270.

Zhang, D., Wu, L. Q., Sun, C. L., et al. (2019). Modeling both context- and speaker-sensitive dependence for emotion detection in multi-speaker conversations. Proceedings of the 28th International Joint Conference on Artificial Intelligence, 5415-5421.

Zhang, L., Wade, J., Swanson, A., et al. (2015). Cognitive state measurement from eye gaze analysis in an intelligent virtual reality driving system for autism intervention. International Conference on Affective Computing & Intelligent Interaction,532-538.

Zhao,J.,Ding,M.,Tong,Z.,et al.(2019). Feature exaction and classification of autism spectrum disorder children related electroencephalographic signals based on entropy. Journal of Biomedical Engineering,(2), 183-188.

第四章
孤独症儿童过程干预

  孤独症儿童的发展轨迹复杂多样，要求的社会互动学习阶段多、场景多且干预过程复杂，单一化的学习活动模式与固定的干预方法难以适用。针对这一问题，本章系统介绍学习活动系统性创建方法与自适应于儿童个体的智能化干预机制。首先，基于心理机能理论提出融合心理、执行功能、中央统合功能及相互主观性理论的学习活动创建理论框架，在此基础上介绍基于电子游戏的孤独症儿童过程干预；其次，基于儿童发展理论与计算机视觉等人工智能技术，提出基于阿凡达技术的个性化孤独症干预方法；最后，为实现满足不同孤独症儿童个体需求的干预，提出了个性化智能推荐技术。

第一节　基于电子游戏的孤独症儿童过程干预

近年来，越来越多的研究者考虑将电子游戏应用到孤独症干预中。研究者发现，孤独症儿童和典型发展儿童一样更喜欢玩电子游戏。孤独症儿童更容易接受视觉化表达，而且他们更倾向于虚拟环境中的互动，因为虚拟环境可以减轻真实互动给他们带来的压力。此外，电子游戏很容易创造出超越真实生活的情境，从而为被干预者提供比真实生活更多的社交人物、社交场景和社交情节等。因此，电子游戏被广泛用于孤独症干预中。

本章的学习活动的设计是基于孤独症儿童心理机能理论进行的。这个领域有很多理论，每个理论都可以为儿童的认知和社会发展以及孤独症儿童的其他缺陷提供一定的解释，但是单个理论不能对孤独症儿童缺陷做出全面的解释。因此，我们融合四个重要的心理学理论作为本章的研究基础。①心理理论（Charman & Baron-Cohen, 1995）是对他人心理状态（如需要、信念、意图、感觉等）的认知，并由此对相应行为做出因果性的预测和解释；②执行功能指的是涉及对思想和动作进行意识控制的心理过程（Ozonoff et al., 1991）；③中央统合功能就是对局部信息进行整合的能力，而不是着重于局部的细节（Happé & Frith, 2006）；④相互主观性强调在学习中情绪参与的重要性（Schopler & Mesibov, 2013）。相关研究认为，孤独症儿童不能形成正常的社会关系，在言语和非言语交流上存在明显的困难，且缺乏想象力及社会互动能力，都源自心理理论缺失，因此孤独症儿童难以理解他人的意图和表达自己的心理状态；执行功能和中央统合功能障碍，导致孤独症儿童在信息的获取、加工、处理方式上区别于典型发展儿童，行为动作表达异常，常伴有情绪问题。基于以上理论基础，本研究采取补偿性学习策略，设计了符合孤独症儿童心理发展及认知特点的学习活动，采取以儿童为中心的游戏疗法实现对孤独症儿童的个性化干预。

随着信息技术及工具的普及，电子游戏有多种运行平台，如手机、平板电脑、机器人等，从而保证了其在干预上的易得性。

一、培养社交技能的游戏

社交障碍是孤独症人群的核心障碍之一，这导致大部分孤独症儿童无法与其他儿童或成人互动。更为棘手的问题在于，他们可能不愿意参与帮助其发展社交能力和促进其复杂社会互动能力发展的正常游戏活动。这种社交机会的缺乏会阻碍其社交能力的发展，导致他们被孤立在人群之外，甚至出现各种情绪问题。研究表明，可以通过直接练习、互动和学习情境来发展孤独症儿童的社交技能，进而促进他们其他生活技能的发展。明确的指导和实践是提高孤独症患者社会能力的关键。社会叙事对于传达期望和解释社会活动是有用的。社交故事法常用于孤独症儿童社交技能的干预，通过讲述简短的故事，可以使孤独症儿童更加了解社交情境、行动、行为和事件，以增进他们对社交方式的理解。计算机游戏通过可视化的刺激材料、游戏情节等方式可以更形象地描述社交故事，帮助儿童理解社交情境，最终实现培养孤独症儿童社交技能的目标。

（一）提高日常需求表达能力的游戏

游戏对象分析：孤独症儿童在生活中常常以尖叫、大哭等行为表达个人需求。不能正确表达个人需求，是孤独症儿童社会交往的主要障碍。需求表达认知游戏以常见的需求表达场景为内容进行设计，让儿童学习日常的需求表达用语，并锻炼儿童听指令的能力，以提高儿童的需求表达能力。

游戏设计目的：游戏以提高游戏对象听指令的能力为目标。根据听到的指令，选择正确的场景，锻炼游戏对象听指令和理解需求的能力。

游戏设计脚本：以"小朋友，让我们学习一下常见的需求表达用语吧"的语音提示呈现游戏内容，并展现全部场景内容。然后，随机出现单个场景并伴有语音教学，进行需求表达用语的学习，同时通过闪烁场景图片进行强调。例如，出现小女孩玩积木的场景时，发出"我要玩积木"的语音，进行声音与画面的强化，接着进入提问环节，给出问题："小朋友，学会了吗？让我们来玩个游戏吧，请找到我说的日常需求的场景。"然后，呈现生活中常见的所有场景，让游戏对象根据语音指令的要求选择正确的场景。选择正确，我们可以通过语音"真棒！"进行反馈强化，然后进行下一个场景的学习；选择错误，游戏画面停留，需要游戏对象继续判断、选择，直到游戏选择正确。游戏界面如图4-1所示。

图 4-1 "需求表达认知"游戏界面

（二）提高注意力的游戏

游戏对象分析：针对孤独症儿童在生活中不愿与人交流、害怕注视人脸以及注意力分散、不集中的行为特点，进行"从场景找人脸"的游戏设计。

游戏设计目的：游戏以锻炼儿童的注意力为目标，主要通过设置复杂场景，使游戏对象集中注意力寻找目标物，从而提高游戏对象的注意力集中度。

游戏设计脚本：游戏以色彩丰富的动物园、游乐场、建筑物等场景为背景图片，通过语音"让我们一起玩躲猫猫的游戏吧"进行引导，使游戏对象进入游戏状态。以语音"你能把画面中的小朋友都找出来吗？"提示游戏内容，此时游戏对象就要集中注意力寻找画面中的小朋友，然后进行判断、点击，点击正确时出现语音"你真棒！"和表示正确的图片进行强化反馈。场景中所有的目标物都被找到后，将出现闪动的星星，至此游戏完成。游戏对象可以选择"再玩一次"，进入下一个场景，寻找场景中随机位置的标志物。游戏界面如图 4-2 所示。

（三）提高共同注意力的游戏

游戏对象分析：孤独症儿童在神经系统发育、完善方面存在障碍，在完成生活中常见的手眼协调类基本动作时存在一定困难，因此我们针对孤独症儿童在手眼协调、共同注意力方面的不足之处，设计了"移鲜花到花篮"这一游戏（图 4-3）。

图 4-2 "从场景找人脸"游戏界面

游戏设计目的：锻炼孤独症儿童的共同注意力。在本研究中，共同注意力是指游戏对象能够跟随虚拟动画人物的注意力并通过手眼协调完成游戏任务的基本能力。

游戏设计脚本：在这个游戏中，游戏对象扮演的角色是虚拟动画人物妞妞的伙伴，帮助妞妞摘到她想要的花朵。游戏以妞妞招手表示欢迎开始，以语音"小朋友，你可不可以帮我摘花啊？我会告诉你我想要哪一朵花"提示游戏内容，然后以妞妞的手势或者目光为提示，游戏对象需要将妞妞指向或注视的花朵拖动到旁边的花篮里。当小朋友把妞妞想要的花朵拖到花篮里的时候，分数加 1。本游戏旨在锻炼游戏对象对妞妞提示的理解与判断能力，并以完成任务时间的长短进行综合衡量。游戏的主要作用是能提高游戏对象的共同注意能力，同时也能从言语理解能力、精细动作、选择判断能力等多个角度对游戏对象进行综合训练。

（四）提高儿童日常生活技能的游戏

游戏对象分析：孤独症儿童在日常生活中的一些行为与典型发展儿童存在差距，针对这一差距，我们通过游戏设计呈现生活中常见的行为场景，让孤独症儿童通过模仿学习，提高道德行为能力。

图 4-3 "移鲜花到花篮"游戏界面

游戏设计目的：通过社会中常见的道德行为现象，以视频教学的形式，利用播放器软件播放各种道德行为录像，并在录像中进行道德行为内容的讲解，以提高游戏对象的社会道德行为能力。

游戏设计脚本：游戏视频主要包括三部分，首先，进行垃圾分类放的道德行为真实情景的播放，如图 4-4 所示；其次，呈现清洁的环境，进行"垃圾要分类放"的行为宣传；最后，对生活中常见的可回收与不可回收的垃圾分类进行介绍。

图 4-4 "请将垃圾分类"游戏界面

二、培养动作技能的游戏

运动障碍虽尚未被认为是孤独症的核心症状，但越来越多的研究发现，孤独症儿童的运动障碍已影响到其生活质量和社交技能的发展。孤独症儿童的运动障碍主要体现为运动发育迟缓、粗大动作异常、精细动作异常、运动执行困难、协调性差、动作笨拙等。通过计算机游戏呈现模拟的刺激环境，能够设计出适当的刺激材料，可以激活游戏对象相应的运动神经系统。

（一）提高手眼协调能力的游戏

游戏对象分析：孤独症儿童在手眼协调能力上与典型发展儿童存在差距，针对这一差距，我们通过设计呈现点击水果的游戏任务，让孤独症儿童点击水果，提高其手眼协调能力。

游戏设计目的：游戏对象用手指触摸屏幕或用鼠标点击屏幕，水果消失，以此来提高其手眼协调能力。

游戏设计脚本：游戏界面以草地、河流、树木等卡通元素为主，水果出现在树冠上。游戏引导语如下："小朋友，让我们一起摘水果吧！"当儿童点击正确时，水果消失，并语音提示"小朋友，你真厉害！"，如果儿童没有做出点击的动作，则目标无反应。游戏界面如图 4-5 所示。

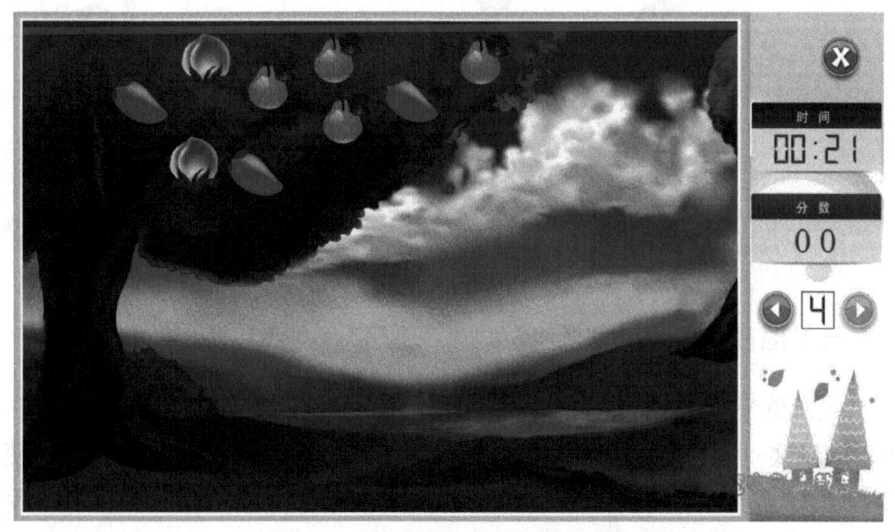

图 4-5 "快速点击水果"游戏界面

（二）提高快速反应能力的游戏

游戏对象分析：孤独症儿童在快速反应能力上与典型发展儿童存在差距，针对这一差距，我们通过设计呈现点击气球的游戏任务，让孤独症儿童点击气球，提高其快速反应能力。

游戏设计目的：儿童需要用手指触摸屏幕或用鼠标点击屏幕，点击正确，气球消失，即通过点击运动中的气球来提高游戏对象的快速反应能力。

游戏设计脚本：游戏以气球的飘浮速度区分为不同等级，等级越高，气球的运动速度越快。游戏中气球从屏幕下方随机出现，以一定速度向上方漂浮。游戏引导语如下："小朋友，让我们一起点气球吧！"当儿童点击正确时，气球消失，并以语音提示"小朋友，你真厉害！"，如果儿童没有点到气球，则目标无反应。游戏界面如图 4-6 所示。

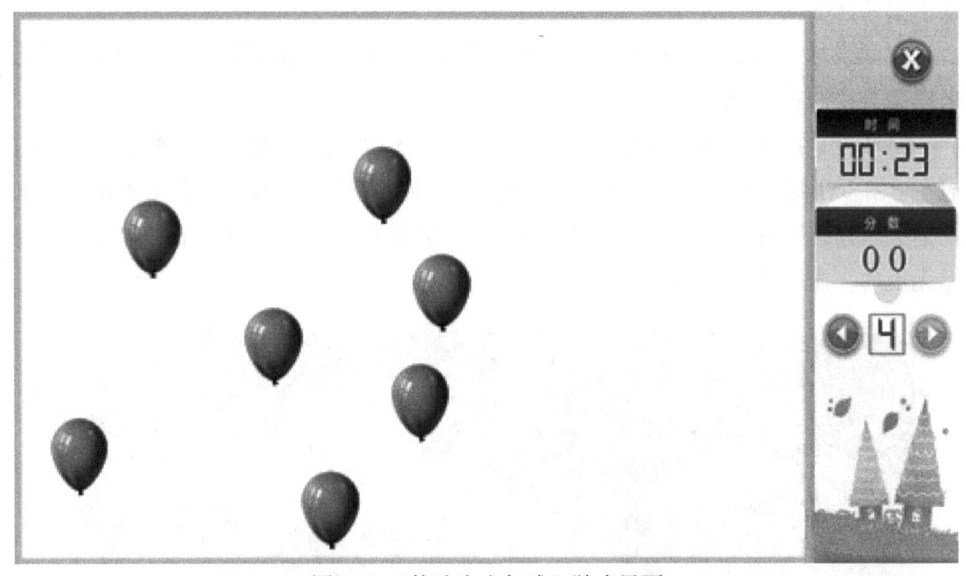

图 4-6 "快速点击气球"游戏界面

（三）提高精细动作的游戏

游戏对象分析：孤独症儿童在精细动作能力的发展方面与典型发展儿童存在差距，针对这一差距，我们通过设计呈现保护蛋糕的游戏任务，让孤独症儿童使用双指捏住要吃蛋糕的小蚂蚁，通过这种"捏取"的精细动作训练任务，提高其手眼协调能力，促进其精细动作的发展。

游戏设计目的：游戏对象需要用双指同时触摸屏幕，并做出捏的动作，将小蚂蚁"捏"住，小蚂蚁消失，即通过捉小蚂蚁保护蛋糕的任务来提高游戏对象的手眼协调能力，促进其精细动作的发展。

游戏设计脚本：游戏视频主要分为 6 个等级，以小蚂蚁的爬行速度来区分，等级越高，小蚂蚁爬得越快。游戏设计三块蛋糕，分散放置在终点线，屏幕下方随机出现小蚂蚁，并向蛋糕爬去，当小蚂蚁爬到蛋糕上时，游戏失败。游戏对象需要用双指同时触摸屏幕，"捏"爬行道上的小蚂蚁，小蚂蚁消失，获得 1 分。游戏界面如图 4-7 所示。

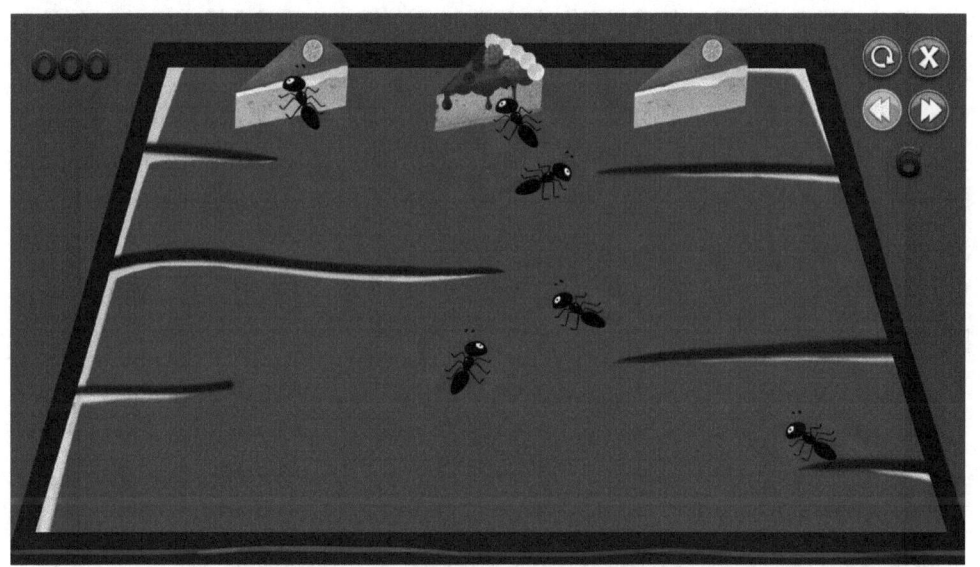

图 4-7 "捉小蚂蚁"游戏界面

三、培养认知能力的游戏

认知能力是指人脑加工、储存和提取信息的能力，即我们一般所讲的智力，如观察力、记忆力、想象力等。人们认识客观世界，获得各种各样的知识，主要依赖于认知能力。

孤独症儿童在认知方面既有与典型发展儿童相一致的地方，也有其特点。孤独症儿童存在认知偏向，且考虑到孤独症儿童更倾向于使用视觉信息来学习，与听觉信息相比较，孤独症儿童对视觉信息的注意更多，因此使用图片、视频等信息呈现方式更容易吸引孤独症儿童参与。另外，根据弱中央统合理论，人们通常认为孤独症儿童在观察事物时会长时间关注其细节，因而表现出"先局部，后整体"的认识顺序，且由于主管信息资源整合的中央系统存在功能异常，导致其难以完成对事物的整体加工，也就很难对事物形成整体的理解。

（一）培养物体识别与泛化能力的游戏

游戏对象分析：孤独症儿童在视觉感知上与典型发展儿童存在差距，针对这一差距，我们通过设计呈现生活中常见的行为场景，让游戏对象完成视觉配对任务，提高其视觉辨别能力。

游戏设计目的：通过帮助动物妈妈找孩子，并配以引导语来提高游戏对象的视觉辨别能力。

游戏设计脚本：游戏视频主要分为 3 个等级。游戏以草地、城堡等卡通元素为主，草地上有若干小动物，游戏屏幕的右上方显示动物妈妈。游戏引导语如下："小朋友，让我们帮动物妈妈找孩子吧！"然后，通过引导语说出动物种类的名字，让游戏对象选择对应的小动物。如果其选错了目标动物，则以大图标提示错误；如果其选择正确，小动物消失，并以语音提示"小朋友，你真厉害！"。游戏界面如图 4-8 所示。

图 4-8 "小动物找妈妈"游戏界面

（二）培养实物形状识别能力的游戏

游戏对象分析：孤独症儿童在形状匹配能力上与典型发展儿童存在差距，针对这一差距，我们通过设计呈现生活中常见的行为场景，让孤独症儿童通过反复学习进行形状匹配，最终提高其认知能力。

游戏设计目的：通过生活中常见的物品来标识其形状，将目标形状物体放置在人物上方的"思考云"里，代表人物想要这个形状的物体，即通过对匹配形状结果的强化与反馈，提高游戏对象的形状辨别和匹配能力。

游戏设计脚本：游戏主要分为3个等级。首先，在人物上方的"思考云"中呈现游戏对象想要的物体形状，然后语音提示"请帮助小朋友选出相同形状的物品"；其次，根据游戏对象点击的形状给予相应的反馈，正确时图标变大并消失，并给予相应的分数奖励，错误时图标闪烁恢复原状。游戏界面如图4-9所示。

图4-9 "识别实物形状"游戏界面

（三）培养图形匹配能力的游戏

游戏对象分析：孤独症儿童的空间认知能力与典型发展儿童存在差距，针对这一差距，我们通过设计呈现生活中常见的水果，让孤独症儿童对水果的形状进行匹配，以提高其空间认知能力。

游戏设计目的：通过常见的水果形状，淡化其真实内容，以轮廓匹配要求来对游戏对象的空间认知能力进行干预训练，游戏过程中以语音来提示对水果轮廓的描述，从而提高孤独症儿童的空间认知能力。

游戏设计脚本：游戏视频主要分为2个等级。屏幕分为两部分，一部分呈现水果,另一部分呈现水果轮廓。游戏开始后,语音提示游戏规则:"小朋友,请将右边的水果移到左边对应的水果轮廓图形中。"儿童拖动图片时,图片会跟着其动作移动。当图形配对正确时,给予语音强化"你真能干!",并给予积分奖励;当图形配对错误时,拖动的水果图片会返回原来的位置。游戏界面如图4-10所示。

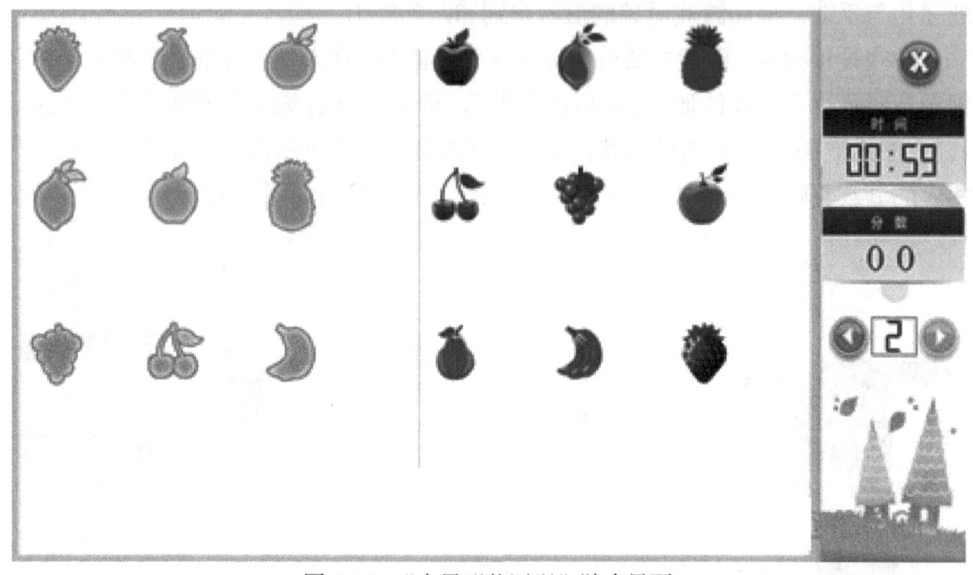

图 4-10 "水果形状匹配"游戏界面

(四)培养整体观察事物能力的游戏

游戏对象分析:孤独症儿童在认识物体的顺序方面与典型发展儿童呈现出不同特点。研究证明,孤独症儿童呈现出过分关注细节、"先局部,后整体"的认知特点。针对这一特点,我们通过游戏引导孤独症儿童关注事物的整体,通过拼图游戏引导其从整体布局上关注事物的特征。

游戏设计目的:通过生活中常见的水果、玩具等儿童熟悉的物品,以切割图片的形式,使其符合儿童先局部观察的认知特点,引导其拼成一个完整的物品,通过拼图过程的讲解示范,提高游戏对象的整体认知能力。

游戏设计脚本:游戏由多个拼图图片组成,以图片分割次数区分游戏难度,1级是将图片切割1次,将2张图片拼接为一张完整的图片;2级是将图片切割2次,将4张图片拼接为一张完整的图片;3级是将图片切割4次,将9张图片拼接为一张完整的图片。游戏界面如图4-11所示。

图 4-11 "拼图"游戏界面

第二节 基于阿凡达技术的个性化干预

阿凡达的英文为"Avatar",词根本源自梵文。在印度哲学中,阿凡达指降临人间的神之化身,在通俗的意义上可理解为"化身"。在计算机领域,阿凡达是指真实人物在数字世界的虚拟化表示,是对现实人物形象、行为的一种模拟。由于用户能感知到虚拟世界中的人物是自己或社交人物的"化身",阿凡达技术能给用户带来强烈的代入感和沉浸感。早在 2005 年,Cheng(2005)就尝试将阿凡达技术用于孤独症儿童面部表情识别的干预上。在随后的十几年里,国外的多个课题组运用阿凡达技术针对孤独症儿童的社会交往、言语表达、面部表情识别等方面的干预开展了研究。Hopkins 等(2011)开发了由阿凡达游戏组成的孤独症儿童社交技能干预训练系统 Facesay。Carter 等(2014)的研究发现,孤独症儿童在与经验丰富的成人控制的虚拟阿凡达形象的交流过程中展现出了比与真实人物交流过程中更好的语言表达能力。Deriso 等(2012)开发了通过摄像头与阿凡达卡通人物面部表情进行实时匹配的 Emotion Mirror 系统,用来提高孤独症儿童面部表情的表达与识别能力。Orvalho 等(2009)在微软 Xbox360 游戏机上,将孤独症儿童本人或者其家属的面部与实时动画中的卡通形象进行合成,用于孤独症儿童面部表情识别障碍的干预治疗中。Patel 等(2016)开发了阿凡达干预系统 MeEmo,让孤独症儿童通过观察 MeEmo 的表情来判断其需要,并给予相应的帮助。虽然这些基于阿凡达技术的干预方法和系统可以有效地改善孤独症儿童的面部表情识别能力、社会交往能力或语言表达能力,但没有将阿凡达技术与真实社会生活中的相关情境结合起来,难以促进孤独症儿童将学习到的知识和能力迁移、泛化到现实生活中。

我国从 20 世纪 80 年代开始陆续开展了有关孤独症儿童面部表情识别的研究,但到目前为止尚无将阿凡达技术融入孤独症干预中的相关报道,更缺乏以数据分析为依据的实证研究。本研究旨在结合信息科学技术和孤独症治疗理论,为孤独症儿童设计一套融入阿凡达技术的孤独症儿童面部表情识别干预方法和系统,探究干预后孤独症儿童面部表情识别能力的改善及迁移、泛化情况,从而为孤独症儿童面部表情识别障碍的治疗提供新的方法借鉴和实证支撑。

本研究针对孤独症儿童在学习过程中表现出的认知情感状态,设计开发了一种基于阿凡达技术的孤独症儿童表情认知与干预系统,循序渐进地改善孤独症儿童在表情认知与理解和表情模仿与表达两个方面的能力。

一、孤独症儿童表情认知与干预系统设计

本研究设计开发了一种孤独症儿童表情认知与干预系统,主要包括教学模式子系统、游戏模式子系统和强化训练模式子系统。

教学模式子系统用于给用户提供教学视频,采集用户观看视频过程中的数据并输出分析结果。

游戏模式子系统用于给用户提供自由模式、模仿模式和跟随模式中的一种或多种游戏,采集用户在游戏过程中的数据并输出分析结果。自由模式是指根据用户在游戏过程中的表情生成游戏中虚拟形象的表情的模式。模仿模式是指设置单个表情模仿任务的模式。跟随模式是指设置连续表情模仿任务的模式。自由模式和模仿模式的游戏中虚拟形象的表情是根据系统随机给出的表情类型生成的。

强化训练模式子系统用于给用户提供表情配对游戏,采集用户在表情配对游戏过程中的数据并输出分析结果。

二、孤独症儿童表情认知与干预系统硬件模块设置

该系统的硬件模块设置包括：①用户界面模块；②触发控制模块；③强化教学模块；④数据采集模块；⑤数据分析模块；⑥通信模块；⑦虚拟渲染模块；⑧干预报告生成模块，如图4-12所示。教学模式子系统、游戏模式子系统和强化训练模式子系统共用这些硬件模块，通过触发控制模块调用其他模块实现子系统的功能。

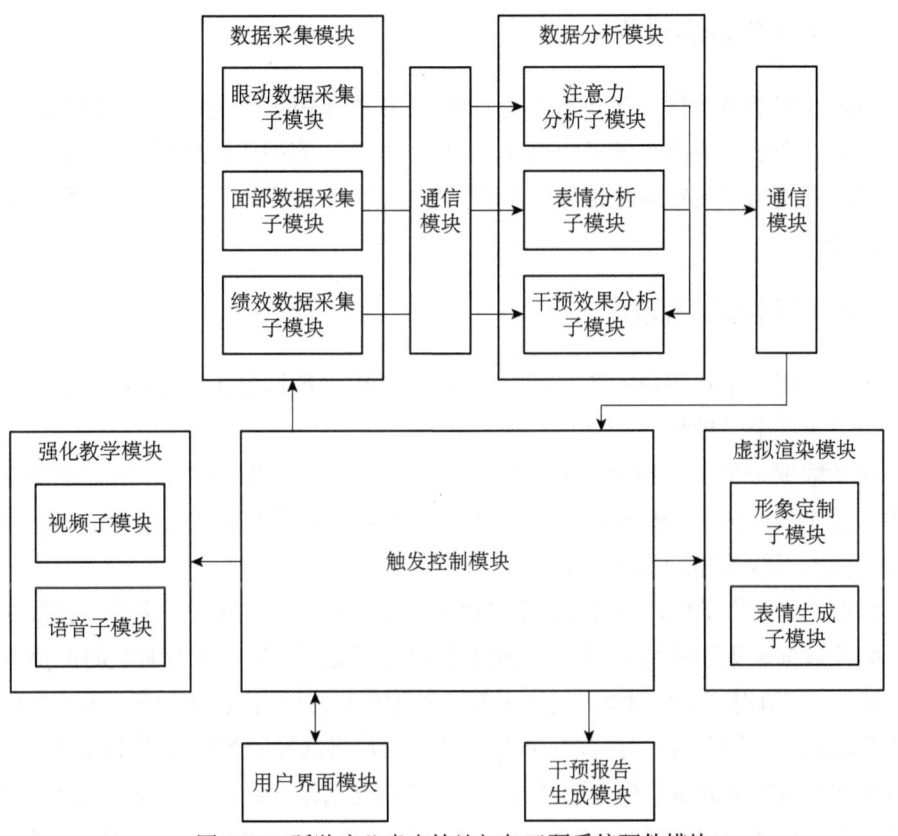

图4-12 孤独症儿童表情认知与干预系统硬件模块

（一）用户界面模块

该模块用于为用户进行人机交互提供可视化的操作界面，同时展示各种教学资源和游戏资源。其中，教学资源和游戏资源包括包含某种情绪的情境视频、真人表情图像、卡通表情符号、虚拟卡通形象和虚拟真人形象等。另外，用户界面模块部署在手机上，因为手机具有前置摄像头和近场通信（near field communication,

NFC）功能。

（二）触发控制模块

该模块用于接收用户界面模块发出的操作指令和经通信模块传入的数据分析结果，同时向用户界面模块、数据采集模块、形象渲染模块以及干预报告生成模块发出相应的控制指令。

（三）强化教学模块

该模块用于播放情感认知与表达的视频，提供多模态强化信号。该模块由视频子模块和语音子模块两个子模块组成。其中，视频子模块用于播放教学视频或对用户发出沉浸式场景视频强化信号；语音子模块则用于对用户发出提示、鼓励等语音强化信号。

（四）数据采集模块

该模块用于采集用户的各种行为数据，包括眼动数据采集、面部数据采集和绩效数据采集三个子模块。

眼动数据采集子模块用于采集用户在体验过程中的眼动数据。用户在体验过程中佩戴 Tobii 便携式眼动仪，方便用户在观看手机时采集其注视坐标，同时将眼动采集数据无线传输到服务器上。

面部数据采集子模块通过手机前置摄像头采集用户在体验过程中的人脸数据。

绩效数据采集子模块通过 NFC 或手机触屏采集用户进行配对游戏时的操作数据。其中，配对游戏有两种操作方式：第一种为用户将印有表情的 NFC 卡片与用户界面模块上展示的表情进行配对，操作方式为用户将选择的 NFC 卡片接触手机；第二种为在手机屏幕的备选框中选择与展示框中表达情绪一致的图片或者文字。采集的绩效数据包括用户选择的 NFC 卡片匹配正确的数量和匹配过程中消耗的时间。

（五）数据分析模块

该模块包含三个子模块，即注意力分析子模块、表情分析子模块和干预效果分析子模块。其中，注意力分析子模块用于分析眼睛的注视区域、眼动轨迹、眼跳等特征。表情分析子模块用于通过深度学习算法识别表情的类别，并估计每个表情动作单元的强度。干预效果分析子模块用于通过眼动分析结果、表情分析结果以及绩效数据，综合分析孤独症儿童的干预效果。

数据分析模块部署在含有 GPU（graphic processing unit）的高性能服务器上，便于使用深度学习算法对表情进行分析，所有的数据分析结果通过通信模块实时回传到手机上。

（六）通信模块

该模块用于将数据采集模块采集到的数据传输到数据分析模块，同时将数据分析结果回传到手机上引发各种控制命令。通信模块可以采用蓝牙传输、局域网无线传输或者 USB 有线传输等形式。

（七）虚拟渲染模块

虚拟渲染模块包含形象定制子模块和表情生成子模块。形象定制子模块用于为用户定制个性化的虚拟形象，包含两种形象定制方式：一种为卡通形象定制，根据用户的定制选择，生成一个虚拟卡通 3D 头像；另一种为真人形象定制，根据用户输入的真人照片，通过深度学习算法融合得到虚拟真人 3D 头像。

虚拟 3D 头像在使用系统前通过用户的定制需求获得，采用拟合型建模法与创作型建模法相结合的方法，通过 3D 头像建模软件 FaceGen Modeller 和 3D 动画软件 Autodesk Maya，将定制对象的面部特征融合到卡通模型中。虚拟 3D 头像的合成也可以采用基于 3DMM（3D morphable model）的算法（Guo et al.，2020）进行自动化合成。

表情生成子模块用于驱动虚拟 3D 头像展示不同的面部表情。表情驱动有两种方式：一种为表情数据驱动，用于根据用户的表情数据生成相应的表情，使虚拟形象的面部表情与用户的面部表情保持一致；另一种为预设数据驱动，用于生成某种特定的表情供用户学习和模仿。在表情驱动方式下，先通过人脸检测算法提取用户的人脸 2D 特征点，并将人脸 2D 特征点与 3D 形象的 3D 特征点建立映射关系。当用户做出表情时，人脸特征点发生位移，驱动 3D 特征点发生相应的位移，使得 3D 形象跟随用户的表情变化。在预设数据驱动下，输入的是预设的 2D 人脸特征点位移数据，同样与 3D 形象的 3D 特征点建立映射关系，驱动生成表情。

（八）干预报告生成模块

干预报告生成模块用于将干预过程中的行为数据和干预效果整理成报告输

出，作为制定下一次干预方案的依据。

三、基于阿凡达的干预系统功能介绍

基于阿凡达的干预系统可以根据孤独症儿童在学习过程中的表现对其操作的虚拟形象进行定制，并对学习过程中的表情进行采集，以加强其对表情的认知和理解。接下来，根据系统提供的教学模式、游戏模式（包括自由模式、模仿模式和跟随模式）和强化训练模式三个子系统来介绍其自适应干预的过程。孤独症儿童表情认知自适应干预流程如图 4-13 所示。

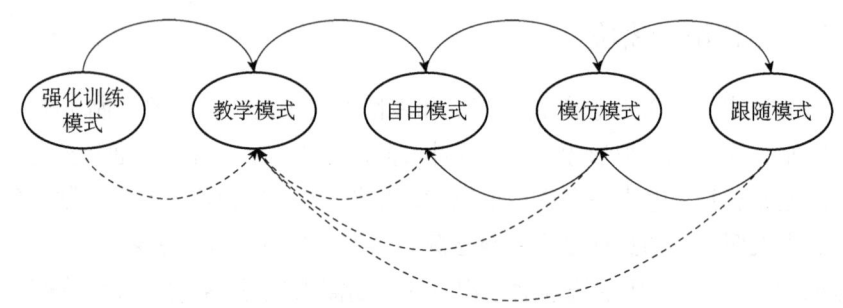

图 4-13　孤独症儿童表情认知自适应干预流程图

（一）教学模式

用户佩戴眼动设备 Tobii Glasses 3，在用户界面模块选择"教学模式"，用户的选择信息传递给触发控制模块。触发控制模块向用户界面发出切换指令，使用户界面切换至教学界面；向强化教学模块发出启动指令，让视频子模块播放教学视频；向数据采集模块发出启动指令，让眼动数据采集子模块开始采集用户的眼动数据，经通信模块传给服务器上的眼动数据分析子模块。眼动数据分析子模块给出用户观看教学视频时的注视区域，判断用户的注意力是否被播放的视频吸引。分析结果经通信模块回传到手机上，由触发控制模块向干预报告生成模块发出指令，输出教学模式下用户的注意力分析结果。教学模式中切换不同的教学资源，根据用户的注意力情况推断用户对真人形象及卡通形象的个性化需求，并指示游戏模式和强化训练模式提供相应的形象，以保持用户的注意力。

在这一模式下，系统根据儿童面部照片利用计算机视觉技术合成卡通阿凡达形象，并驱动阿凡达形象的面部表情变化，制作融入阿凡达形象的面部表情教学动画、面部表情识别情境教学动画，用于干预。

1)卡通阿凡达形象的合成过程如图4-14所示。系统首先通过人脸识别技术确定干预对象的身份,然后调用对应的卡通阿凡达形象融入游戏中。根据定制的虚拟人物形象,被试会认为动画和游戏中的卡通阿凡达形象就是"自己"。

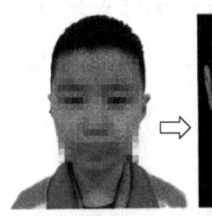

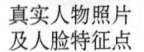

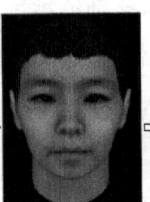

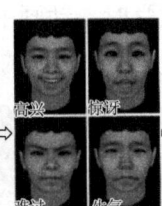

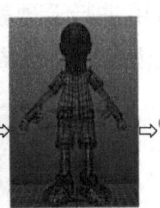

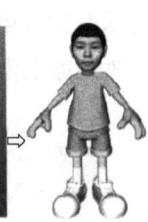

图4-14 卡通阿凡达形象的合成过程①

2)阿凡达面部表情教学动画如图4-15所示。系统为儿童定制了高兴、惊讶、难过和生气4种表情。动画开始时,卡通阿凡达形象进行自我介绍,让被试理解阿凡达形象就是"自己",说明要学习的面部表情名称;接着,阿凡达形象展示静态表情,持续约15s;然后,展示动态表情,重复3次,每次持续约15s;之后,通过语音介绍表情的特征,同时在画面上将特征区域用被试喜欢的颜色打上椭圆标记,持续约20s;最后,再次展示静态表情和动态表情,各持续约15s。

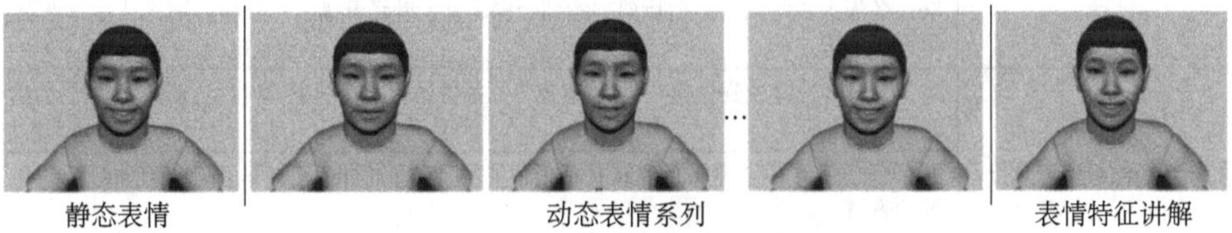

图4-15 阿凡达面部表情教学动画

3)阿凡达面部表情识别情境教学动画如图4-16所示。在情境教学理论的指导下,我们自制了阿凡达面部表情识别情境教学动画,将日常生活中常见的情境融入面部表情的干预教学中,帮助孤独症儿童识别高兴、惊讶、难过和生气4种面部表情。干预教学动画的制作过程分为两个阶段:情境脚本设计、卡通动画制作。首先,我们针对4种表情设计了5个情境脚本。其次,按照脚本制作了12段卡通动画。在制作这些卡通动画时,我们充分运用了旁白、画面展示、人物对话等多种途径来展现脚本中设定的情境。保留的12段情境教学动画的基本情境设定如表4-1所示。

经过计算机编程处理后,制作的情境教学动画具备两个特点:①卡通动画中的

---

① 为保护被试的隐私,本研究展示的所有卡通阿凡达形象均由一名儿童志愿者照片合成。本研究所有涉及该儿童的肖像使用已征得该儿童及其家长的同意。未经允许,请勿转载。

人物可替换为干预对象的阿凡达形象，让干预对象感受到情境教学动画中的主角是"自己"；②情境教学动画中的强化物可以根据干预对象的喜好进行个性化定制。例如，我们通过访谈了解到被试甲喜欢吃冰淇淋，当使用表 4-1 中 S2 情境的教学动画对被试甲进行干预教学时，动画中奖励给被试甲的阿凡达形象的零食将自动更改为冰淇淋。这两个特点使得制作的情境教学动画具有强烈的代入感和沉浸感。

图 4-16　阿凡达面部表情识别情境教学动画

表 4-1　情境教学动画的主要情境设定

干预目标	主要动画情境
识别面部表情：高兴	S1："收到了"自己"最喜欢的礼物——玩具汽车。阿凡达形象展现高兴的表情
	S2：受到老师表扬，并被奖励了"自己"最喜欢的零食。阿凡达形象展现高兴的表情
	S3：周末天气很好，妈妈带"自己"去放风筝。阿凡达形象展现高兴的表情
识别面部表情：惊讶	S4："自己"养的小动物会做算术题。阿凡达形象展现惊讶的表情
	S5：别的朋友用乐高积木搭了一架超炫的飞机。阿凡达形象展现惊讶的表情
	S6：冬天大雪纷飞，出门玩耍却看到一棵满是绿叶还开满了花的树。阿凡达形象展现惊讶的表情
识别面部表情：难过	S7：生日时没有收到任何礼物，"自己"孤零零地坐在房间里。阿凡达形象展现难过的表情
	S8："自己"不小心将喜欢的玩具小汽车摔在了地上，碎成了两半。阿凡达形象展现难过的表情
	S9：走在路上不小心被绊了一下，膝盖摔流血了，很痛。阿凡达形象展现难过的表情
识别面部表情：生气	S10：正在玩积木，其他小朋友却故意把"自己"搭好的积木推倒。阿凡达形象展现生气的表情
	S11：和小朋友一起玩耍，"自己"被小朋友推倒在地。阿凡达形象展现生气的表情
	S12：别的小朋友抢了"自己"喜欢吃的苹果。阿凡达形象展现生气的表情

测评游戏中的情境及表情设定如表 4-2 所示。

表 4-2　测评游戏中的情境及表情设定

游戏情境设定	表情设定
C1："自己"故意踢坏了路边的花盆	生气
C2："自己"养的小动物受了伤	难过
C3："自己"顺利完成了老师要求的立正动作	高兴
C4："自己"抢了其他小朋友的玩具	生气

续表

游戏情境设定	表情设定
C5:"自己"和朋友合作用积木搭了一座超高的房子	惊讶
C6:"自己"送了好朋友生日礼物	高兴
C7:母亲节,"自己"忘记了给妈妈祝福	难过
C8:从来没系过鞋带,但出门前"自己"系好了	惊讶

（二）游戏模式

用户在用户界面模块选择"游戏模式",用户的选择信息传递给触发控制模块。触发控制模块向用户界面发出切换指令,使用户界面切换至游戏页面;用户在游戏页面选择"自由模式""模仿模式""跟随模式"中的一种,并选择卡通或者真人的虚拟 3D 渲染形象。用户的选择信息传递给触发控制模块,触发控制模块向用户界面发出切换指令,使用户界面切换至相应的游戏模式;向虚拟渲染模块发出启动指令,生成对应的虚拟 3D 形象。

若用户选择的是自由模式,触发控制模块向数据采集模块发出启动指令,面部数据采集模块采集用户的面部数据,经通信模块传给服务器上的面部数据分析子模块,提取用户的表情特征并识别表情。分析结果经通信模块回传到手机上,再由触发控制模块向虚拟渲染模块发出启动指令,表情生成子模块根据用户的表情特征生成虚拟形象的表情。游戏结束时,触发控制模块向干预报告生成模块发出启动指令,生成自由模式下用户表情的多样性和复杂度报告。

若用户选择的是模仿模式,触发控制模块向虚拟渲染模块发出启动指令,表情生成子模块根据系统随机给出的表情类别生成虚拟形象的表情;触发控制模块向强化教学模块发出启动指令,语音子模块发出语音提示,请用户模仿虚拟形象中的表情;触发控制模块向数据采集模块发出启动指令,面部数据采集子模块采集用户的面部数据,经通信模块传给服务器上的数据分析模块,识别用户的表情并判断用户模仿的相似度。分析结果经通信模块回传到手机上,触发控制模块再次向强化教学模块发出启动指令,当用户模仿正确时,语音子模块发出鼓励语音,如"你真棒";当用户模仿不正确时,语音子模块发出提示语音,引导用户模仿。游戏结束后,触发控制模块向干预报告生成模块发出启动指令,生成模仿模式下用户模仿成功的表情类别和次数。

若用户选择的是跟随模式,触发控制模块向虚拟渲染模块发出启动指令,表情生成子模块根据系统随机给出的表情类别连续生成虚拟形象的表情;触发控制模块向数据采集模块发出启动指令,面部数据采集子模块采集用户的面部数据,经通信模块传给服务器上的数据分析模块,识别用户的表情并判断用户是否可以连续跟随模仿。游戏结束后,触发控制模块向干预报告生成模块发出启动指令,生成跟随模式下游戏的得分。

(三)强化训练模式

用户在用户界面模块选择"强化训练模式",用户的选择传递给触发控制模块。触发控制模块向用户界面发出切换指令,让用户界面切换至强化训练页面。强化训练页面显示一个真人表情;触发控制模块向强化教学模块发出启动指令,语音子模块发出语音提示,请用户从手边的 NFC 卡片中选择一张匹配的靠近手机;向数据采集模块发出启动指令,数据采集模块判断用户是否选择了正确的卡片,当用户选择了正确的卡片时,触发控制模块向强化教学模块发出启动指令,语音子模块发出鼓励语音,如"你真棒";当用户选择了错误的卡片时,触发控制模块向强化教学模块发出启动指令,视频子模块播放与现实表情图片相应的沉浸场景,语音子模块提示用户重新做出选择。

在强化训练过程中,为了评价儿童的面部表情识别水平,我们特设计了以电子游戏为载体的测评工具。测评游戏的情节设计如下:被试的阿凡达形象(在被试看来是他"自己")在场景行走的过程中会碰到各种日常生活中常见的物品或人物;阿凡达形象会根据预先设定的情境做出一些行为;游戏界面上显示同一真实人物的高兴、惊讶、难过和生气 4 张表情图像,并通过语音提示被试选择"自己"做出游戏中的行为后他人应该出现的面部表情。测评游戏截图如图 4-17 所示。

(四)自适应干预流程

系统可以根据用户的表现给出下一阶段的学习建议,实现自适应的学习路径推荐。具体来说,在教学模式中完成教学内容的学习后,可转入强化训练模式检验学习成果,强化训练中错误匹配的情绪将被记录下来,在下次进入教学模式时,重新点击学习错误匹配的情绪。

教学模式中的教学内容完成后,可转入游戏模式,游戏难度由低到高。首先进入自由模式,若能在该模式下自由切换表情达到一定次数,则可进入下一难度的游戏;若不能,则不再进入下一难度的游戏,并继续在教学模式下进行学习。自由模式之后为模仿模式,若能模仿一定数量的表情,则可进入下一难度的游戏;若不

图 4-17 面部表情识别测评游戏（截图）

能，记录儿童不能模仿的表情，则可以回到自由模式游戏，并退回到教学模式继续学习不能模仿的表情。模仿模式之后为跟随模式，若儿童能跟随阿凡达表情，则可以增大跟随模式的难度，增加跟随表情的数据和加快跟随表情的速度；若不能，则可以回到模仿模式进行游戏，并退回到教学模式继续学习不能跟随的表情。当高一级难度的游戏无法完成时，退回到低一级难度的游戏再玩的目的是保持儿童学习的兴趣和信心。

这一系统的优点如下：首先，该系统结合了虚拟现实技术，具有良好的定制性，可以为用户提供容易接受的 3D 虚拟形象和语音信号；其次，该系统具有高级的智能性，通过计算机视觉算法识别用户的表情，有利于人机之间形成良性的互动，为干预方案的实施提供必要的基础；最后，该系统具有完善的自适应性，能够为干预过程中处于不同干预阶段的用户提供不同的干预项目和干预方案。

第三节　孤独症智能干预中的个性化推荐

孤独症儿童在各项能力发展及个性化偏好上与典型发展儿童表现出较大的

差异性，且在发展轨迹上表现出多样性，这就需要为每个孤独症儿童制定有针对性的干预计划，同时根据干预过程中的表现对干预方案做出自适应的调整。另外，现有的干预方法多样，干预训练资源良莠不齐，如何为每个孤独症儿童定制个性化的干预方案，推荐合适的资源，解决认知过载问题，是干预者面临的难题。

当前，孤独症儿童干预绝大多数依赖于特殊教育专家或儿科主任医师的经验，少数报道的智能化干预系统针对的仅仅是单一能力的训练，缺少针对各项能力发展的一揽子干预方案自动生成方法；无法构建"评估—干预—评估"闭环，无法对干预方案做出自适应调整；缺少智能推荐机制，干预资源单一且不可扩展，也无法对干预资源的适用性和有效性进行评估。因此，本研究设计开发了一种基于个性化推荐的孤独症智能干预系统。下面将从系统设计、硬件模块设置和个性化推荐功能三个方面进行介绍。

一、孤独症智能干预系统设计

本研究设计的孤独症智能干预系统意在构建"评估—干预—评估"闭环，即先评估儿童的各项能力水平，根据用户的个性化特征和干预绩效表现实现干预方案的自适应调整与干预资源的智能推送。实施该干预方案若干个干预期后，对干预效果进行评估，既能检验干预方案的有效性，又可以为下一步干预方案的调整提供客观依据。

二、孤独症智能干预系统硬件模块设置

本系统的硬件模块包括评估模块、干预计划生成模块、推荐模块、干预模块和干预绩效计算模块。其中，评估模块用于提取用户的个性化信息，包括量表评估子模块、问卷调查子模块、个性化偏好测试子模块；干预计划生成模块用于根据用户的个性化信息制定干预活动的目标和期限；推荐模块用于根据干预计划和个性化偏好推荐具体的训练资源；干预模块用于通过人机交互技术执行具体的干预方案；干预绩效计算模块用于分析用户在干预过程中的表现。具体如图4-18所示。

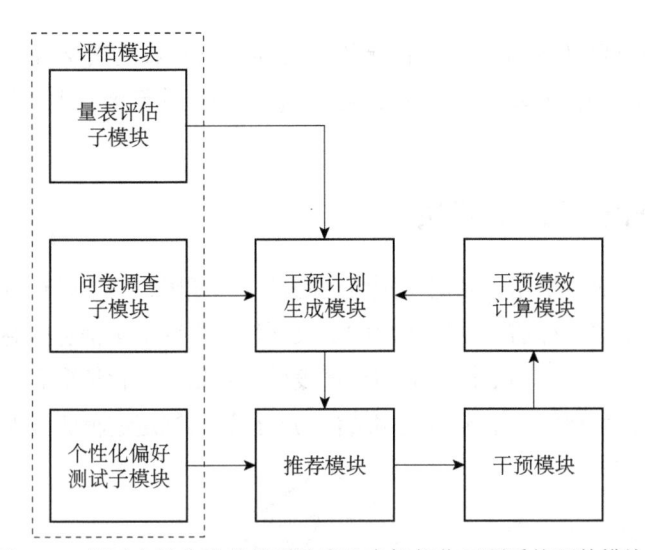

图 4-18　基于个性化推荐的孤独症儿童智能化干预系统硬件模块

（一）评估模块

评估模块包括量表评估子模块、问卷调查子模块和个性化偏好测试子模块，用于提取用户的个性化信息。用户的个性化信息包括各发展领域的能力、用户的基本信息，以及个性化偏好。其中，量表评估子模块、问卷调查子模块的输出端均与干预计划生成模块的输入端相连，个性化偏好测试子模块的输出端与推荐模块的输入端相连。

量表评估子模块用于记录根据儿童发展量表得出的儿童各项发展能力评估结果。本系统评估所用的儿童发展量表是"心理教育评估量表"（Psycho-educational Profile，PEP），由美国的 Schopler 等（1979）编制，用于对孤独症及相关发育障碍儿童进行个别化发育评估。2005 年，PEP-3 发布。PEP-3 是目前国内外公认的操作最简便、提供的信息最多，能够完全反映儿童发展及病理行为两个方面情况的实用量表。用户可选择具有 PEP-3 评估资质的评估师为其进行评估，将评估各项结果录入量表评估子模块。

问卷调查子模块用于记录孤独症儿童的基本信息，具体是通过电子问卷记录，电子问卷由用户家长填写。儿童的基本信息包括出生日期、性别、母亲妊娠期身体及心理状态、是否存在家族遗传等可能与孤独症患病相关的有用信息。

个性化偏好测试子模块具体是通过人机交互技术检测孤独症儿童的个性化偏好。具体的实现方法如下：将干预训练过程中可能出现的资源素材在计算机屏幕上按照九宫格排列随机呈现，语音提示用户看向自己喜欢的素材或者用手触摸屏幕相应的区域，利用眼动追踪技术或者触摸屏感知用户的行为，根据用户的行为记录其个性化偏好。

（二）干预计划生成模块

干预计划生成模块用于制定干预活动的目标和期限，具体是根据用户的个性化信息制定。在干预训练前，根据用户的量表评估结果和基本信息问卷调查制定干预计划；在干预过程中，则根据当前用户量表评估结果的变化情况和干预绩效表现调整干预方案。量表评估与干预绩效相结合的干预计划制定逻辑流程如图 4-19 所示。

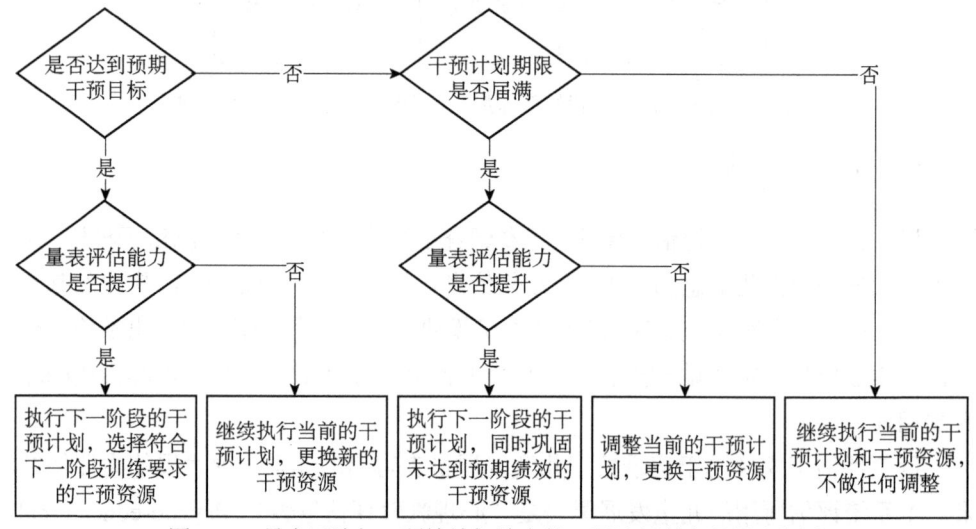

图 4-19 量表评估与干预绩效相结合的干预计划制定逻辑流程图

具体来说如下：①当干预绩效达到预期时，需要进行量表评估，评估结果表明某项能力有提升，则关于该项能力的干预可进入下一阶段，推荐与下一阶段训练对应的干预资源；②当干预绩效未达到预期时，评估结果表明各项能力未提升，表明用户的泛化能力不足，需要推荐新的资源加强干预训练的泛化效果；③当干预绩效未达到预期时，干预计划期限未届满，则继续执行该干预计划；④当干预绩效未达到预期时，干预计划期限届满，需要进行量表评估，评估结果表明某项能力有提升，则该项能力的干预可进入下一阶段，但是当前推荐的资源可加入下一阶段的训练计划，加以巩固；⑤当干预绩效未达到预期时，干预计划期限届满，评估结果表明各项能力没有提升，表明当前的干预效果不佳，应及时调整干预方案，并更换干预资源。

干预计划生成模块依据最近发展区理论确定用户的发展目标以及干预期限。最近发展区示意图如图 4-20 所示，其能力的发展有两种水平：一种是实际发展水平，指独立活动时所能达到的水平；另一种是潜在发展水平，也就是通过训练所能达到的水平。两者之间的差异就是最近发展区。干预训练应着眼于最近发展区，为孤独症儿童提供有一定难度的内容，调动其积极性，激发其潜能，超越其最近发展区而达到下一发展阶段的水平，然后在此基础上进行下一个发展区的发展。在干预过程中，儿童的各项能力被划分为高、中、低 3 个等级，每个等级下有若干子项。根据最近发展区理论，首先依据儿童的个性化信息确定用户所处的等级，并判断该等级下各个子项是否已经全部掌握，若没有全部掌握，则将最近发展区设定为当前等级；若全部掌握，则将最近发展区设定为下一等级。

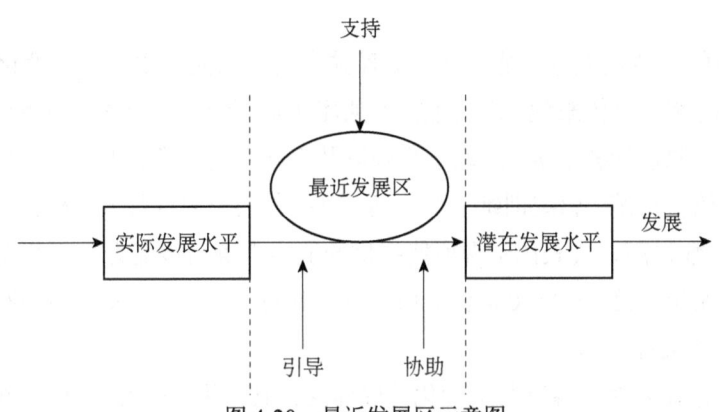

图 4-20 最近发展区示意图

（三）推荐模块

推荐模块用于推荐具体的训练资源，具体是根据干预计划和个性化偏好来推荐的。该模块采用个性化推荐算法，使用基于近邻的协同过滤算法、基于模型的协同过滤算法或者基于知识图谱的协同过滤算法中的一种或多种组合进行推荐。

（四）干预模块

干预模块用于通过人机交互技术执行具体的干预方案。在干预方案执行过程中，儿童的表现，如注意力、情绪、游戏得分等数据会被记录下来。

儿童的注意力和情绪可通过人机交互技术来感知，即通过视线追踪和表情识别算法来判断用户的注视区域与进行干预训练时的情绪。

（五）干预绩效计算模块

干预绩效计算模块用于分析用户在干预过程中的表现。根据用户的注意力是否集中、训练过程中的情绪是否为正面情绪以及用户游戏的得分计算干预绩效。当用户的干预绩效达到预期时，则通知用户家长此时应进行量表评估；当用户的干预绩效未达到预期且干预期限未满时，则继续执行该干预方案。

干预绩效的计算方法具体如下：将注意力、情绪和游戏得分分别量化为低、中、高3个等级，等级低为0分，等级中等为1分，等级高为2分，将3项得分相加作为干预绩效总分。

三、个性化推荐功能

本系统的个性化推荐功能意在根据孤独症儿童的能力水平和个性化偏好进行学习资源的推荐。具体来说，需要进行孤独症儿童干预计划与学习资源的匹配。其中，推荐的资源包括教学游戏、教学视频以及实际活动，其中实际活动又包括社会交互训练、语言训练、感统训练三个方面。对推荐的资源进行人工标注，分值范围为0~1，分数越高，代表该资源所能提供的能力训练与该能力的相关度越高。其中，0表示无相关性，0.1~0.4表示相关性一般高，0.5~0.7表示相关性比较高，0.8~1表示相关性很高。

另外，还需要对资源进行个性化偏好标注，其他为0；动物为3；植物为4；水果为5；蔬菜为6；真实人物为7；卡通人物为8；玩具为9；交通工具为10；生活日用品为11；食物或零食等为12；文具为13；人体五官为14；天气为15；数字为16；图形为17；颜色为18；形状为19；方向为20。对于推荐的资源，我们应根据儿童的个性化偏好进行排序。

（一）基于用户近邻的推荐

在新用户注册后，我们会对其进行评估，评估的内容为量表PEP-3对应的10项基本能力得分。然后，我们会对其与数据库中的用户的相似度进行计算，找出与其最相似的K个用户，然后为其推荐这K个用户所采用的训练游戏、课程、产品等。具体实现流程如图4-21所示。

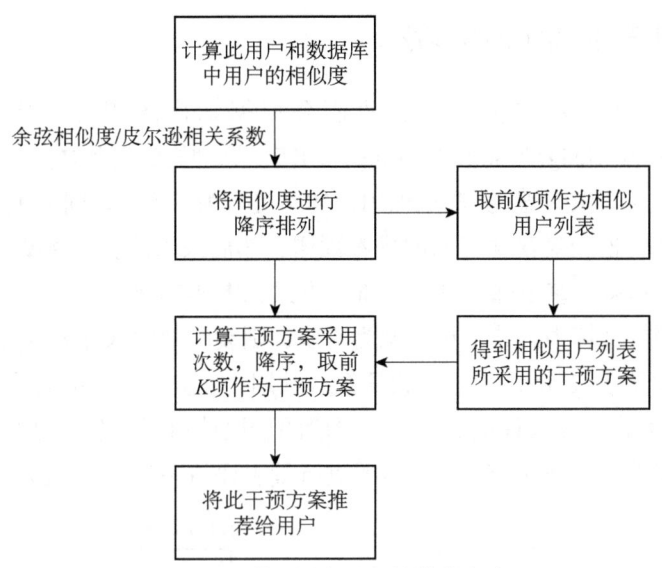

图 4-21　基于用户近邻的推荐方式

（二）基于资源近邻的推荐

我们会根据 10 个维度计算不同资源之间的相似度。在用户尝试了一定量的资源之后，我们会根据用户所需要巩固的资源进行相似推荐。如某一种资源需要巩固，那么我们就会推荐和该资源相似的前 K 个资源。具体实现流程如图 4-22 所示。

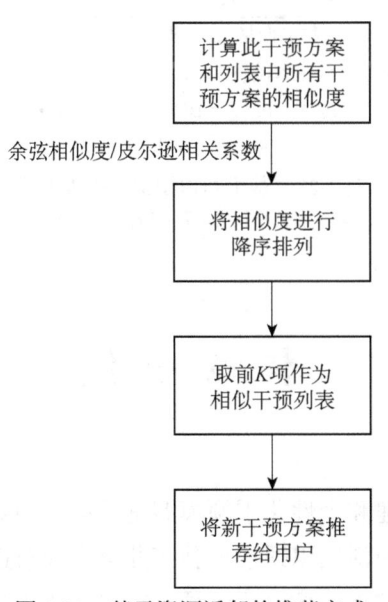

图 4-22　基于资源近邻的推荐方式

（三）基于知识图谱的推荐

在资源达到一定的量之后，我们会根据知识图谱的协作知识库嵌入（collaborative knowledge base embedding，CKE）原理构建资源之间的实体对应表，在资源部分嵌入知识图谱。算法依据用户的历史行为及资源之间的关联，将其所需要的干预预测转换为对候选资源的推荐预测，然后采用注意力模型预测用户对候选资源的需要程度。基于知识图谱的推荐方式如图4-23所示。

在干预绩效计算中，若干预资源为游戏，则设置绩效满分为6分=2分（注意力）+2分（情绪）+2分（游戏），设置绩效预期为5分，当干预绩效达到5分或6分时，用户需要进行量表评估决定下一阶段的干预计划；设置干预周期为1~2周，若干预期限届满未达到5分，用户需要进行量表评估决定下一阶段的干预计划。

损失函数：loss = rec_{loss} + kg_{loss}

其中：rec_{loss} = BCE_{loss}(sigmoid($u \cdot V$), y^{true})

kg_{loss} = kge_los(h, r, t)

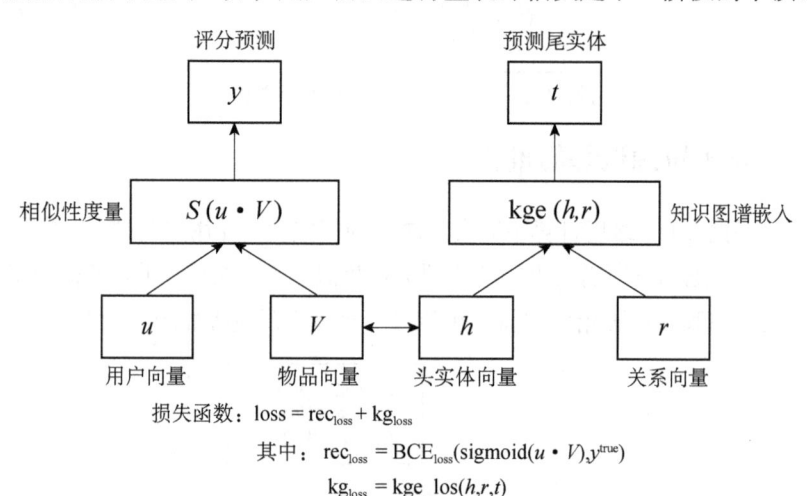

图4-23　基于知识图谱的推荐方式

注：kge 表示知识图谱嵌入；rec_{loss} 表示召回率损失函数；kg_{loss} 表示评分函数；BCE_{loss} 表示二元交叉熵损失

本 章 小 结

系统性学习活动创建和个性化干预模型是提高干预效果的关键。针对现有干预方法难以动态调整学习活动以适应孤独症儿童发展轨迹多样化的问题，本章介绍了基于电子游戏的孤独症儿童过程干预，提出了基于阿凡达技术的孤独症智能干预中的相关个性化推荐技术。

孤独症儿童的发展轨迹复杂多样，个性化的过程干预是保证干预有效性的必然选择。为达成个性化过程干预，需要建立融合心理、执行功能、中央统合功能及相互主观性理论的学习活动理论框架，在此基础上创建多阶段的社交学习活动，建立基于儿童发展理论的干预模型，发展基于儿童个性化模型的干预方法，最终建立自适应于儿童个体的智能化干预机制。此外，及时的量化评估也是提供个性化过程干预的重要保障。孤独症儿童量化评估技术将在第五章介绍。

参 考 文 献

霍文瑶，刘艳虹，胡晓毅.（2016）. 自闭症儿童面部表情识别的干预研究. 中国特殊教育，7，52-58.

荆伟.（2013）. 自闭症谱系障碍儿童词语习得中"快速映射"能力的实验研究. 华东师范大学博士学位论文.

师书恩.（2001）. 计算机辅助教学. 北京：高等教育出版社.

王梅，张海丛，张群，等.（2016）. 基于眼动的孤独症儿童词语理解特点的研究. 中国康复理论与实践，（3），252-256.

Bamasak, O., Braik, R., Al-Tayari, H., et al.（2013）. Improving autistic children's social skills using virtual reality. International Conference of Design, User Experience, and Usability. Health, Learning, Playing, Cultural, and Cross-Cultural User Experience, 342-351.

Cai, Y. Y., Chia, N. K. H., Thalmann, D., et al.（2013）. Design and development of a virtual dolphinarium for children with autism. IEEE Transactions on Neural Systems and Rehabilitation Engineering: A Publication of the IEEE Engineering in Medicine and Biology Society,（2），208-217.

Carr, E. G., Pridal, C., & Dores, P. A.（1984）. Speech versus sign comprehension in autistic children: Analysis and prediction. Journal of Experimental Child Psychology,（3），587-597.

Carter, E. J., Williams, D. L., Hodgins, J. K., et al.（2014）. Are children with autism more responsive to animated characters? A study of interactions with humans and human-controlled Avatars. Journal of Autism and Developmental Disorders,（10），2475-2485.

Charman, T., & Baron-Cohen, S.（1995）. Understanding photos, models, and beliefs: A test of the modularity thesis of theory of mind. Cognitive Development, (2), 287-298.

Chen, J. Y., Chen, D., & Lemon, O. (2011). A feature-based detection and tracking system for gaze and smiling behaviours. International Journal of Computer Systems Science & Engineering, (3), 207-214.

Chen, J. Y., Chen, D., Gong, Y. J., et al. (2012). Facial expression recognition using geometric and appearance features. Proceedings of the 4th International Conference on Internet Multimedia Computing and Service, 29-33.

Cheng, Y. (2005). An Avatar representation of emotion in collaborative virtual environments (CVE) technology for people with autism. Leeds: Leeds Metropolitan University.

Chia, N. K. H., & Wong, E. W. (2015). User-Avatar Social Engagement (UASE) for individuals with autism spectrum disorder: A proposed human-Avatar interaction model. International Journal of Emerging Technology and Advanced Engineering, (6), 328-334.

Chung, E. Y. H. (2019). Robotic intervention program for enhancement of social engagement among children with autism spectrum disorder. Journal of Developmental and Physical Disabilities, (4), 419-434.

David, D. O., Costescu, C. A., Matu, S., et al. (2020). Effects of a robot-enhanced intervention for children with ASD on teaching turn-taking skills. Journal of Educational Computing Research, (1), 29-62.

de Freitas, S., & Griffiths, M. (2007). Online gaming as an educational tool in learning and training. British Journal of Educational Technology, (3), 535-537.

Deriso, D., Susskind, J., Krieger, L., et al. (2012). Emotion mirror: A novel intervention for autism based on real-time expression recognition. https://link.springer.com/content/pdf/10.1007/978-3-642-33885-4_79.pdf.

Escobedo, L., Tentori, M., Quintana, E., et al. (2014). Using augmented reality to help children with autism stay focused. IEEE Pervasive Computing, (1), 38-46.

Fletcher, J. D. (1990). Effectiveness and Cost of Interactive Video Disk Instruction in Defense Training and Education. Washington: Institute for Defense.

Golan, O., & Baron-Cohen, S. (2006). Systemizing empathy: Teaching adults with Asperger syndrome or high-functioning autism to recognize complex emotions using interactive multimedia. Development and Psychopathology, (20), 591-617.

Gray, C. A, & Garand, J. D. (1993). Social stories: Improving responses of students with autism with accurate social information. Focus on Autistic Behavior, (1), 1-10.

Grynszpan, O., Weiss, P. L. T., Perez-Diaz, F., et al.(2014). Innovative technology-based interventions for autism spectrum disorders: A meta-analysis. Autism, (4), 346-361.

Guo, J. Z., Zhu, X. Y., Yang, Y., et al. (2020). Towards fast, accurate and stable 3D dense face alignment. In A. Vedaldi, H. Bischof, T. Brox, et al (Eds.), European Conference on Computer Vision. Cham: Springer, 152-168.

Happé, F., & Frith, U. (2006). The weak coherence account: Detail-focused cognitive style in autism spectrum disorders. Journal of Autism and Developmental Disorders, (1), 5-25.

Hopkins, I. M., Gower, M. W., Perez, T. A., et al. (2011). Avatar assistant: Improving social skills in students with an ASD through a computer-based intervention. Journal of Autism and Developmental Disorders, (11), 1543-1555.

Houston-Price, C., Plunkett, K., & Duffy, H. (2006). The use of social and salience cues in early word learning. Journal of Experimental Child Psychology, (1), 27-55.

Jerome, J., Frantino, E. P., & Sturmey, P. (2007). The effects of errorless learning and backward chaining on the acquisition of internet skills in adults with developmental disabilities. Journal of Applied Behavior Analysis, (1), 185-189.

Lorenzo, G., Pomares, J., & Lledó, A. (2013). Inclusion of immersive virtual learning environments and visual control systems to support the learning of students with Asperger syndrome. Computers and Education, 62, 88-101.

Luyster, R. J., Kadlec, M. B., Carter, A., et al. (2008). Language assessment and development in toddlers with autism spectrum disorders. Journal of Autism and Developmental Disorders, (8), 1426-1438.

Mather, E., & Plunkett, K. (2012). The role of novelty in early word learning. Cognitive Science, (7), 1157-1177.

Mcmahon, D. D., Cihak, D. F., Wright, R. E., et al. (2016). Augmented reality for teaching science vocabulary to postsecondary education students with intellectual disabilities and autism. Journal of Research on Technology in Education, (1), 38-56.

Moore, D., McGrath, P., & Thorpe, J. (2000). Computer-aided learning for people with autism: A framework for research and development. Innovations in Education and Training International, (3), 218-228.

Orvalho, V., Miranda, J., & Sousa, A. A. (2009). Facial synthesys of 3D Avatars for therapeutic applications. https://www.semanticscholar.org/paper/Facial-Synthesys-of-3D-Avatars-for-Therapeutic-OrvalhoMiranda/a888ec5ecdb7913169007f67aa230ddcee1d468d?p2df.

Ozonoff, S., Pennington, B. F., & Rogers, S. J. (1991). Executive function deficits in high-functioning autistic individuals: Relationship to theory of mind. Journal of Child Psychology and Psychiatry, and Allied Disciplines, (7), 1081-1105.

Parsons, S., Leonard, A., & Mitchell, P. (2006). Virtual environments for social skills training:

Comments from two adolescents with autistic spectrum disorder. Computers & Education,（2）, 186-206.

Patel, S., Hughes, D., & Hughes, C.（2016）. MeEmo-using an Avatar to improve social skills in children with ASD. The Workshop on Child Computer Interaction, 45-50.

Piper, A. M., O'Brien, E., Morris, M. R., et al.（2006）. SIDES: A cooperative tabletop computer game for social skills development. Proceedings of the 20th Anniversary ACM Conference on Computer Supported Cooperative Work, 1-10.

Rajendran, G., & Mitchell, P.（2007）. Cognitive theories of autism. Developmental Review,（2）, 224-260.

Scassellati, B., Boccanfuso, L., Huang, C. M., et al.（2018）. Improving social skills in children with ASD using a long-term, in-home social robot. Science Robotics,（21）, 1-20.

Schopler E.（1979）. Individualized Assessment and Treatment for Autistic and Developmentally Disabled Children. Baltimore: Maryland University Press.

Schopler, E., & Mesibov, G. B.（2013）. Learning and Cognition in Autism. New York: Springer Science & Business Media.

Silver, M., & Oakes, P.（2001）. Evaluation of a new computer intervention to teach people with autism or Asperger syndrome to recognize and predict emotions in others. Autism,（3）, 299-316.

Smith, E., Constantin, A., Johnson, H., et al.（2021）. Digitally-mediated social stories support children on the autism spectrum adapting to a change in a "real-world" context. Journal of Autism and Developmental Disorders,（2）, 514-526.

Strickland, D., Marcus, L. M., Mesibov, G. B., et al.（1996）. Brief report: Two case studies using virtual reality as a learning tool for autistic children. Journal of Autism and Developmental Disorders,（6）, 651-659.

Sturmey, P., & Fitzer, A.（2007）. Autism Spectrum Disorders: Applied Behavior Analysis, Evidence, and Practice. Austin: Pro-Ed.

Tanaka, J. W., & Sung, A.（2016）. The "eye avoidance" hypothesis of autism face processing. Journal of Autism and Developmental Disorders,（5）, 1538-1552.

Whalen, C., Moss, D., Ilan, A. B., et al.（2010）. Efficacy of TeachTown: Basics computer-assisted intervention for the intensive comprehensive autism program in Los Angeles unified school district. Autism,（3）, 179-197.

Zhu, J., & Yang, J.（2002）. Subpixel eye gaze tracking. Automatic face and gesture recognition. Proceedings of 5th IEEE International Conference on Automatic Face Gesture Recognition, 131-136.

… 第五章

孤独症儿童量化评估

评估是孤独症儿童筛查与教育干预的重要保障。孤独症儿童的个体差异性大，教育干预要满足孤独症儿童的个性化需求。有效的评估是对孤独症儿童进行高质量教育干预的重要保障。本章系统介绍孤独症儿童的量化评估方法。首先，梳理评估需求，介绍推荐的几种评估量表；其次，针对孤独症儿童的功能特性，介绍计算机游戏化的量化评估方法；再次，提出孤独症儿童多模态量化评估方法；最后，简要介绍评估结果的使用。

第一节　基于量表的孤独症儿童量化评估

《孤独症儿童康复服务》指出，评估的目的是明确孤独症儿童实际发育水平及存在的问题，确定可及的目标，制定有针对性的服务方案，判定效果，为开展系统的干预提供依据。

孤独症儿童量化评估包括发育评估、专项评估和效果评估。其中，效果评估是应用前两种评估方法检验干预效果，发现孤独症儿童当前存在的问题，以进一步调整后续干预方案，因此不单独介绍。接下来，我们将以发育评估和专项评估为主，重点介绍常用的几种评估方法。

一、发育评估

发育评估旨在了解孤独症儿童的实际发育水平，明确其与典型发展儿童发育水平（包括但不限于社交、认知、交流、情绪行为等）的差异，根据具体问题选择相应的评估工具。《孤独症儿童康复服务》推荐选择使用的发育评估工具包括"格塞尔发育量表"（Gesell Developmental Schedules）、"儿童发育里程碑"。

（一）格塞尔发育量表

"格塞尔发育量表"是由美国儿童心理学家格塞尔（Gesell, 1925）教授通过对几千名儿童行为模式展开系统观察，并通过电影分析法揭示儿童行为发展原则和规律得到的儿童发展评估工具。"格塞尔发育量表"最早被提出是在1925年，并在1937年、1940年、1974年进行了多次修订。1974年修订版中推荐评估儿童的年龄范围是16天至5岁，重点是3岁以下的儿童，由专业儿科医生进行评估，并且家长参与陪同，评估时间约为30min。20世纪60年代初，我国在临床上试用了"格塞尔发育量表"。北京智能发育协作组在1985年、1992年先后完成了本土化修订，形成了完整的"0～6岁儿童格塞尔发育量表"（张秀玲等，1994）。

"格塞尔发育量表"源于格塞尔教授的成熟势力理论（王金奎，2005）。他认为，儿童的发展受到诸多因素的影响，其中"成熟"是主要标志。这里的"成熟"不仅是指儿童生理上的成熟，也指儿童的行为系统的发展是一个有先后次序的过程，心理成熟和生理成熟之间密切相关，反映在儿童智力的发展与神经系统的健全之间呈正相关关系。当生理成熟时，干预训练会对儿童的发展起到促进作用，反之，只有微弱的作用甚至没有作用。格塞尔将发展常模中儿童在每个成熟阶段的行为模式作为发展量化标准，以此作为评估项目及诊断标准，建立了8个分量表。"格塞尔发育量表"对儿童发展能力的评估包括4个方面的内容（Gesell，1925）。

1）适应性：儿童感知对象和环境的能力，以及分析和解决实际问题的能力。
2）精细动作和粗大动作：手部的抓、捏等精细动作和坐、走、跑等动作。
3）语言：理解语言和语言表达的能力。
4）社交技能：与他人的交往能力和生活自理能力。

格塞尔教授还提出了发展商数（development quotient，DQ）这一概念，用于评估儿童的发展水平（Gesell，1932；Meinzen-Derr et al.，2017），计算公式为

$$发展商数 = \frac{成熟年龄}{实际年龄} \times 100$$

这样就可以计算儿童上述4个方面能力的发展商数，并与发展量化标准进行对照，得到儿童在不同年龄阶段的发育速率的指标。该指标对临床诊断有非常大的价值，特别是在对行为发展异常的儿童做早期临床诊断方面有较大的价值，后来有许多儿童量表的项目都是源自"格塞尔发育量表"。

（二）儿童发育里程碑

"儿童发育里程碑"主要评估儿童在婴儿期和早期的特定年龄所表现出来的一系列行为、技能或能力（Volkmar，2021）。"儿童发育里程碑"认为儿童发育过程是顺序式的，即儿童后来发展的技能应该建立在儿童先前所获得的能力或技能基础之上。技能是发展的象征，如迈出第一步、第一次微笑等。在典型儿童的发展中，可以按照年龄划分形成0~6岁儿童发育里程碑列表，包括认知、社交和情感、沟通和语言、精细动作和粗大动作等方面（Scharf et al.，2016）。家长、儿童照顾者、老师、儿童心理学家以及儿科医生可以通过"儿童发育里程碑"定义的技能要求，来判断儿童是否符合同龄儿童的发育情况。

认知技能是儿童学习和解决问题的能力，如2个月的婴儿会学习用手或眼睛来探索环境，当儿童成长到5岁时，会学习做简单的数学题或背诵诗歌等。

社交和情感技能发展体现了儿童与他人互动、认知、表达自己的感受以及理

解、回应他人感受的能力。在典型儿童发育过程中，在 2 个月大的时候，其面部表情就形成了，6 个月大的时候，就可以对他人的微笑做出反应。

沟通和语言技能的发展是从理解他人语言的含义到自我表达的一个过程。语言是脑在发育成熟过程中受到语言环境刺激后获得的能力，是儿童全面发育的标志，如 9~12 个月大的婴幼儿能够准确运用"爸爸""妈妈"等词语，主动与他人进行极简单的语言交流。

精细动作和粗大动作是儿童在大脑的调控下对自己身体躯干的控制，是个体与环境进行有效互动的基本手段，是观察和评估个体身心发展情况的重要依据，与"儿童发育里程碑"中所包含的另外几种技能的发展密切相关（王琳等，2021）。世界卫生组织（World Health Organization，WHO）曾为 0~2 岁儿童设定了 6 大动作发育里程碑，分别是坐立（无支撑）、爬行（利用手和膝盖）、行走（有支撑）、站立（有支撑）、站立（无支撑）和行走（无支撑）。如果精细动作和粗大动作发展异常，则可能预示着儿童早期发育的异常，是多种疾病的早期征兆和信号。

"儿童发育里程碑"是帮助临床医生尽早发现儿童发育迟缓或发育障碍的有效手段。在儿童发展过程中，某些里程碑的缺少可能表明其发育迟缓或有发育障碍，进而儿科医生可以对儿童进行早期干预，以使儿童有最大的可能获得健康发展（Bedford et al.，2016）。研究表明，在儿童发展的过程中，越早开始干预，改善结果越好（Watson et al.，2003）。在患有发展行为障碍的儿童中，仅有不到 1/3 的儿童被家人或看护者及时发现，原因可能在于没有使用或使用了非正式的"儿童发育里程碑"进行监测或评估。

二、专项评估

专项评估是针对每个儿童的具体情况，进一步分析其功能优势及缺陷（包括但不限于社交、认知、情绪行为等）、发展潜能及特殊需求，制定有针对性的阶段性目标和具体干预方案。团体标准推荐选择使用的专项评估工具包括"儿童功能独立性评估量表"（Functional Independence Measure for Children，WeeFIM）、"婴儿-初中生社会能力量表"（Sociallife Ability Scale for Infant-Junior Middle School Student）、"儿童适应行为评定量表"（Child Adaptive Behavior Rating Scale，CABS）、"语言行为里程碑评估及安置程序"（Verbal Behavior Milestones Assessment and Placement Program，VB-MAPP）、"韦氏儿童智力量表"（Wechsler Intelligence Scale for

Children，WISC）、"心理教育评估量表"（PEP）。

（一）儿童功能独立性评估量表

WeeFIM可用于评估6个月以上发育障碍儿童，以及所有发育障碍和心理年龄小于7岁的儿童，特别适用于评估2~5岁儿童的功能独立性发展进程（Wong et al.，2002）。WeeFIM是对功能独立性评估（functional independence measure，FIM）工具的改编。虽然只有有限的研究探讨了该量表的信度和效度，但结果表明该量表是有效和可靠的（Deutsch et al.，1996）。

WeeFIM从6个层面评估儿童的能力水平，包括自理能力、括约肌控制、转移、运动、交流和社会认知（Ottenbacher et al.，1996）。其中，运动子量表包括自理能力（6项）、括约肌控制（2项）、转移（3项）和运动（2项）三个方面，共13个项目。社会认知子量表包括交流（2项）、社会认知（3项）两个方面，共5个项目。WeeFIM使用利克特7点量表对儿童的表现进行评分（从完全需要协助到完全独立）。评分为1~4，表示儿童需要他人提供一定程度的帮助才能完成活动；评分为5，表示儿童需要监督或成人提示才能完成任务；评分为6，表示儿童可以独立完成活动（有条件的独立），但可能需要一个辅助设备，活动时间比正常情况下要长，或者儿童完成活动任务时需要考虑安全因素；评分为7，说明儿童可以在合理的时间内完全独立、安全地完成所有活动。我们可以通过直接观察、采访、观察与采访相结合的方式使用WeeFIM。每个项目必须进行评级，不能给出0或不适用的评级。最低总评分为18（所有技能的总依赖度）；最高总评分为126（所有技能完全独立）（Ottenbacher et al.，2000）。

WeeFIM是一个在临床中有效地评估功能性残障的轻量级工具，其优点是简洁、全面且统一。WeeFIM旨在跟踪健康、发展、教育和社区环境中儿童功能优势和功能限制。通过WeeFIM，专业人员可以评估儿童的生活和成长是否需要额外的看护人员与特殊资源（如移动设备、干预治疗、个人护理助手、休息等）的支持。专业人员还可以参与评估当前干预措施（医疗、发展、教育、康复）对儿童的功能独立性的影响，从而制定综合、协调的策略，以优化结果（Msall et al.，1994）。

（二）婴儿-初中生社会能力量表

"婴儿-初中生社会能力量表"用于评估6个月至14岁被试的社会成熟度。该量表由日本心理适应能力研究所等机构编制，北京大学附属第一医院等单位于

1987 年完成了中国标准化工作（Li et al., 2020）。

"婴儿-初中生社会能力量表"是一种评估婴儿至初中不同年龄段儿童发育水平的问卷。该量表共有 132 道题目，涵盖 6 个领域：独立生活能力、自我管理能力、运动能力、集体活动能力、作业操作能力和社交技能（Li et al., 2020）。该量表既能应用于临床智力低下的诊断，又能应用于此年龄段儿童社会生活能力的筛查。完成量表大概需要 15min。其中，有 19 道题目适用于 6 个月至 1 岁 11 个月的婴幼儿；有 22 道题目适用于 2 岁至 3 岁 5 个月的儿童；有 22 道题目适用于 3 岁 6 个月至 4 岁 11 个月的儿童；有 17 道题目适用于 5 岁至 6 岁 5 个月的儿童；有 16 道题目适用于 6 岁 6 个月至 8 岁 5 个月的儿童；有 17 道题目适用于 8 岁 6 个月至 10 岁 5 个月的儿童；有 19 道题目适用于 10 岁 6 个月以上的儿童；并附有各年龄组均差、标准差的数据。问卷完成后，由专业人员进行评分，给出总分。根据儿童的年龄，可以将总分归一化为标准分，标准分有 9 个等级，即从 5 级至 13 级（Li et al., 2020）。

随着标准分的降低，社会成熟度降低。标准分范围为 6～12，标准分低于 8 为能力缺陷，9 为能力存在边缘缺陷，10 代表有正常的能力，11 及以上为能力优秀。目前的研究将标准分低于 10 定义为社会生活能力较低，将标准分等于或高于 10 定义为社会生活能力正常（Wang et al., 2019）。"婴儿-初中生社会能力量表"可在干预前后使用（Liu et al., 2018）。

（三）儿童适应行为评定量表

儿童适应行为的评估被誉为孤独症评估的最佳实践，可用来帮助对孤独症儿童进行诊断、分类及制定干预计划等（Filipek et al., 1999; Perry et al., 2002）。适应行为的评估通常基于对儿童父母或看护人的访谈，旨在确定儿童在日常生活中的能力，如沟通技能、与人相处的能力、自理能力和生活技能及独立能力。评估儿童的适应行为特征，对于诊断与分级、制定儿童干预计划和目标都十分重要（Mandell et al., 2005）。

"儿童适应行为评定量表"包括感觉运动、生活自理、语言发育、个人取向、社会责任、劳动技能、经济活动和时空定向 8 个方面，共 59 道题，并将这 8 种功能适应行为分为 8 个分量表，概括为独立功能、认知功能和社会自制 3 个因子。

1）独立功能因子：感觉运动、生活自理、劳动技能和经济活动分量表。

2）认知功能因子：语言发育、时空定向分量表。

3）社会自制因子：个人取向、社会责任分量表。

该量表适用于 3～12 岁儿童，由家长或老师填写，需要 20～30min 完成。5 岁以下儿童可免于评定劳动技能和经济活动 2 种适应行为，做 0 分处理。7 岁以上典型发展儿童可免于评定感觉运动分量表，此分量表按满分计算。

为适应来自不同地区儿童的发展水平，该量表有农村版与城市版 2 个版本，并制定了农村常模与城市常模，主要采用 3 种常模形式，即分量表百分位常模、因子 T 分常模、适应能力商数（adaptive quotient，ADQ）。

1）分量表百分位常模：便于在分量表水平上分析儿童的适应行为及制定相应的干预计划。

2）因子 T 分常模：便于对各年龄儿童进行比较，以及在因子水平上分析问题儿童所属的特殊类型。

3）ADQ：表示儿童总的适应行为水平，对 ADQ 进行分级，可分为从极强（ADQ>130）至极度缺损（ADQ<25）共 8 个等级。

（四）语言行为里程碑评估及安置程序

VB-MAPP 起源于斯金纳提出的语言行为治疗核心原则（Skinner，1957）。VB-MAPP 以斯金纳的语言行为分析为基础，结合应用行为分析，从经验性方面评估孤独症儿童及其他发展障碍儿童的语言及社会能力（Sundberg，2014），以便对其语言行为缺陷进行个性化处理。另外，评估结果可用于制定个别化教育计划及设计系列语言课程（Barnes et al.，2014）。

VB-MAPP 共包含 5 个部分，分别是里程碑评估、障碍评估、转衔评估、任务分析和支持性能力、安置和个别化教育计划目标。

1）里程碑评估共包含 170 个可评估的学习和语言里程碑，跨越 0~18 个月、18~30 个月、30~48 个月共 3 个语言发展阶段，主要评估 16 种能力，是该评估程序的核心。第一阶段旨在评估最初语言技能发展的先决条件，主要针对一些基本技能进行评估，包括提要求、命名、仿说、听者反应、模仿等（Barnes et al.，2014）。第二阶段扩展了第一阶段评估的技能，主要针对儿童在 18~30 个月发展起来的中高级语言技能进行评估（Sundberg，2014）。第三阶段的目的是评估儿童在 30~48 个月应该具有的语言能力，扩展前两个阶段的目标技能，增加更高级的语言技能，如评估儿童在阅读、数学和书写等方面的表现。里程碑评估设计的主要目的是为儿童提供一个现有语言水平和相关能力的代表性样本。

2）障碍评估主要针对的是语言发展迟缓儿童经常面临的 24 种学习和语言发展障碍，如教学控制、有缺陷的命名和提要求、不能泛化等。这些障碍的识别有助于专业人员制定特定的干预策略来帮助儿童克服这些困难，从而提升儿童的

3）转衔评估是一种总括性评估，目的是评估儿童是否具备在有较少限制的教育环境中学习的能力，共包括 18 个评估领域。不同于前两部分评估，该部分评估内容由其他几个部分的总结性评估及影响儿童转衔能力的评估等组成。

4）任务分析和支持性能力部分侧重于对儿童能力的进一步分解，用作儿童能力进一步提升的干预指南。其中，任务分析与特定里程碑直接联系，代表通往这些里程碑的早期步骤。支持性能力则是指除了特定里程碑以外的语言、学习和社会能力，会随着学习和语言里程碑的发展而发展。

5）安置和个别化教育计划目标为最后一部分内容，与前面的四方面评估内容相对应，为个别化教育计划的制定提供各种建议。

VB-MAPP 为孤独症儿童提供了评估工具和课程指南，被国内外相关机构大量使用（Padilla，2020）。除了 VB-MAPP 指导手册中提供的文字指导之外，还有一系列 VB-MAPP 专题讨论会（Barnes et al.，2014），为评估人员提供了专业指导。VB-MAPP 评估的目的是衡量儿童的语言技能是否达到了对应语言发展阶段的典型发展儿童的水平（Dixon et al.，2015）。准确运用 VB-MAPP，对于指导孤独症儿童语言干预具有重要意义。

（五）韦氏儿童智力量表

在心理评估领域，韦氏量表是使用最广泛的一组量表。韦氏量表的设计概念、方法和程序具有较大的影响力，半个多世纪以来，指导了该领域的大部分评估开发和研究（Flanagan et al.，2000）。

20 世纪 30 年代末，韦克斯勒（Wechsler）的研究对心理评估领域产生了巨大的影响。他的评估方法综合运用了其娴熟的临床技能和作为第一次世界大战考官的丰富评估经验。1949 年，"韦氏儿童智力量表"正式发布，之后经过数次修订和向下扩展，目前常用的有适用于 6～16 岁儿童的"韦氏儿童智力量表"第 4 版（WISC-Ⅳ），以及适用于 2 岁 6 个月至 6 岁 11 个月儿童的"韦氏幼儿智力量表"第 4 版（Wechsler Preschool and Primary Scale of Intelligence-Ⅳ，WPPSI-Ⅳ）。

作为对儿童智力进行评估和个别施测的临床工具，WISC-Ⅳ 包含 15 个子评估，其中 10 个为核心子评估，形成了 4 个评估指标（语言理解、感知推理、工作记忆和处理速度），综合起来产生一个全面的智商评估。WISC-Ⅳ 的核心子评估如下。

1）语言理解索引：相似性、词汇量和理解子评估。

2）知觉推理指数：方块设计、图片概念和矩阵推理子评估。

3）工作记忆索引：数字跨度和编码子评估。

4）处理速度索引：字母-编号排序和符号搜索子评估。

WISC-IV 核心子评估之外的 5 个子评估被称为补充子评估，每个子评估都与评估指标的一个索引相关联。

WISC-IV 能评估儿童智力水平和特征，诊断儿童的强项和弱项，为设计个性化成长与干预方案、促进儿童的智力发展提供科学依据（Kaufman et al., 2006）。

（六）心理教育评估量表

美国北卡罗来纳州立大学医学院精神病学系的研究者邵普尔（Schopler）和雷切尔（Reichler）基于发展理论观点，于 1979 年设计了用于评估孤独症及其他沟通障碍儿童的治疗与教育发展的 PEP。之后，经过两次修订，分别形成了 PEP-R 版本和 PEP-3 版本。

PEP-R 版本中增加了适用于 2.5 岁儿童的评估项目，并将最初版本中一些补充项目正式列入进来，还加强了对认知和语言功能的评估，对情感和人际关系行为领域进行了合并。早在 1995 年，我国学者就完成了 PEP 的翻译工作，并且研究表明这是一份有效的、可靠的发展量表（孙敦科等，1996）。在众多学者的长期努力下，PEP 中文版于 2000 年初步修订完成（于松梅等，2013）。

PEP-3 是 2005 年修订版本，适合评估生理年龄为 2～2.5 岁孤独症儿童的发育和适应不良行为（Schopler et al., 2005）。PEP-3 共包含 172 个项目，组合形成了 10 个子测验（认知语言/前语言、表达语言、接受语言、精细动作、粗大动作、视觉运动模仿、情感表达、社会互惠、特征运动行为、特征语言行为）以及 3 种综合行为（交流、运动、适应不良行为）。其在保留原有量表的 P、E、F（通过、中间反应、不通过）和 A、M、S（恰当、轻度、重度）评分制度的基础上，采用了统一的量化评分（2、1、0），进行更精确的统计比较。量表内容更加突出了孤独症儿童障碍特征测验项目，包括发展及行为两个部分。其中，发展部分包括认知、语言理解、语言表达、小肌肉、大肌肉、模仿 6 个子模块；行为部分包括情感表达、社交互动、行为特征-非语言、行为特征-语言 4 个子模块。对于 PEP-3 测验结果而言，分数越高，表示被试表现越好或者适应不良行为越少（McConachie et al., 2015）。量表子测验和综合测验的内部一致性在 0.90 以上，2 周间隔的重测信度为 0.94。在效度方面，PEP-3 测验得分与"儿童孤独症评定量表""孤独症行为检查表第 2 版""简明能力评定量表""儿童发展量表"（Child Development Inventory, CDI）的得分呈显著相关。

PEP-3 的另外一个重要特征是增加了儿童照顾者报告,这一报告是由儿童照顾者(如父母或教师)每天对儿童的表现进行观察之后完成的。这一环节一般是在专家进行评估前完成的。儿童照顾者需要对儿童在各个领域的发展程度进行评价,并根据儿童自身的情况分别填写一些指标,以评价其严重性及量表适用程度。儿童照顾者报告包括3项测试:行为问题(与孤独症相关的行为问题)、自我照顾能力、适应性行为(对环境的适应性和反应)。根据具体情况,儿童在每个项目上被酌情评定为轻度或重度。一般而言,孤独症儿童的行为易受到周围环境的影响,比如,与儿童互动的人、地点和事物(Shriver et al., 1999),这些由儿童照顾者报告产生的附加资料能帮助专家更全面地评估儿童的成长。另外,根据儿童照顾者报告,可以对儿童的成绩进行交叉确认,作为制定干预计划的重要依据和参考。

在 PEP-3 发布之后,学者对其各项指标展开了研究。Fulton 等(2013)使用 PEP-3、CDI、"文兰适应性行为量表"(Vineland Adaptive Behaviour Scale,VABS)评估了 136 名(20~75 个月)孤独症儿童的认知和语言技能。结果表明,PEP-3 的认知和语言评分与 CDI、VABS 等量表的评分呈正相关,证明了 PEP-3 评估孤独症儿童认知和语言能力的可靠性。de Giacomo 等(2016)用 PEP-3 和"莱特国际绩效量表修订版"评估了孤独症儿童的认知发展能力,以评估结果的正相关性证明了 PEP-3 的有效性。

总体而言,PEP-3 设计的评估活动以及评估材料对孤独症儿童有吸引力,评估的整个过程较为灵活,没有具体的评估顺序及时间的限制,对于被评估者的语言能力要求较低。这些特点使得孤独症儿童能够在相对结构化的情景中较好地完成一对一评估,评估结果也能较好地反映其各方面的真实水平。独特的"中间反应"(介于通过和不通过评估之间的反应)是 PEP-3 不同于其他量表的特点,可以作为专家为孤独症儿童制定个性化干预方案的重要参考。

第二节 计算机游戏化的孤独症儿童量化评估

一、计算机辅助评估技术

作为一种有效的辅助工具,计算机技术很早就被应用于孤独症研究(Colby,

1973）。此后，越来越多新的计算机辅助设备、技术被用于孤独症评估与干预。研究者经常使用摄像头、眼动仪、脑电设备、体感设备等来辅助研究，得到了更好的评估结果。这些研究常用的策略是使用特定的技术来解决具体的问题，并充分利用儿童喜爱电子产品的特点，开展基于计算机辅助技术的评估。

（一）视觉感知

基于摄像头的视频分析一般用于对孤独症儿童的症状或行为特征进行录像回溯和分析。大量研究表明，孤独症儿童在婴儿期就存在着与正常儿童显著不同的社会性注意，表现为对社交刺激的注意显著少于其他儿童、对自己名字的反应延迟等（Baranek，1999）。Zappella 等（2015）通过家庭录像，分析了孤独症儿童的早期运动和社交行为特点。研究发现，80%以上的孤独症患者在儿童时期已经存在异常运动，以及社交过程中的微笑和眼神接触紊乱。中山大学附属第三医院儿童发育行为中心的邹小兵教授等采用视频分析技术研究了不同叫名者对孤独症儿童叫名反应的影响，研究表明虽然各组儿童在照顾者叫名时并无明显的反应偏好，但通过测试者与照顾者分别叫名，能够有效降低儿童在叫名反应测试中的无反应性偏倚（朱风雷等，2018）。视频分析方法正不断向结构化、量化方向发展，其分析的内容已不限于统计社交行为发生率，更是对社交行为的编码，从而探究孤独症儿童更深层次的行为特征规律。

采用摄像头结合计算机视觉技术，可以开展更多的孤独症评估研究。波兰雅盖隆大学的研究者使用儿童玩平板电脑游戏时手部动作的 262 个特征向量来区分孤独症儿童和典型发展儿童，利用机器学习算法进行验证，分类准确率达到了 93%（Anzulewicz et al.，2016）。Egger 等（2018）利用深度摄像机和计算机视觉技术，分析了儿童的头部姿态、眼动注视范围和方向，以评估儿童的共同注意力。法国巴黎大学的 Anzalone 等（2019）在孤独症儿童与社交机器人互动的场景中，使用深度摄像头和计算机视觉技术对儿童的头部姿态进行了估计，实现了对孤独症儿童共同注意能力的评估。意大利国家研究委员会的 Leo 等（2018）利用卷积神经网络对孤独症儿童的面部表情进行了实时分析，根据儿童发生刻板行为时细微的面部肌肉运动情况构建了情境式面部模型，对孤独症儿童的能力进行定量分析与评估。

（二）眼动追踪

眼动追踪方法主要研究注意力、视觉偏好等问题，研究表明，它可以应用于孤独症的评估（Bovery et al., 2021; Mo et al., 2019），且对静态图片和动态视频都可以进行量化分析。眼动技术通过非侵入式传感设备捕获人眼睛的运动数据，追踪记录人眼球运动的时间、空间数据。孤独症儿童眼动追踪研究多采用搜索时间、注视时间、注视点数、首次注视时间等指标（Pierce et al., 2016），也有研究采用瞳孔大小、眨眼频率等指标来反映视觉偏好。Shultz 等（2011）为孤独症儿童和典型发展儿童播放物体运动与儿童互动社交的视频，测量了他们在观看视频时的眨眼频率。研究发现，与基线期相比，典型发展儿童在观看互动社交视频过程中的眨眼频率更低，而孤独症儿童在观看物体运动视频过程中的眨眼频率更低。Chevallier 等（2015）采用注视比例、社会优先级分数来研究孤独症儿童与典型发展儿童的社会性注意的差异。其中，社会优先级分数表示注视社会性信息的时间比例减去注视非社会性信息的时间比例。研究发现，这一指标具有良好的区分度。

（三）生理信号感知

孤独症儿童对外界信息的加工将产生自主生理唤醒，以呼吸、心率、肌电、皮肤电、脑电波等指标反映出来。孤独症儿童评估也能借助这些生理信号指标进行。皮肤电信号是一种自主生理唤醒和情绪状态的有效指标（倪琳等，2016），能够测量孤独症儿童的内在信息加工。Mathersul 等（2014）的研究发现，孤独症患者对面孔表情没有习惯化的皮肤电反应，一直保持较高的生理唤醒度，但对无社交信息刺激的场景图片则表现出习惯化的皮肤电反应，唤醒度较低。使用肌电图传感器测量孤独症患者的自发面部表情，可以捕捉到人眼无法察觉的细微面部肌肉运动（Rozga et al., 2013），但是肌电图探头通常仅限于探测一对面部肌肉（脸颊或眼睛），可能无法区分其他不同类型面部动作的反应。

脑电图通常被用来评估孤独症儿童的认知和情绪感知状态（Hoofs et al., 2018; Malaia et al., 2019），以帮助解释孤独症儿童缺陷障碍的内在神经机制（Billeci et al., 2017）。比利时鲁汶大学神经科学系发展精神病学中心的 Vettori 等（2020）同时使用眼动和脑电设备开展研究，结果表明，眼动追踪和脑电测量数据具有很强的相关性，为孤独症患者评估提供了一种客观、可靠的方法。葡萄牙科英布拉大学的 Amaral 等（2018）使用脑电和眼动设备作为脑-机接口，对孤独症儿童的社会认知技能进行干预。也有研究者以此研究了孤独症儿童联合注意的神经相关性，并评估了治疗后其大脑功能和模式的变化（Billeci et al., 2017）。北京师范大学认知神经科学与学习国家重点实验室的李小俚教授将脑电与眼动追踪技术用于孤独症儿童认知及共同注意模式的研究，结果表明脑电神经振荡活动和眼动注意特征可用于儿童发育的客观评价，并能够揭示脑电特征和注视行为模式随年龄变化的规律，有助于对孤独症儿童的能力进行评估（韩俊霞等，2018）。

不过，使用脑电、皮肤电等传感器进行评估，需要将多个电极放置在孤独症儿童身体的不同部位，这会限制儿童手部或头部等的自然运动。侵入式的设备可能会使孤独症儿童产生焦虑和恐惧，从而使其自然反应数据发生抑制或偏倚。因此，需要参照人体工程学的原理和方法，减少对孤独症儿童的影响，提高其参与度。华中师范大学研究者的前期实验表明，借助摄像头、眼动仪等非侵入式设备，也能很好地完成评估任务，多数孤独症儿童可以接纳手表形式的皮肤电信号传感器，并取得了良好的效果（Chen et al.，2019）。

二、计算机游戏化评估

研究表明，孤独症儿童不善于与人交往，对电子产品更感兴趣，更容易接受视觉化表达，在计算机屏幕上的注意力集中时间更长（Ploog et al.，2013）。计算机能够降低孤独症儿童与人交流的复杂度，并减少交流时产生的恐惧、退缩等情绪，最大限度地激发儿童的主动性（Marchi et al.，2019）。相比传统的孤独症评估方式，计算机游戏能呈现出模拟真实与超越真实生活的情境，形式更多样，内容更生动（Thabtah et al.，2018）。计算机技术还能根据儿童的认知特点为其提供个性化的评估与建议（Jyoti & Lahiri，2020；Campbell et al.，2019）。因此，越来越多的研究考虑将计算机游戏应用到孤独症评估中。

与量表评估类似，计算机游戏化评估基于儿童发展心理学等理论来进行评估项目的设计，区别在于，我们基于最近发展区理论采用游戏化形式来开展动态评估，通过记录儿童的游戏得分、用时等数据，智能感知儿童的外显行为与内隐状态，基于多模态数据测得最近发展区，综合评估儿童的发展水平，得出各项评估指标结果，为个性化干预提供必要参考。计算机游戏化评估可以与相应的评估量表逐项对应设计，也可以在《3～6岁儿童学习与发展指南》等规范文件的指导下，针对某些核心能力进行设计。在这里，我们重点对孤独症儿童在感知觉、社交、动作、语言、自我照顾等方面的评估进行游戏化设计。

（一）感知觉评估

感知觉是人脑对当前作用于感觉器官的客观事物的反应，包括视觉、听觉、味觉、嗅觉、触觉所获得的客观事物的颜色、形状、声音、味道等。感知觉是认知的基础，而孤独症儿童普遍存在非典型的感知觉特性，因此需要客观量化评估其感知觉能力，从而进行针对性的干预。

图 5-1 是针对颜色感知的评估游戏例图。儿童需要根据游戏画面中人物所想的颜色，选择对应颜色物品。根据儿童完成游戏的得分、用时来评估儿童的颜色感知能力。

图 5-1 感知觉评估游戏例图（颜色感知）

（二）社交评估

社交障碍是孤独症儿童的核心障碍之一，表现为难以加工和响应他人的社会性信息以及发起与他人的互动。这可能与其社会性注意缺陷、社会性信息加工障碍、弱中央统合能力等因素有关。因此，该项评估有助于分析孤独症儿童的社交障碍特性与程度，并给予个性化的干预指导。

图 5-2 是针对社会性注意的评估游戏例图。儿童需要根据游戏画面中卡通人物的眼神方向，选择他想要的物品。根据儿童完成游戏的得分、用时，以及眼动数据，来评估儿童的社会性注意能力。

（三）动作评估

孤独症儿童由于其特质性和经常伴有其他共生障碍，如多动、运动发育迟缓等，限制了他们对不同类型活动的充分参与，影响了其成长发育。研究普遍认为，

图 5-2 社交评估游戏例图（社会性注意）

运动能促进儿童的大脑发育，因此针对儿童的粗大动作和精细动作等运动能力进行评估，有助于了解孤独症儿童的运动能力，给予发展性建议。

图 5-3 是针对精细动作的评估游戏例图。儿童需要观察游戏画面中出现的蚂蚁，用拇指和食指做"捏"状，捏蚂蚁，让蚂蚁消失。根据儿童完成游戏的得分、用时，来评估儿童的精细动作能力。

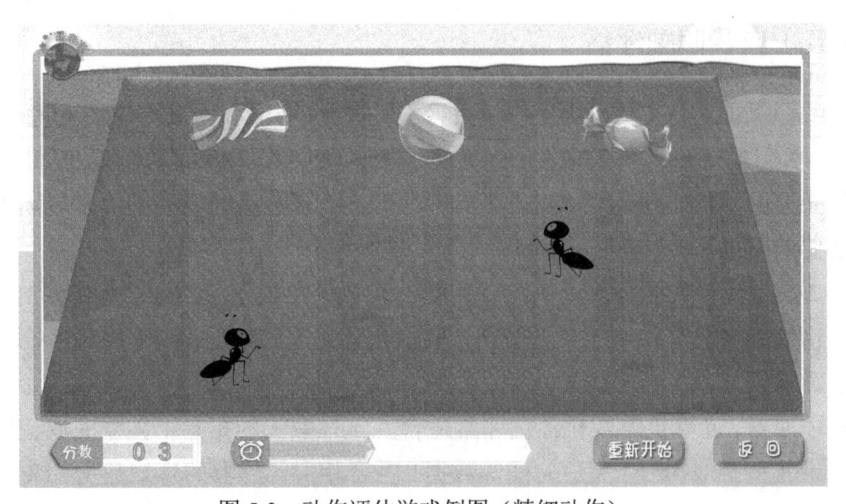

图 5-3 动作评估游戏例图（精细动作）

（四）语言评估

语言能力缺乏是孤独症儿童最明显的特征之一，常表现为难以发音或表达提要求、命名等语言技能缺失，也难以理解他人的语言。当排除器质性障碍后，针对孤独症儿童语言能力进行干预非常重要，而准确评估孤独症儿童的说者技能、听者反应等语言能力发展水平，显得尤为关键。

图 5-4 是针对听者反应的语言评估游戏例图。儿童需要聆听游戏画面中人物所说的指令，选择她所需要的物品。根据儿童完成游戏的得分、用时，来评估儿童的听者反应能力。

图 5-4 语言评估游戏例图（听者反应）

（五）自我照顾评估

自我照顾能力决定了孤独症儿童能否进入一个帮助和限制更少的环境开展独立活动。由于社交障碍和认知发展迟缓等原因，孤独症儿童可能要接受长期的干预来掌握必要的生活自理能力。该项评估有助于分析孤独症儿童的能力发展水平，给予其必要的帮助和支持。

图 5-5 是针自我照顾的评估游戏例图。儿童需要观察游戏画面中出现的人物，根据人物性别将其移动到正确的厕所。根据儿童完成游戏的得分、用时，来评估儿童的生活常识。

总体而言，计算机游戏化评估非常适合儿童在家长的指导下独立完成，由程序自动记录儿童游戏得分、完成时间等数据，融合相关传感器的感知数据，综合分析儿童在感知觉、社交、运动、语言、自我照顾等方面的能力水平。

针对孤独症儿童实验组和典型发展儿童对照组的研究结果表明，两组儿童在对应游戏评估项目上的表现存在显著差异，并且孤独症儿童个体之间也存在显著差异。与传统的定性方法相比，计算机游戏化评估能够对儿童各方面的能力发展水平进行精细化、定量的描述，是一种客观、可行的评估方法，能有效地对孤独症儿童的能力进行分级，从而为个性化干预计划的制定和调整提供依据。

图 5-5　自我照顾评估游戏例图（生活常识）

第三节　孤独症儿童多模态量化评估

信息技术的发展使得眼动、生理、脑电信号及影像信息的采集更加便捷，为孤独症儿童特异性特征识别、能力发展水平评估、干预效果评价等提供了一系列客观、量化的指标，且多模态数据融合方法突破了单一模态的局限性，能提供多维度、更全面的评估结果。本节介绍孤独症儿童多模态量化评估，从外显行为感知与内隐状态发现两个维度构建多模态融合的量化评估方法。

一、外显行为与内隐状态智能感知

一般认为，只能通过孤独症儿童的行为特征来对其进行评估。然而，即使教育干预对孤独症儿童已经起到了积极的作用，孤独症儿童的行为改善却不一定能马上外显。例如，经过了一段时间的语言干预训练，孤独症儿童可能已经习得了一定的语言技能并产生了说话的潜在意愿，但仍没有出现开口说话的行为。此时，如果依据外显行为判定前期干预效果不佳，并贸然大幅改变干预策略，可能会使本已起效的干预方案前功尽弃。孤独症儿童的干预进程符合"由内及外"的发展规律，只有采取"内外结合"的机制，才能取得全面、科学的干预评估效果。

在评估情境下，我们应通过计算机系统给予儿童游戏化的评估任务，观察并同步采集儿童外显行为与内隐状态的多模态数据。考虑到孤独症儿童的接受程度，应尽可能地选取非接触式或儿童易于佩戴的传感器，使用人机交互平台（带触摸屏）、体感传感器、深度图像传感器、眼动仪、摄像头、皮肤电信号传感器等，分别对孤独症儿童的交互行为、肢体动作、头部姿态、眼动注视、面部表情、生理反应等外显行为与内隐状态的多模态数据进行采集、分析和特征建模。同时，以交互行为和肢体动作等数据融合来表征孤独症儿童的活跃度，以头部姿态和眼动注视等数据融合来表征孤独症儿童的注意力，以面部表情和生理反应等数据融合来表征孤独症儿童的情感状态，建立包含注意力、情感、活跃度三个维度的孤独症儿童特征模型，对孤独症儿童进行综合、客观、量化的评估。

（一）交互行为分析

孤独症儿童的手眼协调交互行为是评估的重要内容。通过计算机互动平台设计丰富多样的评估任务，提供游戏化评估活动，让孤独症儿童配合进行手指触摸点击等操作，手眼协调完成任务。计算机互动平台的控制终端记录孤独症儿童完成任务的得分、用时，以及触摸点击操作的位置、频次等数据，并控制眼动仪同步记录孤独症儿童眼睛的注视兴趣区。完成任务的得分和用时能够反映孤独症儿童的基本能力，触摸点击操作位置和频次等响应数据能够反映孤独症儿童的活跃度，触摸点击操作位置与眼动注视位置的相关系数还能反映孤独症儿童手眼协调的注意力水平。

（二）肢体动作分析

肢体动作能够表征孤独症儿童的行为反应，以及参与评估任务的活跃度等。通过通用摄像头或专用体感传感器，可以捕捉孤独症儿童肢体各关节点的位置，检测肢体运动面偏离人体冠状面、矢状面和轴向面的距离，进行动作幅度的测量，计算肩、肘、腕等关节的活动度数值。测量时，儿童的体位一般是正对或侧对着传感器，而活动度通常用来计算肢体所测关节部位与人体冠状面、矢状面或轴向面的夹角。根据空间几何关系，分别求出各个夹角的数值。肩关节与肘关节、肘关节与腕关节等相邻节点可视为不同面的节点，由此可以进行肢体关节活动度测量，得到肢体动作特征。

（三）头部姿态分析

头部姿态分析主要是在大尺度范围内估计孤独症儿童的注意力方向，包括3个步骤：人脸检测、人脸对齐、头部姿态估计。首先用深度图像传感器采集图像，之后进行图像预处理和人脸检测，提取图像中相应的人脸区域，再进行分割和对齐等处理。头部姿态估计可视为有监督的分类或回归问题，通过在有真实头部姿态标签的大规模数据集上进行学习训练，构建一个模型，基于图像和真实标签组成的数据对，将输入的头部图像映射为头部姿态角度，最终实现从无约束的图像中准确估计出头部姿态。通常假定人的头部是具有3个自由度的刚性物体，所以头部姿态由相对于平面的俯仰角、偏航角和滚动角来表征，具体方法可参考第三章的相关内容。

（四）眼动分析

通过非接触式的眼动仪，可以近距离记录孤独症儿童眼动注视的时间和空间数据，包括注视时间、注视次数、眨眼频率、瞳孔大小、扫视频率、扫视内容和速度等。其中，瞳孔大小主要反映了儿童对视觉信息的兴趣和活跃程度。注视时间、眨眼频率和扫视频率主要反映了儿童情感的愉悦程度。眨眼频率和持续时间与儿童的注意力集中程度有关，当任务需要儿童高度注意时，眨眼频率会变低。将采集到的眼动数据进行筛选处理，通过单因素方差分析等方法，获得眼动指标，用于后续的计算。同时，将眼动指标、关联特征模型值分别设为自变量、因变量，建立眼动指标和关联特征的数学模型，以此来分析孤独症儿童的注意力状态。

（五）面部表情分析

在评估时，孤独症儿童的面部表情反映出了其内隐的情感状态，是情感维度的重要特征。现有的表情识别算法往往侧重于对峰值强度表情进行研究，忽略了低强度表情对精细化情感分析的重要价值，在分析孤独症儿童的情感特征时表现不佳。为此，我们提出基于强度标签分布的编码方式，将扩展的强度标签分布在不同表情类别之间，扩大类间距离，使模型提取更具有判别性的特征；提出一种类孪生卷积神经网络，去除面部表情无关特征，使模型更关注表情强度变化引起的细微外观变化，从而获得更精确的结果，最终实现表情识别和表情强度的联合估计，提升表情识别准确率和表情强度估计精度，助力孤独症儿童面部表情分析和特征模型构建。具体方法可参考第三章的相关内容。

（六）生理反应分析

生理信号包含皮肤电信号、皮肤温度、心率、心电、肌电等数据。其中，皮肤电信号对交感神经的变化最敏感，能有效反映孤独症儿童的心理状态尤其是唤醒度的细微变化，可以使用皮肤电信号传感器进行生理信号的采集。在对原始数据进行平滑和滤波之后，我们提取了反映皮肤电信号变化的统计特征，包括原数据的均值、中值、标准差、最大值、最小值、最大值比率和最小值比率；原数据一阶差分和二阶差分后的均值、中值、标准差、最大值、最小值、最大值比率和最小值比率；对原数据进行离散傅里叶变换后频域范围内的均值、中值、标准差、最大值、最小值、最大值与最小值的差值。最后，对特征进行个体差异性处理和归一化处理，为多模态融合做准备。具体方法可参考第三章的相关内容。

二、多模态融合

考虑到单一模态的感知数据不足以全面表征研究对象的特性，从多模态数据融合视角研究孤独症儿童的特异性特征是一条很好的途径。随着教育神经科学、脑认知、学习科学、智能技术的发展，基于多模态数据融合评估孤独症儿童已成为研究发展趋势，能突破单一模态数据的局限性，建立孤独症儿童特征识别融合模型，拓展研究内涵和提高应用水平。

（一）时序同步动态特征提取与特征关联

在孤独症儿童评估过程中，采集的多模态数据大多与时间相关联，在时序上对多模态数据进行同步是后续分析的基础。数据的时序特征蕴含着数据内在的关联性信息。常用的特征提取方法只能得到某一时刻特征和类别之间的关系，未能充分挖掘孤独症儿童的时序同步动态特征。考虑到注意力、情感、活跃度的变化是一个动态过程，我们需要研究多模态数据在时序上的动态变化关联性，以及其与孤独症儿童特征的关系，将其视为一种时间序列数据之间的映射。利用不同数据、特征的相互关联性，在进行多模态融合时，首先要将外显行为数据与内隐状态信息特别是情感、生理等信息进行有机的结合，形成关联特征，将时间因素引入特征关联性分析，开展时序同步动态特征提取与特征关联。

（二）层级式融合方法

在融合层次上，主要有特征层融合和决策层融合。特征层融合利用多模态数据中提取的特征信息组成复合特征向量，输入分类器获得融合结果。决策层融合能根据不同模态的特性选取合适的分类器，具有更高的灵活性。通常，直接利用各个模态信息经过相应分类器得到结果，用规则的方法将这些结果综合起来，就可以获得最终融合结果。

孤独症儿童多模态数据存在表征特性差异大和数据异构等特点，在多模态数据融合过程中需要结合特征层融合和决策层融合的特点，进行层级式融合。具体来说，就是围绕孤独症儿童的交互行为、肢体动作、头部姿态、眼动注视、面部表情、生理反应等方面的多模态数据，将时序同步动态特征提取与特征关联，得到待融合的数据特征。然后，根据数据来源，在特征时序分析与特征关联性分析的基础上进行合理分层，将来源相同、时序同步的若干数据作为同一层级融合，再将前一层级融合的结果与其他数据进行更高层级的融合，即将眼动注视信息与头部姿态信息进行特征层融合得到注意力特征；将面部表情信息与生理信号进行特征层融合得到情感特征；将触摸操作位置信息和眼动注视信息融合得到手眼协调交互行为特征，再与肢体动作进行决策层融合得到活跃度特征。

（三）基于信息熵的混合数据属性加权聚类

为了有效评估孤独症儿童的特异性特征，在获得注意力、情感、活跃度的三维融合特征后，下一步将采用混合数据属性加权聚类算法进行聚类运算，以准确地评估孤独症儿童的特异性特征。

具体来说，可以采用基于信息熵的混合数据属性加权聚类算法，通过设计一种针对混合数据的扩展欧氏距离，使系统能更加准确地度量对象与类之间的差异性。基于信息熵理论，利用类内信息熵和类间信息熵设计出聚类结果中类内抱团性和一个类与其余类分离度的统一度量机制，并以此建立数据属性加权方法。在信息熵机制下，结合类内信息熵和类间信息熵给出针对数值型和分类型数据的统一加权方法。而且，不同类型属性下的相异性度量范围合适，避免了量纲不同的问题，能够更加客观地反映混合数据中对象与类之间的差异。

三、微观与宏观相结合的量化评估

以上基于智能感知与多模态融合的方法，主要从微观层面分析了孤独症儿童的外显行为与内隐状态特征，结合儿童完成评估活动的得分和反应时等任务表现指标，得到了孤独症儿童评估结果。微观评估主要面向任务，与每个独立的评估过程相关，利用计算机游戏化方式呈现相关内容，开展系列评估任务，采集孤独症儿童在每项评估任务中的过程性和结果性数据，利用人工智能技术处理，得到客观、量化的评估结果。

孤独症儿童的能力表现在涉及行为、认知发展等多个范畴的微观层面，也表现在以新场景泛化能力为核心的宏观层面。以问卷测量为主的评估方法能以较高的信效度来评定孤独症儿童能力的发展变化，以及将这些能力泛化运用到新场景的能力。宏观评估主要面向儿童整体，聚焦于孤独症儿童的核心障碍，以及其走向社会、融入社会所需的关键能力。最终，可以将问卷量表与智能感知方法相结合，对孤独症儿童做出定量评估，构建定量模型，实现微观与宏观相结合的量化评估，如图 5-6 所示。

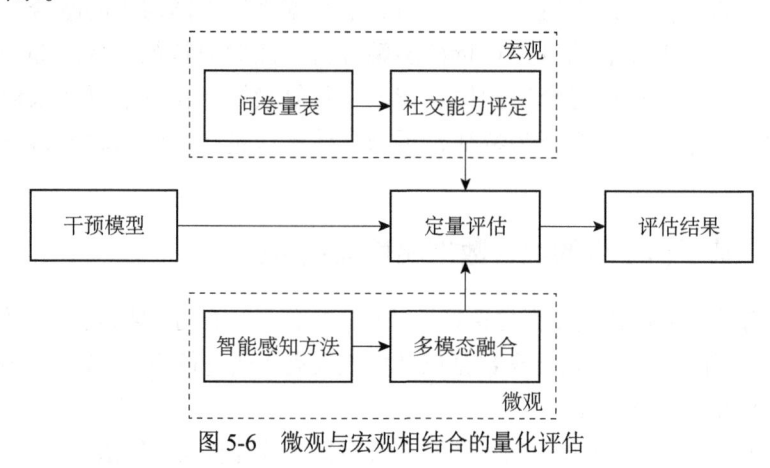

图 5-6 微观与宏观相结合的量化评估

第四节 孤独症儿童评估与干预迭代机制

通过量化评估，可以建立孤独症儿童干预与评估迭代机制，如图 5-7 所示。我们可以通过评估结果发现孤独症儿童当前存在的问题，制定阶段性的干预方案，开展个性化干预。阶段性干预结束后，再次评估，以检验干预效果，分析孤独症儿童的能力发展水平，自适应调整后续干预方案，迭代开展下一阶段的干预和效果评估，直到实现预定干预目标。

图 5-7　孤独症儿童评估与干预迭代机制

本 章 小 结

科学有效的评估是实现对孤独症儿童高质量教育干预的重要保障。本章系统介绍了孤独症儿童的量化评估，包含常用的几种评估量表、计算机游戏化评估方法，并提出了孤独症儿童多模态量化评估方法，给出了评估结果使用建议，在一定程度上能够满足孤独症儿童的个性化教育干预需求。

参 考 文 献

韩俊霞，康健楠，欧阳高翔，等.（2018）.孤独症儿童脑电与眼动追踪研究.科学通报，（15），1464-1473.

倪琳，林国耀，陈顺森.（2016）.自闭症者异常目光接触的产生机制与干预方法：情绪唤醒模型的视角.中国特殊教育，（1），30-35，55.

孙敦科，魏华忠，于松梅，等.（1996）.PEP 量表跨文化修订的预测报告.特殊儿童与师资研究，（1），31-36.

王金奎.（2005）.格塞尔的儿童心理学思想研究.南京师范大学硕士学位论文.

王琳，王志丹，邢冰冰.（2021）.孤独症谱系障碍儿童动作发展障碍研究进展.陕西学前师范学院学报，（8），16-22.

于松梅, 孙敦科, 杨晓玲. (2013). PEP 量表的发展及其在中国的修订进展. 中国特殊教育, (7), 28-34.

张秀玲, 李寄平, 秦明镜, 等. (1994). Gesell 发展诊断量表 3.5~6 岁北京修订本的制定. 中国临床心理学杂志, (3), 148-150.

中国残疾人康复协会. (2020). 孤独症儿童康复服务（T/CARD 001-2020）. http://www.scdpf.org.cn/bsfw/ztfw/lfkf/202104/P020210407677477324519.pdf.

朱凤雷, 陈凯云, 汪芳, 等. (2018). 不同叫名者对孤独症谱系障碍幼儿叫名反应的影响研究. 中国儿童保健杂志, (7), 709-711.

Sundberg, M. L. (2014). VB-MAPP：语言行为里程碑评估及安置程序（上册·指南）. 黄伟合, 李丹译. 北京：北京大学医学出版社.

Amaral, C., Mouga, S., Simões, M., et al. (2018). A feasibility clinical trial to improve social attention in autistic spectrum disorder (ASD) using a brain computer interface. Frontiers in Neuroscience, 12, 477.

Anzalone, S. M., Xavier, J., Boucenna, S., et al. (2019). Quantifying patterns of joint attention during human-robot interactions: An application for autism spectrum disorder assessment. Pattern Recognition Letters, 118, 42-50.

Anzulewicz, A., Sobota, K., & Delafield-Butt, J. T. (2016). Toward the autism motor signature: Gesture patterns during smart tablet gameplay identify children with autism. Scientific Reports, 6, 31107.

Baranek, G. T. (1999). Autism during infancy: A retrospective video analysis of sensory-motor and social behaviors at 9-12 months of age. Journal of Autism and Developmental Disorders, (3), 213-224.

Barnes, C. S., Mellor, J. R., & Rehfeldt, R. A. (2014). Implementing the Verbal Behavior Milestones Assessment and Placement Program (VB-MAPP): Teaching assessment techniques. The Analysis of Verbal Behavior, (1), 36-47.

Bedford, R., de Urabain, I. R. S., Cheung, C. H. M., et al. (2016). Toddlers' fine motor milestone achievement is associated with early touchscreen scrolling. Frontiers in Psychology, 7, 1108.

Billeci, L., Narzisi, A., Tonacci, A., et al. (2017). An integrated EEG and eye-tracking approach for the study of responding and initiating joint attention in autism spectrum disorders. Scientific Reports, 7, 13560.

Bovery, M., Dawson, G., Hashemi, J., et al. (2021). A scalable off-the-shelf framework for measuring patterns of attention in young children and its application in autism spectrum disorder. IEEE Transactions on Affective Computing, (3), 722-731.

Campbell, K., Carpenter, K. L. H., Hashemi, J., et al. (2019). Computer vision analysis captures atypical attention in toddlers with autism. Autism,（3）, 619-628.

Chen, J. Y., Wang, G. S., Zhang, K., et al.（2019）. A pilot study on evaluating children with autism spectrum disorder using computer games. Computers in Human Behavior, 90, 204-214.

Chevallier, C., Parish-Morris, J., McVey, A., et al.（2015）. Measuring social attention and motivation in autism spectrum disorder using eye-tracking: Stimulus type matters. Autism Research: Official Journal of the International Society for Autism Research,（5）, 620-628.

Colby, K. M.（1973）. The rationale for computer-based treatment of language difficulties in nonspeaking autistic children. Journal of Autism and Childhood Schizophrenia,（3）, 254-260.

de Giacomo, A., Craig, F., Cristella, A., et al.（2016）. Can PEP-3 provide a cognitive profile in children with ASD? A comparison between the developmental ages of PEP-3 and IQ of Leiter-R. Journal of Applied Research in Intellectual Disabilities,（6）, 566-573.

Deutsch, A., Braun, S., & Granger, C.（1996）. The functional independence measure（FIM（SM）Instrument）and the functional independence measure for children（WeeFIM® Instrument）: Ten years of development. Critical Reviews in Physical and Rehabilitation Medicine,（4）, 267-281.

Dixon, M. R., Belisle, J., Stanley, C., et al.（2015）. Toward a behavior analysis of complex language for children with autism: Evaluating the relationship between PEAK and the VB-MAPP. Journal of Developmental and Physical Disabilities,（2）, 223-233.

Egger, H. L, Dawson, G., Hashemi, J., et al.（2018）. Automatic emotion and attention analysis of young children at home: A ResearchKit autism feasibility study. NPJ Digital Medicine, 1, 20.

Filipek, P. A., Accardo, P. J., Baranek, G. T., et al.（1999）. The screening and diagnosis of autistic spectrum disorders. Journal of Autism and Developmental Disorders,（6）, 439-484.

Flanagan, D. P., McGrew, K. S., & Ortiz, S. O.（2000）. The Wechsler Intelligence Scales and Gf-Gc theory: A Contemporary Approach to Interpretation. Boston: Allyn & Bacon.

Fulton, M. L, & D'Entremont, B.（2013）. Utility of the psychoeducational profile-3 for assessing cognitive and language skills of children with autism spectrum disorders. Journal of Autism and Developmental Disorders,（10）, 2460-2471.

Gesell, A.（1925）. Monthly increments of development in infancy. The Pedagogical Seminary and Journal of Genetic Psychology,（2）, 203-208.

Gesell, A.（1932）. The developmental morphology of infant behavior pattern. Proceedings of the National Academy of Sciences of the United States of America,（2）, 139-143.

Hoofs, V., Princen, M. M., Poljac, E., et al.（2018）. Task switching in autism: An EEG study on intentions and actions. Neuropsychologia, 117, 398-407.

Jyoti, V., & Lahiri, U.（2020）. Human-computer interaction based joint attention cues: Implications on functional and physiological measures for children with autism spectrum disorder. Computers in Human Behavior, 104, 106163.1-106163.14.

Kaufman, A. S., Flanagan, D. P., Alfonso, V. C., et al. (2006). Test review: Wechsler Intelligence Scale for children, fourth edition (WISC-IV). Journal of Psychoeducational Assessment, (3), 278-295.

Leo, M., Carcagnì, P., Distante, C., et al. (2018). Computational assessment of facial expression production in ASD children. Sensors, (11), 3993.

Li, B., Han, K., Yang, L., et al. (2020). The characteristics of social maturity in infants and children with cochlear implants in China. International Journal of Pediatric Otorhinolaryngology, 131, 109887.

Liu, X. M., Wang, X. M., Ge, J. J., et al. (2018). Effects of the portage early education program on Chinese children with global developmental delay. Medicine, (41), e12202.

Malaia, E., Cockerham, D., & Rublein, K. (2019). Visual integration of fear and anger emotional cues by children on the autism spectrum and neurotypical peers: An EEG study. Neuropsychologia, 126, 138-146.

Mandell, D. S., Novak, M. M., & Zubritsky, C. D. (2005). Factors associated with age of diagnosis among children with autism spectrum disorders. Pediatrics, (6), 1480-1486.

Marchi, E., Schuller, B., Baird, A., et al. (2019). The ASC-inclusion perceptual serious gaming platform for autistic children. IEEE Transactions on Games, (4), 328-339.

Mathersul, D., McDonald, S., & Rushby, J. A. (2014). Autonomic arousal responsivity in autism spectrum disorder: Implications for social motivation. International Journal of Psychophysiology, (2), 171.

McConachie, H., Parr, J. R., Glod, M., et al. (2015). Systematic review of tools to measure outcomes for young children with autism spectrum disorder. Health Technology Assessment, (41), 1-506.

Meinzen-Derr, J., Wiley, S., Phillips, J., et al. (2017). The utility of early developmental assessments on understanding later nonverbal IQ in children who are deaf or hard of hearing. International Journal of Pediatric Otorhinolaryngology, 92, 136-142.

Mo, S. L., Liang, L., Bardikoff, N., et al. (2019). Shifting visual attention to social and non-social stimuli in autism spectrum disorders. Research in Autism Spectrum Disorders, 65, 56-64.

Msall, M. E., DiGaudio, K., Duffy, L. C., et al. (1994). WeeFIM: Normative sample of an instrument for tracking functional independence in children. Clinical Pediatrics, (7), 431-438.

Ottenbacher, K. J., Msall, M. E., Lyon, N., et al. (2000). The WeeFIM instrument: Its utility in detecting change in children with developmental disabilities. Archives of Physical Medicine and Rehabilitation, (10), 1317-1326.

Ottenbacher, K. J., Taylor, E. T., Msall, M. E., et al. (1996). The stability and equivalence reliability of the functional independence measure for children (WeeFIM). Developmental Medicine and Child Neurology, (10), 907-916.

Padilla, K. L. (2020). Global assessment use and practices in applied behavior analysis: Surveying the field. Research in Autism Spectrum Disorders, 79, 101676.

Perry, A., Condillac, R. A., & Freeman, N. L. (2002). Best practices and practical strategies for assessment and diagnosis of autism. Journal on Developmental Disabilities, (2), 61-75.

Pierce, K., Marinero, S., Hazin, R., et al. (2016). Eye tracking reveals abnormal visual preference for geometric images as an early biomarker of an autism spectrum disorder subtype associated with increased symptom severity. Biological Psychiatry, (8), 657-666.

Ploog, B. O., Scharf, A., Nelson, D., et al. (2013). Use of computer-assisted technologies (CAT) to enhance social, communicative, and language development in children with autism spectrum disorders. Journal of Autism and Developmental Disorders, 43, 301-322.

Rozga, A., King, T. Z., Vuduc, R. W., et al. (2013). Undifferentiated facial electromyography responses to dynamic, audio-visual emotion displays in individuals with autism spectrum disorders. Developmental Science, (4), 499-514.

Scharf, R. J., Scharf, G. J., & Stroustrup, A. (2016). Developmental milestones. Pediatrics in Review, (1), 25-38.

Schopler, E., Lansing, M. D., Reichler, R. J., et al. (2005). Examiner's Manual of Psychoeducational Profile. 3rd ed. Austin: Pro-Ed.

Shriver, M. D., Allen, K. D., & Mathews, J. R. (1999). Effective assessment of the shared and unique characteristics of children with autism. School Psychology Review, (4), 538-558.

Shultz, S., Klin, A., & Jones, W. (2011). Inhibition of eye blinking reveals subjective perceptions of stimulus salience. https://www.pnas.org/doi/pdf/10.1073/pnas.1109304108.

Skinner, B. F. (1957). Verbal Behavior. Englewood Cliffs: Prentice-Hall.

Thabtah, F., Kamalov, F., & Rajab, K. (2018). A new computational intelligence approach to detect autistic features for autism screening. International Journal of Medical Informatics, 117, 112-124.

Vettori, S., Dzhelyova, M., van der Donck, S., et al. (2020). Combined frequency-tagging EEG and eye tracking reveal reduced social bias in boys with autism spectrum disorder. Cortex, 125, 135-148.

Volkmar, F. R. (2021). Encyclopedia of Autism Spectrum Disorders. Cham: Springer.

Wang, L. L., Qu, G. B., Tang, X., et al. (2019). Child neglect and its association with social living ability: Does the resilience attenuate the association? Psychology, Health & Medicine, (5), 519-529.

Watson, L. R., Baranek, G. T., & DiLavore, P. C. (2003). Toddlers with autism: Developmental perspectives. Infants & Young Children, (3), 201-214.

Wong, V., Wong, S., Chan, K., et al. (2002). Functional independence measure (WeeFIM) for Chinese children: Hong Kong cohort. Pediatrics, (2), e36.

Zappella, M., Einspieler, C., Bartl-Pokorny, K. D., et al. (2015). What do home videos tell us about early motor and socio-communicative behaviours in children with autistic features during the second year of life—An exploratory study. Early Human Development, (10), 569-575.

第六章
孤独症儿童智能化学习平台构建

  前几章详细介绍了人工智能技术增强的孤独症儿童个性化干预方法在个性表达、过程干预和量化评估三个方面面临的关键问题及技术解决方案。基于该干预方法体系，我们构建了面向孤独症儿童的智能化学习平台。该平台融合了智能化评估与个性化干预，能为孤独症儿童及其家庭、教师提供全方位、一体化的服务与支持。本章将从平台概述、平台设计及应用效果三个方面对学习平台的构建及初步应用进行详细介绍，以期为相关研究和实践提供有益参考。

第一节　孤独症儿童智能化学习平台概述

孤独症的核心症状表现为持续性的社会沟通和交往障碍、狭窄兴趣和重复刻板的行为，且症状严重程度由轻度到重度不等，其个体特征和表现在语言、行为和社会性发展上具有明显的异质性（American Psychiatric Association，2013）。另外，儿童孤独症发病率呈持续增长趋势，我国超过千万的孤独症家庭同时面临干预费用高昂与技术手段不足的危机，这已发展成为一个亟待解决的社会问题。

由于病因复杂，孤独症核心症状尚无特效治疗药物，早发现、早评估、早干预可以有效地改善孤独症儿童的不良预后，已成为专家的共识。目前，孤独症早期识别、评估与干预仍停留在"主观、粗放、低效"的初级阶段。在早期识别方面，主要采用通过量表进行筛查与诊断和行为观察的方式，对专家的依赖性强，误诊率高，缺乏有效识别孤独症早期风险的智能化工具及方法。在评估方面，传统评估多采用评估量表和家长报告等方法，缺乏客观的量化指标，并且耗时费力，难以做到发展精细化。在干预方面，孤独症儿童的发展轨迹复杂多样，要求的社会互动学习阶段多、场景多且干预过程复杂，这使得固定的学习活动模式与干预方法难以适用；儿童个别教育计划制定流程复杂，专业人员不足，干预活动及资源不足，难以满足孤独症儿童个性化的干预需求（王广帅，2019）。因此，在孤独症早期识别、评估和干预方面，迫切需要理念、方法和技术的突破。近年来的国际领先研究成果与实践表明，基于人工智能技术的智能化识别、评估和干预方法为孤独症儿童康复教育带来了新的契机（Scassellati et al.，2018；Chen et al.，2019；Küpper et al.，2020）。鉴于我国孤独症儿童康复面临的形势严峻，发展融智能化识别、量化评估和个性化干预于一体的新一代孤独症儿童康复技术与方法，具有重要的科学意义和社会价值。

针对孤独症儿童评估和干预所面临的问题以及迫切需求，我们构建了面向孤独症儿童的智能化学习平台。该平台集孤独症儿童评估与干预为一体，为孤独症儿童及其家庭、学校提供全方位、一体化的服务与支持。以下着重从平台设计及应用两个方面对平台进行详细的介绍，以期为孤独症儿童智能化评估和干预研究及实践提供参考。

第二节　智能化学习平台设计

为了实现集孤独症儿童智能化评估与干预为一体，我们构建了面向孤独症儿童的智能化学习平台。该平台主要由能力测评系统、学习训练系统和信息管理系统组成（图6-1）。其中，能力测评系统和学习训练系统耦合于客户端，信息管理系统部署在因特网或局域网服务器上。能力测评系统与学习训练系统之间通过内存共享或文件方式实现数据和信息的传输与共享；能力测评系统、学习训练系统分别通过网络服务与信息管理系统实现数据和信息的传输与共享。孤独症儿童智能化学习平台极大地方便了家长与专业人员的联系和对孤独症儿童的能力测评，能够为孤独症儿童提供科学化、个性化、系统化的服务与支持，根据测评结果有针对性地设计和调整学习目标、开展相应的计算机辅助学习活动。其以信息化的手段管理孤独症儿童的康复训练记录，便于长期地跟踪孤独症儿童的康复效果。

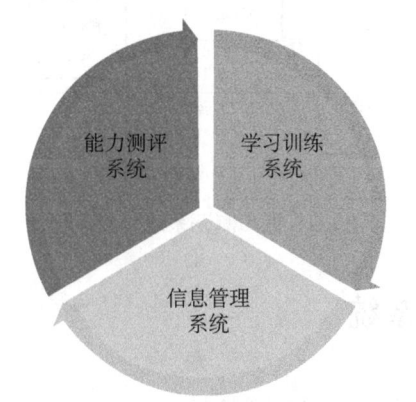

图 6-1　面向孤独症儿童的智能化学习平台架构

一、能力测评系统

能力测评系统包括儿童孤独症筛查量表、筛查结果、能力测评、测评师列表和选择测评师等功能模块（图6-2）。儿童家长填写电子版儿童孤独症筛查量表，对儿童进行疑似孤独症筛查。家长从测评师列表中选择测评师，测评师将测评和筛查结果提供给家长，如此进行孤独症儿童的家长与测评师之间信息化的传递。具体而言，能力测评系统提供了一系列电子化的儿童孤独症筛查量表（如"儿童孤独症行为量表""儿童孤独症测评量表"），供家长对自己的孩子做初步筛查。家长根据对孩子日常生活的观察填写筛查量表。能力测评系统根据家长填写的筛查量表对儿童的孤独症程度做出初步的测评，供家长参考。能力测评系统也可将家长填写好的家长评定表发送给选定的测评师，测评师根据家长填写的筛查量表做出初步的筛查，再由能力测评系统将专家的初步评测结果反馈给家长。能力测评系统还提供一系列游戏化的评估项目和心理教育评估量表供测评师对疑似孤独症儿童进行能力测评。能力评估系统针对孤独症儿童的感知能力、认知能力、语言交往能力、生活自理能力和社会适应能力等维度进行精细化评估，为个性化干预方案的制定提供必要参考。

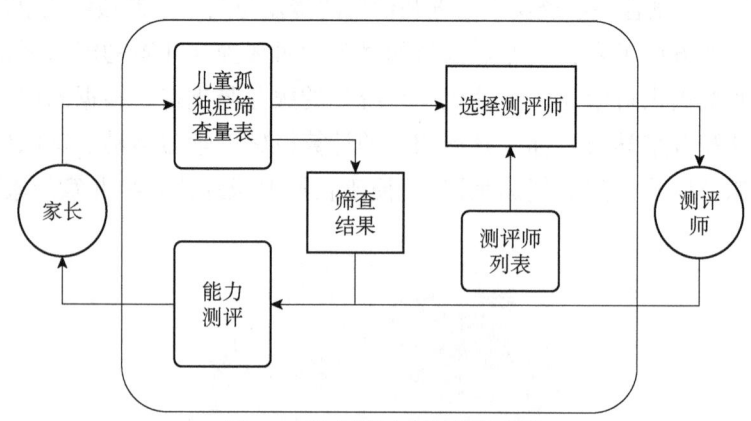

图 6-2 能力测评系统功能流程

二、学习训练系统

学习训练系统由 5 个基本模块组成（陈靓影等，2017）：视觉与生理信号处理、物理交互界面、多模态信息融合、智能控制台和真实场景模拟（图 6-3）。该学习环境能够模拟真实的社会情境，并且可以实时检测多模态社会信号，采用计算机视觉技术来检测儿童的注意力（头部姿态和眼睛凝视方向）和表情，通过触摸屏来捕捉儿童的动作（图 6-4）。其硬件设备包括 3 个摄像头、扬声器、大尺寸触摸屏和计算机。以下对学习环境的创建和学习活动设计及实现分别进行详细介绍。

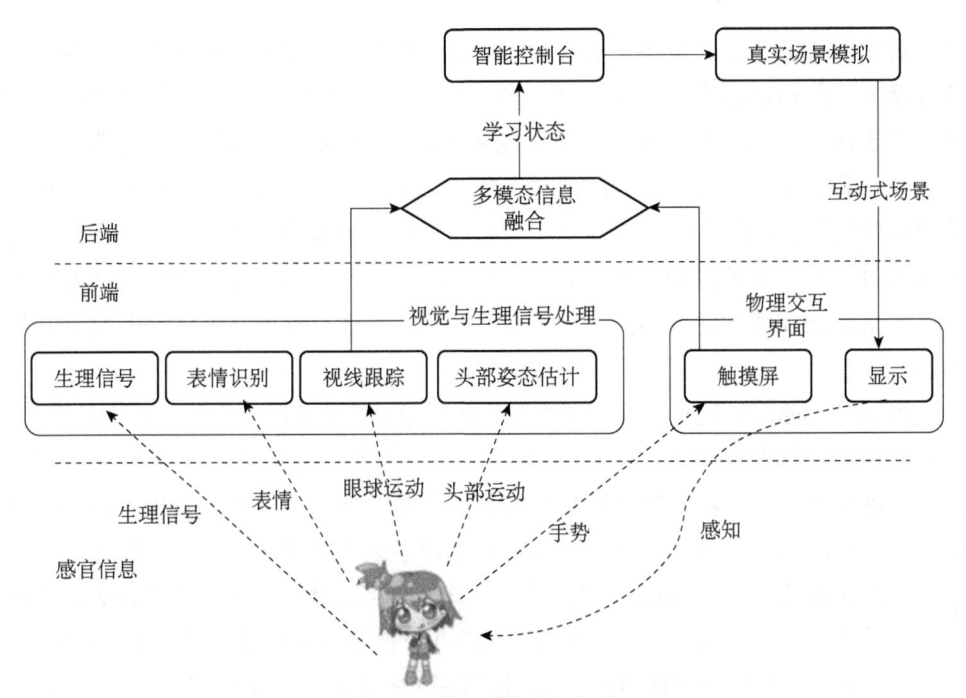

图 6-3　学习训练系统架构

图 6-4　学习环境现场例图

（一）学习环境创建

视觉与生理信号处理系统处在一个自由活动的环境中，能同时检测儿童的注意力（头部姿态和眼睛凝视方向）和表情。虽然目前已经有一些现存的系统能够准确地识别人的头部姿态和眼睛凝视方向，但它们都需要一些人为的限制条件，如装有摄像头的头盔,在脸上做标记,或必须把下巴固定在支撑物上。这些限制条件及其不舒适性会阻碍儿童在学习环境中互动能力的正常发挥,而且这些限制条件对于孤独症儿童来说几乎是不可能实现的。现存系统的另外一个普遍问题就是观察视野狭窄,会限制儿童的活动范围,无法监控儿童注意力的变化。针对目前存在的问题,我们采用3个摄像头获得宽广的观察视野,从而使得儿童的行为在学习过程中不受外界条件的约束,并且提出新型的头部姿态和眼睛凝视方向跟踪算法来检测儿童的注意力,以及提出了可靠的表情识别算法来估计儿童的心理状态。

视觉与生理信号处理系统能提供宽广的观察视野,实时检测儿童的头部姿态、眼睛凝视方向和表情。根据头部姿态能初步估计儿童的注意方向,根据眼睛凝视方向能精确地定位儿童注意的虚拟场景的具体位置,例如,虚拟场景中人物的脸或手。我们采用自然人机交互条件下视觉及生理多模态信息智能感知方法获取描述认知心理状态的信息,通过基于3D模型重建与特征点匹配方法实现头部姿态的跨库可靠估计(Liu et al.,2021)。表情能反映儿童在与虚拟环境互动中的心理状态,是社会交流中一个很重要的方面。我们通过深度孪生网络构建排序模型,利用表情序列的顺序信息实现表情强度的准确估计,具体实现可参考Xu等(2020)的研究。我们的方法可以逐帧同时估计表情的类别和强度,进而可以根据表情强度的变化判断表情的起始点、峰值点和终止点。此外,我们的方法无须逐帧标注训练样本的表情强度,只需要标注表情的起始点、峰值点和终止点即可,这减轻了样本标注的工作量和降低了标注难度,具有一定的可操作性与实用性。相对于其他情绪估计方法,面部表情分析采用非侵入的方式,更容易被孤独症儿童所接受。通过面部表情分析,我们可以估计被试的表情是正面情绪还是负面情绪,进而判断被试在人机交互中的情绪愉悦度。

对于孤独症儿童而言,触摸是一个非常重要的社会信号。触摸屏是儿童与虚拟世界最直接的交流方式。在此学习环境中,儿童通过触摸屏与学习环境进行互动,物理交互界面能识别儿童在虚拟环境中触摸的准确位置,例如,在一个虚拟海洋世界里,儿童是触摸到了鱼还是动画人物。

多模态信息融合是学习环境中不可缺少的模块,它处理和合成前端多重信号,然后交由后端创建事件。在此学习环境中,多模态信息融合模块将儿童的头部姿态、眼睛凝视方向、表情和手势动作及生理信号进行融合,并实现对儿童的学习状态的准确理解,然后反馈给智能控制台。

智能控制台根据学习活动内容产生儿童与虚拟动画人物之间基于游戏的互

动。儿童在虚拟场景中与动画人物进行交流，其间不同场景的变换不是事先设定的，而是根据在互动过程中观察到的儿童的行为、认知和心理状态来选择的，这更有利于儿童的个体训练和自我提高，充分体现了以儿童个体为中心的学习理念。智能控制台采用基于强化学习的算法实现学习路径的动态规划。虚拟场景中的动画人物由智能体来控制。同时，我们采用监督学习方法建立儿童模型，使智能控制台能为不同的儿童选择合适的学习目标和活动提供便利。儿童模型的建立基于以下信息：①年龄、性别等静态信息；②之前与学习环境互动的信息；③当前与学习环境互动的信息。

真实场景模拟采用3D动画和语音合成技术模仿真实社会场景，负责根据多模态信息融合模块与智能控制台发出的指令显示不同的虚拟场景（如3D图形界面和虚拟动画人物）、输出各种声音等。

（二）学习活动设计

孤独症儿童存在心理理论缺失、执行功能障碍、中央统合功能失调及情绪行为异常等问题，为了提高其社会互动能力，我们基于心理机能理论设计了符合孤独症儿童心理及认知特点的人机交互学习活动。学习是个体在一定的情境之下凭借经验产生的行为或行为潜能比较持久的变化，是一个获取知识、交流情感、加工信息的过程（张家华，张剑平，2011）。学习活动的设计应符合一般学习过程的规律，因此我们将学习活动划分为三个阶段：镜像、相互关系和互动交流。通过不同阶段的学习，孤独症儿童能逐步提高社会互动能力。

第一阶段：镜像。在此阶段，孤独症儿童将参与支持他们模仿行为发展的学习活动，其学习目标为对自我和他人的认知。

第二阶段：相互关系。在此阶段，孤独症儿童将探索与他人互动的技巧，其学习目标包括共同注意、信念和愿望识别、对自我和他人需要及情感的意识、对分享实物和物理空间的协商。

第三阶段：互动交流。在此阶段，孤独症儿童将参与和他人之间简单的社会交流，如说"早上好""再见"等，其学习目标包括错误信念推理、关于他人心理状态的二次信念推理，同时可以对习得技能进行泛化、迁移。

表6-1给出了以上三个阶段中具体的学习目标和相应的学习活动以及阶段性成效。

表6-1 学习目标及相应的学习活动实现框架

阶段	学习活动	学习目标	阶段性成效
第一阶段：镜像	观察物体、虚拟自我和他人	了解物体特性、因果关系	提高对物体特性、自我和他人的认知能力
	通过虚拟自我操纵物体	对虚拟自我和他人的认知	
	要求有意识的智能体去执行某一动作	提高分辨有意识与无意识智能体的能力	
	在新场景中传递动作	提高在不同场景中重复某一动作的能力，而不是单纯地模仿	
第二阶段：相互关系	跟随手势指向、头部旋转、目光转移来完成任务，利用社会线索来引导他人的注意	跟随他人的社会线索，如目光，用手指示提出需求、用手指示引导他人的注意	提高与他人的协商能力和对他人信念与愿望的理解能力
	能意识到他人的愿望	增强对他人行为的理解（基于他们的信念和愿望）	
	探索自我的、他人的愿望，以及它们不能匹配时的情况	发展社会性的认知行为	
第三阶段：互动交流	表达自我和对他人的想法的推测	增强对他人信念的理解	提高社会认知能力，并能理解和预测他人的行为、情感
	探索包含了不同物体的场景，辨别他人信念的真伪	发展抽象思维，预测他人的行为和情感	
	从概念和情感上理解困难的语言信息	理解非字面上的语言，如讽刺、比喻、笑话	

（三）学习活动实现

学习活动的实现基于多个设计—评估—实现—评估的周期循环。我们采用标准的递归设计和模块实现方法来共同设计学习活动及支持其实现的相关技术，此方法能确保项目中不同组成部分之间的关系明确。整个学习活动的实现通过不同的编程语言和软件完成相应的模块。视觉信号处理：基于OpenCV的C++编程语言；交互界面：基于PQLabs的Java编程语言；智能控制台：基于强化学习的OpenAI Gym框架和Python语言；真实场景模拟：采用Maya和SuperCollider等软件工具，各模块信息采用了基于互联网通信引擎（internet communications engine，ICE）中间件的平台来融合。

该学习活动已在特殊学校进行了测试评估。现以学习活动第二阶段相互关系中共同注意能力的训练为例进行分析。共同注意能力是指个体在交往中跟随或引导他人社会线索（如目光、言语、姿态、动作等）的社会认知能力。共同注意能力是社会互动的基础，共同注意能力训练是提高孤独症儿童社会互动能力必不可少的学习活动，例子如图6-5所示。如图6-5（a）所示，虚拟动画人物（妞妞）注视着儿童并通过声音向儿童介绍自己。视觉信号处理模块中的注意力跟踪功能将检测儿童是否注意到妞妞,如果没有,妞妞将通过声音(例如,小明,你还在吗?)、目光、手势进一步吸引儿童的注意力,如图 6-5(b)所示。一旦儿童的注意力跟随妞妞的目光或手势进行移动,儿童与妞妞之间就建立了互动关系。然后,妞妞用声音向儿童寻求帮助,希望儿童帮自己摘花,通过手势或视线方向提示儿童自己想要哪一朵花,如图 6-5(c)所示。如果交互界面检测到儿童点击了正确的花,花将飞回到花瓶中,如图 6-5(d)所示,否则妞妞将继续通过声音、手势和目光提示儿童。在整个学习活动中,表情识别功能能实时地估计儿童的心理状态(例如,对学习活动是否感兴趣),这对于儿童模型的建立十分重要,有利于实现以儿童为中心的个性化学习。

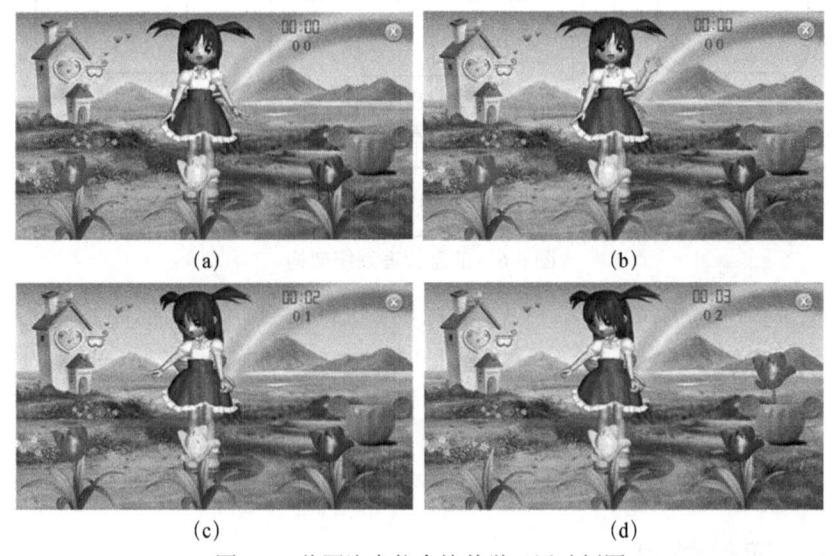

图 6-5 共同注意能力培养学习活动例图

三、信息管理系统

信息管理系统的主要功能是管理并存储孤独症儿童的档案、专业测评师的注册信息、孤独症儿童在各个阶段的测评记录、孤独症儿童的训练方案、孤独症儿童在学习训练系统中的操作记录(图 6-6)。信息管理系统通过访问控制模块为不同角色的用户提供不同权限,例如,为孤独症儿童家长提供浏览和修改自家孩子档案、浏览测评师的信息、浏览自家孩子每个阶段的测评记录、浏览自家孩子训练方案和训练记录的权限；为专业测评师提供浏览和修改自己的信息、浏览家长发送的筛查表、浏览和修改自己参与的测评结果的权限；为协议儿童所在的孤独症康复机构和特教学校提供浏览所有签订过康复训练协议的孤独症儿童的档案、各个阶段的测评记录、学习训练方案和学习训练记录的权限。

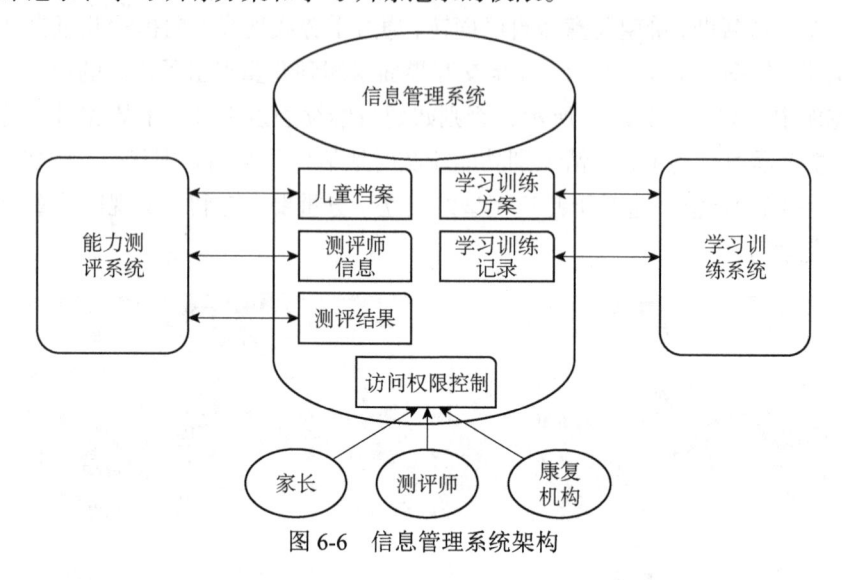

图 6-6　信息管理系统架构

第三节　应用效果分析

一、评估效果

（一）测试对象

测试对象为三所学校中不同年龄的儿童，其中有两所学校是正常的幼儿园，另一所学校是孤独症儿童教育机构，儿童年龄分为2～4岁和4～6岁。2～4岁和4～6岁正常儿童各30人，2～4岁和4～6岁孤独症儿童各20人。这些儿童会被贴上标签，这些标签为他们在各方面能力的水平、年龄层、是否为孤独症儿童。在制定评估标准过程中，被测儿童的标签信息在学生使用该评估系统进行能力评估之前已被获知，被测儿童的标签在被评估之前是保密的。

（二）测试过程

测评系统主要针对 5 种能力进行评估，即感知能力、认知能力、语言交往能力、生活自理能力和社会适应能力。每一种能力都被分为 3 个等级，即轻度障碍、正常和严重障碍。分级标准的制定依赖于研究对象在评估系统中的得分情况和标签。得分是根据实验法得出的，标签信息是根据访谈法、问卷调查法和观察分析法得出的。评估系统的评估项目有 5 种，通过被测儿童的得分情况和标签信息，可以针对每一评估项目制定具体的分级类别，这些级别代表项目对应的能力强弱。至此，整个评估系统的评估标准制定完成。

（三）数据整理与分析

我们通过访谈法、问卷调查法、观察分析法，对每一个研究对象制定对应标签，标签内容包括对象的年龄层、在每一种能力上的评估水平、是否为孤独症儿童，可以分别表示为 $Age \in \{Age_1, Age_2\}$，代表年龄层次，其中 Age_1 为 2～4 岁，Age_2 为 4～6 岁；$F \in \{F_1, F_2\}$，代表是否为孤独症儿童，其中 F_1 为正常儿童，F_2 为孤独症儿童；$L_j \in \{L_1, L_2, L_3\}$，代表能力的评估水平，$L_1$ 代表正常，L_2 代表轻度障碍，L_3 代表严重障碍，其中 j 代表项目的类别，$j=1, 2, \cdots, 5$，分别对应 5 个项目；评估项目表示为 $Pro \in \{Pro_1（感知能力），Pro_2（认知能力），Pro_3（语言交往能力），Pro_4（生活自理能力），Pro_5（社会适应能力）\}$，那么 $L_{i,j}$ 可以表示为第 i 个研究对象在第 j 个能力评估项目上的水平，其中 $i=1, 2, \cdots, N$，N 为研究对象总数。通过实验法，可以得到每个研究对象在系统上的得分，用 S 代表研究对象在评估上的得分结果。该结果为研究对象在每分钟相对于满分所得的归一化分数，归一化过程为每个相对分数除该游戏中最高分与最低分之差，那么 $S_{i,j}$ 表示第 i 个研究对象在第 j 个能力评估项目上的得分。

（四）测评结果

整个评估结果依赖于每个项目的评估结果，当一个测试对象在 5 个评估项目上有至少一个被评估为 L_3，即评估为严重障碍时，诊断该测试对象为孤独症儿童，系统中每个项目的评估的准确性即精度如图 6-7 所示。

通过图 6-7 可以看出，在 5 个项目中，感知能力评估精度最好。经分析可知，由于感知项目中的游戏数量比较多，结果综合了更多方面的因素，所以表现最好。对每一个项目上的能力进行评估时，错误的评估基本只是误判一个水平，没有将

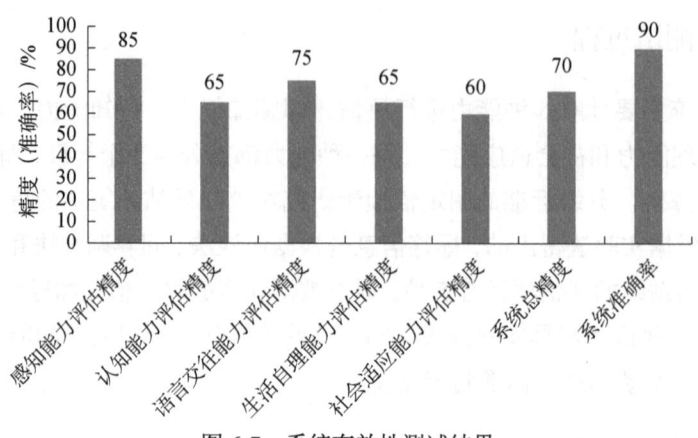

图 6-7 系统有效性测试结果

L_1 误评为 L_3，也没有将 L_3 误评为 L_1。在对 20 名测试对象是否为孤独症儿童进行评估时，准确率高达 90%，仅有 2 名被诊断错误。经分析，这两名儿童为 4 岁以下正常儿童，一名儿童的语言交往能力被评估为严重障碍，另一名儿童的生活自理能力被评估为严重障碍。导致这种结果可能是由于对年龄比较小的儿童而言，这两方面的评估结果容易出错。对于孤独症儿童的诊断，系统基本没有误判。

二、干预效果

为了进一步验证系统干预效果，我们对 20 名 5~7 岁的孤独症儿童进行了 6 个月的干预训练，每名儿童每天完成该学习环境中 15~20min 的社交技巧训练，一周 5 次。康复老师根据每名儿童的测评结果，为其制定合适的学习计划。通过实验，我们初步得到如下结果。

1）虚拟人物妞妞向儿童打招呼时，呼叫儿童的名字，更能吸引儿童的注意力，并且儿童在学习过程中表现得更积极、更开心。

2）妞妞吸引儿童的方式在很大程度上会影响儿童的反应时间，妞妞采用多重社会信号（如目光、声音和手势）吸引儿童时，儿童的反应时间比采用单一社会信号时要短。

3）在整个学习过程中，儿童需要干预的次数逐渐减少，例如，当视觉信号处理模块检测不到儿童的面部时，系统会提示"小明，你还在吗？"，或者检测到儿童的注意力，但交互界面检测不到儿童的触摸时，系统会提示"请点击屏幕"。经过 4 个月的训练，16 名儿童在完成学习活动时需要的提示次数少于 5 次，其中 5

名儿童完全不需要提示。

4）大部分儿童第一周使用该学习环境时，在限定的时间内几乎不能独立完成学习活动，其中3名儿童只是随机地点击屏幕。经过6个月的训练，所有的儿童在限定的时间内都有了更好的表现（例如，完成任务的时间缩短了或者分数更高了），只是每个儿童的进步程度不同。

5）经过训练，根据家长或教师的反馈，其中16名儿童的注意力集中程度都有不同程度的提高。

初步的实验结果证明了该学习环境的可行性及对注意力提高的有效性。接着，我们将基于孤独症儿童模型和设定的学习目标，通过教育技术学与心理学相结合的方法，验证该学习环境的有效性，即采取纵向追踪研究设计，结合实验组、对照组的组间比较，进行实证研究。实证研究分为微观与宏观两个方面，基于微观的有效性由面向任务的方法来评定，它与每个独立的学习目标和相应的学习活动相关；基于宏观的有效性是评定儿童社会交流技巧的发展变化和把这些技巧运用到新场景的能力。

本 章 小 结

本章重点介绍了面向孤独症儿童的智能化学习平台的构建过程及初步应用效果。实证研究表明，面向孤独症儿童的智能化学习平台能够为儿童提供集能力发展客观评估和个性化干预于一体的系统化、智能化、个性化服务与支持，与传统方法相比具有显著的优势，有利于促进特殊教育信息化的发展。

参 考 文 献

陈靓影，王广帅，张坤.（2017）.为提高孤独症儿童社会互动能力的人机交互学习活动设计与实现. 电化教育研究,（5）,106-111,117.

胡晓毅.（2014）.当前美国孤独症儿童教育面临的挑战及其对我国的启示. 比较教育研究,（9）,

94-99.

王广帅.（2019）.自闭症谱系障碍儿童情绪社交缺陷量化评估与个性化干预.华中师范大学博士学位论文.

张家华，张剑平.（2011）.学习过程信息加工模型的演变与思考.电化教育研究，（1），40-43.

American Psychiatric Association.（2013） Diagnostic and Statistical Manual of Mental Disorders. 5th ed. Washington：American Psychiatric Association.

Chen, J. Y., Wang, G. S., Zhang, K., et al.（2019）.A pilot study on evaluating children with autism spectrum disorder using computer games. Computers in Human Behavior，90，204-214.

Küpper, C., Stroth, S., Wolff, N., et al.（2020）.Identifying predictive features of autism spectrum disorders in a clinical sample of adolescents and adults using machine learning. Scientific Reports，10，4805.

Liu, L. Y., Ke, Z. R., Huo, J. A., et al.（2021）.Head pose estimation through keypoints matching between reconstructed 3D face model and 2D image. Sensors，（5），1841.

Scassellati, B., Boccanfuso, L., Huang, C. M., et al.（2018）.Improving social skills in children with ASD using a long-term, in-home social robot. Science Robotics，（21），1-20.

Xu, R. Y., Chen, J. Y., Han, J. X., et al.（2020）.Towards emotion-sensitive learning cognitive state analysis of big data in education：Deep learning-based facial expression analysis using ordinal information. Computing，（3），765-780.

第七章
人工智能技术在孤独症儿童干预中的应用

近年来，随着人工智能技术在教育领域的应用，越来越多的研究者尝试将其引入孤独症儿童教育中，以期获得更好的干预效果。本章结合本团队的最新研究与实践成果，从社会交往和认知能力两方面介绍人工智能技术在孤独症儿童干预中的应用，希望能为特殊教育行业以及相关研究提供借鉴。

第一节 社会交往干预

面孔表情是情绪和情感的重要外部表现，其识别和理解是个体获取社会信息的重要途径，也是维持正常社会交往的重要基础（刘宏艳，葛列众，2014）。对于典型发展儿童来说，情绪面孔识别是一种早期发展的社会技能。研究表明，婴儿在4个月时能够对目光凝视和情绪面孔有不同的反应，在熟悉的环境中可以区分出恐惧、悲伤、高兴和惊讶等基本表情（Walker-Andrews，1998）。7个月时，其可以区分面部表情，并且在视觉关注模式中，会对相同或不同情绪的面孔做出方向性和习惯性反应（Mason & Capitanio，2012）。1岁时，典型发展儿童已能够运用并理解眼神对视、面部表情和肢体语言，采取非言语的沟通形式发起社会互动、参与轮流游戏、表达基本的要求以及和他人分享兴趣，逐渐具备双向社会互动、共同注意及行为控制的能力（郭嘉，静进，2009）。另有情绪识别实验研究表明，儿童在4岁时可以熟练地完成快乐、悲伤和愤怒等表情材料的标签任务，尤其善于识别恐惧和惊讶表情（Widen & Russell，2003），但也有研究认为尽管儿童在10岁时的情绪识别能力接近于成人水平，但其与任务要求高度相关，对于表现不强烈的情绪仍会存在识别困难（Durand et al.，2007）。从儿童发展心理学来讲，情绪识别是一个不断发展的心理过程，随着年龄的增长、经验的丰富以及思维品质的提升，儿童识别和产生表情的能力都有所提升。孤独症儿童在社交方面存在质的缺陷，在使用非言语行为（如眼神对视、面部表情）进行社会互动方面存在明显的障碍，缺乏共同注意、社会性交往和情感互动分享。针对孤独症儿童面部表情识别的干预主要采用面部表情卡片或基于计算机辅助技术的图片、动画作为教学材料。Silver 和 Oakes（2001）提出了名为"情绪训练师"的孤独症儿童面部表情识别干预方法。该干预方法基于计算机辅助技术，将面部表情图片和表现情绪的卡通故事作为材料，帮助孤独症儿童建立面部表情与情绪场景的关联。Ryan 和 Charragáin（2010）利用NimStim 面部表情图片库对孤独症儿童进行了干预训练。Golan 和 Baron-Cohen（2006）开发的心理认知系统被广泛用于孤独症儿童的面部表情及情绪识别干预中。Baron-Cohen 等（2009）开发了 3D 动画片《交通工具》（Transporters）用于孤独症儿童的情绪认知干预训练。这些干预工具虽然对孤独症儿童面部表情识别能力的提高起到了一定的作用，但对孤独症儿童在社交情境中的情绪识别能力以及对真人面部表情识别能力的作用仍需要进一步探讨。霍文瑶等（2016）制作了本土化的面部表情图片，并对3名孤独症儿童进行了干预，取得了积极的干预效果。

我们使用融入阿凡达的自适应干预技术来干预孤独症儿童的面部表情识别能力，取得了良好的干预效果（刘乐元等，2017）。

一、干预方法设计

我们采用了单一被试实验法中的跨被试多基线实验设计法。单一被试实验法是指以一名或几名研究对象作为被试，通过对被试在基线期与处理期的行为变化来分析、推断实验处理是否有效。多基线实验设计法是单一被试实验法的一种类型，是在同一研究中 A-B 设计的重复。跨被试多基线实验设计法是在具有相同的行为、相同的实验条件下，针对不同的被试实施行为处理的一种设计模式。其优点在于能够通过对干预效果的复制作用，确切地提高研究的内在效度。跨被试多基线实验设计法在获得两个或者更多被试的基线期的数据后，当一名被试正在接受干预时，另外一名或者更多的被试仍处于基线期研究中。只有当第一名被试达到稳定的基线期反应进入干预期后，才对第二名被试进行干预。同时，第三名被试仍处于基线期研究中。随后，第二名被试达到稳定的基线期反应进入干预期后，才对第三名被试进行干预。如果还存在其他的被试，则以此类推。

（一）自变量及因变量

自变量是运用自制的融入阿凡达技术的面部表情识别教学工具对被试进行的干预。干预地点在武汉市某孤独症儿童康复中心的个别化训练室。干预频率为每周3次（周一、周三和周五），每次约为 30min，一次称为 1 个课时。对每名被试分别实施 32 个课时的干预。

因变量是被试的面部表情识别能力，具体量化为被试在测评游戏中的得分。测评游戏首先使用第一档次语音提示，按随机顺序展示 C1~C8 的情境；然后使用第二档次语音提示，再次按随机顺序展示 C1~C8 的情境。在每个游戏情境展示完之后，被试如在规定时间内选择正确的表情得 1 分，否则不得分，满分为 16 分。

（二）干预方法

在干预时，首先播放阿凡达形象的自我介绍动画视频，吸引被试的注意。在被试进入学习状态后，让其观看阿凡达面部表情教学动画，学习静态表情和动态表情，并了解具体表情的特征。其次，让被试观看阿凡达面部表情识别情境教学动画，学习不同表情对应的情境。每段情境教学动画播放完之后，再次让被试观看该情境教学动画对应的面部表情教学动画，帮助其加强对面部表情的理解与记忆。最后，利用测评动画评估此次干预后被试的面部表情识别能力。情境教学动画如图 7-1 所示。

图 7-1　阿凡达面部表情识别情境教学动画

为了评估被试的面部表情识别能力，我们自制了以电子游戏为载体的测评工具。测评游戏的情节设计如下：被试的阿凡达形象（在被试看来是他"自己"）在场景行走的过程中会碰到各种日常生活中常见的物品或人物；阿凡达形象会根据预先设定的情境做出一些行为；游戏界面上显示同一真实人物高兴、惊讶、难过和生气 4 张表情图像，并通过语音提示被试选择"自己"做出游戏中的行为后他人应该出现的面部表情。测评游戏截图如图 7-2 所示。

图 7-2　面部表情识别测评游戏（截图）

（三）干预实施

干预实施过程主要分为基线期、干预期、维稳期三个阶段。

1）基线期。在基线期，不对被试进行阿凡达表情教学动画和情境教学动画的干预，主要让被试熟悉自己的阿凡达形象，熟悉测评游戏并使用测评游戏评估其面部表情识别能力。在此阶段，按多基线实验设计法为每名被试安排 6 个课时的测评，采用间断式资料收集方式，得到 6 个资料点。

2）干预期。在干预期，首先，由研究者利用阿凡达表情教学动画和情境教学动画对被试进行干预教学；其次，利用测评游戏评估干预后被试的面部表情识别能力。在此阶段，为每名被试安排连续 20 个课时（每周 3 个课时）的干预教学与测评，收集到 20 个资料点。

3）维稳期。每名被试的干预期结束后，间隔 1 周时间进入维稳期。在维稳期，只对被试进行游戏测评。在此阶段，为每名被试安排连续 6 个课时（每周 3 个课时）的游戏测评，收集到 6 个资料点。

（四）实验信效度评估

1）观察者一致性。被试的得分由测评游戏软件自动记录，因此观察者一致性是指软件记录的得分与观察者人工记录的得分的一致性。为此，除了测评游戏软件记录的得分外，还让一名研究生和一名康复中心教师作为观察者，在对其进行得分标准培训后，同时人工记录测评结果。对于一次测评，仅当软件记录的得分与两名观察者记录的得分都相同时认为一致。根据观察者一致性 $= \frac{一致的次数}{一致的次数 + 不一致的次数} \times 100\%$ 这一公式计算，甲、乙、丙、丁 4 名被试的观察者一致性分别为 97.9%、100%、100% 和 95.8%。被试甲、丁的观察者一致性未达到 100% 的原因是，他们在触摸屏上操作测评游戏的过程中存在误点击和随机点击的情况。

2）干预忠诚度。所有干预、测评过程在平板电脑后台均有日志文件记录。在研究结束后，我们对日志文件进行了分析，4 名被试的干预忠诚度都为 100%，表明本研究完全按照预定计划对所有被试实施了干预。

二、干预效果分析

（一）干预效果的目视分析与 C 统计分析

各被试在干预实施的三个阶段的面部表情识别测评得分曲线如图 7-3 所示。总体来看，在基线期，各被试的得分均不佳；在干预期，各被试的得分都呈明显的上升趋势；在维稳期，各被试的测评得分虽然相对干预期尾段有小幅下降，但相对于基线期有大幅提高，且维持效果良好。

下面使用目视分析结合简化时间序列分析（C 统计）详细解析 4 名被试的干预效果。C 统计可检验阶段内和阶段间的趋势变化是否达到了统计显著性，以验证干预效果。若 C 值较大，则说明干预结果有上升或下降的趋势；若 C 值较小，则说明干预结果为等速趋势。不论资料点数为多少，0.05 显著水平（*）的 Z 值一律为 1.64。当资料点数为 20 时，0.01 显著水平（**）的 Z 值为 2.26；当资料点数大于 25 时，0.01 显著水平的 Z 值为 2.33。

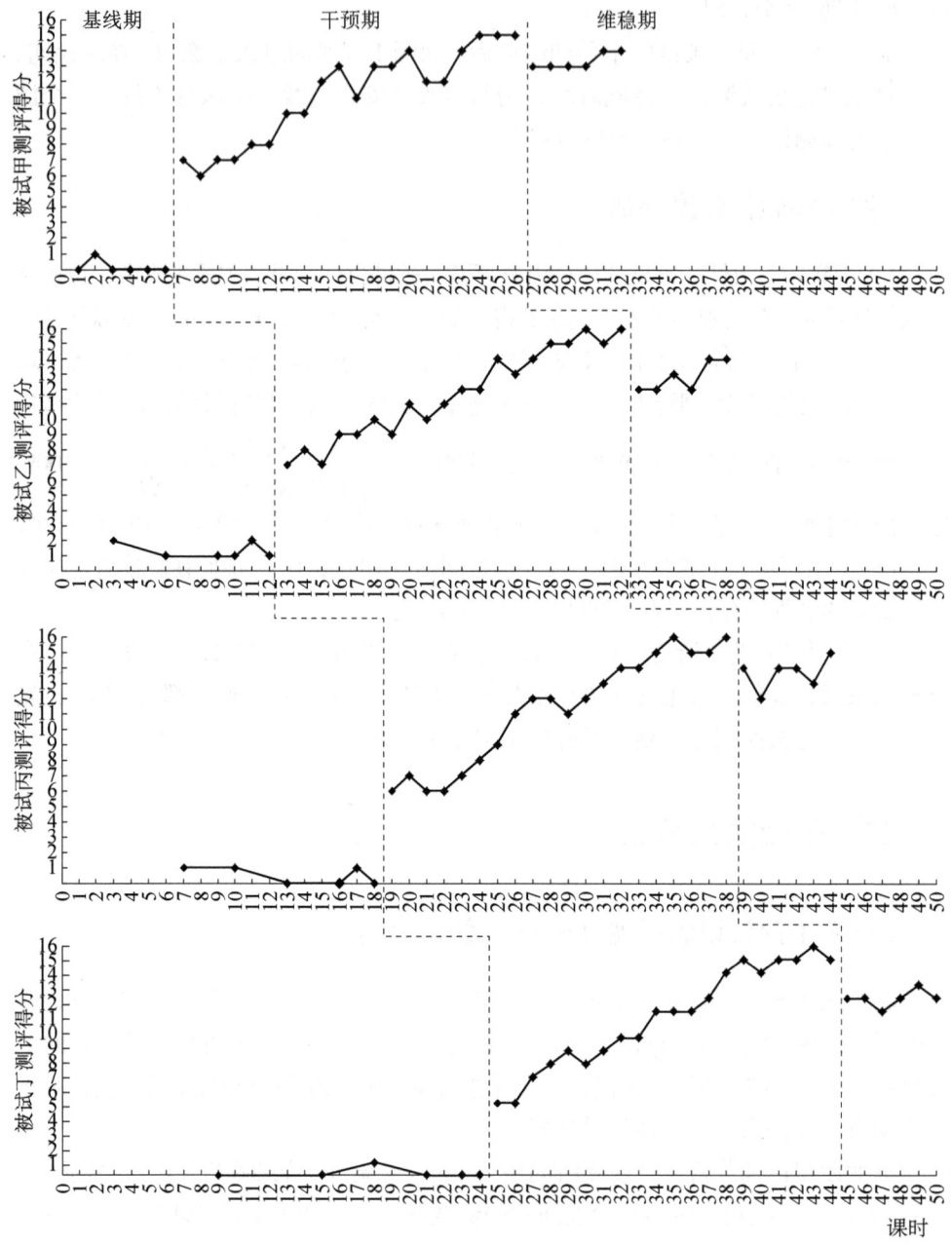

图 7-3 各被试的面部表情识别测评得分曲线

1）被试甲的干预效果分析。表7-1为被试甲阶段内目视分析及C统计摘要。在基线期，得分水准范围是0～1，平均水准为0.1667，C统计未达到显著水平，表明在此阶段被试甲的面部表情识别能力较差且没有明显的上升或下降趋势。在干预期，平均水准为11.1000，阶段内水准变化为8，呈稳定上升趋势，C统计达到了0.01的显著水平，表明被试甲的面部表情识别能力在此阶段有显著的提高。在维稳期，平均水准为13.3333，呈稳定上升趋势，C统计达到了0.05的显著水平，表明被试甲的面部表情识别能力在此阶段有较为显著的提高趋势。

表7-1 被试甲阶段内目视分析及C统计摘要

分析向度	分析结果		
阶段名称	基线期	干预期	维稳期
阶段长度	6	20	6
得分水准范围	0～1	6～15	13～14
阶段内水准变化	0	8	1
平均水准	0.1667	11.1000	13.3333
水准稳定度	0%	30%	100%
趋势方向	=	+	+
趋势稳定度	0%	85%	100%
C值	−0.2000	0.9137	0.6250
Z值	−0.5916	4.3018**	1.8486*

注：*$p<0.05$，**$p<0.01$，***$p<0.001$。下同

表7-2为被试甲阶段间目视分析及C统计摘要。从基线期至干预期的阶段间C统计达到了0.01的显著水平，且趋势方向变化效果为正向，表明对被试甲的干预有明显的正向效果。从干预期到维稳期的阶段间C统计达到了0.01的显著水平，且趋势方向变化效果为正向，表明被试甲的面部表情识别能力有明显的维持效果。

表7-2 被试甲阶段间目视分析及C统计摘要

分析向度	分析结果	
比较的阶段	干预期/基线期	维稳期/干预期
阶段间的水准变化	7	−2
平均水准的变化	10.9333	2.2333
趋势方向变化与效果	(=)/(+) 正向	(+)/(+) 正向
趋势稳定度的变化	不稳定到稳定	稳定到稳定
重叠率	0%	100%
C值	0.9442	0.9117
Z值	5.0064**	4.8340**

2）被试乙的干预效果分析。表 7-3 为被试乙阶段内目视分析及 C 统计摘要。在基线期，得分水准范围是 1～2，平均水准为 1.3333，C 统计未达到显著水平，表明在此阶段被试乙的面部表情识别能力较差且没有明显的上升或下降趋势。在干预期，平均水准为 11.6500，阶段内水准变化为 9，呈稳定上升趋势，C 统计达到了 0.01 的显著水平，表明被试乙的面部表情识别能力在此阶段有显著的提高趋势。在维稳期，平均水准为 12.8333，呈上升趋势，C 统计未达到显著水平，表明被试乙的面部表情识别能力在此阶段有提高趋势，但不显著。

表 7-3 被试乙阶段内目视分析及 C 统计摘要

分析向度	分析结果		
阶段名称	基线期	干预期	维稳期
阶段长度	6	20	6
得分水准范围	1～2	7～16	12～14
阶段内水准变化	−1	9	−4
平均水准	1.3333	11.6500	12.8333
水准稳定度	0%	20%	66.67%
趋势方向	=	+	+
趋势稳定度	33.3%	100%	100%
C 值	−0.1250	0.9258	0.3793
Z 值	−0.3698	4.3590**	1.1220

表 7-4 为被试乙阶段间目视分析及 C 统计摘要。从基线期至干预期的阶段间 C 统计达到了 0.01 的显著水平，且趋势方向变化效果为正向，这表明对被试乙的干预有明显的正向效果。从干预期到维稳期的阶段间 C 统计达到了 0.01 的显著水平，且趋势方向变化效果为正向，表明被试乙的面部表情识别能力有明显的维持效果。

表 7-4 被试乙阶段间目视分析及 C 统计摘要

分析向度	分析结果	
比较的阶段	干预期/基线期	维稳期/干预期
阶段间的水准变化	6	−4
平均水准的变化	10.3167	1.1833
趋势方向变化与效果	(=)/(+) 正向	(+)/(+) 正向
趋势稳定度的变化	不稳定到稳定	稳定到稳定
重叠率	0%	100%

续表

分析向度	分析结果	
C 值	0.9516	0.8693
Z 值	5.0466**	4.6103**

3）被试丙的干预效果分析。表 7-5 为被试丙阶段内目视分析及 C 统计摘要。在基线期，得分水准范围是 0~1，平均水准为 0.5000，C 统计未达到显著水平，表明在此阶段被试丙的面部表情识别能力较差且没有明显的上升或下降趋势。在干预期，平均水准为 11.2500，水准变化为 10，呈稳定上升趋势，C 统计达到了 0.01 的显著水平，表明被试丙的面部表情识别能力在此阶段有显著的提高趋势。在维稳期，平均水准为 13.6667，呈上升趋势，C 统计未达到显著水平，表明被试丙的面部表情识别能力在此阶段有提高的趋势，但趋势不显著。

表 7-5 被试丙阶段内目视分析及 C 统计摘要

分析向度	分析结果		
阶段名称	基线期	干预期	维稳期
阶段长度	6	20	6
得分水准范围	0~1	6~16	12~15
阶段内水准变化	−1	10	1
平均水准	0.5000	11.2500	13.6667
水准稳定度	0%	25%	66.67%
趋势方向	=	+	+
趋势稳定度	16.67%	90%	83.33%
C 值	0	0.9628	−0.2188
Z 值	0	4.5329**	−0.6471

表 7-6 为被试丙阶段间目视分析及 C 统计摘要。从基线期至干预期的阶段间 C 统计达到了 0.01 的显著水平，且趋势方向变化效果为正向，表明对被试丙的干预有明显的正向效果。从干预期到维稳期的阶段间 C 统计达到了 0.01 的显著水平，且趋势方向变化效果为正向，表明被试丙的面部表情识别能力有明显的维持效果。

表 7-6 被试丙阶段间目视分析及 C 统计摘要

分析向度	分析结果	
比较的阶段	干预期/基线期	维稳期/干预期
阶段间的水准变化	6	−2

续表

分析向度	分析结果	
平均水准的变化	10.7500	2.4167
趋势方向变化与效果	(=)/(+) 正向	(+)/(+) 正向
趋势稳定度的变化	不稳定到稳定	稳定到稳定
重叠率	0%	100%
C 值	0.9633	0.9361
Z 值	5.1087**	4.9646**

4）被试丁的干预效果分析。表 7-7 为被试丁阶段内目视分析及 C 统计摘要。在基线期，得分水准范围是 0~1，平均水准为 0.1667，C 统计未达到显著水平，表明在此阶段被试丁的面部表情识别能力较差且没有明显的上升或下降趋势。在干预期，平均水准为 10.5500，阶段内水准变化为 11，呈稳定上升趋势，C 统计达到了 0.01 的显著水平，表明被试丁的面部表情识别能力在此阶段有显著的提高趋势。在维稳期，平均水准为 12.0000，呈上升趋势，C 统计未达到显著水平，表明被试丁的面部表情识别能力在此阶段有提高的趋势，但不显著。

表 7-7 被试丁阶段内目视分析及 C 统计摘要

分析向度	分析结果		
阶段名称	基线期	干预期	维稳期
阶段长度	6	20	6
得分水准范围	0~1	4~16	11~13
阶段内水准变化	0	11	0
平均水准	0.1667	10.5500	12.0000
水准稳定度	0%	15%	66.67%
趋势方向	=	+	+
趋势稳定度	0%	90%	100%
C 值	−0.2000	0.9596	0
Z 值	−0.5916	4.5181**	0

表 7-8 为被试丁阶段间目视分析及 C 统计摘要。从基线期至干预期的阶段间 C 统计达到了 0.01 的显著水平，且趋势方向变化效果为正向，表明对被试丁的干预有明显的正向效果。从干预期到维稳期的阶段间 C 统计达到了 0.01 的显著水平，且趋势方向变化效果为正向，表明被试丁的面部表情识别能力有明显的维持效果。

表 7-8　被试丁阶段间目视分析及 C 统计摘要

分析向度	分析结果	
比较的阶段	干预期/基线期	维稳期/干预期
阶段间的水准变化	4	−3
平均水准的变化	10.2833	1.4500
趋势方向变化与效果	(=)/(+) 正向	(+)/(+) 正向
趋势稳定度的变化	不稳定到稳定	稳定到稳定
重叠率	0%	100%
C 值	0.9738	0.9393
Z 值	5.1645**	4.9815**

（二）社会效度结果

实验结束后，我们对 4 名被试的家长及两名个训教师进行了访谈。下面将访谈内容进行整理，作为本研究的社会效度结果。

两名个训教师发现，参与本研究后，被试甲与教师对话时有时会涉及表情。例如，在完成个训的某个教学目标，教师给予被试强化物进行奖励后，被试甲会回应："我很高兴。"此外，被试甲在课堂上的共同注意力有一定程度的提高，可以与他人进行目光对视。被试甲的妈妈认为，在参与本研究的训练后，被试甲在家中能够注意到父母的表情，例如，妈妈在家发出笑声之后，被试甲会说："妈妈笑了，妈妈高兴。"

被试乙的父母及个训教师发现，参与本研究后，被试乙看到他人呈现的面部表情后会有相应的模仿行为。在看到相关表情的图书或卡片后，被试乙可以对学习过的表情做出回应，说出该种表情的名称。在课堂上，其与同学和个训教师的眼神对视次数增加，和他人进行互动的次数也逐渐增加。

被试丙的父母及个训教师表示，参与本研究后，被试丙可以在父母的提示下对他人的表情进行恰当的回应。当他人微笑时，其回以笑的表情；当他人表现出难过的表情时，其会拉拉他人的手表示安慰。个训教师反映在研究结束后，被试丙仍对阿凡达干预系统有极大的兴趣，会向个训教师进行询问："什么时候再去玩游戏？"

被试丁的父母及个训教师表示，被试丁在参与研究后能够更好地理解他人的表情，能够用一些含有表情的词语表达自己的心情。

4 名被试的父母与个训教师均认为，面部表情识别是孩子在人际交往过程中具备的一种十分重要的能力，对社会交往对象的表情做出回应和理解十分重要，提高面部表情识别能力具有十分重要的意义；虽然以前没听说过融入阿凡达技术的干预方法，但只要是对孩子能力提高可能有效，都愿意尝试；接受融入阿凡达技术的干预方法，对干预效果给予了肯定，并表示要向其他孤独症儿童家长推荐这种方法。两名个训教师表示，融入阿凡达技术的干预方法具备传统方法没有的优点，寓教于乐，能激发孩子的兴趣，强烈的代入感有利于帮助孩子进行能力迁移与泛化，愿意与研究者继续合作，进一步尝试和学习这种干预方法。

三、讨论和小结

（一）融入阿凡达技术的干预可以提高孤独症儿童的面部表情识别能力

以阿凡达面部表情教学动画、阿凡达面部表情情境教学动画为材料的干预，能够有效提高孤独症儿童的面部表情识别能力。我们通过对 4 名被试的量化资料进行目视分析和简化时间序列分析（C 统计）发现，自变量（干预）和因变量（面部表情识别能力）之间存在强有力的功能相关性。在干预之前，4 名被试的测评得分都很差，且没有上升的趋势，表明未干预前他们的面部表情识别能力很难得到改善。经过干预后，4 名被试的测评得分都有了大幅提高，且 C 统计均达到了 0.01 的显著水平，表明干预对 4 名被试有明显的正向效果。虽然在干预期结束后间隔了 1 周时间才进入维稳期的测评，但 4 名被试的测评得分仅仅相对于干预期尾段有小幅下降，且从干预期到维稳期的阶段间 C 统计达到了 0.01 的显著水平，表明 4 名被试的面部表情识别能力有明显的维持效果。这与 Orvalho 等（2009）的研究结果一致，证明了融入阿凡达技术的干预可以提高孤独症儿童的面部表情识别能力。

（二）融入阿凡达技术的干预方法具备安全、见效快的优点

选取的 4 名被试 100% 按预定计划完成了所有的干预和测评，特别是被试丙在进行干预前对引导性或强制性面部表情回应行为有较强的抵触情绪，但在研究完成后却期待再次进行干预和测评。这说明融入阿凡达技术的干预系统提供了安全的虚拟环境，消除了孤独症儿童在干预过程中产生的焦虑情绪。此外，借助阿凡达技术创建的情境和人物与现实生活相关联，从而使得孤独症儿童在治疗过程中不会因为沉溺于信息化干预创建的虚拟世界而造成其与现实生活的进一步隔离。

在使用传统干预方法的初期，孤独症儿童的面部表情识别能力一般呈缓慢提升趋势（霍文瑶等，2016）。本研究结果显示，经过 1 个课时的干预后，4 名被试

的得分分别由基线期的最高分为1分、2分、1分、1分提高到7分、7分、6分、4分。这说明融入阿凡达技术的干预可以快速提高孤独症儿童的面部表情识别能力。Chia和Wong（2015）将基于阿凡达技术的干预见效快速的原因归为如下方面：阿凡达技术产生的强烈代入感和对孤独症儿童自我意识提高的促进作用，能够让孤独症儿童的视觉和思考方式全面介入干预情境中。

（三）融入阿凡达技术的干预方法有助于孤独症儿童将学习到的面部表情识别知识进行迁移和泛化

Silver和Oakes（2001）将面部表情照片和表现情绪场景的卡通片或童话故事作为训练工具，对孤独症儿童进行了面部表情识别的干预，但发现干预对被试真人面部表情识别能力的提升作用有限。Golan和Baron-Cohen（2006）将心理认知系统应用到阿斯伯格综合征患者的干预训练中，结果发现，被试无法将学到的情绪识别方法应用于社交情境中。本研究在干预中使用的是卡通表情，在测评游戏中使用的是真人表情，在干预中让被试学习的是自己的表情，在测评游戏中需要被试识别他人的表情，而且干预中所设计的面部表情情境与评测游戏中的情境也有较大差异。因此，要通过本研究的面部表情识别测评游戏，被试需要具备一定的面部表情识别迁移和泛化能力。4名被试在干预期的尾段的最高得分分别达到了16分、15分、16分、16分，在维稳期的平均得分分别达到了13.3分、12.8分、13.7分、12.0分，说明他们基本上已经完成了从识别卡通面部表情到识别真人面部表情、从识别自己面部表情到识别他人面部表情的能力迁移，并且能泛化到不同的社交情境中。我们通过访谈也发现，被试与他人的眼神对视次数增加，共同关注能力提升，与他人互动的兴趣有提高，甚至在日常生活中具备了一定的察言观色能力。这说明融入阿凡达技术的干预有助于孤独症儿童将学习到的知识进行迁移并泛化到实际的生活中，从而提高他们融入社会的能力。

第二节　认知能力干预

认知能力代表了人脑加工、储存和提取信息的能力，是人们认识客观世界，获取各种知识的必备技能。相较于典型发展儿童，孤独症儿童更倾向于通过视觉信息来认识世界和学习知识。研究表明，使用图片、视频等信息呈现方式更容易吸引孤独症儿童参与。因此，本研究引入增强现实技术吸引孤独症儿童参与到认知能力干预活动中，以期达到更好的干预效果。

增强现实技术是一种实时地计算摄影机影像的位置及角度并加上相应图像的技术，是一种将真实世界信息和虚拟世界信息无缝集成的新技术。这种技术的目标是在屏幕上把虚拟世界套在现实世界并进行互动。这种技术具有虚实结合的特点，能创造出超越现实的感官体验，已经被应用于孤独症患者的认知、社交、运动感知、假装游戏和日常活动的教学中。在认知干预方面，有研究表明，孤独症儿童在使用增强现实软件时表现出了积极的情绪和动机，注意力也有所提高（Escobedo et al.，2014），孤独症大学生通过使用增强现实软件，能掌握更多的科学词语（McMahon et al.，2016）。

研究表明，增强现实技术可以有效地改善孤独症儿童学习的动机和注意力，但增强现实技术在孤独症干预的循证实践研究方面尚处于初级阶段。原因如下：①针对孤独症儿童认知干预的研究样本数量较少且多采用单一被试的研究方法；②缺少随机对照研究排除潜在的混淆变量，无法辨别干预效果得益于增强现实技术还是电子设备。本研究采用随机对照试验探究增强现实技术对孤独症儿童词语认知干预的效果，研究问题包括：①相比传统的图片呈现方式，增强现实技术能否进一步改善孤独症儿童的词汇认知效果？②词汇认知学习成果是否与干预过程中的注意力和模仿发音行为相关？（陈靓影等，2019）。

一、干预方法

（一）被试

我们在武汉市某康复机构招募到49名儿童，根据以下标准对儿童进行筛选：①经医院按照DSM-5标准诊断为孤独症，排除其他智力发育障碍；②年龄在3～9岁；③通过对家长与教师进行访谈得知儿童能够理解简单的指令；④用皮博迪图片词汇测验修订版（Peabody Picture Vocabulary Test-Revised，PPVT-R）测量被试的言语智力水平，选取言语智力相匹配的儿童，将其分配到实验组和对照组；⑤教师知情，并获得儿童父母的同意。本研究最终选定28名孤独症儿童参与研究，年龄在3岁1个月至9岁8个月，其中男孩20名，女孩8名。我们将他们随机分为实验组和对照组，经t检验两组在年龄和PPVT-R分数上不存在显著差异（PPVT-R原始分：

t=0.135，p=0.893），如表 7-9 所示。

表 7-9 被试的年龄与 PPVT-R 得分

组别	人数	年龄/岁 均值	年龄/岁 范围	PPVT-R 得分（原始分）均值	PPVT-R 得分（原始分）范围
实验组	14	4.1±1.14	3～8	28.23±16.45	10～68
对照组	14	3.9±1.73	3～9	27.08±25.97	6～102

（二）干预材料

在干预之前，对每名儿童进行前测。测试材料是 3 类 60 种词汇卡片，如表 7-10 所示。

表 7-10 前测材料

果蔬	动物	交通工具
苹果、桃子、荔枝、樱桃、西瓜、椰子、橙子、猕猴桃、菠萝、草莓、葡萄、榴梿、杧果、梨子、火龙果、胡萝卜、黄瓜、蘑菇、茄子、辣椒、洋葱	猫、狗、老虎、狮子、袋鼠、猴子、鲨鱼、羊、老鼠、大象、企鹅、猪、长颈鹿、兔子、鸡、牛、狐狸、鳄鱼、蛇	跑车、拖拉机、警车、消防车、马车、摩托车、叉车、面包车、油罐车、救护车、高铁、出租车、轮船、飞机、公交车、自行车、拖头车、越野车、客机、方程式赛车

在干预中，实验组和对照组均使用平板电脑，实验组使用增强现实软件，且可以与虚拟实体交互，通过点击触发虚拟实体的动画和声音，滑动屏幕可旋转虚拟实体、移动位置；对于对照组，则直接呈现 2D 图片，对照组儿童可以触摸屏幕上的图片，触发声音，也可以拿卡片与屏幕图像配对。两组使用的卡片图像无差别，主要差异在于呈现方式和交互方式上。为了使儿童操作方便，平板电脑用支架固定在桌子上，并调整到适合儿童的高度，如图 7-4 所示。

图 7-4 实验组（左）和对照组（右）的实验材料

（三）干预设计和程序

本研究采用随机对照试验的方法，对实验组和对照组分别使用增强现实卡片和 2D 卡片进行词语教学。自变量为两种不同的干预材料，因变量为儿童词语习得的结果（包括指认正确率和正确命名率）。为进一步探究材料类别与因变量的关系，记录持续注意力时间和模仿发音次数，探究认知理解效果是否受到这些因素的影响。持续注意力是专注于某一事物的持续时间，是掌握认知方面的知识和其他技能的基础。孤独症儿童多在持续注意力方面有障碍。有研究表明，增强现实干预材料能够提升儿童的持续注意力（Escobedo et al., 2014），但是这一效应对认知效果的影响尚未有研究者探究。研究表明，语音模仿对增强理解有积极影响（Carr et al., 1984），且计算机辅助的训练能增加孤独症儿童的模仿次数。表 7-11 给出了各个变量的具体描述。

表 7-11　研究变量描述

研究变量	变量名	描述
中介变量	注意力时间	被试的视线看向教学材料的时间
	模仿发音次数	被试跟读平板电脑发音的次数
因变量	指认正确率	同时呈现 3 张卡片，被试指认正确的比率
	正确命名率	被试能说出目标词汇卡片正确名称的比率

在干预前，选出每名儿童的目标词语。研究人员发出"指一指""找一找"的口令后，要求儿童识别目标卡片，不提供正误反馈。连续 3 次指示正确，记为已知词语，在每名儿童的未知词语中随机选择 9 个词语作为目标词语。干预是在康复机构的一间个别化训练室进行的，训练室布置简洁，环境安静，每名儿童被带入房间后就座，熟悉基本的操作。当儿童能够持续安坐 5min，并熟练掌握操作方法后进入干预阶段。在干预过程中，实验人员发出"点一点""摸一摸"等简单口令，引导儿童操作平板电脑和切换学习材料，当儿童口头模仿发音正确时，给予口头表扬。同时，在整个干预过程中，以儿童自主操作为主，实验人员只给予辅助。干预频次为 1 周一次，持续 4 次，每次干预时间控制在 15～20min。

（四）数据收集与处理

1）数据收集。数据收集主要采用观察记录和视频录像两种方式。现场记录采用自行编制的记录表，主要用于记录每次的干预日期、时长以及儿童的态度和行为表现。经家长同意，评估和干预过程全程录像，使用两台索尼摄像机记录了每名儿童的表现。另外，使用问卷收集家长、教师反馈的信息，评估儿童在配合度、注意力和情绪等方面的表现。

2）数据处理。首先，对录像中涉及的变量进行编码分析。请两位未参与实验的评价员独立评分和编码，然后根据公式 $\frac{\text{评定一致的数量}}{\text{评定总数量}} \times 100\%$，计算两位评价员的内部一致性信度。然后，将编码好的数据录入 SPSS 22.0 软件进行统计分析，采用频数、百分比、均值和标准差来描述儿童每次干预后的词语习得情况，通过 t 检验[非参数用威尔科克森（Wilcoxon）秩和检验]分析两组儿童的词语学习成果、持续注意时间和模仿发音次数的差异，使用相关分析验证持续注意力时间和模仿发音与词语学习结果的相关性。

3）干预忠诚度。本研究随机抽取干预期30%的视频录像进行分析，根据干预忠诚度=$\frac{\text{实际步骤与预定步骤一致的数量}}{\text{一致的步骤数量}+\text{不一致的步骤数量}} \times 100\%$这一公式计算。根据干预忠诚度公式，所有被试的干预忠诚度都高于92.3%，平均值为94.1%，达到了《针对孤独症谱系障碍儿童、青少年及成人循证实践报告》中所提出的80%的标准（Steinbrenner et al.，2020）。

二、干预结果

（一）词语习得结果

两组被试在干预过程中的词语习得成果如图 7-5 所示。经过干预，两组被试的词语习得的正确个数均明显增加，实验组在指认和命名上的表现优于对照组，两组被试的指认正确个数均高于命名正确个数。

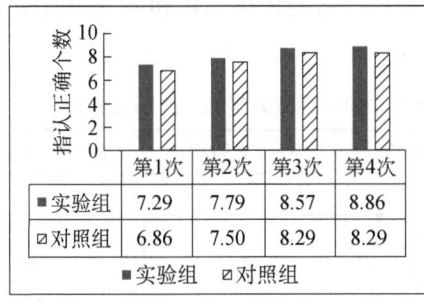

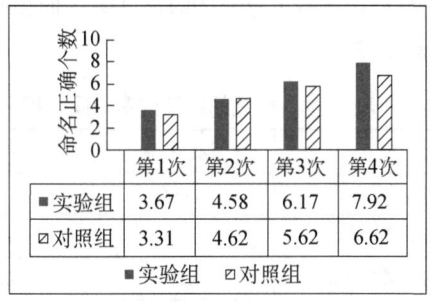

指认正确个数	第1次	第2次	第3次	第4次
实验组	7.29	7.79	8.57	8.86
对照组	6.86	7.50	8.29	8.29

命名正确个数	第1次	第2次	第3次	第4次
实验组	3.67	4.58	6.17	7.92
对照组	3.31	4.62	5.62	6.62

(a) 4次干预两组儿童的指认正确个数　　(b) 4次干预两组儿童的命名正确个数

图 7-5　4 次干预的词语习得成果

独立样本 t 检验表明（表 7-12），在最后的测试中，实验组在指认和命名上的得分都稍高于对照组（$p<0.05$）。配对样本 t 检验表明，两组组内的指认正确个数高于命名正确个数，差异有统计学意义（实验组：$t=3.188$，$p=0.009$；对照组：$t=7.138$，$p=0.000$）。

表 7-12 两组在最后一次测试的正确个数比较

项目	实验组	对照组	t	p	df
指认	8.86±0.535（$N=14$）	8.29+0.825（$N=14$）	2.174	0.041	26
命名	7.92±1.31（$N=12$）	6.62+0.87（$N=13$）	2.946	0.007	23

（二）注意力和模仿发音次数

威尔科克森秩和检验是一种非参数检验方法，它不对数据分布做特殊假设，因而能适用于各种复杂的数据分布情况。本研究采用了威尔科克森秩和检验方法，结果如表 7-13 所示，两组的持续注意时间差异有统计学意义（$p<0.05$），实验组注意维持的时间更长。实验组与对照组的模仿发音次数无明显差异（$p>0.05$）。

表 7-13 两组的注意力和模仿发音次数比较

项目	实验组	对照组	z	p
持续注意时间	0.93±0.06（$N=14$）	0.79±0.17（$N=14$）	−2.847	0.004
模仿发音次数	9.35±6.23（$N=12$）	10.42+8.86（$N=13$）	−0.054	0.957

（三）相关分析

斯皮尔曼相关分析结果如表 7-14 所示，持续注意时间与词语认知表现存在正相关关系，其中与词语指认的相关系数为 $r=0.516$，$p=0.005<0.01$，与词语命名的相关系数为 $r=0.479$，$p=0.0015<0.01$，而模仿发音次数与词语指认和词语命名测量结果无相关关系。

表 7-14 被试的持续注意时间、模仿发音次数与词语习得表现的相关分析

项目	词语指认	词语命名	模仿发音次数	持续注意时间
词语指认	1.000			
词语命名	0.536**	1.000		
模仿发音次数	0.155	0.372	1.000	
持续注意时间	0.516**	0.479**	0.050	1.000

（四）社会效度

实验组和对照组分别有 10 名和 8 名家长或教师参与了问卷调查。从调查结果得知，家长认为实验组儿童在配合度、兴趣和注意力、积极情绪方面都比对照组儿童得分更高，如图 7-6 所示。实验组的两位家长提出了改进建议，一位家长认为应该增加干预材料的样例数，另一位家长则建议将词语学习放在具体的故事情境中。对于是否会使用实验中的材料，实验组的 7 名家长持肯定态度，理由包括能吸引儿童、需要动手交互，能锻炼手眼协调能力，3 名家长持否定态度，主要是考虑到电子设备对儿童的眼睛不利。对照组的 5 名家长持肯定态度，因为他们认为儿童对电子产品感兴趣，3 名家长否定的原因也是担心存在健康的隐患。

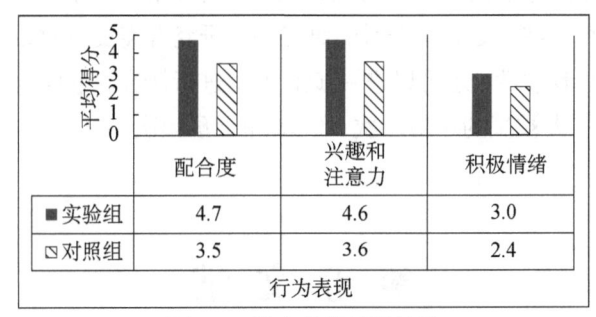

行为表现	配合度	兴趣和注意力	积极情绪
实验组	4.7	4.6	3.0
对照组	3.5	3.6	2.4

图 7-6　社会效度问卷结果

三、讨论和小结

实验组儿童的图片指认能力和图片命名能力均高于对照组，表明相比传统的图片教学，基于增强现实技术的卡片词汇教学方式的效果更好。此外，增强现实技术更能激发孤独症儿童的学习兴趣，注意力维持时间更长。在词语习得早期，婴幼儿依赖于事物自身所具有的感知觉线索学习词语，倾向于选择运动的物体作为新词语的所指对象，而非静止的物体。这种现象也存在于学龄前儿童中（Houston-Price et al.，2006），视觉新异性偏好对婴幼儿习得词语有重要作用（Mather & Plunkett，2012）。眼动的研究显示，孤独症儿童的词语理解更容易受到视觉干扰（王梅等，2016）。通过增强现实技术显示物体具有视觉冲击力，能以视听觉多重线索吸引孤独症儿童的关注，帮助其在声音与物体之间建立正确的联系。使用增强现实材料的一组儿童展现出了更好的注意力，且与词语习得的得分呈正相关，这与已有的研究结果类似，即增强现实技术提高了儿童的注意力，增加了其积极情绪，而儿童词语习得的成绩与注视目标物体的时间相关（荆伟，2013）。这说明增强现实材料可以增加孤独症儿童注视目标物体的时间，从而提高其词语习得的成绩。研究结果中，模仿发音次数与词语认知测量结果无相关关系。有研究认为，模仿是孤独症儿童语言表达能力的重要预测因子之一（Luyster et al., 2008），这与本研究结果相矛盾，可能的原因在于样本量不够大造成了偏差，或是研究中的被试在模仿发音时只是机械地重复跟读。

在未来的教育应用中，可以增加个性化学习内容定制的功能，并允许孤独症儿童家长和教师相对快捷地创建材料。和其他技术手段一样，增强现实技术并不能激发所有儿童的兴趣。为了解决这一问题，教师要考虑通过使用其他强化物来激励儿童。对于家长担心的电子设备带来的健康问题，需要给予科学的引导。由于条件有限，本研究还存在一些不足，在今后的研究中，研究者需要注意以下几点：①扩展干预材料，考察其有效性，还可以进一步对语用进行研究，考察被试在日常生活中的迁移表现；②扩大被试的年龄层次；③增加干预频次。

参 考 文 献

陈靓影，赵俊敏，王广帅，等.（2019）. 增强现实技术在孤独症儿童干预中的应用研究——以词汇认知干预为例. 现代教育技术，（8），86-92.

郭嘉，静进.（2009）. 孤独症谱系障碍的面部表情认知特征研究进展. 中国循证儿科杂志，（6），543-547.

霍文瑶，刘艳虹，胡晓毅.（2016）. 自闭症儿童面部表情识别的干预研究. 中国特殊教育，（7），52-58.

荆伟.（2013）. 自闭症谱系障碍儿童词语习得中"快速映射"能力的实验研究. 华东师范大学博士学位论文.

雷显梅，刘艳虹.（2017）. 体感游戏对自闭症儿童注意力缺陷干预个案研究. 绥化学院学报，（7），1-7.

刘宏艳，葛列众.（2014）. 面部表情识别对社会交往能力的影响作用. 中国临床心理学杂志，（3），413-417.

刘乐元，张孟地，陈靓影，等.（2017）. 融入阿凡达技术的孤独症儿童面部表情识别干预研究. 中国特殊教育，（9），35-42.

师书恩. (2001). 计算机辅助教学. 北京：高等教育出版社.

王梅, 张海丛, 张群, 等. (2016). 基于眼动的孤独症儿童词语理解特点的研究. 中国康复理论与实践, (3), 252-256.

Baron-Cohen, S., Golan, O., Chapman, E., et al. (2009). Transported to a world of emotion. McGill Journal of Medicine, (2), 78-80.

Carr, E. G., Pridal, C., & Dores, P. A. (1984). Speech versus sign comprehension in autistic children: Analysis and prediction. Journal of Experimental Child Psychology, (3), 587-597.

Carter, E. J., Williams, D. L., Hodgins, J. K., et al. (2014). Are children with autism more responsive to animated characters? A study of interactions with humans and human-controlled Avatars. Journal of Autism and Developmental Disorders, (10), 2475-2485.

Charman, T., & Baron-Cohen, S. (1995). Understanding photos, models, and beliefs: A test of the modularity thesis of theory of mind. Cognitive Development, (2), 287-298.

Cheng, Y. (2005). An Avatar representation of emotion in collaborative virtual environments (CVE) technology for people with autism. Leeds: Leeds Metropolitan University.

Chia, N. K. H., & Wong, M. E. (2015). User-Avatar social engagement (UASE) for individuals with autism spectrum disorder: A proposed human-Avatar interaction model. International Journal of Emerging Technology and Advanced Engineering, (6), 328-334.

Chung, E. Y. H. (2019). Robotic intervention program for enhancement of social engagement among children with autism spectrum disorder. Journal of Developmental and Physical Disabilities, (4), 419-434.

David, D. O., Costescu, C. A., Matu, S., et al. (2020). Effects of a robot-enhanced intervention for children with ASD on teaching turn-taking skills. Journal of Educational Computing Research, (1), 29-62.

Deriso, D., Susskind, J., Krieger, L., et al. (2012). Emotion mirror: A novel intervention for autism based on real-time expression recognition. https://link.springer.com/content/pdf/10.1007/978-3-642-33885-4_79.pdf.

Durand, K., Gallay, M., Seigneuric, A., et al. (2007). The development of facial emotion recognition: The role of configural information. Journal of Experimental Child Psychology, (1), 14-27.

Escobedo, L., Tentori, M., Quintana, E., et al. (2014). Using augmented reality to help children with autism stay focused. IEEE Pervasive Computing, 1, 38-46.

Fletcher, J. D. (1990). Effectiveness and Cost Interactive of Video Disk Instruction in Defense Training and Education. Washington: Institute for Defense.

Golan, O., & Baron-Cohen, S. (2006). Systemizing empathy: Teaching adults with Asperger syndrome or high-functioning autism to recognize complex emotions using interactive multimedia.

Development and Psychopathology, (2), 591-617.

Gray, C. A., & Garand, J. D. (1993). Social stories: Improving responses of students with autism with accurate social information. Focus on Autistic Behavior, (1), 1-10.

Happé, F., & Frith, U. (2006). The weak coherence account: Detail-focused cognitive style in autism spectrum disorders. Journal of Autism and Developmental Disorders, (1), 5-25.

Hopkins, I. M., Gower, M. W., Perez, T. A., et al. (2011). Avatar assistant: Improving social skills in students with an ASD through a computer-based intervention. Journal of Autism and Developmental Disorders, (11), 1543-1555.

Houston-Price, C., Plunkett, K., & Duffy, H. (2006). The use of social and salience cues in early word learning. Journal of Experimental Child Psychology, (1), 27-55.

Jerome, J., Frantino, E. P., & Sturmey, P. (2007). The effects of errorless learning and backward chaining on the acquisition of internet skills in adults with developmental disabilities. Journal of Applied Behavior Analysis, (1), 185-189.

Lorenzo, G., Pomares, J., & Lledó, A. (2013). Inclusion of immersive virtual learning environments and visual control systems to support the learning of students with Asperger syndrome. Computers and Education, 62, 88-101.

Luyster, R. J., Kadlec, M. B., Carter, A., et al. (2008). Language assessment and development in toddlers with autism spectrum disorders. Journal of Autism and Developmental Disorders, (8), 1426-1438.

Mason, W. A., & Capitanio, J. P. (2012). Basic emotions: A reconstruction. Emotion Review: Journal of the International Society for Research on Emotion, (3), 238-244.

Mather, E., & Plunkett, K. (2012). The role of novelty in early word learning. Cognitive Science, (7), 1157-1177.

McMahon, D. D., Cihak, D. F., Wright, R. E., et al. (2016). Augmented reality for teaching science vocabulary to postsecondary education students with intellectual disabilities and autism. Journal of Research on Technology in Education, (1), 38-56.

Moore, D., McGrath, P., & Thorpe, J. (2000). Computer-aided learning for people with autism: A framework for research and development. Innovations in Education and Training International, (3), 218-228.

Orvalho, V., Miranda, J., & Sousa, A. A. (2009). Facial synthesys of 3D Avatars for therapeutic applications. https://www.semanticscholar.org/paper/Facial-Synthesys-of-3D-Avatars-for-Therapeutic-OrvalhoMiranda/a888ec5ecdb7913169007f67aa230ddcee1d468d?p2df.

Ozonoff, S., Pennington, B. F., & Rogers S. J. (1991). Executive function deficits in high-functioning autistic individuals: Relationship to theory of mind. Journal of Child Psychology and Psychiatry, and Allied Disciplines, (7), 1081-1105.

Ryan, C., & Charragáin, C. N. (2010). Teaching emotion recognition skills to children with autism. Journal of Autism and Developmental Disorders, (12), 1505-1511.

Sasson, N. J. (2006). The development of face processing in autism. Journal of Autism and Developmental Disorders, (3), 381-394.

Scassellati, B., Boccanfuso, L., Huang, C. M., et al. (2018). Improving social skills in children with ASD using a long-term, in-home social robot. Science Robotics, (21), 1-20.

Silver, M., & Oakes, P. (2001). Evaluation of a new computer intervention to teach people with autism or Asperger syndrome to recognize and predict emotions in others. Autism, (3), 299-316.

Steinbrenner, J., Hume, K., Odom, S., et al. (2020). Evidence-Based Practices for Children, Youth, and Young Adults with Autism. National Clearinghouse on Autism Evidence and Practice Review Team.

Strickland, D., Marcus, L. M., Mesibov, G. B., et al. (1996). Brief report: Two case studies using virtual reality as a learning tool for autistic children. Journal of Autism and Developmental Disorders, (6), 651-659.

Tanaka, J. W., & Sung, A. (2016). The "eye avoidance" hypothesis of autism face processing. Journal of Autism and Developmental Disorders, (5), 1538-1552.

Walker-Andrews, A. S. (1998). Emotions and social development: Infants' recognition of emotions in others. Pediatrics, 102, 1268-1271.

Widen, S. C., & Russell, J. A. (2003). A closer look at preschoolers' freely produced labels for facial expressions. Developmental Psychology, (1), 114-128.

第八章
人工智能技术在孤独症儿童评估中的应用

及时发现并进行干预,能够让孤独症儿童取得更好的治疗效果,因此孤独症儿童的评估是确保后续治疗效果的重要基础。传统的量表与观察等方法具有较强的主观性,而近些年来人工智能技术的应用凭借其高效性为孤独症儿童评估提供了一种高效、可行的方法。对于孤独症儿童而言,视觉注意、社会交往、认知能力是其在日常生活中经常遇到困难的方面,也是评估孤独症儿童能力的重要指标。本章主要针对孤独症儿童传统评估方法缺乏客观、精细数据的问题,介绍人工智能技术如何从视觉注意、社会交往、认知能力三个方面对孤独症儿童进行评估。

第一节　视觉注意评估

注意是人类最基本的认知功能之一，是指人的某种心理活动对特定对象的指向与集中（叶奕乾等，2008）。注意力是指在一定视觉范围内集中反映、关注某事物的心理活动的能力，是人类有意识地自觉、主动地获取信息及学习知识和技能的根本手段，有利于儿童获取知识并进行社会活动（张敏生，2008）。按照使用通道，可以将注意力分为视觉注意力、听觉注意力和触觉注意力（汪冬梅，2016）。其中，视觉注意力指的是心理活动与视觉都集中于特定事物的能力，是人体感知和获取外界信息的重要方式，对个体的认知学习及人际活动有重要影响（雷显梅，刘艳虹，2017）。

研究表明，30%～60%的孤独症儿童存在注意力缺陷，在一定时间内无法将注意力集中在特定对象与活动上，无法全面获取外界信息，不利于其参与日常活动或社交技能的提高。孤独症儿童的视觉注意在持续时间、注意选择及转移等方面落后于典型发展儿童，但这种注意力缺陷并不是无法修复的。

一、孤独症儿童视觉注意特点

情绪是一系列主观体验的统称，是多种复杂的感觉、思维和行为表现综合产生的生理与心理状态。通过面部表情推测他人的心理状态，是一种重要的情绪理解能力。面部表情在社会交往过程中能传递情感，个体情绪也不只是通过言语与肢体动作就能准确地表达出来（刘静静，李宁，2016），所以面部表情的正确识别有利于人际交往的进行。人际交往与社会沟通障碍是孤独症患者存在的主要问题，体现在对面部表情的识别缺陷方面（李晶等，2012）。对于面部表情识别缺陷，可以从面孔识别和加工异常以及表情识别障碍两方面来解释。

研究表明，孤独症儿童在对面孔的识别上存在注意偏向。研究者在借助眼动技术对孤独症儿童的特异性面孔识别方式进行定量分析后发现，孤独症儿童对面孔的注视时间与注视点数均少于典型发展儿童，且对眼睛的注视时间短于对嘴巴的注视时间。从对他人面孔的加工方式来看，尽管孤独症儿童和典型发展儿童都能区分熟悉面孔与陌生面孔，但孤独症儿童对他人面孔的特异性识别是导致其社交功能障碍的重要原因之一。通常来说，面孔的识别能力与社交能力呈正相关。总之，孤独症患者缺乏成功进行面部交流所必需的基本技能，面部特征与表情的识别能力存在一定的缺陷，无法理解面孔中隐含的意义。

  Reed 等（2007）提到孤独症儿童在表情识别层面确实存在障碍。杨利芹等（2011）在研究中提到典型发展儿童与孤独症儿童对面孔的分类标准不一样，典型发展儿童依靠面孔所呈现的类型进行分类，孤独症儿童则是依靠面孔的外部特征进行分类。在辨别面孔情绪时，孤独症儿童的注意力更多集中在嘴部而非眼部（兰继军等，2017；Spezio et al., 2007），在表情识别速度上，孤独症儿童的表情识别率与反应时均低于典型发展儿童，且相对于消极表情，孤独症儿童能更快、更好地识别积极表情（陈阳等，2014）。以下的几个理论假说对此做了解释。①脑部加工机制异常说认为，孤独症儿童的面部表情识别障碍是因为大脑不同区域的活动存在异常及大脑不同功能之间连接出现问题引起的。面部表情识别主要依靠杏仁核和扣带回两个脑区，而 Dawson 等（2004）指出孤独症儿童的杏仁核面积比典型发展儿童大，也有研究者提到孤独症人群的扣带回总体积偏小（Munson et al., 2006），因此孤独症儿童面部表情识别能力受到杏仁核和扣带回的影响。②心理理论是指个体通过外在表现可感知他人的内在状态，并能对他人的行为进行解释。心理理论缺损说认为，孤独症儿童缺少心理理论。焦青和曾筝（2005）在对孤独症儿童的心理理论的研究中提到，孤独症儿童能准确识别简单情绪，而对惊讶及惊奇等复杂表情的辨别存在一定困难。③面孔加工策略异常说认为，在对复杂刺激进行解读时，孤独症个体会选择将其划分为不同部分进行加工，却不能将其合成有意义的整体进行加工。典型发展个体在进行表情识别时，更多的是关注面孔整体。④经验-预期模型认为，个体从一出生就对面孔具有明显的注意偏好，对面孔的注视时间也较长（陈墨，韦小满，2008）。随着人的成长，社会认知与经验逐渐代替这种潜力。在经验预期模型中，儿童辨别表情的能力逐渐提高，负责面孔识别的主要脑区也会自动对面孔进行加工与处理并做出反应（Bentin et al., 1996）。孤独症儿童识别表情的大脑机制在初期就存在问题，所以其预期反应能力也较差。⑤社交动机缺乏说认为，由于不愿意与人交流，孤独症儿童在社会交往过程中倾向于关注与人无关的线索，这种对交往兴趣的缺乏使得孤独症儿童在面部表情识别方面存在缺陷（邹佩，2013）。

  综上所述，孤独症儿童存在视觉注意异常，对积极情绪具有偏好和识别优势。然而，利用眼动技术结合不同情绪材料作为刺激物对孤独症儿童的视觉注意力的研究较为匮乏，因此，我们以孤独症儿童对视频的注意方式为切入点，呈现正负面情绪刺激视频，利用眼动追踪技术记录孤独症儿童与典型发展儿童的眼动数据，并通过 E-Prime 软件记录两类儿童在观看视频后回答问题的认知数据，结合眼动数据与认知数据探讨孤独症儿童在正负面情绪视频刺激下的视觉注意特点（廖梦怡，2020）。

二、实验方法

（一）被试选择

我们在武汉两所孤独症康复中心与某幼儿园共招募到 80 名 2～7 岁儿童。在进行实验之前，我们与孤独症康复中心及幼儿园签订了保密协议。实验人员向家长详细介绍了实验内容，并与家长签署了知情同意书，以保护参与实验儿童的隐私。此次被试分为两类，即孤独症儿童组与典型发展儿童组。在实验结束后，实验人员根据实验记录筛选配合度高的儿童，孤独症组有效被试为 30 名，男生 26 名，女生 4 名（年龄 $M=4.98, SD=1.17$）。孤独症组所有被试均符合以下入组标准：①符合 DSM-5 诊断标准；②经发育行为儿科 2 名主任医师或副主任医师双盲确诊；③排除严重呼吸道疾病、儿童精神分裂症、癫痫和其他脑器质性疾病；④视觉系统发育正常。典型发展儿童组 30 名，男生 26 名，女生 4 名（年龄 $M=5.2, SD=0.5$）。典型发展儿童组所有被试均符合以下标准：①性别和年龄与孤独症组匹配；②排除身体疾病、神经系统疾病、精神发育迟缓、注意缺陷多动障碍等精神疾患；③视觉系统发育正常。

（二）实验范式选择

本研究采取双任务实验范式。在任务一中，实验人员为被试提供正负面情绪刺激视频，被试自由观看，观看期间无须做出反应或回答问题，此为自由观看范式；在任务二中，借鉴多媒体学习研究范式，实验人员为被试提供正负面情绪刺激视频，被试在观看完刺激视频后，需要回答并指认与视频相关的问题，实验人员对其回答情况进行记录，作为绩效指标。

（三）实验仪器及软件

本实验中所应用的设备有眼动仪、计算机与摄像机。实验过程中所使用的软件有眼动数据采集软件、录屏软件、认知问答视频编制软件及数据分析软件。首先通过 SPSS 22.0 软件对数据进行统计与分析，再利用 Ogama 软件对眼动数据进行可视化分析。

（四）实验材料的选择

本次实验过程中所使用的材料包含正负面情绪刺激视频与认知问答材料。

1. 正负面情绪刺激视频

本次实验中共有两类视频，视频制作过程中邀请 5 名心理学工作者根据以下 3 个标准对视频进行初次筛选：①视频时间合理；②视频含义易理解；③视频可以有效诱发被试的情绪（即快乐和悲伤）。最后得到 20 段视频进入情绪诱发和评定阶段，视频平均长度为 28.9s。在 20 段视频筛选过程中，招募 10 名志愿者（具有教育心理学研究背景）在观看视频后通过打分对视频效果进行反馈，结合志愿者评定分数选择情绪唤醒度高的视频进行视频剪辑。正负面情绪视频节选如图 8-1 和图 8-2 所示。

图 8-1　正面情绪视频节选　　图 8-2　负面情绪视频节选

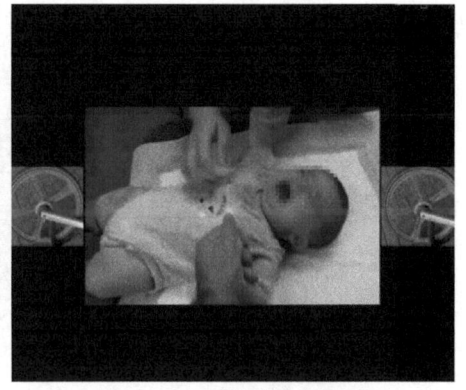

2. 认知问答材料

本次实验过程中的认知问答材料是通过心理实验专用软件 E-Prime 编制程序，对问题呈现时间进行控制，并记录被试问答过程中的反应时及答题情况。在每种情绪刺激视频之后呈现 6 道不同类型问答题目，题目类型有人物关系认知、动作推测、情绪认知、原因推理、空间认知及人物认知 6 个方面。在回答过程中，回答正确记 1 分，回答错误不记分，并设置 90s 的回答时限，超过时限默认为回答错误，不记分，并利用 E-Prime 软件记录被试对每道题目的反应时长。认知问答题目节选如图 8-3 所示。

6.指一指，哪个是视频里出现过的小朋友？（人物认知）

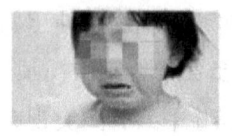

图 8-3　认知问答题目节选

（五）实验流程

本次实验过程中所采取的是双任务实验，主任务为被试观看正负面情绪刺激视频，次任务为被试在观看正负面情绪刺激视频后需要回答与情绪刺激视频相关的认知问答题目。实验环境安静舒适，每名被试都在 10 平方米的独立教室进行实验。实验具体流程如图 8-4 所示。

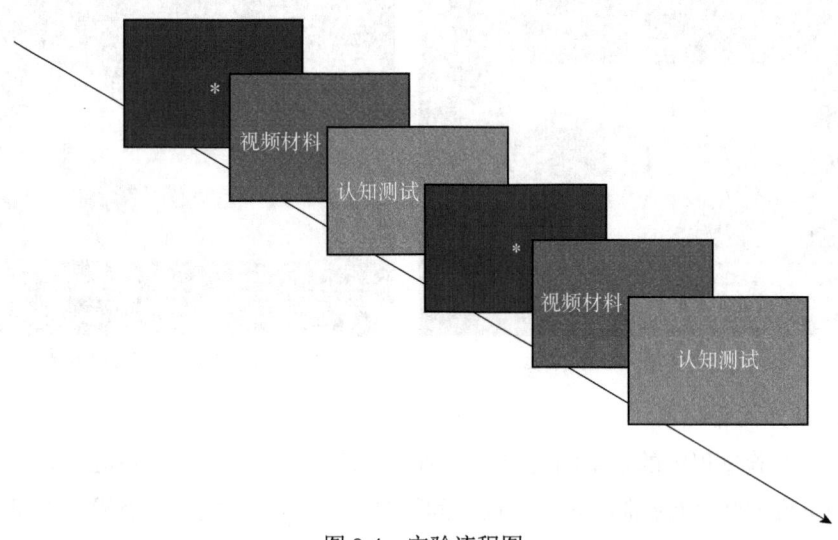

图 8-4　实验流程图

1）眼动仪校准。请被试坐在距离显示屏 60 厘米左右的椅子上，高度与屏幕持平。实验人员告知家长与儿童实验流程，打开眼动仪对每位被试进行 7 点校准，校准完成后，儿童要平视前方，注视星星注视点。

2）观看实验视频。实验开始时，对被试进行指导语提示，告知实验即将开始，请观看屏幕，观看期间不要求被试做出反应。实验过程中，记录被试观看视频刺激材料的眼动注视情况，剔除误差较大的被试数据。

3）实验全程无提醒，被试自由观看视频，不要求其进行决定或判断。

4）视频播放结束后，待被试处于放松状态时，打开认知问答程序向被试提问。

5）正负面情绪刺激视频播放结束后，被试进行休息。

6）实验完成后，将计算机程序及认知问答程序所记录的数据分开保存在不同文件夹中。

（六）指标选取

1. 眼动指标介绍

1）总注视点数（total fixation count，FC）：指被试对目标区域的注视点个数之和。在目标兴趣区停留100ms以上，算一个注视点，注视点越多，说明被试对该区域的关注度越高。

2）总注视时长（total fixation duration，TFD）：指被试在观看刺激视频过程中的整体注视时间，能反映被试对刺激物的整体兴趣程度。

3）平均注视时间（mean fixation duration，MFD）：指某单个注视点的时长，能反映被试对刺激物的兴趣程度。

4）注视频率（count）：指单位时间内的注视点个数。

5）注视时间比（proportion of fixation duration，PFD）：指对某个兴趣区的注视时间的分配，能反映被试的注意偏好。其具体计算公式为 $PFD = \dfrac{某个兴趣区注视时间}{总屏幕的注视时间}$。

2. 眼动指标选取

1）基础眼动指标包括对屏幕中视频区域整体的平均注视时间、注视频率和总注视点数。平均注视时间与注视频率能反映加工深度，总注视点数则能反映被试对目标区域的兴趣程度。

2）兴趣区域中的分析指标包括总注视时间、注视时间比与注视点数。兴趣区域划分为社会区域与非社会区域（社会区域指人物部分，非社会区域指背景部分）、眼睛与嘴巴区域。对兴趣区的注视时间比与注视点数能够直观、具体地反映被试的注意偏好，总注视时间能反映被试对目标区域的兴趣程度。

3. 绩效指标选取

本次实验过程中，在观看不同情绪刺激视频后，实验人员会利用E-Prime软件呈现问答题目，并记录被试在指认过程中的答题分数，将答题分数作为绩效指标进行分析。

三、实验结果

（一）整体加工结果

通过对孤独症儿童与典型发展儿童在观看不同情绪刺激视频时的眼动数据进行可视化分析，我们可以发现，孤独症儿童对非社会信息关注较多，在正负面情绪刺激下关注的社会信息明显要少于典型发展儿童，对非社会信息的关注多于典型发展儿童。另外，相对于典型发展儿童，孤独症儿童对人脸的关注较少。图 8-5 及图 8-6 所示是一名孤独症儿童和一名典型发展儿童的注视热点图和注视路径图。

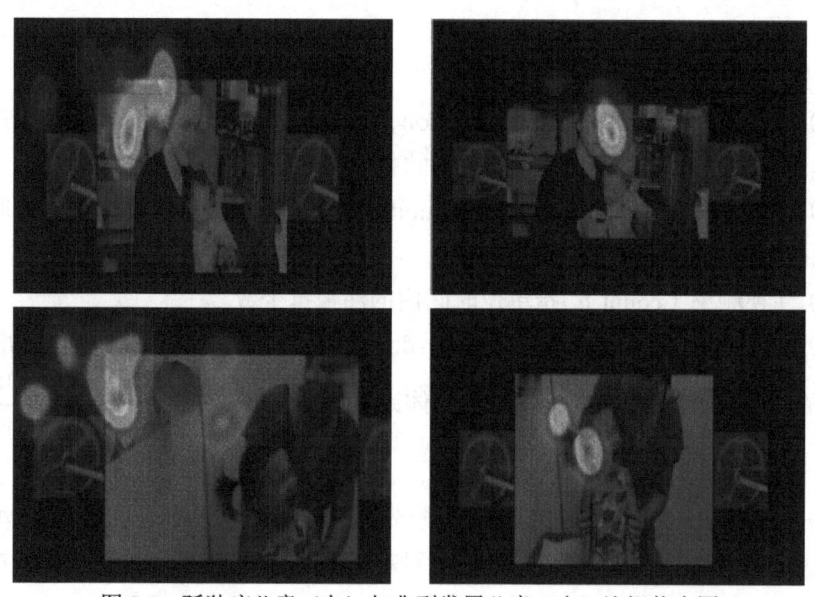

图 8-5　孤独症儿童（左）与典型发展儿童（右）注视热点图

1. 孤独症儿童整体眼动指标分析

本实验中涉及的眼动指标主要有总注视点数、注视频率及平均注视时间，其均值与方差如表 8-1 所示。由表 8-1 可知，在正面情绪刺激与负面情绪刺激条件下，孤独症儿童在正面情绪刺激条件下的总注视点数与平均注视时间均多于负面情绪刺激条件，孤独症儿童在正面情绪刺激条件下的视觉注意比负面情绪刺激条件下要好。

图 8-6　孤独症儿童（左）与典型发展儿童（右）注视路径图

表 8-1　孤独症儿童眼动数据

情绪类型	总注视点数/个		注视频率/Hz		平均注视时间/ms	
	M	SD	M	SD	M	SD
正面	139.37	15.54	2.64	0.25	279.31	45.18
负面	134.13	90.65	2.58	0.19	243.64	60.10

2. 孤独症儿童与典型发展儿童眼动指标对比分析

在本次实验中，在两种不同情绪刺激条件下，分别对孤独症儿童与典型发展儿童的眼动数据进行记录和对比分析，具体包含总注视点数、注视频率及平均注视时间，利用 SPSS 22.0 软件对均值与标准差进行统计，如表 8-2 所示。

表 8-2　孤独症儿童与典型发展儿童眼动指标

眼动指标	正面情绪				负面情绪			
	孤独症儿童		典型发展儿童		孤独症儿童		典型发展儿童	
	M	SD	M	SD	M	SD	M	SD
总注视点数	139.37	15.54	171.17	17.41	134.13	90.65	156.42	21.59
注视频率	2.64	0.25	2.80	0.38	2.58	0.19	2.67	0.31
平均注视时间	279.31	45.18	289.50	60.10	243.64	45.18	323.67	58.19

1）总注视点数分析。对本次实验中所获得的总注视点数进行 2（儿童类型：

孤独症儿童与典型发展儿童）×2（情绪类型：正面与负面）的重复测量方差分析，具体分析结果如图8-7所示。在对刺激视频的总注视点数上，情绪类型的主效应显著，$F(2, 58)=9.763$，$p=0.003<0.05$，说明在正面情绪刺激条件下，两组儿童的总注视点数明显多于负面情绪刺激条件；儿童类型主效应显著，$F(2,58)=50.140$，$p=0.000<0.05$，说明在情绪视频的刺激下，典型发展儿童对情绪刺激视频的总注视点数均多于孤独症儿童；儿童类型与情绪类型的交互作用则不显著，$F(2, 58)= 2.214$，$p=0.142>0.05$。

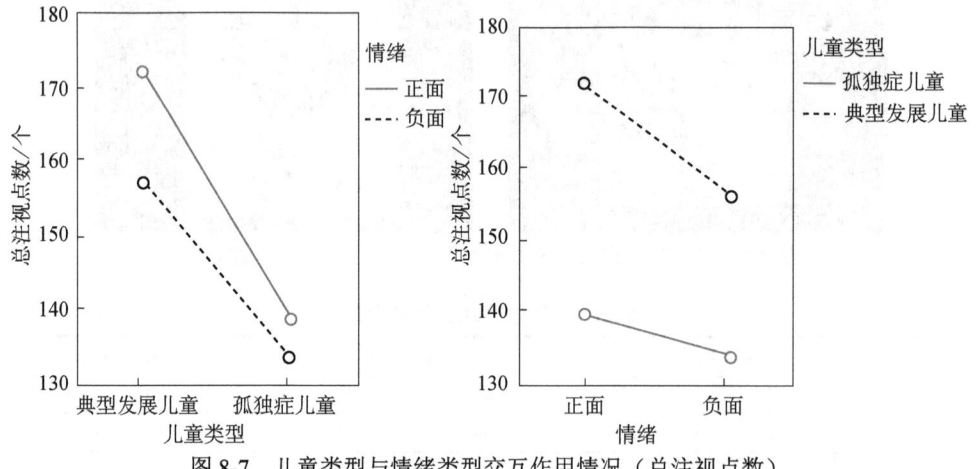

图 8-7　儿童类型与情绪类型交互作用情况（总注视点数）

2）注视频率分析。基于实验中所获得的注视频率，对其进行 2（儿童类型：孤独症儿童与典型发展儿童）×2（情绪类型：正面与负面）的重复测量方差分析，具体分析结果如图 8-8 所示。在对刺激视频的注视频率上，情绪类型的主效应显著，$F(2, 58)=11.567$，$p=0.001<0.05$，说明在正面情绪刺激条件下，两组儿童的注视频率明显为正面情绪条件高于负面情绪条件；儿童类型主效应显著，$F(2, 58)=10.132$，$p=0.002<0.05$，说明在情绪视频的刺激下，典型发展儿童对情绪刺激视频的注视频率要高于孤独症儿童，儿童类型与情绪类型的交互作用则不显著，$F(2, 58)=2.214$，$p=0.142>0.05$。

3）平均注视时间分析。将本实验中所获得的平均注视时间进行 2（儿童类型：孤独症儿童与典型发展儿童）×2（情绪类型：正面与负面）的重复测量方差分析，通过对其结果进行分析可以发现，情绪类型的主效应不显著，$F(2, 58)=0.006$，$p=0.939>0.05$，表明儿童对正面情绪刺激视频的平均注视时间与负面情绪刺激视频相比没有显著差异，儿童类型的主效应显著，$F(2, 58)= 10.956$，$p=0.002<0.05$，

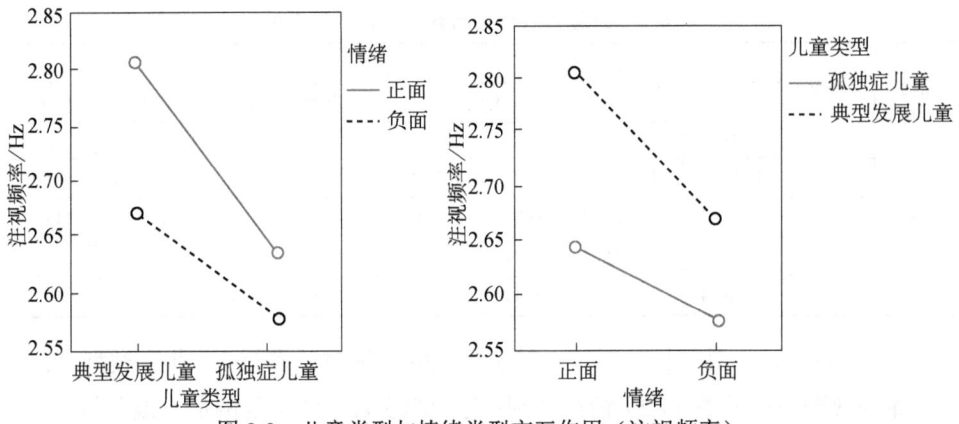

图 8-8 儿童类型与情绪类型交互作用（注视频率）

表明在观看情绪刺激视频时，孤独症儿童的平均注视时间要明显短于典型发展儿童，如图 8-9 所示。另外，关于情绪类型与儿童类型的交互作用，其交互性显著，$F(2, 58)=35.4$，$p=0.000<0.05$。为了探究情绪类型对孤独症儿童视觉注意的影响，我们控制情绪类型，对两种不同情绪下两类儿童的注视时间进行简单效应分析。我们可以发现，在正面情绪刺激条件下，两类儿童的平均注视时间没有显著差异[$F(2, 58)=1.74$，$p=0.065>0.05$]；在负面情绪刺激条件下，典型发展儿童的注视时间要显著长于孤独症儿童[$F(2, 58)=34.3$，$p=0.006<0.05$]。

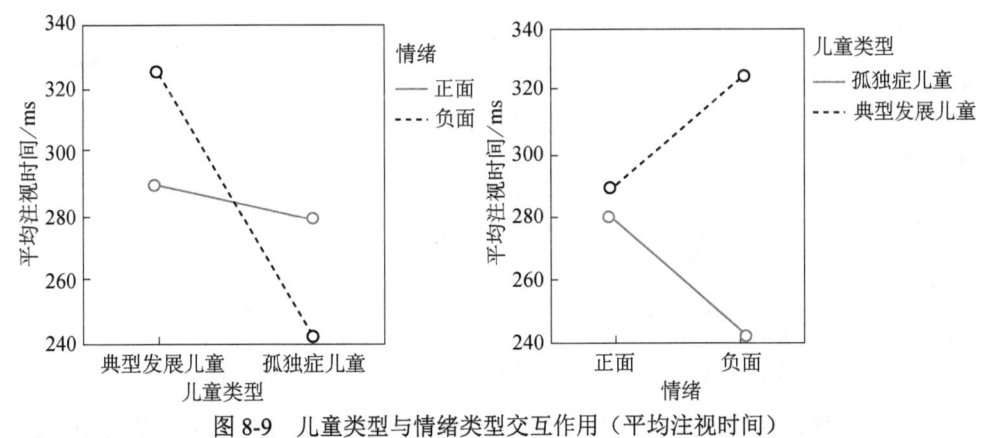

图 8-9 儿童类型与情绪类型交互作用（平均注视时间）

3. 整体兴趣区划分

对刺激视频整体进行兴趣区划分，划分为社会区域与非社会区域两类，对两类兴趣区中被试的眼动数据进行统计与处理，具体眼动指标包括注视时长和注视时间比，对其均值与标准差进行统计，如表 8-3 所示。

表 8-3　兴趣区（社会与非社会）眼动指标

眼动指标	兴趣区域	正面情绪 孤独症儿童 M	SD	正面情绪 典型发展儿童 M	SD	负面情绪 孤独症儿童 M	SD	负面情绪 典型发展儿童 M	SD
注视时长	社会	1937.28	479.36	2579.43	627.32	1397.46	523.17	2327.14	527.32
	非社会	2345.63	733.27	1564.32	427.40	1978.42	402.13	1279.36	343.57
注视时间比	社会	0.55	0.02	0.79	0.09	0.61	0.09	0.73	0.11
	非社会	0.74	0.07	0.41	0.04	0.68	0.04	0.51	0.13

1）社会区域注视时长分析。对社会区域的注视时长进行 2（儿童类型：孤独症儿童与典型发展儿童）×2（情绪类别：正面与负面）的重复测量方差分析。通过分析发现，在社会区域注视时长方面，情绪类别主效应显著，$F(2, 58)=10.532$，$p=0.002<0.05$，表明两类儿童在正面情绪刺激条件下对社会区域的注视时长显著长于负面情绪刺激条件。儿童类型主效应显著，$F(2, 58)=8.251$，$p=0.004<0.05$，也就是说在情绪视频的刺激下，典型发展儿童对社会区域的注视时长明显长于孤独症儿童。情绪类别与儿童类型的交互作用不显著，$F(2,58)=0.169$，$p=0.606>0.05$。具体如图 8-10 所示。

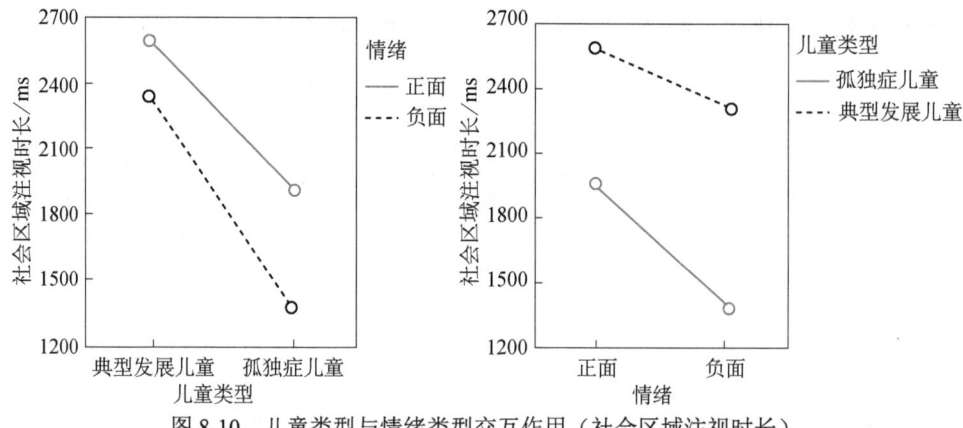

图 8-10　儿童类型与情绪类型交互作用（社会区域注视时长）

2）社会区域注视时间比分析。对社会区域注视时间比进行 2（儿童类型：孤独症儿童与典型发展儿童）×2（情绪类别：正面与负面）的重复测量方差分析。通过分析发现，关于社会区域注视时间比，情绪类别主效应显著，$F(2, 58)=11.271$，$p=0.001<0.05$，表明两类儿童在正面情绪刺激条件下的社会区域注视时长比显著高于负面情绪刺激条件。儿童类型主效应显著，$F(2, 58)=10.139$，$p=0.004<0.05$，也就是说在情绪视频的刺激下，典型发展儿童对社会区域的注视时长比明显高于

孤独症儿童。情绪类别与儿童类型的交互作用不显著，$F(2, 58)=1.163$，$p=0.606>0.05$。具体如图 8-11 所示。

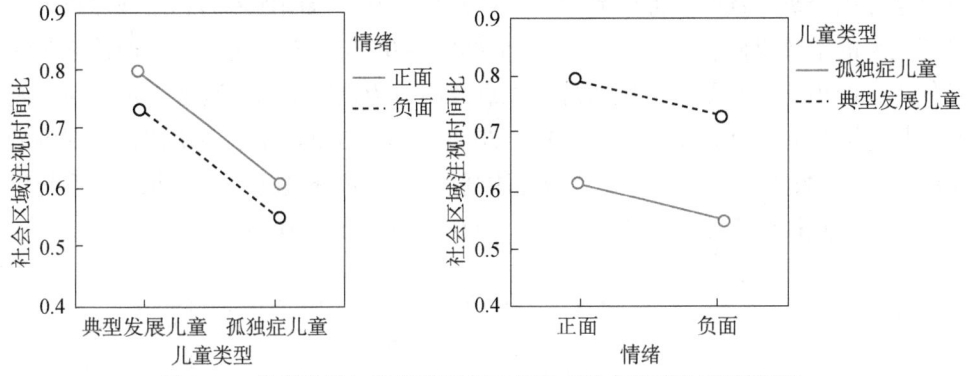

图 8-11 儿童类型与情绪类型交互作用（社会区域注视时间比）

从以上分析可以发现，孤独症儿童在情绪视频刺激下对非社会这一兴趣区的注视时间明显长于社会区域，注视时间比也相对较高；在两类情绪刺激条件下，典型发展儿童对社会信息的关注则明显多于孤独症儿童，对非社会区域的注视时间短于孤独症儿童；典型发展儿童在两类情绪刺激条件下对社会区域的注视时间与注视时间比均高于非社会区域。

（二）面孔加工结果

为了充分了解孤独症儿童在观看不同情绪刺激视频时的视觉注意偏好，我们对眼动数据进行分析，通过划分兴趣区（眼睛与嘴巴区域），分析总注视点数与注视时长两大眼动指标，探究孤独症儿童在不同情绪刺激条件下的面孔加工特征。

1. 兴趣区总注视点数分析

在本次实验中，我们在两种不同情绪刺激条件下分别对孤独症儿童与典型发展儿童在眼睛和嘴巴区域的总注视点数进行分析，利用 SPSS 22.0 软件对均值与标准差进行统计，如表 8-4 所示。

表 8-4 兴趣区（眼睛与嘴巴）总注视点数

兴趣区	正面情绪				负面情绪			
	孤独症儿童		典型发展儿童		孤独症儿童		典型发展儿童	
	M	SD	M	SD	M	SD	M	SD
眼睛	25.83	4.32	54.00	6.78	23.87	5.92	48.23	8.29
嘴巴	46.82	6.72	48.73	5.67	39.26	7.95	44.46	7.23

1）眼睛区域总注视点数分析。对本次实验中眼睛区域所获得的总注视点数进行2（儿童类型：孤独症儿童与典型发展儿童）×2（情绪类型：正面与负面）的重复测量方差分析，具体分析结果如图8-12所示。在对眼睛区域的总注视点数上，情绪类型的主效应显著，$F(2, 58)=35.928$，$p=0.000<0.05$，说明在正面情绪刺激条件下，两组儿童在眼睛区域的总注视点数明显为正面情绪刺激多于负面情绪刺激；儿童类型主效应显著，$F(2, 58)=50.293$，$p=0.000<0.05$，说明在情绪视频的刺激下，典型发展儿童对眼睛区域的总注视点数要多于孤独症儿童；儿童类型与情绪类型的交互作用不显著，$F(2, 58)=2.071$，$p=0.142>0.05$。

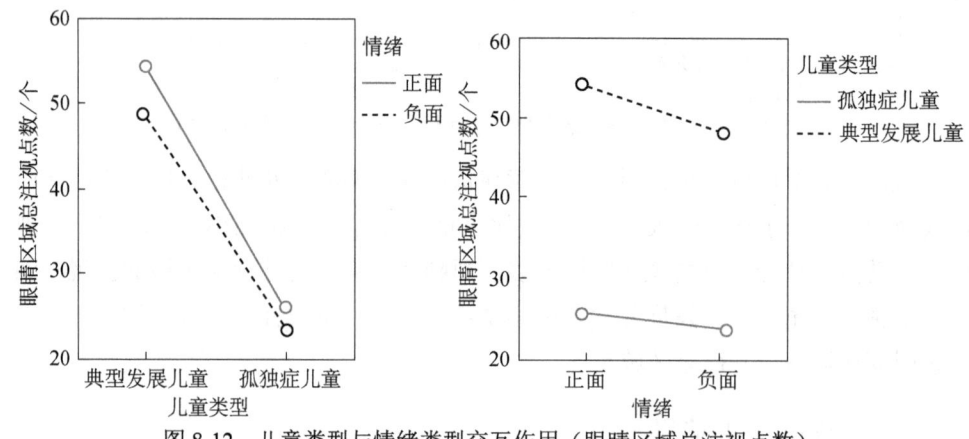

图8-12 儿童类型与情绪类型交互作用（眼睛区域总注视点数）

2）嘴巴区域总注视点数分析。对本次实验中嘴巴区域总注视点数进行2（儿童类型：孤独症儿童与典型发展儿童）×2（情绪类型：正面与负面）的重复测量方差分析，具体分析结果如图8-13所示。在嘴巴区域总注视点数上，情绪类型的主效应显著，$F(2, 58)=40.286$，$p=0.000<0.05$，说明在正面情绪刺激条件下，两组儿童在嘴巴区域的总注视点数明显为正面情绪刺激多于负面情绪刺激；儿童类型主效应显著，$F(2, 58)=47.693$，$p=0.000<0.05$，说明在情绪视频的刺激下，典型发展儿童对嘴巴区域的总注视点数多于孤独症儿童；儿童类型与情绪类型的交互作用不显著，$F(2, 58)=1.411$，$p=0.142>0.05$。

从以上分析可以发现，在正负面两种情绪刺激条件下，孤独症儿童与典型发展儿童均是正面情绪刺激条件下对眼睛与嘴巴两种区域的注视点数多于负面情绪刺激条件，典型发展儿童对眼睛与嘴巴区域的注视点数明显多于孤独症儿童；无论是在正面情绪还是负面情绪刺激条件下，孤独症儿童对嘴巴区域的总注视点数都要多于眼睛区域。

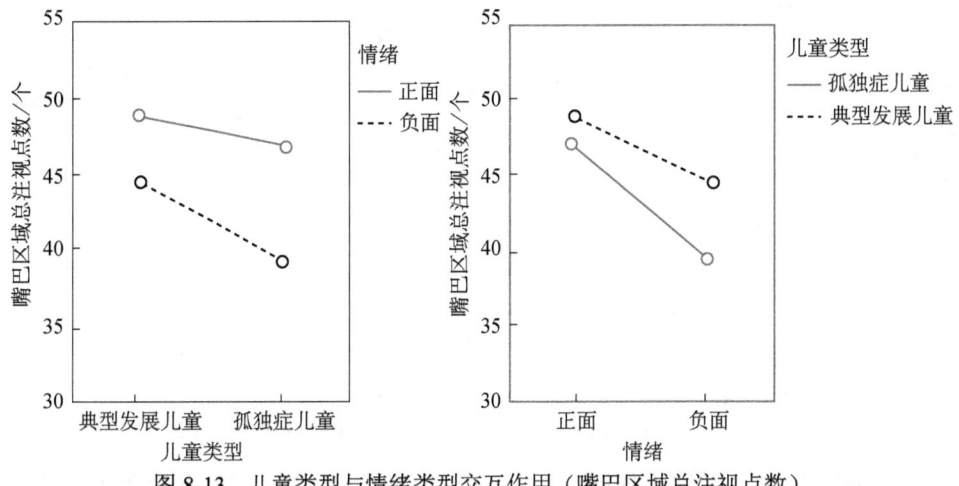

图 8-13　儿童类型与情绪类型交互作用（嘴巴区域总注视点数）

2. 兴趣区注视时长分析

在本次实验中，在两种不同情绪刺激条件下分别对孤独症儿童与典型发展儿童在眼睛和嘴巴区域的注视时长数据进行加工，利用 SPSS 22.0 软件对均值与标准差进行统计，如表 8-5 所示。

表 8-5　兴趣区（眼睛与嘴巴）注视时长

兴趣区域	正面情绪				负面情绪			
	孤独症儿童		典型发展儿童		孤独症儿童		典型发展儿童	
	M	SD	M	SD	M	SD	M	SD
眼睛	220.34	200.09	319.43	260.27	140.93	109.46	247.67	134.34
嘴巴	269.75	225.85	282.07	231.32	209.28	140.27	226.91	109.34

1）眼睛区域注视时长分析。对眼睛区域的注视时长进行 2（儿童类型：孤独症儿童与典型发展儿童）×2（情绪类型：正面与负面）的重复测量方差分析，具体分析结果如图 8-14 所示。在对情绪刺激条件下关于兴趣区中眼睛的注视时长的分析中，情绪类型的主效应显著，$F(2, 58)=12.294$，$p=0.001<0.05$，说明在正面情绪刺激条件下，两组儿童关于眼睛区域的注视时长明显为正面情绪刺激条件长于负面情绪刺激条件；儿童类型主效应显著，$F(2, 58)=10.187$，$p=0.000<0.05$，说明在情绪视频的刺激下，典型发展儿童对情绪刺激视频中的眼睛区域的注视时长要高于孤独症儿童；儿童类型与情绪类型的交互作用不显著，$F(2, 58)=2.239$，$p=0.142>0.05$。

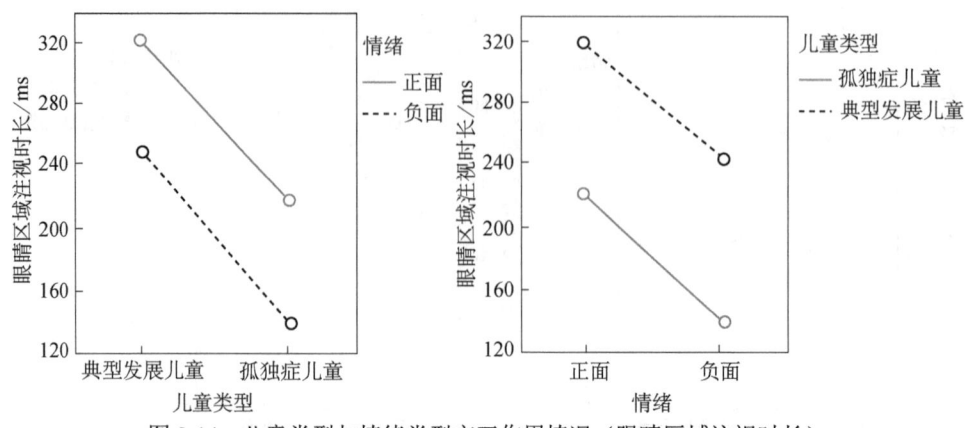

图 8-14　儿童类型与情绪类型交互作用情况（眼睛区域注视时长）

2）嘴巴区域注视时长分析。对嘴巴区域注视时长进行 2（儿童类型：孤独症儿童与典型发展儿童）×2（情绪类型：正面与负面）的重复测量方差分析，具体分析结果如图 8-15 所示。在对刺激视频中嘴巴区域的注视时长方面，情绪类型的主效应显著，$F（2，58）=22.391$，$p=0.000<0.05$，说明在正面情绪刺激条件下，两组儿童在嘴巴区域的注视时长明显为正面情绪刺激条件长于负面情绪刺激条件；儿童类型主效应显著，$F（2，58）=17.767$，$p=0.000<0.05$，说明在情绪视频的刺激下，典型发展儿童对情绪刺激视频中的嘴巴区域的注视时长长于孤独症儿童；儿童类型与情绪类型的交互作用不显著，$F（2，58）=2.249$，$p=0.142>0.05$。

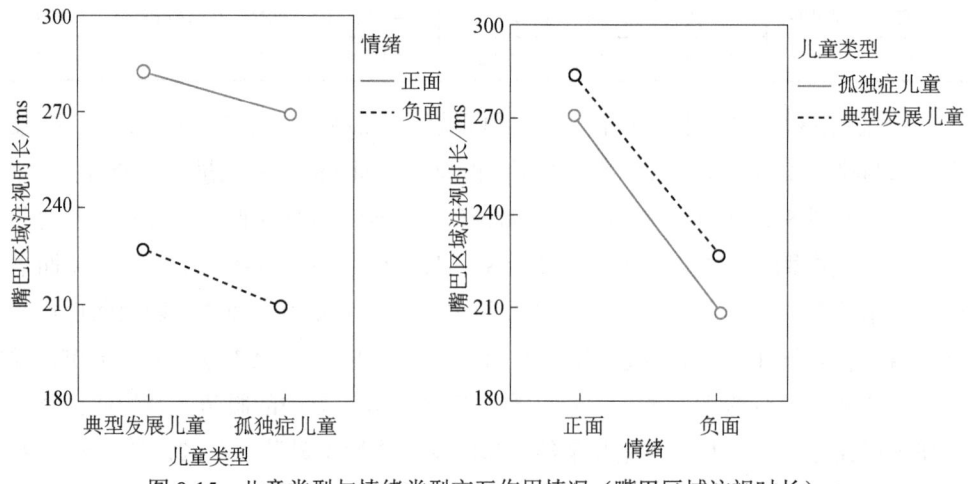

图 8-15　儿童类型与情绪类型交互作用情况（嘴巴区域注视时长）

从以上分析可以看出，在正负面两种情绪刺激条件下，孤独症儿童与典型发展儿童均在正面情绪刺激条件下对眼睛与嘴巴两种区域的总注视时长长于负面情绪刺激条件，典型发展儿童对眼睛与嘴巴区域的总注视时长明显长于孤独症儿童；在情绪视频的刺激下，孤独症儿童对嘴巴区域的注视时长要长于眼睛区域，典型发展儿童对兴趣区的注视时长则是眼睛区域长于嘴巴区域。

（三）绩效数据

1. 孤独症儿童与典型发展儿童整体绩效数据分析

在本次实验中，两类儿童在分别观看完正面情绪与负面情绪刺激视频后，需要完成 6 道关于刺激视频的问答题目。问答题目通过 E-Prime 问答程序进行呈现，并由后台记录数据，具体数据包含每名儿童回答不同题目的得分，并利用 SPSS 22.0 软件对数据进行处理。两类儿童在两种情绪下的答题分数的均值与标准差如表 8-6 所示。

表 8-6 孤独症儿童与典型发展儿童绩效指标

绩效指标	正面情绪				负面情绪			
	孤独症儿童		典型发展儿童		孤独症儿童		典型发展儿童	
	M	SD	M	SD	M	SD	M	SD
平均答题分数	2.53	1.53	4.67	0.84	1.90	1.24	4.40	0.77

在观看情绪刺激视频时，孤独症儿童的答题分数在正面情绪刺激条件下明显高于负面情绪刺激条件；在观看两种不同情绪刺激视频时，典型发展儿童的答题分数为正面情绪刺激条件下高于负面情绪刺激条件，且孤独症儿童的分数均低于典型发展儿童。

结合实验中所获得的关于两类儿童在两种情绪刺激条件下的答题分数，进行 2（儿童类型：孤独症儿童与典型发展儿童）×2（情绪类型：正面与负面）的重复测量方差分析，具体分析结果如图 8-16 所示。

从图 8-16 可知，从问答题目的平均得分情况来看，情绪类型的主效应显著，$F(2, 58)=11.27$，$p=0.001<0.05$，说明在正面情绪刺激条件下，两组儿童的平均答题分数明显为正面情绪刺激条件高于负面情绪刺激条件；儿童类型主效应显著，$F(2, 58)=10.39$，$p=0.002<0.05$，说明在情绪视频的刺激下，典型发展儿童在回答问题时的平均得分要高于孤独症儿童；儿童类型与情绪类型的交互作用不显著，$F(2, 58)=2.24$，$p=0.152>0.05$。

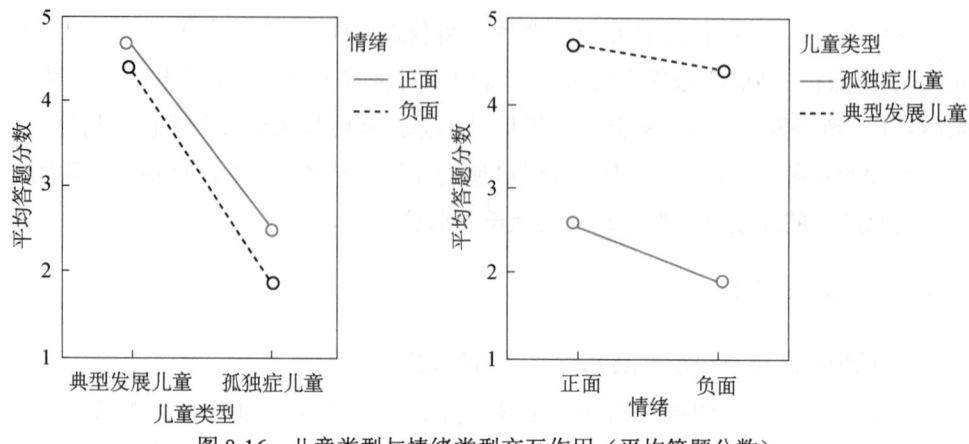

图 8-16　儿童类型与情绪类型交互作用（平均答题分数）

2. 孤独症儿童与典型发展儿童分类绩效数据分析

在本次实验中，所设计的问答题目共有 6 道，分别对应人物关系认知、动作推测、情绪认知、原因推理、空间认知以及人物认知 6 个层面，通过 SPSS 22.0 软件对 E-Prime 中所记录的数据从 6 个层面对答题分数与反应时长两大绩效指标进行统计和分析，如表 8-7 所示。

表 8-7　孤独症儿童与典型发展儿童的答题分数情况（$M±SD$）

题目类型	孤独症儿童		典型发展儿童	
	正面情绪	负面情绪	正面情绪	负面情绪
人物关系认知	0.37±0.49	0.33±0.48	0.77±0.43	0.77±0.43
动作推测	0.43±0.50	0.27±0.45	0.83±0.38	0.77±0.43
情绪认知	0.57±0.50	0.13±0.35	0.97±0.18	0.87±0.35
原因推理	0.40±0.50	0.37±0.49	0.77±0.43	0.77±0.43
空间认知	0.60±0.50	0.17±0.38	0.97±0.18	0.97±0.18
人物认知	0.53±0.51	0.33±0.48	0.77±0.43	0.63±0.49

通过对认知问题回答情况进行分类整理发现，在正面情绪刺激条件下，孤独症儿童关于情绪认知题目的得分较高，而在负面情绪刺激条件下，孤独症儿童关于原因推理题的得分较高，这表明孤独症儿童能更好地辨认出正面情绪。典型发展儿童在两种情绪刺激条件下的回答情况则无明显差异。

（四）眼动指标与绩效指标相关性分析结果

在本次实验中，我们利用眼动仪分别采集了孤独症儿童在观看正负面情绪刺激视频时的眼部注视情况数据，基本眼动指标（对刺激视频的注视）包括总注视点数、平均注视时间及注视频率,利用 E-Prime 问答程序记录了两类儿童在观看正负面情绪刺激视频后的认知问答分数。本部分将所采集到的两类儿童在观看正负面情绪刺激视频时的眼动数据与绩效数据运用 SPSS 22.0 软件进行相关性分析。

1. 孤独症儿童眼动指标与绩效指标相关性分析

对孤独症儿童的眼动数据与绩效数据相关性进行分析,通过相关系数来探究孤独症儿童的认知问答情况是否与其注视情况相关,如表 8-8 和表 8-9 所示。

表 8-8　孤独症儿童总注视时间与平均答题分数相关性

项目		正面情绪		负面情绪	
		总注视时间	平均答题分数	总注视时间	平均答题分数
总注视时间	皮尔逊相关性	1.000	0.382*	1.000	0.234
	p		0.037		0.213
	样本	30	30	30	30
平均答题分数	皮尔逊相关性	0.382*	1.000	0.234	1.000
	p		0.037		0.213
	样本	30	30	30	30

表 8-9　孤独症儿童总注视点数与平均答题分数相关性

项目		正面情绪		负面情绪	
		总注视点数	平均答题分数	总注视点数	平均答题分数
总注视点数	皮尔逊相关性	1.000	0.457**	1.000	0.234
	p		0.000		0.173
	样本	30	30	30	30
平均答题分数	皮尔逊相关性	0.457**	1.000	0.234	1.000
	p		0.000		0.173
	样本	30	30	30	30

我们通过对孤独症儿童对刺激视频的总注视时间与答题分数相关性进行分析发现,在正面情绪刺激条件下,总注视时间与平均答题分数在 0.05 的水平上显著相关,说明在正面情绪刺激条件下,孤独症儿童对情绪刺激视频的注视时间越长,回答问题的正确率越高;在负面情绪刺激条件下,孤独症儿童对情绪刺激视频的注视时间与平均答题分数不存在相关($p=0.213>0.05$)。关于孤独症儿童对刺激视频的总注视点数与平均答题分数的相关性分析发现,在正面情绪刺激条件下,总注视点数与平均答题分数在 0.01 的水平上显著相关,即总注视点数越多,平均答题分数越高;在负面情绪刺激条件下,总注视点数与平均答题分数不相关($p=0.173>0.05$)。

2. 典型发展儿童眼动指标与绩效指标相关性分析

我们对典型发展儿童的眼动数据与绩效数据相关性进行了分析，通过相关系数探究典型发展儿童认知问答情况是否与注视情况相关，具体如表8-10和表8-11所示。

表8-10 典型发展儿童总注视时间与平均答题分数相关性

项目		正面情绪		负面情绪	
		总注视时间	平均答题分数	总注视时间	平均答题分数
总注视时间	皮尔逊相关性	1.000	0.857**	1.000	0.893**
	p	0.000		0.000	
	样本	30	30	30	30
平均答题分数	皮尔逊相关性	0.857**	1.000	0.893**	1.000
	p	0.000		0.000	
	样本	30	30	30	30

表8-11 典型发展儿童总注视点数与平均答题分数相关性

项目		正面情绪		负面情绪	
		总注视点数	平均答题分数	总注视点数	平均答题分数
总注视点数	皮尔逊相关性	1.000	0.927**	1.000	0.947**
	p	0.000		0.000	
	样本	30	30	30	30
平均答题分数	皮尔逊相关性	0.927**	1.000	0.947**	1.000
	p	0.000		0.000	
	样本	30	30	30	30

我们通过对典型发展儿童对两种刺激视频的总注视时间及总注视点数与平均答题分数的相关性进行分析发现，其总注视时间与平均答题分数在0.01的水平上显著相关，即在两类情绪刺激条件下，典型发展儿童对情绪刺激视频的注视时间越长，其回答问题的正确率越高；在总注视点数与平均答题分数的相关性分析上，$p=0.000$，显著相关，表明典型发展儿童对情绪刺激视频的注视点数越多，平均答题分数越高。

四、讨论和小结

（一）整体眼动指标分析

在观看正负面情绪刺激视频时，我们发现孤独症儿童对非社会性信息的关注多于社会性信息，典型发展儿童对社会性信息的关注显著多于孤独症儿童，而对非社会性信息的关注则少于孤独症儿童。魏玲和雷渊明（2014）在研究中指出，与典型发展儿童相比，孤独症儿童对非社会信息的关注较多。对于社会性和非社会性区域的注视时长与注视时间比，能够反映孤独症儿童与典型发展儿童的视觉注意偏好，即孤独症儿童偏好非社会性信息，典型发展儿童对社会信息的关注度更高。

孤独症儿童表现出在正面情绪刺激条件下注视点数更多、注视时间更长，注视点数与注视时长则较好地反映了孤独症儿童的视觉注意具有选择性特征，孤独症儿童倾向于关注令人愉悦的感官体验。林云强和曹漱芹（2013）在研究中指出，孤独症儿童与典型发展儿童都对正向社交情境有定向偏好。郭伏等（2014）等指出注视频率是反映对兴趣区加工程度的重要指标，孤独症儿童在正面情绪刺激条件下的注视频率高于负面情绪刺激条件，反映出孤独症儿童的视觉注意偏向于正面情绪刺激。

（二）兴趣区域眼动指标分析

孤独症儿童、典型发展儿童在眼睛区域和嘴巴区域的总注视点数与注视时长都是在正面情绪刺激条件下显著高于负面情绪刺激条件，典型发展儿童在两种情绪刺激条件下的总注视点数与注视时长显著高于孤独症儿童，这表明孤独症儿童的视觉注意偏向于正面情绪，但孤独症儿童的视觉注意能力比典型发展儿童薄弱。在眼睛区域与嘴巴区域注视方面，孤独症儿童对嘴巴区域的总注视点数与注视时长明显高于眼睛区域，这与前人的研究结果一致，由于缺乏自发性的凝视行为，孤独症儿童对眼睛区域的加工存在障碍，无法更好地理解眼睛所蕴含的信息，但其却能更好地解读嘴巴所蕴含的信息（Spezio et al.，2007）。

对眼睛区域与嘴巴区域进行的重复测量方差分析表明，两类儿童在正面情绪刺激条件下的总注视点数与注视时长高于负面情绪刺激条件，孤独症儿童在正负面情绪刺激条件下的总注视点数与注视时长显著低于典型发展儿童，这表明孤独症儿童的视觉注意能力比典型发展儿童差，且视觉注意偏向于正面情绪刺激。

（三）绩效指标分析

情绪对认知能力具有一定的影响，适当的情绪能够提升孤独症儿童的记忆能力，进而提高他们的认知水平（Wang et al.，2014）。我们在对儿童认知问答分数进行分析后发现，情绪类型与儿童类型主效应显著，即两类儿童在 6 道题目的得分均是在正面情绪刺激条件下高于负面情绪刺激条件，而与典型发展儿童相比，孤独症儿童在两种情绪刺激条件下的分数都比较低。

（四）相关性分析

我们对孤独症儿童实验过程中的眼动数据与绩效数据的相关性进行分析发现，对正面情绪刺激视频的总注视时长及总注视点数均与平均答题分数显著相关，即对视频的注视时间越长，注视点数越多，回答问题的正确率越高；在负面情绪刺激条件下，总注视时长及总注视点数与平均答题分数不相关。孤独症儿童对积极情绪有明显的偏好，对正面情绪刺激视频关注多，在做与视频相关的认知题目时分数也会较高。我们对典型发展儿童实验过程中的眼动数据与绩效数据的相关性进行分析发现，观看正负面情绪刺激视频时，总注视时间与平均答题分数及总注视点数与平均答题分数均显著相关，即典型发展儿童对视频的注视时间越长，注视点数越多，回答问题的正确率越高。

本节介绍了视觉注意评估的原理，并根据孤独症儿童在不同情绪刺激条件下的特点设计了双任务实验，收集儿童在观看视频过程中的眼动信息。我们在分析了整体眼动指标、兴趣区域、绩效指标和相关性后发现，孤独症儿童对非社会性信息的关注多于社会性信息，而且孤独症儿童对眼睛和嘴巴的注视点明显少于典型发展儿童。此外，孤独症儿童对正面情绪刺激视频的总注视时长及总注视点数均与平均答题分数具有显著的相关性。

第二节　社会交往评估

早发现、早干预对孤独症儿童的治疗和预后能力发展有着重要的作用，评估是实现个性化干预的重要前提。其主要目的在于深入了解孤独症儿童的症状及严重程度，掌握其在认知、动作、理解、言语等各方面能力的发展水平，确定其身心发展的潜能及教育需求。

孤独症儿童情绪社交缺陷的行为特征表现涉及多个范畴，量表评估及行为观察等评估方法难以做到客观、精细，不能全面地反映孤独症儿童的情绪社交能力发展水平，也无法为个性化干预提供参考。为此，我们提出了人机交互游戏评估方法，这些游戏主要围绕儿童的社会交往能力进行设计，如"一起来找茬""人物拼图""帮忙指出厕所"等。这些游戏要求儿童在计算机上完成特定的任务，能对儿童的社会交往中的共同注意、心理评估、视觉匹配等方面进行细化评估，进而更好地评估孤独症儿童的社会交往能力（陈靓影等，2017）。

一、研究对象与方法

（一）研究对象

本研究将选取的对象分为实验组和对照组，其中实验组为孤独症儿童，来自武汉市某特殊康复机构；对照组为典型发展儿童，来自武汉市某一市区幼儿园，其基本信息如表 8-12 所示。被试入组标准如下：①实验组儿童为经三甲及以上级别医院医生确诊为孤独症；②排除严重的呼吸系统疾病、儿童精神分裂症、癫痫及其他脑器质性疾病；③对照组儿童来自普通幼儿园，表现正常，无智力障碍、多动、自闭等特殊问题行为及病史；④儿童年龄在 2～6 岁。共有 100 人入组，其中正常完成评估测试（或完成每种能力评估的其中一种及以上游戏测试）的有 91 人，实验组儿童 40 人，对照组儿童 51 人。

表 8-12 被试基本信息

被试组别	实验组（孤独症儿童）		对照组（典型发展儿童）	
被试来源	特殊康复机构		普通幼儿园	
年龄/岁	≤4	>4	≤4	>4
人数/人	20	20	21	30
比例/%	21.98	21.98	23.08	32.97
总人数/人	40		51	

注：因四舍五入，个别数据之和不等于 100。下同

（二）研究方法

1. 评估游戏项目设计

本研究以第六章提到的基于典型发展儿童与孤独症儿童发展领域的心理机能理论，即心理状态、执行功能、中央统合功能和相互主观性等心理学理论作为游戏设计的理论基础。系统基于"评估—干预—评估"闭环进行设计，实现对孤独症儿童社会交往能力的智能化评估。该系统用于社会交往能力评估的项目主要包括共

同注意、心理推测、视觉配对、精细动作、概念分类及认知理解 6 大模块,每个模块都提供了多种评估游戏(图 8-17)。

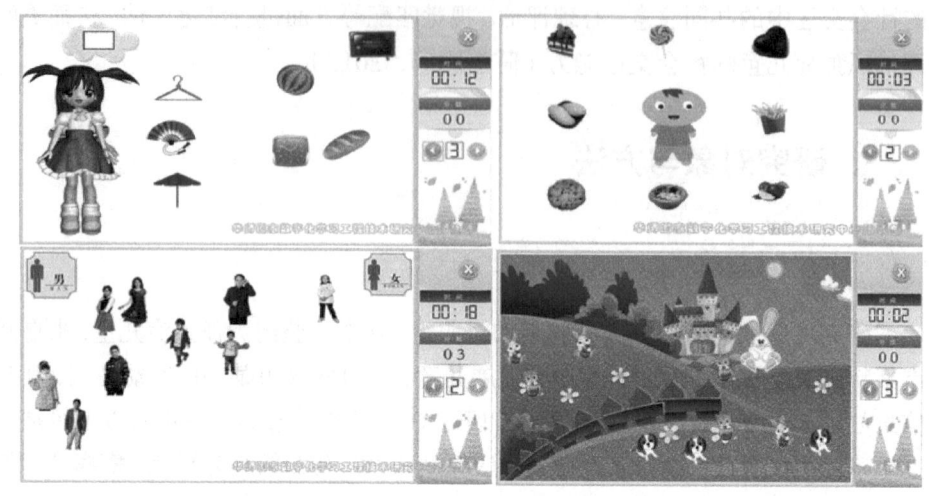

图 8-17　游戏评估的部分项目示例

我们选择了 13 种游戏用于孤独症儿童社会交往能力评估,如表 8-13 所示。通过儿童与游戏之间的互动(图 8-18),分别对典型发展儿童和孤独症儿童的共同注意、心理推测、视觉配对、精细动作、概念分类及认知理解等发展水平进行评估,以探究两组对象的能力发展水平及差异。

表 8-13　评估游戏项目简介

游戏名称	游戏描述	评估项目	评估指标
动物妈妈找孩子	根据语音帮动物妈妈找孩子,选对得 1 分,选错减 1 分	视觉配对	时间及得分
数水果有几个	根据树上水果的个数,选择相应的数字即可得分	认知理解	时间及得分
用篮子接水果	通过水平移动篮子,接住不停从上方落下的水果即可得分,计时 1min	精细动作	得分
请帮我摘水果	在语音的提示下摘游戏人物要的水果,选对可得 1 分	心理推测	时间及得分
依视线找食物	根据游戏人物眼睛转动的方向,选择对应 8 个方向的食物即得分,选错不减分,总分数达 8 分游戏结束	共同注意	时间
识别实物形状	根据语音提示选择与形状相对应的实物,选对可得 1 分	认知理解	时间及得分
一起来找茬	找出两幅图画的不同之处(1~3 处),找出 1 处得 1 分	视觉配对	时间及得分
请帮我找东西	根据语音提示,理解游戏人物的需求,点击正确的物品即可得分	心理推测、共同注意	时间及得分
水果放入盘子	记忆不同水果在哪个盘子里,然后根据语音提示的盘子,点击相应的水果即可得分	概念分类、认知理解	时间及得分
听声音认动物	根据听到的声音,点击相应的发声动物即可得分	听觉辨别、认知理解	时间及得分

续表

游戏名称	游戏描述	评估项目	评估指标
植物辨别分类	根据语音提示选出相应类别的植物，选对 1 种得 1 分，选错减 1 分	认知理解、概念分类	时间及得分
人物拼图	根据提示的人物图片，拖动零散的图片到正确的位置，放置正确得 1 分	视觉配对、精细动作	时间及得分
帮忙指出厕所	根据人物性别拖动人物图片到相应的厕所图片区域即可得分	概念分类、精细动作	时间及得分

图 8-18　儿童游戏评估例图

2. 实验及操作程序

游戏评估测试具体分为三个阶段：①初始化阶段，建立研究人员与被试之间的信任关系，并向被试详细讲解平台的基本使用方法，引起其兴趣，然后让被试自由熟悉平台所提供的游戏，这一阶段既无要求也无提示；②正式阶段，指示被试逐一完成评估游戏，评估人员给予必要的辅助，并且详细记录评测过程；③分析阶段，采用 SPSS 22.0 软件进行数据的统计和分析。

二、结果与分析

（一）描述性分析统计

评估分为实验组和对照组，根据儿童年龄分为两个层次：年龄≤4 岁，共有 41 人，其中实验组 20 人，对照组 21 人；年龄>4 岁，共计 50 人，其中实验组 20 人，对照组 30 人。我们对每名被试进行了评估测试，参与每种游戏评估的人数、有效完成人数及有效率如表 8-14 所示。其中，年龄≤4 岁实验组儿童的平均有效率为 87.31%，年龄>4 岁实验组儿童的平均有效率为 77.69%；年龄≤4 岁对照组儿童的平均有效率为 91.31%，年龄>4 岁对照组儿童的平均有效率为 93.54%。

表 8-14　描述性分析统计

游戏名称	对照组≤4岁 人数/人	对照组≤4岁 有效人数/人	对照组≤4岁 有效率/%	对照组>4岁 人数/人	对照组>4岁 有效人数/人	对照组>4岁 有效率/%	实验组≤4岁 人数/人	实验组≤4岁 有效人数/人	实验组≤4岁 有效率/%	实验组>4岁 人数/人	实验组>4岁 有效人数/人	实验组>4岁 有效率/%
动物妈妈找孩子	21	20	95	30	29	97	20	20	100	20	20	100
数水果有几个	21	20	95	30	30	100	20	20	100	20	19	95
用篮子接水果	21	15	71	30	21	70	20	20	100	20	20	100
请帮我摘水果	21	19	90	30	30	100	20	17	85	20	15	75
依视线找食物	21	19	90	30	28	93	20	13	65	20	7	35
识别实物形状	21	19	90	30	29	97	20	18	90	20	15	75
一起来找茬	21	18	86	30	30	100	20	16	80	20	13	65
请帮我找东西	21	21	100	30	28	93	20	18	90	20	16	80
水果放入盘子	21	20	95	30	29	97	20	15	75	20	15	75
听声音认动物	21	19	90	30	28	93	20	20	100	20	15	75
植物辨别分类	21	19	90	30	28	93	20	16	80	20	13	65
人物拼图	21	21	100	30	28	93	20	16	80	20	17	85
帮忙指出厕所	21	20	95	30	27	90	20	18	90	20	17	85
平均有效率/%		91.31			93.54			87.31			77.69	

由表 8-14 的统计数据可以看出，对照组儿童在每种游戏上均有较高的有效率，平均有效率达 92.42%；实验组儿童在施测人员的必要辅助下，尽管花费了较多时间，但也能够有效完成游戏，平均有效率达 82.50%。从完成游戏的平均有效率来看，本研究所采用的游戏是可行的。但由于儿童个体能力发展水平及认知特点的差异、对测试环境的适应性不同、其他外界因素的干扰等，部分游戏的有效率并不高。尤其是在进行共同注意（依视线找食物）、视觉辨别（一起来找茬）及概念分类（植物辨别分类）等游戏测试中，实验组儿童的完成有效率较低。一方面，是因为相比典型发展儿童，孤独症儿童本身在视觉运用、注意力、概念分类等方面存在困难，当面临相对有难度的任务时，容易选择放弃，自我效能感低；另一方面，个别游戏的设计存在些许不足，游戏的操作性、游戏规则的设计有待进一步改善。为了确保评估分析的有效性，保证研究样本的数量，更加准确地探究孤独症儿童与典型发展儿童能力水平的量化差异，以下选取两组儿童完成有效率较高的代表性游

戏展开分析和讨论。

（二）人机交互游戏评估效果分析

本研究从共同注意、心理推测、视觉配对、精细动作、认知理解和概念分类6个方面对孤独症儿童的情绪社交能力进行了精细化评估，并且与典型发展儿童进行了对照分析。

1. 共同注意能力评估

共同注意能力是指儿童能够通过协调眼神和动作来与他人分享有趣的事物、体验，与他人共同对某一对象或事物加以注意的行为。本研究选取"依视线找食物"游戏对儿童的共同注意能力进行研究和分析。儿童根据游戏人物视线方向的变换，指出对应方向的食物，正确加1分，错误不减分，8个方向全部正确指出时，成绩为8分，游戏结束记录所用时间。为了比较实验组与对照组的差异以及不同年龄层次被试间的差异，我们对其完成游戏所花费时间的均值进行了统计（图8-19）。

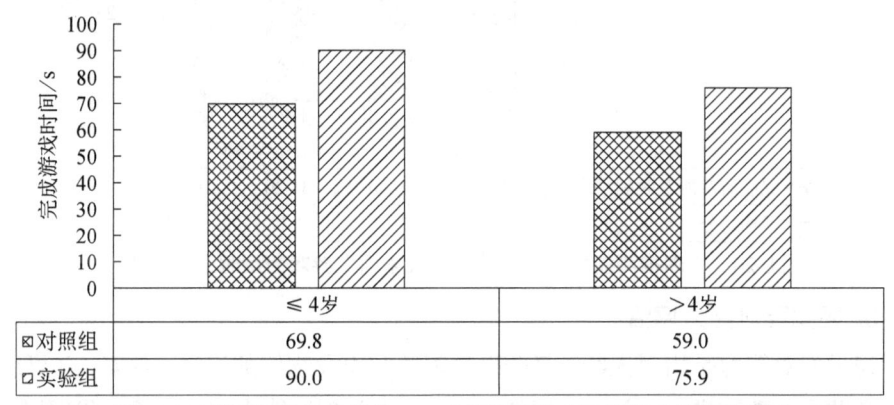

	≤4岁	>4岁
对照组	69.8	59.0
实验组	90.0	75.9

图8-19　共同注意能力评估——"依视线找食物"游戏的用时比较

结果表明，注意表现与年龄成正比，年龄越大，表现越好；对照组儿童能够根据游戏中人物的视线方向，快速找到对应方向的食物，共同注意能力较好；实验组儿童跟随游戏人物视线的能力较弱，做出正确判断的反应时间较长。共同注意能力缺失是孤独症儿童的核心症状之一，结合对教师的访谈结果可知，游戏测评能客观地反映儿童的真实能力水平。

2. 心理推测能力评估

心理推测能力是指个体对他人愿望、情感和信念的理解，并依据这些心理状态去预测和解释他人行为的能力。在孤独症儿童心理推测能力评估方面，我们以"请帮我找东西"游戏为例进行分析。评估游戏要求儿童根据语音提示，推测游戏人物的需求，选取其所需要的东西。为了比较两组对象之间的差异以及不同年龄层次间的差异，我们对完成游戏平均得分与所花费时间的平均值之间的比值进行了分析（图 8-20）。实验组完成游戏的平均得分与平均时间的比值为[0.064，0.095]；对照组完成游戏的平均得分与平均时间的比值为[0.091，0.128]。结果表明，对照组儿童的比值均高于实验组，对照组儿童的心理推测能力明显优于实验组儿童，组内儿童的心理推测能力与年龄成正比，年龄越大，心理推测能力越强；实验组儿童由于心理理论缺失，难以根据游戏人物的言行正确推测其需求，需要施测人员的必要提示才能完成游戏。由此可见，实验组和对照组儿童的心理推测能力存在显著差异，符合正常儿童与孤独症儿童发展领域的心理机能理论。

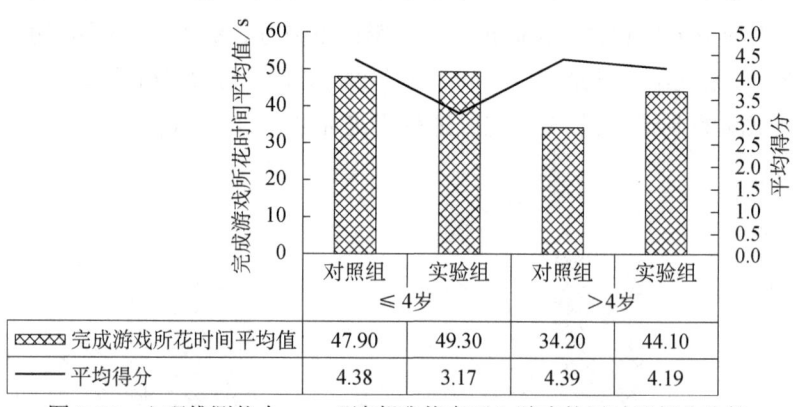

	对照组 ≤4岁	实验组 ≤4岁	对照组 >4岁	实验组 >4岁
完成游戏所花时间平均值	47.90	49.30	34.20	44.10
平均得分	4.38	3.17	4.39	4.19

图 8-20 心理推测能力——"请帮我找东西"游戏的用时及得分比较

3. 视觉配对能力评估

视觉配对能力是指对人物、复杂事物等的辨识及物体的追视、观察，并可以依据视觉差异对事物进行分类、匹配的能力。在视觉配对能力评估方面，我们以"动物妈妈找孩子"游戏为例进行分析。游戏要求儿童根据语音提示，从一组外形各异的小动物中选出相同种类的动物。为了比较实验组与对照组的差异，我们对完成游戏所花费时间的平均值及平均得分进行统计（图 8-21），并对完成游戏平均得分与平均时间的比值进行比较。实验组完成游戏平均得分与平均时间的比值为[0.073，0.0921]，对照组完成游戏平均得分与平均时间的比值为[0.171，0.196]。结果表明，儿童的视觉配对能力与年龄成正比，年龄越大，视觉配对能力越强；对照组儿童在了解游戏规则后能够在较短的时间内辨别小动物的种类，进行配对，并且满分率较高；实验组儿童在辨别每种小动物时花费的时间更多，视觉辨别及配对能力弱于对照组。孤独症儿童存在视觉注意能力方面的缺陷，视觉加工处理方法有别于典型发展儿童,往往先加工局部或细节,很少在整体水平上进行加工处理,对相近的事物难以进行辨别,因此在完成游戏时表现欠佳。基于教师的访谈结果可以发现,游戏测评能客观地反映儿童的真实能力水平。

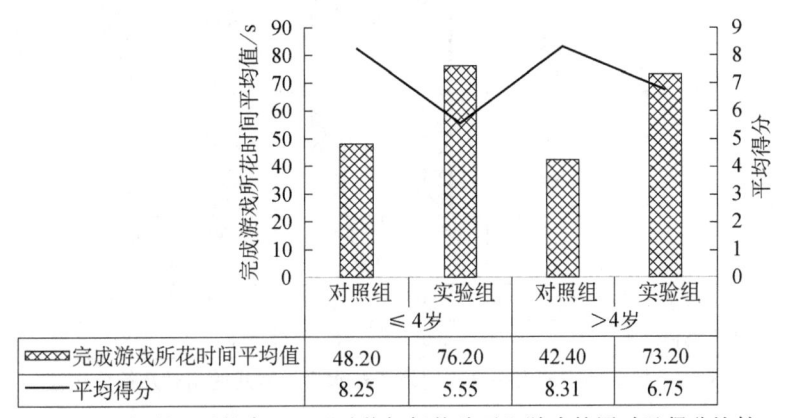

	对照组	实验组	对照组	实验组
	≤4岁		>4岁	
完成游戏所花时间平均值	48.20	76.20	42.40	73.20
平均得分	8.25	5.55	8.31	6.75

图 8-21 视觉配对能力——"动物妈妈找孩子"游戏的用时及得分比较

4. 精细动作能力评估

精细动作是指个体凭借手以及手指等部位的小肌肉或小肌肉群的运动能力,主要反映了人在感知觉、注意等多方面心理活动的配合下完成特定任务的能力。本研究以"用篮子接水果"游戏为例对其进行分析。游戏要求儿童水平移动篮子,接住快速落下的水果,接住即可得分,游戏时间为1min。为了比较实验组与对照组的差异,我们对儿童60s内完成摘水果游戏的平均得分进行了统计,具体结果如图 8-22 所示,并对完成游戏平均得分与平均时间的比值进行分析。实验组完成游戏平均得分与平均时间的比值为[0.323, 0.330],对照组完成游戏平均得分与平均时间的比值为[0.382, 0.328]。实验结果表明,实验组儿童的有效完成率略高于对照组,与预期不符;实验组儿童组内精细动作能力与年龄成正比,年龄越大,精细动作能力表现越好,但差异不显著;对照组儿童,年龄小于等于 4 岁儿童的表现要优于年龄大于 4 岁的儿童;对照组儿童完成游戏的平均得分略高于实验组,但差异不显著。我们通过查阅过程记录并结合教师访谈了解到,在精细动作能力评估过程中,幼儿园外界环境嘈杂,导致多数儿童的注意力不集中,影响了评估结果。因此,可以说外界环境因素会影响评估的有效性。

5. 认知理解能力评估

认知理解能力是指个体通过心理活动(如形成概念、知觉、判断或想象)对外界信息进行分析、存储、加工和整合,最终形成有意义知识的能力。在孤独症儿童

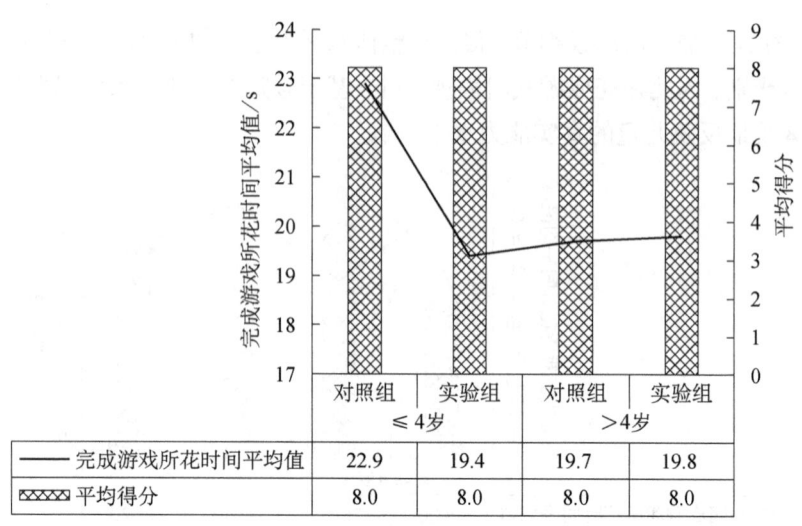

	对照组	实验组	对照组	实验组
	≤4岁		>4岁	
── 完成游戏所花时间平均值	22.9	19.4	19.7	19.8
▨▨ 平均得分	8.0	8.0	8.0	8.0

图 8-22 精细动作能力——"用篮子接水果"游戏的用时及得分比较

认知理解能力评估方面,我们以"识别实物形状"游戏为例进行分析。游戏要求儿童根据语音提示选择与形状相对应的实物。为了比较实验组与对照组的差异,我们对各组不同年龄阶段儿童完成游戏所花时间的平均值及平均得分进行了统计,具体结果如图 8-23 所示。同时,对完成游戏平均得分与平均时间的比值进行了分析,其中实验组完成游戏平均得分与平均时间的比值为[0.068, 0.100];对照组完成游戏平均得分与平均时间的比值为[0.085, 0.139]。结果表明,无论是对照组还是实验组,年龄较大儿童的认知理解能力表现优于年龄小的儿童;对照组儿童的游戏表现优于实验组儿童,其认知理解能力稍强。这与相关研究结果相符合,即社会互动能力是儿童学习的基础。孤独症儿童由于缺乏社会互动能力,在认知理解及学习方面比典型发展儿童更加困难。

6. 概念分类能力评估

分类是一种重要的认知活动,通过对事物按照某一种或多种特性进行分组,能够有效地组织关于这些事物的知识。在孤独症儿童概念分类能力评估方面,我们以"帮忙指出厕所"游戏为例进行分析。游戏要求儿童根据语音提示,将不同性别的人物移动到对应的厕所区域,一方面可以考察儿童的概念分类能力,另一方面也可以对儿童的精细动作能力进行评估。为了比较实验组与对照组的差异,我们对完成游戏评估所花时间的平均值及平均得分进行了统计(图 8-24),并对完成游戏的平均得分与平均时间的比值进行了分析。实验组完成游戏平均得分与平均时间的比值为[0.075, 0.082],对照组完成游戏平均得分与平均时间的比值为[0.152, 0.171]。

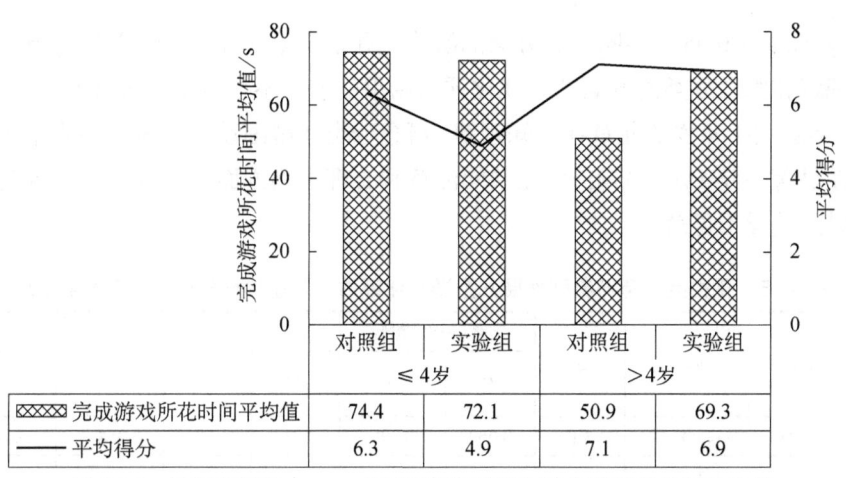

第八章 人工智能技术在孤独症儿童评估中的应用

	对照组 ≤4岁	实验组 ≤4岁	对照组 >4岁	实验组 >4岁
完成游戏所花时间平均值	74.4	72.1	50.9	69.3
平均得分	6.3	4.9	7.1	6.9

图 8-23 认知理解能力——"识别实物形状"游戏的用时及得分比较

实验结果表明，组内儿童的概念分类能力与年龄成正比，符合儿童的认知发展特点，随着年龄的增长，儿童的认知理解、视觉记忆、符号转化能力都会有所提高，可以整合到更高层次的思考过程；对照组儿童可以很好地理解"性别"概念，并能根据"性别"将游戏对象熟练地移动到相应的区域；实验组儿童由于存在概念理解及精细动作方面的困难，分类能力较差，与教师反映的情况相符。

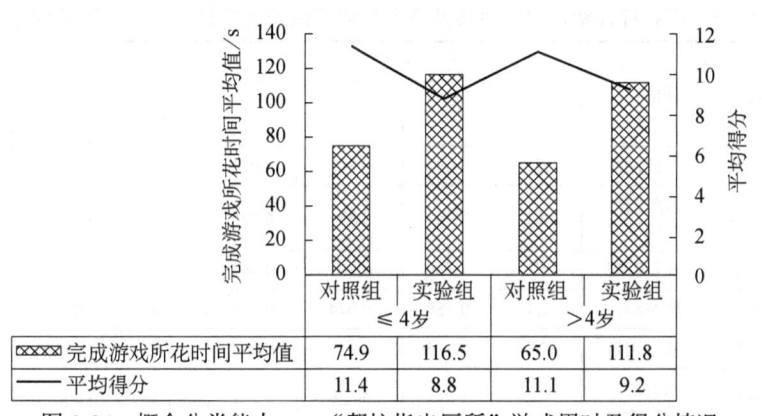

	对照组 ≤4岁	实验组 ≤4岁	对照组 >4岁	实验组 >4岁
完成游戏所花时间平均值	74.9	116.5	65.0	111.8
平均得分	11.4	8.8	11.1	9.2

图 8-24 概念分类能力——"帮忙指出厕所"游戏用时及得分情况

（三）孤独症儿童及典型发展儿童游戏化评估差异分析

我们采用 t 检验分析了两组儿童在 6 种游戏化评估项目中的表现，其中，游戏表现用效率 E 表示，即游戏得分与完成游戏所用时间的比值。首先，我们检验了不同年龄段的孤独症儿童与典型发展儿童的游戏化评估表现的差异，如表 8-15 所示。年龄小于等于 4 岁的儿童在视觉匹配和精细动作方面的游戏化评估结果存在显著差异（$p=0.001<0.05$），共同注意方面的游戏化评估结果存在边缘性差异（$p=0.058$），认知理解和概念分类两方面的游戏化评估结果的差异不显著（$p>0.05$）。如表 8-16 所示，年龄大于 4 岁的儿童在认知理解、概念分类和精细动作方面的游戏化评估结果存在显著差异（$p<0.05$），而在共同注意和心理推测方面，两组儿童的游戏化评估结果的差异不显著。

表 8-15 孤独症儿童与典型发展儿童游戏化评估表现差异性分析（年龄≤4 岁）

游戏名称	评估项目	E	方差齐次性检验 F	方差齐次性检验 p	t 检验 M	t 检验 t	t 检验 p	效应值（r）
依视线找食物	共同注意	E1	0.069	0.795	0.037	1.976	0.058	0.339
请帮我找东西	心理推测、共同注意	E2	0.479	0.493	0.028	1.155	0.256	0.187
动物妈妈找孩子	视觉配对	E3	0.019	0.892	0.118	3.617	0.001**	0.501
用篮子接水果	精细动作	E4	0.668	0.419	0.085	3.782	0.001**	0.526
识别实物形状	认知理解	E5	5.442	0.026	0.060	1.808	0.081	0.288
帮忙指出厕所	概念分类、精细动作	E6	1.959	0.171	0.103	1.751	0.089	0.818

表 8-16 孤独症儿童与典型发展儿童游戏化评估表现差异性分析（年龄>4 岁）

游戏名称	评估项目	E	方差齐次性检验 F	方差齐次性检验 p	t 检验 M	t 检验 t	t 检验 p	效应值（r）
依视线找食物	共同注意	E1	0.031	0.862	0.034	1.548	0.135	0.047
请帮我找东西	心理推测、共同注意	E2	0.748	0.396	0.026	1.003	0.326	0.219
动物妈妈找孩子	视觉配对	E3	1.150	0.291	0.064	1.344	0.187	0.216
用篮子接水果	精细动作	E4	0.180	0.674	0.055	1.950	0.059	0.298
识别实物形状	认知理解	E5	0.936	0.341	0.067	2.568	0.015**	0.407
帮忙指出厕所	概念分类、精细动作	E6	3.558	0.069	0.131	5.601	0.000***	0.707

三、讨论和小结

本研究将人机交互游戏用于孤独症儿童情绪社交缺陷评估，研究结果表明孤独症儿童与典型发展儿童在各游戏评估项目上的表现存在显著差异。本研究采用的人机交互游戏能够对儿童各方面能力发展水平进行定量描述（包括正确率、反应时等量化指标），与传统的定性方法相比，这是一种更加客观、可行的评估方法。同时，人机交互游戏也可以作为一种辅助学习工具，用于孤独症儿童的个性化教育干预。

本研究提出了一种孤独症儿童社交缺陷量化评估的新思路，通过设计人机交互游戏，对孤独症儿童及典型发展儿童的社会交往能力所涉及的共同注意、心理推测、视觉匹配、精细动作、认知理解和概念分类等方面的能力发展水平进行了精细化的比较，并探究了量化差异。实验结果表明，孤独症儿童的情绪社交方面的各项能力发展水平普遍低于典型发展儿童，并且个体差异显著。将基于人机交互技术的计算机游戏应用于孤独症儿童的社交能力评估具有可行性，能够客观地反映儿童的社会交往能力水平，为孤独症儿童教育干预提供了依据。为了确保评估的有效性、客观性、准确性，游戏项目的设计应符合儿童的社会交往能力发展阶段，并且要保证游戏的可操作性。同时，在设计游戏时，要充分考虑到儿童对不同类型游戏的偏好，设计丰富多样的社交游戏，确保能够有效地评估儿童的社会交往能力。并且，评估过程中要注意做好记录，注意儿童在游戏过程中的情绪行为表现、遇到的问题及是否需要辅助等，这些社交能力相关信息可以为后续的评估结果分析提供重要参考。

第三节　认知能力评估

认知能力是指人脑加工、储存和提取信息的能力，即我们一般所讲的智力，如观察力、记忆力、想象力等。人们认识客观世界，获得各种各样的知识，主要依赖于认知能力。孤独症儿童的认知能力缺陷，是由于其不能正常推测和理解他人的心理及行为而导致的社会障碍。多数的孤独症儿童智力低于正常水平，少数等于或高于正常水平。目前，孤独症是一种复杂的脑发育障碍，而大脑作为操纵人体各大器官运转的枢纽，承担着协调人体各器官协调运动的重要责任，所以更好地探究孤独症患者身体机能障碍，将脑电技术应用于孤独症患者的研究，是目前诸多研究者努力的方向。研究发现，脑电信号可以记录人体大脑皮层的电生理现象，可以精准地反映出大脑的整体神经系统活动，同时也有着方便、安全、廉价、无创的特点，所以在孤独症早期筛查研究中，脑电信号是一个非常有价值的观测指标。利用不同的脑电信号分析方法，尽早地发现异常脑电信号，对于孤独症的早期筛查与识别具有非常重要的意义。本研究主要分析了孤独症儿童认知评估过程中的脑电特征、情绪认知特点及与典型发展儿童的差异（许琬鹦，陈靓影，2020）。

一、研究对象与方法

（一）研究对象选择

本研究共招募80名2～7岁儿童作为被试，分别来自两所孤独症康复机构以及某普通幼儿园。实验前，实验人员向家长详细介绍实验的内容、安排等信息，并与家长签订知情同意书和预约实验时间。被试分为孤独症儿童组和典型发展儿童组。根据实验人员记录的儿童实验配合情况，筛选配合度高的儿童，其中，孤独症儿童组共30名，男孩26名，女孩4名（年龄：M=4.98，SD=1.17）；典型发展儿童组共30名，男孩26名，女孩4名（年龄：M=5.2，SD=0.5）。孤独症儿童入组标准如下：①符合美国精神疾病分类DSM-5的诊断标准；②经2名发育行为儿科主任医师或副主任医师双盲确诊；③年龄为2～7岁；④排除严重的呼吸系统疾病、儿童精神分裂症、癫痫及其他脑器质性疾病；⑤视觉系统发育正常。典型发展儿童入组标准如下：①性别和年龄与孤独症儿童匹配；②经详细的体格检查和精神检查，排除了躯体疾病、神经系统疾病、精神发育迟滞、情绪障碍、注意缺陷多动障碍、学习障碍及广泛性发育障碍等精神疾患；③视觉发育正常。

（二）实验范式选取

本研究采用双任务实验，任务一的实验选择自由观看的范式，任务二的实验借鉴多媒体学习的研究范式，实验材料与本章第一节视觉注意评估材料相同。整个实验过程中对被试的脑电信号进行详细记录，实验结束后，由研究者完成脑电信号的分析工作。

（三）实验设备

本研究的实验设备包括脑电波检测仪、计算机、摄像机。脑电采集设备采用由美国Emotiv Systems公司研发的Emotiv EPOC+脑电仪（图8-25），采样频率为128Hz。Emotiv EPOC+脑电仪由14个数据采集电极（AF3、F7、F3、FC5、T7、

P7、O1、O2、P8、T8、FC6、F4、F8 和 AF4）和 2 个参考电极（P3 和 P4）组成，电极分布严格遵照国际 10-20 系统导联设计（图 8-26）。该脑电设备电极使用生理盐水作为导电介质，设备的安装与佩戴操作简单、方便。使用前，将电极棉用生理盐水浸湿后安装于设备上，佩戴后调整参考电极位置至电极指示灯达 100%，佩戴成功后通过蓝牙装置实现信号的无线传输。

图 8-25　Emotiv EPOC+脑电仪

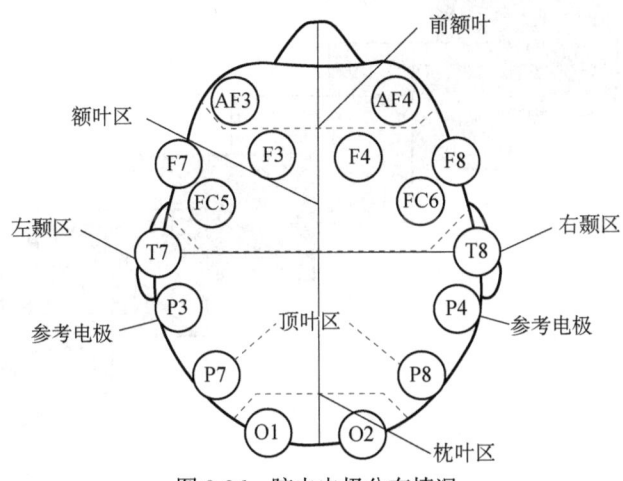

图 8-26　脑电电极分布情况

二、实验流程

针对孤独症儿童存在情绪认知功能异常的特点，本研究采用了双任务实验。实验中的主任务为观看情绪视频材料，次任务为观看视频后完成认知问答。每名被试在大小为 10 平方米的独立教室进行，环境安静舒适。实验前，需要将脑电信号采集设备的脑电帽置于生理盐水中约 5min，让电极与生理盐水充分接触。实验具体流程如下（图 8-27）。

1）实验指导。被试坐在距离屏幕 50～60 厘米的椅子上，实验人员向家长和被试说明实验要求与实验流程。

2）实验开始。被试穿戴好脑电设备，待其处于放松状态时，让其静坐于椅子上，开始采集脑电数据。

3）视频（正面/负面）播放，其间不要求被试进行反应，观察并记录被试的反应，剔除误差较大的数据组。

4）结束视频播放，待被试处于放松状态时，打开 E-Prime 问答程序向被试进行提问。

5）正（负）面情绪实验结束，调整休息。

6）实验完成后，计算机程序、脑电仪与 E-Prime 问答程序记录所有数据，并分开保存在相应的文件夹中。

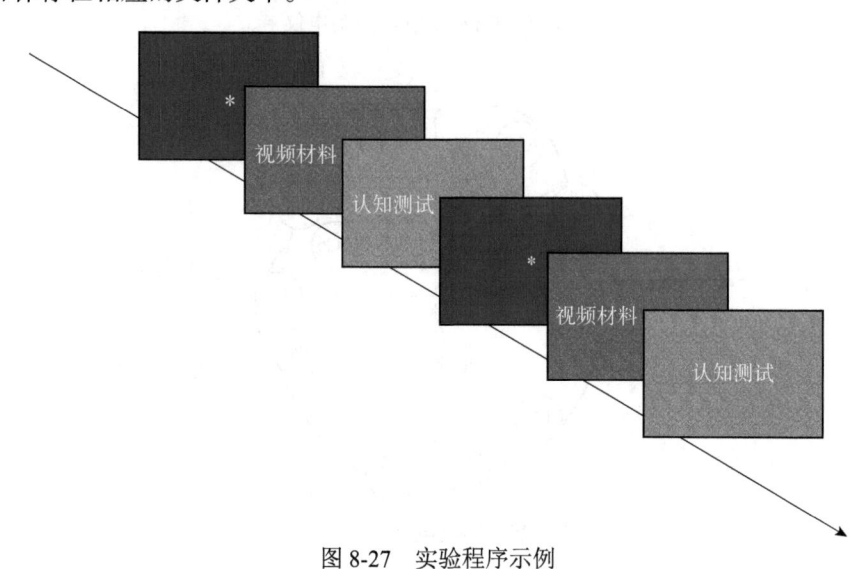

图 8-27 实验程序示例

三、脑电信号采集与指标选取

δ 波、θ 波、α 波、β 波 4 种基本波形是构成脑电信号的主要组成部分，δ 波一般在人体处于睡眠状态时产生，波形图如图 8-28 所示。研究表明，幼儿时期非睡眠状态下也可以产生δ波，非幼儿在非睡眠时期产生δ波属于异常现象。θ波一般在正常睡眠过程中产生，幼儿在沮丧悲伤的睡眠状态中醒来时也会产生θ波。当人体脑电信号中的θ波占主导地位时，可推断出人体处于放松状态，在此状态下易触发人的深层次记忆并强化长期记忆。α波将人体潜意识和主观意识相连接，可以有效控制人体的潜意识，当大脑中存满了α波信号时，α波将大大抑制人体的意识活动，使人体无法进行正常的思维活动。与此相反，当大脑中的α波较弱时，大脑思维非常活跃，此时人体的记忆力得到增强。β波会在人体清醒时出现，也会在视觉刺激下产生。除以上4种基本波形外，γ波是脑电波形中频率最高的脑电波形，与人体的思维形成、语言加工和记忆认知行为有关。

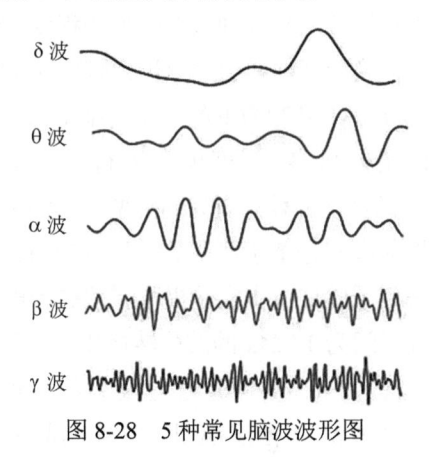

图 8-28　5 种常见脑波波形图

在确定合适的被试后，为了保证数据质量，实验人员在采集脑电数据之前和儿童家长进行沟通，需要家长与被试做到以下几点：①采集当天被试精神状况良好，实验前未进行过剧烈运动；②实验开始前 3h 左右进餐，避免被试血糖出现过高或过低的现象；③被试前一天需要将头发清洗干净。

实验正式开始前，采集约 1min 的静息态脑电信号作为基线。本实验采集睁眼任务态脑电数据，实验过程中所有被试坐在经眼动校准后位置固定的椅子上，整个实验过程中尽量不要有大幅度的动作或频繁眨眼，以免造成信号噪声过大。对被试的实验数据进行采集，根据初步筛选，整理出 60 名被试的以下两项指标数据。

（一）脑电信号功率

本研究使用 Emotiv EPOC+脑电仪对经过降噪配置处理后的频域信号进行处理，以 P3、P4 作为参考电极，在大脑左右半球各设置 7 个数据采集电极用于信号的采集，即左半球为 AF3、F7、F3、FC5、T7、P7、O1，右半球为 AF4、F8、F4、FC6、T8、P8、O2。利用快速傅里叶变换得到 14 导联的 θ（4～6Hz）、α（6～13Hz）、低 β（13～20Hz）、高 β（20～30Hz）及 γ（30～45Hz）5 段脑电节律，提取实验有效时间段内的脑电功率谱值数据。

（二）脑电信号情绪性能指标

情绪效价主要是根据大脑左右半球不对称理论，对左、右半球的 α 功率谱值进行相减，正值表示左半球有更高的唤醒度，表示积极情绪效价状态，负值则表示右半球有更高的唤醒度，表示消极情绪效价状态。情绪效价是测量情绪积极和消极情绪的通用指标。唤醒度表示情绪从平静到兴奋的唤醒程度，作为情绪的重要维度也得到了广泛研究。情绪效价-唤醒度框架通过分析大脑皮层不同位置电极的 α 波（8～15Hz）和 β 波（15～30Hz）在不同刺激下的平均功率谱值，计算情绪活动状态。目前，许多研究者采用情绪效价-唤醒度模型进行学习者脑认知方面的研究。EmotivPRO 是专门用于神经科学和教育研究的模型，模型中的压力值、放松值、兴趣度及参与度 4 项情绪性能指标是基于严格的实验得到的，情绪性能指标已在许多独立的同行评审研究中得到了验证。本实验提取有效的脑电信号，将脑电连续时域数据通过汉明窗提取持续时间为 1.024s 的波段转换成频域后，在频域中直接读取 α 波和 β 波的平均功率谱值，将 14 个通道电极的功率谱值在正则化后输入由 EmotivPRO 软件提供的情绪效价-唤醒度模型，得到被试的有效情绪性能指标数据。

四、脑电信号分析

（一）脑电信号功率分析

为了探究脑电在功率上的情绪和孤独症疾病的综合效应，本研究通过快速傅里叶变换方法得到 14 导联的 θ、α、低 β、高 β 及 γ 5 段脑电节律。傅里叶分析是在信号处理领域将信号由基于时间变换为基于频率的常用方法与手段，对脑电信号进行傅里叶变换得到频域信号。

设信号 $x(n)$ 的傅里叶变换为 $X(\omega)$，则有

$$\sum_{n=-\infty}^{+\infty} |x(n)|^2 = \frac{1}{2\pi} \int_0^{2\pi} |X(\omega)|^2 d\omega \quad \omega = 2\pi \frac{f}{f_s} \qquad (8.1)$$

对于有限个采样值 $x(0), x(1), \cdots, x(N-1)$，其离散傅里叶变换为 $X(k)$，

对应的频率为 $\frac{kfs}{N}$，则有

$$\sum_{n=0}^{N-1}|x(n)|^2 = \frac{1}{N}\sum_{k=0}^{N-1}|X(k)|^2 \tag{8.2}$$

傅里叶算法可以实现5个节律波的提取。帕萨瓦尔定理指出，信号波形的特征参数可以通过不同信号的能量进行区分，各正交函数集信号的分能量可以相加组成信号的总能量。不同的脑电信号及其所包含的节律波的能量均不相同，情绪认知的特征参数由各节律波能量与总能量的比值得到。

对脑电信号使用快速傅里叶变换算法得到离散傅里叶变换的 $X(k)$ 后，计算各个节律波的下限截止频率对应的频率索引（lower cutoff frequency index，NL）及上限截止频率对应的频率索引（higher cutoff frequency index，NH），具体计算公式如下：

$$N_L = \frac{f_L}{f_s}N \tag{8.3}$$

$$N_H = \frac{f_H}{f_s}N \tag{8.4}$$

其中，f_L 为各节律波的下限截止频率，f_H 为各节律波的上限截止频率，f_s 为采样频率，N 为采样点数。

最后则可计算各个节律波的平均能量 E_{avg}，具体计算公式如下：

$$E_{avg} = \frac{1}{N}\sum_{k=N_L}^{N_H}|X(k)|^2 \tag{8.5}$$

提取实验有效时间段内的功率谱值数据，求取均值与方差，并对两组儿童数据进行 t 检验，探究在不同情绪刺激下两组儿童的脑电差异。

设置 AF3、F3、F7、FC5 导联数据均值为左额叶脑电波数据；AF4、F4、F8、FC6 导联数据均值为右额叶脑电波数据；T7、T8 导联数据均值分别为左颞叶与右颞叶的脑电波数据；P7、P8 导联数据均值为顶叶的脑电波数据；O1、O2 导联数据均值为枕叶的脑电波数据。

表 8-17~表 8-19 的数据表明，在正面情绪刺激下，孤独症儿童与典型发展儿童相比，θ 波在左额叶 [$F(2, 58)=7.38$, $t=5.82$, $p=0.00<0.05$]、右额叶 [$F(2, 58)=1.85$, $t=3.02$, $p=0.01<0.05$]、右颞叶 [$F(2, 58)=13.53$, $t=2.91$, $p=0.01<0.05$]、顶叶 [$F(2, 58)=11.47$, $t=3.67$, $p=0.00<0.05$] 及枕叶 [$F(2, 58)=13.50$, $t=4.72$, $p=0.00<0.05$] 均存在显著差异，左额叶的差异尤其显著。在负面情绪刺激下，不同脑区 θ 波的差异与正面情绪下表现一致，额叶、右颞叶、顶叶及枕叶均存在显著差

异。孤独症儿童在 θ 频段内的功率谱值显著高于典型发展儿童，与以往孤独症脑电信号功率谱研究结果一致的是，孤独症患者的 θ 脑电信号也多在额叶、颞叶、枕叶存在着显著差异。从生理角度观察数据，θ 波主要与个体体验和感受有一定的联系，孤独症儿童在这方面的功能缺失较为严重，除右额叶与左颞叶外，各个脑区的 θ 波均存在显著差异。

表 8-17　孤独症儿童与典型发展儿童额叶的节律波 t 检验分析

脑电节律	激励源	左额叶 F	t	p	平均值差值	标准误差差值	右额叶 F	t	p	平均值差值	标准误差差值
θ	正面	7.38	5.82	0.00	4.55	0.72	1.85	3.02	0.01	3.46	1.08
	负面	25.64	9.04	0.00	4.46	0.60	3.74	3.68	0.00	3.62	1.09
α	正面	0.30	2.01	0.05	1.27	0.63	0.41	1.77	0.09	1.27	0.73
	负面	2.79	2.49	0.02	1.35	0.55	0.30	1.69	0.10	1.21	0.71
低 β	正面	1.31	2.75	0.01	0.86	0.31	2.90	2.92	0.01	0.95	1.78
	负面	2.74	3.74	0.00	0.78	0.26	5.03	3.11	0.00	0.82	0.30
高 β	正面	1.16	1.80	0.08	0.75	0.40	2.63	1.80	0.08	0.83	0.47
	负面	2.32	2.22	0.03	0.70	0.36	4.20	1.70	0.10	0.65	0.43
γ	正面	5.09	2.28	0.03	1.25	0.55	3.16	1.77	0.09	1.32	0.74
	负面	4.33	1.81	0.08	0.94	0.54	5.47	1.61	0.12	0.94	0.59

表 8-18　孤独症儿童与典型发展儿童颞叶的节律波 t 检验分析

脑电节律	激励源	左颞叶 F	t	p	平均值差值	标准误差差值	右颞叶 F	t	p	平均值差值	标准误差差值
θ	正面	1.80	−0.81	0.42	−0.94	1.07	13.53	2.91	0.01	3.82	1.20
	负面	0.72	−0.03	0.98	−0.02	0.74	21.85	4.04	0.00	3.58	1.07
α	正面	0.22	−0.86	0.40	−0.49	0.52	0.92	1.10	0.28	0.92	0.84
	负面	6.37	0.34	0.74	0.15	0.44	0.58	0.57	0.57	0.44	0.75
低 β	正面	1.33	0.36	0.72	0.18	0.50	1.25	1.73	0.09	0.83	0.55
	负面	12.25	1.68	0.10	0.72	0.42	3.51	2.62	0.01	0.93	0.37
高 β	正面	4.17	0.78	0.44	0.73	0.88	0.06	0.27	0.79	0.25	0.91
	负面	11.30	1.70	0.10	1.27	0.74	4.58	1.66	0.11	1.08	0.60
γ	正面	0.11	−0.22	0.83	−0.28	1.13	2.28	−0.91	0.37	−1.16	1.14
	负面	12.15	1.51	0.14	1.02	0.66	5.03	1.49	0.15	0.97	0.63

表 8-19　孤独症儿童与典型发展儿童顶叶和枕叶的节律波 t 检验分析

脑电节律	激励源	顶叶 F	t	p	平均值差值	标准误差差值	枕叶 F	t	p	平均值差值	标准误差差值
θ	正面	11.47	3.67	0.00	4.16	1.12	13.50	4.72	0.00	4.44	0.88
	负面	13.85	4.85	0.00	3.42	0.78	18.71	5.56	0.00	4.30	0.86
α	正面	7.52	2.40	0.02	1.85	0.73	5.74	2.91	0.01	1.77	0.58
	负面	0.52	2.18	0.04	1.31	0.61	1.08	2.03	0.05	1.18	0.61
低β	正面	9.16	2.49	0.02	1.94	0.75	8.48	3.65	0.00	0.87	0.23
	负面	9.24	4.03	0.00	1.32	0.35	3.22	3.42	0.00	0.87	0.21
高β	正面	5.02	1.59	0.12	1.65	1.00	2.73	1.43	0.16	0.33	0.20
	负面	6.54	2.53	0.02	1.04	2.25	2.70	1.91	0.07	0.40	0.20
γ	正面	3.69	1.43	0.16	0.95	0.62	1.26	1.09	0.28	0.20	0.16
	负面	3.62	2.16	0.04	0.72	0.34	1.65	1.34	0.19	0.26	0.19

孤独症儿童与典型发展儿童在两种情绪刺激下的 α 波和低 β 波的波动幅度较 θ 小。在正面情绪刺激下，α 波在顶叶 [$F(2, 58)$=7.52, t=2.40, p=0.02<0.05] 及枕叶 [$F(2, 58)$=5.74, t=2.91, p=0.01<0.05] 均存在显著差异，低 β 波在顶叶 [$F(2, 58)$=9.16, t=2.49, p=0.02<0.05] 及枕叶 [$F(2, 58)$=8.48, t=3.65, p=0.00<0.05] 存在显著差异。在负面情绪刺激下，低 β 波在额叶 [$F(2, 58)$=2.74, t=3.74, p=0.00<0.05；F=5.03, t=3.11, p=0.00<0.05]、右颞叶 [$F(2, 58)$=3.51, t=2.62, p=0.01<0.05]、顶叶 [$F(2, 58)$=9.24, t=4.03, p=0.00<0.05] 及枕叶 [$F(2, 58)$=3.22, t=3.42, p=0.00<0.05] 存在显著差异。α 波主要与大脑冷静以及促进深度放松的感觉相关，孤独症儿童与典型发展儿童在这方面的功能存在较小的差异；低 β 波一般出现在注意力集中的状态，与提高专注能力有关，但孤独症儿童较典型发展儿童在专注方面的表现更差，t 检验结果同 θ 波类似，即除左颞叶外，各个脑区的 α 波与低 β 波的差异均显著。

在负面情绪刺激下，孤独症儿童与典型发展儿童的高 β 波主要在左额叶 [$F(2, 58)$=2.32, t=2.22, p=0.03<0.05] 及顶叶 [$F(2, 58)$=6.54, t=2.53, p=0.02<0.05] 存在显著差异，正面情绪刺激下不存在显著差异。高 β 波主要与产生激动的情绪有关，孤独症儿童与典型发展儿童在遇到刺激物时均会产生或强或弱的冲动，与正面情绪刺激下儿童的表现较好相符。

在正面情绪刺激下，孤独症儿童与典型发展儿童的 γ 波仅在左额叶 [$F(2, 58)$=5.09, t=2.28, p=0.03<0.05] 存在显著差异。在负面情绪刺激下，两组儿童的 γ 波在

顶叶[$F(2, 58)=3.62$, $t=2.16$, $p=0.04<0.05$]存在显著差异。γ波主要与学习、记忆、信息处理等功能有关，实验结果证明了孤独症儿童与典型发展儿童的学习、处理信息能力之间存在显著差异。

（二）脑电信号情绪性能指标分析

本研究选定4类情绪性能指标（取值范围为0～100），分别为压力值、放松值、兴趣度、参与度。在基于计算机的学习环境中，有研究表明参与、兴趣以及压力的情感状态可以用来分析不同学习情况和学习者的有用学习经验（Baker et al., 2010）。因此，我们选择这4项指标来分析儿童状态，各指标的具体含义如下。

1）压力值。衡量被试无法应对任务或环境要求时产生的负面感受。过高的压力值会降低效率。通常，低、中等水平的压力值可以适当提高效率。

2）放松值。衡量被试从紧张情绪中恢复的能力，训练有素的冥想者可以获得极高的放松值。

3）兴趣度。衡量被试对当前刺激、环境或者活动的喜好或厌恶程度。兴趣得分越低，表明被试越厌恶该任务；得分越高，则表明被试越喜欢该任务。

4）参与度。衡量被试与任务刺激相关的意识。注意力、专注度及工作负荷越大，参与分数越高。

我们通过对 EmotivPRO 得到的性能指标，提取实验有效时间范围内的数据，进行运算求得均值和标准差，并对两组儿童的数据进行 t 检验，分析其情绪性能指标在正负面情绪下的差异（表 8-20）。

表 8-20　孤独症儿童与典型发展儿童的情绪性能指标（$M\pm SD$）

情绪效价	孤独症儿童		典型发展儿童	
	正面情绪	负面情绪	正面情绪	负面情绪
压力值	57.09±15.57	58.51±11.86	42.52±10.99	64.86±14.41
放松值	46.18±14.74	43.83±14.64	51.03±12.74	35.78±9.90
兴趣度	62.73±6.37	59.64±6.98	65.60±9.760	63.38±7.58
参与度	66.46±15.03	61.13±11.78	67.95±12.48	63.29±11.11

我们对孤独症儿童与典型发展儿童之间的情绪性能指标进行 t 检验（表 8-21），发现在正负面两种情绪刺激下，孤独症儿童与典型发展儿童之间的压力值（$p=0.00<0.05$；$p=0.04<0.05$）及放松值（$p=0.03<0.05$；$p=0.04<0.05$）均存在显著差异。结合表 8-20，我们发现在正面情绪下，孤独症儿童的压力值要显著高于典型发展儿童，放松值则显著低于典型发展儿童；在负面情绪下的差异相反。孤独症儿童

所表现出来的兴趣度没有典型发展儿童高。就孤独症儿童自身而言，在正面情绪刺激下，其参与度和兴趣度更高。

表 8-21 孤独症儿童与典型发展儿童的情绪性能指标 t 检验分析

情绪效价	孤独症儿童与典型发展儿童之间的 p 值		正面情绪与负面情绪之间的 p 值	
	正面情绪	负面情绪	孤独症儿童	典型发展儿童
压力值	0.00	0.04	0.75	0.00
放松值	0.03	0.04	0.74	0.00
兴趣度	0.31	0.11	0.21	0.35
参与度	0.68	0.47	0.14	0.13

（三）分析讨论

本部分主要分析了两组儿童在正负面情绪刺激下的脑电信号功率以及脑电情绪性能指标，旨在探究孤独症儿童与典型发展儿童在不同情绪刺激下的情绪认知水平。本实验入组的对象年龄为 2～7 岁，该年龄阶段是儿童大脑的发展关键时期，通过对脑电信号功率、脑电信号情绪性能指标及认知问答 3 类数据指标之间的对比，设置对照组进行数据采集，得出孤独症儿童与典型发展儿童的显著差异。

本研究通过快速傅里叶变换方法，提取了孤独症儿童与典型发展儿童的脑电信号特征，结果表明，孤独症儿童在额叶 θ 频段内的功率谱值显著高于典型发展儿童，α 频段内的功率谱值低于典型发展儿童；在颞叶，两组之间的脑电信号差异较其他脑区小；在枕叶、顶叶，孤独症儿童的 θ、α、低 β 波段均与典型发展儿童存在显著差异。以上结果表明，孤独症儿童与典型发展儿童脑电信号之间存在差异，且不同脑区的差异程度不同。

从脑区功能来看，大脑额叶皮层与执行控制和问题行为具有直接的相关性，通常人的注意力、社会交往和情感问题大多与前额叶皮层相关（Espy et al., 2011; Agustín-Pavón et al., 2012）。颞叶主要处理听觉刺激，顶叶可以处理压力以及调节或分配空间注意力，枕叶主要处理视觉。孤独症儿童与典型发展儿童的颞叶尤其是左颞叶较其他脑区的脑电波差异较小，两组儿童额叶、顶叶与枕叶的脑波存在显著差异，表现为两组儿童在学习、信息处理、压力处理以及注意力集中等方面的能力存在显著差异。

根据不同脑区的功率差异，我们进一步对被试的情绪状态进行了分析。情绪性能指标是基于脑电信号的客观评估，情绪会间接影响儿童认知功能的实现，且正面情绪刺激能在某种程度上改善脑波曲线，认知水平能较为直观地展现出功能的强弱，辅助孤独症干预训练可以从影响情绪改善脑波曲线、观测认知水平入手。对比正面情绪与负面情绪之间情绪性能指标的 t 检验结果可以看出，孤独症儿童在正负面不同情绪刺激下的压力与放松情绪下没有较大差异，其情绪变化远小于典型发展儿童，与实际情况吻合较好。不同情绪刺激对孤独症儿童的兴趣度和参与度有着较大的影响，孤独症儿童在正面情绪刺激下有更高的兴趣度、参与度。在负面情绪刺激下，典型发展儿童自身能较好地调节情绪状态与放松状态来应对消极环境，孤独症儿童本身的情绪则受环境的影响较大，很难靠自身调节来适应消极环境。

结合不同情绪刺激下两组儿童的脑电分析，我们进一步对两组儿童的情绪认知情况进行了对比，如表 8-22 和表 8-23 所示。在正负面情绪刺激下，孤独症儿童的人物关系认知、动作推测、情绪认知、原因推理、空间认知及人物认知 6 个方面的认知表现均不及典型发展儿童。认知问答正确率较负面情绪刺激条件下高，特别是两种情绪刺激条件下的情绪认知、空间认知方面差异显著，表明孤独症儿童的学习、信息处理等能力不仅本身不稳定且受环境的影响较大。

表 8-22 孤独症儿童与典型发展儿童的认知问答情况（$M±SD$）

认知问答	孤独症儿童		典型发展儿童	
	正面情绪	负面情绪	正面情绪	负面情绪
人物关系认知	0.37±0.49	0.33±0.48	0.77±0.43	0.77±0.43
动作推测	0.43±0.5	0.27±0.45	0.83±0.38	0.77±0.43
情绪认知	0.57±0.5	0.13±0.35	0.97±0.18	0.87±0.35
原因推理	0.4±0.5	0.37±0.49	0.77±0.43	0.77±0.43
空间认知	0.6±0.5	0.17±0.38	0.97±0.18	0.97±0.18
人物认知	0.53±0.51	0.33±0.48	0.77±0.43	0.63±0.49

表 8-23 孤独症儿童与典型发展儿童的认知问答 t 检验分析

认知问答	孤独症儿童和典型发展儿童之间的 p 值		正面情绪和负面情绪之间的 p 值	
	正面情绪	负面情绪	孤独症儿童	典型发展儿童
人物关系认知	0.00**	0.00**	0.79	1.00
动作推测	0.00**	0.00**	0.18	0.53
情绪认知	0.00**	0.00**	0.00**	0.17
原因推理	0.00**	0.00**	0.79	1.00
空间认知	0.00**	0.00**	0.00**	1.00
人物认知	0.06	0.02*	0.12	0.27

五、讨论和小结

本研究根据正负面情绪刺激下孤独症儿童和典型发展儿童不同脑区脑电信号的特征及差异,并基于脑电功率谱值得到的情绪性能指标与认知问答情况,对儿童在两种情绪刺激条件下的表现进行了讨论。我们发现,两组儿童多频段的脑电信号均存在显著差异,且孤独症儿童在正负面不同情绪刺激下的情绪变化远小于典型发展儿童。在正面情绪刺激下完成认知任务时,孤独症儿童的兴趣度和参与度更高,正确率也更高。相关研究发现,在不同情绪刺激下,孤独症儿童的枕叶、颞叶部位对刺激呈现出较低的激活状态,影响了其社会认知能力及情绪识别能力的发展。研究表明,这种对孤独症疾病脑活动状态的无损伤研究,揭示了脑电信号在正负两种情绪下的变化规律,可以用于客观地评价儿童发展。研究发现,适当的情绪诱导能够提高孤独症儿童的记忆能力,从而提高他们的认知水平。未来的研究可以通过训练(如冥想训练)增强孤独症儿童处理情绪的灵活性,进而提高其认知水平。

参 考 文 献

陈靓影,王广帅,张坤,等.(2017).基于计算机游戏的自闭症谱系障碍儿童评估研究.电化教育研究,(11),81-86,120.

陈琳.(2013).自闭症谱系障碍儿童记忆的系列实验研究.华东师范大学博士学位论文.

陈墨,韦小满.(2008).自闭症弱中央统合理论综述.中国特殊教育,(10),79-86.

陈阳,李文辉,陈俊赢.(2014).孤独症儿童对静态与动态面部表情识别的比较.中国健康心理学杂志,(11),1744-1747.

耿达,张兴利,施建农.(2015).儿童早期精细动作技能与认知发展的关系.心理科学进展,(2),261-267.

郭伏,屈庆星,张夏英,等.(2014).用户眼动行为与网站设计要素关系研究.工业工程与管理,(5),129-133,139.

焦青.(2000).孤独症儿童心理推测能力的影响因素的研究.中国特殊教育,(3),37-39.

焦青,曾筝.(2005).自闭症儿童心理理论能力中的情绪理解.中国特殊教育,(3),58-62.

兰继军, 刘悦, 赵骁骁, 等. (2017). 3—6 岁自闭症儿童面部表情识别的眼动实验. 中国健康心理学杂志, (6), 905-909.

李晶, 林珠梅, 朱莉琪. (2012). 孤独症谱系障碍的遗传基础与神经机制. 生物化学与生物物理进展, (10), 952-961.

廖梦怡. (2020). 共情视角下融合多模态数据的自闭症谱系障碍儿童识别. 华中师范大学博士学位论文.

雷显梅, 刘艳虹. (2017). 体感游戏对自闭症儿童注意力缺陷干预个案研究. 绥化学院学报, (7), 1-7.

林云强, 曹漱芹. (2013). 动态情境任务中自闭症儿童社交定向的眼动研究. 中国特殊教育, (9), 33-39, 70.

刘静静, 李宁. (2016). 自闭症儿童注意力康复训练的个案研究. 绥化学院学报, (10), 91-95.

卢伟, 黄尔齐, 原晋霞. (2018). 基于定量脑电图的音乐和灯光颜色对情绪的影响. 心理学报, (8), 880-891.

马玉, 王立新, 魏柳青, 等. (2011). 自闭症者的视觉认知障碍及其神经机制. 中国特殊教育, (4), 52, 60-65.

汪冬梅. (2016). 教康结合, 有效提升中度自闭症儿童注意力. 现代特殊教育, (3), 46-47.

王辉. (2012). 特殊儿童感知觉训练: 理论·方法·设计. 南京: 南京大学出版社.

魏玲, 雷渊明. (2014). 场景中社会情境复杂度对 5—7 岁自闭症儿童社会性注意影响的眼动研究. 全国心理学学术会议.

许琬鹦, 陈靓影. (2020). 正负面情绪刺激下自闭症谱系障碍儿童的脑电信号分析. 科学通报, (21), 2245-2255.

杨利芹, 汪凯, 朱春燕. (2011). 自闭症谱系障碍患者自我面孔识别的研究现状. 安徽医科大学学报, (8), 815-817.

叶奕乾, 何存道, 梁宁建. (2008). 普通心理学 (第 3 版). 上海: 华东师范大学出版社.

曾庆淦, 罗一峰, 黄添容, 等. (2014). 高功能自闭症儿童面孔加工的 ERP 研究. 现代生物医学进展, (12), 2278-2281.

张晶, 周仁来. (2010). 额叶 EEG 偏侧化: 情绪调节能力的指标. 心理科学进展, (11), 1679-1683.

张敏生. (2008). 儿童的思维培养从这里开始——关于儿童的注意力. 思维科学通讯, (2), 7-14.

周念丽. (2011). 自闭症谱系障碍儿童的发展与教育. 北京: 北京大学出版社.

朱莉, 邓娟, 吴建华, 等. (2015). 基于样本熵的听觉神经锁相机理的实验分析. 物理学报, (18), 351-360.

邹佩. (2013). 自闭症儿童面部表情识别的干预研究综述. 绥化学院学报, (7), 92-97, 102.

Abdulhay, E., Alafeef, M., Alzghoul, L., et al. (2018). Computer-aided autism diagnosis via second-order difference plot area applied to EEG empirical mode decomposition. Neural Computing and Applications, (15), 10947-10956.

Agustín-Pavón, C., Braesicke, K., Shiba, Y., et al. (2012). Lesions of ventrolateral prefrontal or anterior orbitofrontal cortex in primates heighten negative emotion. Biological Psychiatry, (4), 266-272.

Baio, J., Wiggins, L., Christensen, D. L., et al. (2018). Prevalence of autism spectrum disorder among children aged 8 years-autism and developmental disabilities monitoring network. MMWR Surveillance Summaries, (6), 1-23.

Baker, R. S. J. D., D'Mello, S. K., Rodrigo, M. M. T., et al. (2010). Better to be frustrated than bored: The incidence, persistence, and impact of learners' cognitive-affective states during interactions with three different computer-based learning environments. International Journal of Human-Computer Studies, (4), 223-241.

Bentin, S., Allison, T., Puce, A., et al. (1996). Electrophysiological studies of face perception in humans. Journal of Cognitive Neuroscience, (6), 551-565.

Birmingham, E., Cerf, M., & Adolphs, R. (2011). Comparing social attention in autism and amygdala lesions: Effects of stimulus and task condition. Social Neuroscience, (5-6), 420-435.

Dawson, G., Webb, S. J., Carver, L., et al. (2004). Young children with autism show atypical brain responses to fearful versus neutral facial expressions of emotion. Developmental Science, (3), 340-359.

Espy, K. A., Sheffield, T. D., Wiebe, S. A., et al. (2011). Executive control and dimensions of problem behaviors in preschool children. Journal of Child Psychology and Psychiatry, and Allied Disciplines, (1), 33-46.

Freeth, M., Foulsham, T., & Kingstone, A. (2013). What affects social attention? Social presence, eye contact and autistic traits. PLoS One, (1), e53286.

Gross, J. J., & Levenson, R. W. (1995). Emotion elicitation using films. Cognition & Emotion, (1), 87-108.

Kuppens, P., Tuerlinckx, F., Russell, J. A., et al. (2013). The relation between valence and arousal in subjective experience. Psychological Bulletin, (4), 917-940.

Lang, P. J. (1995). The emotion probe: Studies of motivation and attention. American Psychologist, (5), 372-385.

Mercer, N., & Littleton, K. (2007). Dialogue and the Development of Children's Thinking: A Sociocultural Approach. London: Routledge.

Mulligan, S. (2002). Advances in sensory integration research. In A. C. Bundy, S. J. Lane, & E. A. Murray (Eds.), Sensory Integration: Theory and Practice. 2nd ed. Philadelphia: Davis Company,

397-411.

Munson, J., Dawson, G., Abbott, R., et al. (2006). Amygdalar volume and behavioral development in autism. Archives of General Psychiatry, (6), 686-693.

Reed, C. L., Beall, P. M., Stone, V. E., et al. (2007). Brief report: Perception of body posture—What individuals with autism spectrum disorder might be missing. Journal of Autism and Developmental Disorders, (8), 1576-1584.

Reisenzein, R. (2017). The legacy of cognition-arousal theory: Introduction to a special section of emotion review. Emotion Review, (1), 3-6.

Richman, J. S., & Moorman, J. R. (2000). Physiological time-series analysis using approximate entropy and sample entropy. American Journal of Physiology-Heart and Circulatory Physiology, (6), H2039-H2049.

Spezio, M. L., Huang, P. Y. S., Castelli, F., et al. (2007). Amygdala damage impairs eye contact during conversations with real people. The Journal of Neuroscience, (15), 3994-3997.

Wang, S., Xu, J., Jiang, M., et al. (2014). Autism spectrum disorder, but not amygdala lesions, impairs social attention in visual search. Neuropsychologia, 63, 259-274.

后　　记

　　孤独症儿童教育干预是我国特殊教育领域的一项重大需求，也是当今世界的前沿研究问题之一。针对孤独症儿童智能化评估与干预的技术难题，以陈靓影教授为带头人的华中师范大学"人工智能+特殊教育"团队开展持续攻关，十年磨一剑，突破孤独症儿童个性化干预过程中的个性表达、过程干预及量化评估等技术瓶颈，提出了基于人工智能增强的孤独症儿童自适应个性化干预方法，即针对孤独症儿童个性难以准确刻画的问题，构建反映动态认知心理状态的儿童个性化模型；针对孤独症儿童发展轨迹复杂多样导致干预方法效能偏低的难题，研究学习活动系统性创建方法与自适应于儿童个体的智能化干预机制；针对教育干预效果评估主观、片面的问题，研究宏观与微观相结合的教育干预定量评估方法。通过上述工作，实质性地提升儿童模型的精确性、建立精准的干预机制、提供精细化的评估，实现人机交互技术对孤独症儿童教育干预的智能增强。

　　我们基于本书研究成果建立了云端一体化教育干预服务平台，形成了系列智能化教育干预设备与软件系统，为特殊儿童家庭与特教机构提供优质服务，开创了孤独症儿童泛在学习新模式，减轻了儿童的家庭经济负担；依托各级残疾人联合会，整合幼儿园、特殊教育学校与机构、康复门诊与医院、教育科技公司以及运营商，实施"机构-学校-企业"协同的应用推广；立足湖北、面向全国，依托各级残疾人联合会，服务于特教机构、幼儿园及特殊儿童家庭，为促进我国特殊教育事业的发展贡献绵薄之力。

　　本书研究成果得到了人民网等主流媒体的重点报道。人民网、湖北广电、《长江日报》等主流媒体集中进行了报道，认为本书研究成果"攻克了信息技术辅助孤独症儿童早期教育干预与评测关键技术"，新华网、《中国日报》、中国青年网、搜狐网等媒体进行了转载，取得了显著的社会效益。特别是疫情期间，全国孤独症儿童"停课不停学"成为"真空地带"，家长焦虑万分。我们依托湖北省残疾人联合会，为湖北省孤独症康复机构提供了智能教育平台和教育资源服务，为孤独症儿童提供线上的人机交互教育干预，受到广泛赞誉。"星未来智能学习平台"得到了中国教育技术协会重点推荐，服务了湖北、四川、河南等14个省市的特教学校和家庭。

本书研究成果形成了特殊教育信息化的国家案例。陈靓影教授受邀在中华人民共和国教育部、联合国教科文组织等机构共同主办的国际人工智能与教育大会上做大会主旨报告，代表我国介绍和推广孤独症智能教育经验，国内外专家高度赞赏了本研究团队为世界特殊教育发展贡献了中国智慧。

习近平总书记在向国际人工智能与教育大会所致贺信中指出："充分发挥人工智能优势，加快发展伴随每个人一生的教育、平等面向每个人的教育。"未来，我们将持续深化"人工智能+特殊教育"交叉研究，用人工智能赋能孤独症儿童成才，引领智能时代新特教，促进中国特殊教育事业的发展。